W0100085

Armin Nassehi

Die letzte Stunde der Wahrheit

Armin Nassehi

DIE LETZTE STUNDE DER WAHRHEIT

Warum rechts und links
keine Alternativen mehr sind
und Gesellschaft ganz anders
beschrieben werden muss

MURMANN
MURMANN PUBLISHERS

Für Annette

Dieses Buch wurde klimaneutral produziert:

Id-Nr. 1545038
www.bvdm-online.de

MIX
Papier aus verantwor-
tungsvollen Quellen
FSC® C106847

Bibliografische Information der Deutschen Nationalbibliothek
Die Deutsche Nationalbibliothek verzeichnet diese Publikation in
der Deutschen Nationalbibliografie; detaillierte bibliografische
Daten sind im Internet über http://dnb.d-nb.de abrufbar.

Das Werk einschließlich aller seiner Teile ist urheberrechtlich geschützt.
Jede Verwertung ist ohne Zustimmung des Verlages unzulässig. Das gilt
insbesondere für Vervielfältigungen, Übersetzungen, Mikroverfilmungen
und die Einspeicherung und Verarbeitung in elektronischen Systemen.

Copyright © 2015 by Murmann Publishers GmbH, Hamburg

Lektorat: Evelin Schultheiß, Ahrensburg
Herstellung, Umschlaggestaltung, Layout und Satz: Murmann Publishers GmbH
Druck und Bindung: freiburger graphische betriebe, Freiburg
Printed in Germany

ISBN 978-3-86774-377-8

Besuchen Sie uns im Internet: www.murmann-publishers.de

Ihre Meinung zu diesem Buch interessiert uns!
Zuschriften bitte an **info@murmann-publishers.de**

Den Murmann Publishers-Newsletter können Sie anfordern unter
newsletter@murmann-publishers.de

Inhaltsverzeichnis

Anhang

Einleitung

Es ist eigentlich unfassbar. Dieses Buch beginnt mit einem Fehler. Und zwar ganz am Anfang. Noch vor dieser Einleitung. Im Titel. Ein Buch zu schreiben, das auch noch als Wissenschaftler, wirft in erster Linie doch *Wahrheitsfragen* auf, wenn man davon ausgeht, dass ein irgendwie an der Form des Wissenschaftlichen enggeführter Text sich letztlich nur daran orientieren kann. Er kann nur funktionieren, indem er Wahrheitsfragen aufwirft. Das ist gewissermaßen seine einzige Währung. Ein solcher Text wirft eben nicht in erster Linie ästhetische Fragen auf, nicht in erster Linie moralische Fragen, auch nicht in erster Linie Gerechtigkeits- oder Geschmacksfragen, von Fragen der Erlösung ganz zu schweigen. Vielleicht hat er einen pädagogischen Impetus. Aber messen lassen muss er sich im Hinblick auf Wahrheitsfragen.

Damit erzeugt der Titel des Buches das, was man einen performativen Widerspruch nennt: Die Form des Textes dementiert seinen Inhalt. Es ist ein bisschen so, als teilte jemand in gesprochener Form mit, dass er nicht sprechen könne – oder als mache jemand auf sich aufmerksam, um dann seinem »Publikum« gegenüber zu behaupten, er sei unsichtbar. *Ich behaupte also, Wahrheitsfragen aufwerfend, die letzte Stunde der Wahrheit.* Nun könnte man sagen, dass der Titel eines Buches noch gar keine Wahrheitsfragen aufwirft.

Die Sentenz steht auf dem Buchdeckel und erfüllt mehr eine massenmediale als eine wissenschaftliche Aufgabe. Sie nutzt eine Form, die einen Unterschied machen soll, die also informiert, wenn Information zunächst einmal nichts anderes heißt, als einen Anker im Hintergrundrauschen alles Möglichen auszuwerfen. Vielleicht guckt man genauer hin, wenn der Verfasser einer Reihe ernsthafter Bücher nun beim neuesten Werk einen offenkundigen logischen Fehler schon auf dem Buchdeckel platziert. Wenigstens sind Verlage glücklicher mit einem solchen Titel als mit einem Titel dieses Typs:

Eine soziologische Analyse öffentlichkeitswirksamer Selbstbeschreibungen der modernen Gesellschaft nebst Hinweisen darauf, warum und wie diese Beschreibungen das Problem der gesellschaftlichen Komplexität verfehlen, zugleich verfasst in über die academia hinaus lesbarer Absicht

Mit einigem grafischem Geschick hätte man auch diesen Titel auf den Buchdeckel bekommen – und er hätte durchaus das abgebildet, was das Buch leisten soll. Ist es also nur ein Marketingtrick, einen offenkundig unlogischen Titel zu verwenden statt einen, der wirklich trifft, worum es geht? Nein – denn in dem Buch geht es wirklich darum, was in dem besonders sperrig ausgefallenen Alternativtitel steht. Und genau darin geht es um das, was ich provokativ, plakativ und logisch zweifelhaft *Die letzte Stunde der Wahrheit* nenne.

Meine Intuition

In diesem Buch geht es um eine grundlegende Intuition, nämlich darum, dass öffentlichkeitswirksame Selbstbeschreibungen der Gesellschaft, die als Gesellschaftsdiagnose oder -kritik gelten wollen, ihren Wahrheitsanspruch vor allem daher beziehen, dass sie in eingeführten Beobachtungschiffren und Diagnosekulturen angesiedelt sind, die sich zumeist an der politischen Farbenlehre scharf stellen – selbst wenn diese dabei bisweilen explizit dementiert wird. Solche Beschreibungen müssen fast automatisch politische Formen annehmen, weil sie sich an ein kollektivierbares Publikum wenden; sie müssen appellativen Charakter haben, weil sie als Diagnose einen Unterschied machen müssen; und sie müssen einen Hebel anbieten, der die kritische Diagnose dann in eine Lösungsperspektive zu bringen vermag.

Gerade deshalb ordnen sich Beschreibungen gerne an den eingeführten Unterscheidungen einer eher rechten und eher linken, eher konservativen und eher progressiven Denkungsart. Auch beim Untertitel also ist Vorsicht geboten. Auch hier kann es also nicht schaden, gleich am Anfang Missverständnissen vorzubeugen. Und so muss es zunächst klar gesagt werden: Selbstverständlich macht rechts und links einen Unterschied, wir haben eine Idee davon, was konservativ und progressiv sein könnte. Es wäre geradezu naiv zu behaupten, dass diese Unterscheidungen keinen Unterschied machen, die Behauptung wäre geradezu fahrlässig, gerade derzeit, da wir erleben, wie sich vor allem rechte Denkungsarten in der Öffentlichkeit zu etablieren anschicken. Und dass diese Unterscheidungen etwas unterscheiden, macht sie auch erst tauglich dafür, als Untertitel eines Buches zu fungieren.

Aber der Untertitel behauptet ja nicht, dass diese Unterscheidungen keinen Unterschied machten – er behauptet, dass sie *keine Alternativen* mehr sind, um eine angemessene Beschreibung der modernen Gesellschaft zu liefern. Er behauptet, dass sie letztlich nicht dazu dienen können, die Welt zu ordnen und Debatten, Diagnosen und Diskursen eine klare Richtung zu geben. Oder andersherum: Solche Unterscheidungen geben eine allzu klare Richtung vor, sie promovieren Diagnosen, die sich dem Problem gesellschaftlicher Komplexität nicht stellen wollen. Jedenfalls lässt dieses Problem sich nicht mit einfachen normativen Prämissen und Behauptungen auf den Begriff bringen. Dass etwas rechts oder links sei, konservativ oder progressiv, enthält immer weniger Informationswerte – und das ist kein Zufall. Es hängt damit zusammen, dass die gewohnten Beschreibungschiffren, mit denen sich unsere Gesellschaft öffentlich selbst beschreibt, offenbar nicht mehr das treffen, worum es geht – zumindest möchte ich das hier behaupten.

Der geübte Beobachter wird zwar schon an dieser Stelle einwenden, dass wir doch ziemlich genau wissen, dass solche Unterscheidungen nicht wirklich trennscharf sind und dass ihr Wahrheitswert oder ihre diagnostische Potenz eher gering ist. Und es ist inzwischen fast ein Ritus, diese Unterscheidungen infrage zu stellen. Das stimmt sicherlich – und es sieht so aus, als würde ich damit offene Türen einrennen, die ohnehin niemand mehr schließen will, die womöglich längst aus den Türangeln gehoben wurden.

Es sieht tatsächlich so aus – aber die praktischen Wirkungen dieser Unterscheidungen sind doch erheblich deutlicher, als es auf den ersten Blick den Anschein hat. Ich will die Intuition, die mich dabei leitet, deutlich auf den Punkt bringen: Die meisten wirklich öffentlich anschlussfähigen Diagnosen der Gesellschaft, also ihre öffentlichen, ihre sichtbar werdenden, ihre folgenreichen Selbstbeschreibungen scheinen besonders einen Zweck zu haben: *die erhebliche Komplexität und Unübersichtlichkeit, die Perspektivendifferenz und Widersprüchlichkeit der modernen Gesellschaft zu negieren oder zu ignorieren.* Was mich leitet, ist die Frage, warum es für den komplexen Zustand der Gegenwartsgesellschaft, oder besser: für Komplexität, überhaupt keine Beschreibungstraditionen gibt, dafür aber Beschreibungstraditionen, die sich nach wie vor an den Unterscheidungen orientieren, die uns mehr Informationen suggerieren, als sie erzeugen können.

Das Appellative ist nicht einfach ein Argument, sondern es setzt ein Publikum voraus, das durch sein Leseerlebnis erst jenes Publikum wird, das man da voraussetzen kann, das damit aber letztlich des Autors Feder führt! Wenn sich das zirkulär anhört, ist das tatsächlich gewollt. Denn Zeitdiagnosen für den öffentlichen Gebrauch, also solche, die letztlich über einen professionalisierten Bereich der Diagnosten selbst hinaus wirksam sein wollen, müssen ein Publikum imaginieren können, das empfänglich ist für die Pointe dessen, worum es geht.

Der Autor ist – schon im Wortsinne – weniger *creator* als *auctoritas*. Vor allem ist er nicht ein *creator ex nihilo*, der vollständig selbstbezüglich kreiert – wie Gott eben, der ununterschieden sagen kann: Ich bin, der ich bin. *Auctoritas* war ein Begriff der römischen Politik. *Auctoritas* besaß der, dem Ansehen und Einfluss zukamen. *Auctoritas* war aber abhängig davon, dass man für die herrschenden Unterscheidungen einen Unterschied machte. Die Autorität ist abhängig – von der Anerkennung derer, bei denen er Einfluss und Ansehen voraussetzen konnte. Gerade die *auctoritas* muss sich der Macht der geltenden Unterscheidungen fügen, um *auctoritas* zu bleiben. Die *auctoritas* muss sich der Ordnung der Welt fügen, um in dieser Ordnung wirksam zu sein. Vielleicht kann deshalb gerade die Autorität am wenigsten die Welt verändern – weil sie von jener Welt, von jenen Unterscheidungen hervorgebracht wird, die sie autorisieren soll.

Für Leute, die schreiben, ist das ein desillusionierender Gedanke. Öffentlichkeitswirksame Selbstbeschreibungen der Gesellschaft sind so etwas wie stellvertretendes Sprechen. Die meisten Argumente, die uns plausibel erscheinen, sind es deshalb, weil sie in Beschreibungstraditionen passen, an die wir uns gewöhnt haben. Genau deshalb kann dieses Buch viel weniger Autorität in Anspruch nehmen als solche Beschreibungen, die sich den Erwartungen eines Publikums fügen, das an bestimmte Linien der Argumentation und der Kritik, der diagnostischen Unterscheidung und der politischen Farbenlehre gewöhnt ist.

Es geht also um nichts weniger als dies: eine letztlich in die Nichtbeobachtbarkeit der wissenschaftlichen Diktion ausgewanderte Debatte über die Komplexität der modernen Gesellschaft beobachtbar zu machen, und zwar in einer Weise, die eine andere Form sucht als nur die Sprache und den Publikationsort der wissenschaftlichen Debatte. Niklas Luhmann hat einmal gemeint, dass sich die soziologische Tradition allzu sehr auf »natürliche Fragen« eingelassen hat, statt auf wissenschaftlich induzierte Fragen. Er schreibt in der Einleitung seines späten Hauptwerkes, und ich schätze diese nachgerade unverschämte und vernichtende Perspektive auf mein eigenes Fach sehr: »Die Tradition hatte, wenn man so sagen darf, auf natürliche Fragen geantwortet und zum guten Teil überzeugt. In der wissenschaftlichen Evolution treten dagegen an deren Stelle theorieabhängige wissenschaftliche Probleme, deren Lösungen nur noch im wissenschaftlichen Kontext beurteilt werden können.«[1] Eines dieser wissenschaftlichen Probleme ist ohne Zweifel die Frage nach der Komplexität und der Ordnungsbildung in dynamischen Systemen – ein Problem, das nicht nur in den Sozialwissenschaften, sondern auch in der Mathematik, in den Natur- und Technikwissenschaften und in der Evolutionstheorie zu den wohl aufregendsten Themen schlechthin gehört und übrigens auch die Frage nach Interdisziplinarität völlig neu stellt.[2]

Die Soziologie war damit erfolgreich, jene *natürlichen Probleme* anzusprechen. Damit ist gemeint: an die Erfahrungschiffren des Alltags anzuschließen, Individualisierungs- und Risikodiagnosen zu stellen, mit normativ starken Sätzen soziale Ungleichheit zu beschreiben oder letztlich politiknahe Beschreibungen der Gesellschaft abzuliefern. Sie war eine der wichtigsten Stichwortgeberinnen für öffentliche Debatten – aber sie hat es nie vermocht, Komplexität und Ordnungsbildung jenseits der Kategorien der Erfahrbarkeit als *natürliche Probleme* außerhalb der eigenen wissenschaftlichen Diktion auf den Begriff zu bringen. Meine eigene wissenschaftliche

Arbeit ist seit nunmehr mehr als zwei Jahrzehnten davon geprägt, diese Formen der Ordnungsbildung und des Komplexitätsmanagements moderner Gesellschaften zu diskutieren. Die Bücher, die ich dazu verfasst habe, beschäftigen sich allesamt mit der temporalisierten Dynamik komplexer sozialer Systeme, stellen gesellschaftstheoretische Fragen und exerzieren diese an empirischen Fällen durch.[3] Schon die Aufzählung und Beschreibung zeigt: Daraus lassen sich keine Geschichten erzählen! Schon deswegen, weil es – so eine der Botschaften einer Analyse komplexer Dynamiken – den berühmten Hebel für klare, kausal beschreibbare Lösungen und Strategien nicht gibt, diese im Gegenteil auch komplexer werden müssen. Wie soll man so etwas erzählen?

Meine Intuition ist die folgende: Eine soziologische Analyse der modernen Gesellschaft, wie ich sie mir vorstelle, sollte unter anderem plausibel machen können, dass es diesen Hebel eben genau nicht gibt. Vielleicht ist das Plausibelste, was man über eine moderne, komplexe Gesellschaft sagen kann, dass dieser Hebel fast kategorial ausgeschlossen ist, und zwar deshalb, weil wir eine Gesellschaft beobachten, die sich in ihren unterschiedlichen Feldern und Funktionen in je eigenen Plausibilitäten einrichtet und nicht wirklich erreicht werden kann. Verunsicherungen, Unübersichtlichkeiten, das Gefühl einer letztlich nicht beherrschbaren Welt, beschleunigte Anschlüsse – das ganze Arsenal moderner Komplexitäten verlangt nach Erzählbarkeiten, nach Vereinfachungen, nach Komplexitätsreduktionen.

Dass ich das Buch *Die letzte Stunde der Wahrheit* nenne, meint, dass es immer schwieriger wird, die Gesellschaft von einer ihrer Wahrheiten und Plausibilitäten her zu beschreiben. Beschreibungen müssen vorsichtiger werden, müssen mit Rückkopplungen rechnen, damit, dass sie selbst zum Beschriebenen dazugehören, sie müssen mitliefern, dass alles Reden nur ein Reden aus der Perspektive unterschiedlicher Perspektiven ist. Das gilt übrigens auch für das, was ich in diesem Buch veranstalte: Es ist die merkwürdige Perspektive, eine einfache Beschreibung von Komplexität zu liefern – einfacher jedenfalls als in der wissenschaftlichen Diktion, womöglich aber immer noch komplizierter, als es außerhalb davon gewohnt und erwartbar ist. Ich hoffe jedenfalls, dass es dennoch gelingt.

Der Gedankengang

Das Buch beginnt im *ersten Kapitel* mit der Diskussion der im Untertitel behaupteten Unterscheidung rechter und linker Beschreibungsformen und gipfelt in der Formel, dass wir *links reden und rechts leben* – was bedeutet: dass die intellektuelle Beschreibung schon deshalb, weil sie mit einem weißen Blatt beginnen kann, sich leichttut, universalistische Argumente zu formulieren, sich die Welt aus einem Guss vorzustellen oder sie in einer bestimmten Weise für umbaufähig zu halten, ergo: *eher links* zu sein. Die konkrete Lebenspraxis dagegen folgt genau dieser Logik nicht und ist eher partikularistisch, gebrochen durch Unübersichtlichkeiten, Zugehörigkeiten und alltagstaugliche Stereotype, also *eher rechts*. Ich arbeite hier auch heraus, warum rechte Beschreibungen derzeit womöglich eine besondere Chance auf Konjunktur haben, und deute schon an, dass im Anhang des Buches ein Briefwechsel mit einem rechtskonservativen Verleger zu finden ist, zu dem ich weiter unten noch Stellung nehme.

Das *zweite Kapitel* wird am Beispiel zweier prominenter Formen von Kapitalismuskritik, einer eher linken und einer eher konservativen, zeigen, dass sich in öffentlichen Debatten insbesondere zwei *Hebel* etabliert haben, die eine Veränderung der Gesellschaft nahelegen/suggerieren: *entweder* im Sinne der linken Idee eines Umbaus der Gesellschaft, die sich vermeintlich auf ein Prinzip zurückführen oder wenigstens als eine Einheit beschreiben lässt; *oder* im Sinne einer eher konservativen Idee durch die Einsicht in moralische oder verzichtsorientierte Notwendigkeiten. Ich diskutiere in diesem Kapitel zugleich, dass Beschreibungen wie diese nur funktionieren und plausibel sein können, weil sie auf entgegenkommende Milieus mit ihren Erwartungen oder auf kulturelle Muster zurückgreifen können. Diese Adressen sind es, die entsprechende Texte plausibel machen und die an jene Hebel glauben wollen, für die es letztlich keine wirklichen Argumente gibt. Exakt das wird das Ergebnis des zweiten Kapitels, sein: dass die angedeuteten Formen von Kapitalismuskritik zwar auf höchstem Niveau argumentieren, aber letztlich die Komplexität und Eigendynamik einer modernen Gesellschaft völlig unterschätzen.

Mit Komplexität beschäftigt sich das *dritte Kapitel*, das längste und auch das Schlüsselkapitel des Buches – es ist auch dasjenige, das mir beim Schreiben die größte Mühe bereitet hat. Komplexität – das ist bisweilen ein Allerweltsbegriff für alles, was uns irgendwie zu schwierig, zu unübersichtlich, gewissermaßen unentrinnbar erscheint. Komplexität – das ist manchmal auch ein selbstimmunisierender Begriff, der nichts weiter erklären muss, weil er ja die Möglichkeit des Erklärens negiert. Komplexität – das ist manchmal auch eine Kapitulation davor, genauer hinzusehen. Dass Komplexität freilich ein Schlüsselkonzept genau dafür ist, die Unübersichtlichkeit des Gegenstandes in eine Übersicht zu bringen und daraus diagnostische Konsequenzen zu ziehen, wird selten gesehen beziehungsweise systematisch bearbeitet. Exakt das will das Schlüsselkapitel dieses Buches leisten. Statt komplizierter differenzierungstheoretischer Begrifflichkeiten versuche ich, dies mithilfe der technischen Metapher der *verteilten Intelligenz* zu erläutern, und erhoffe mir davon, dass das differenzierungstheoretische Design der modernen Gesellschaft damit tatsächlich narrationsfähig wird.

Im *vierten Kapitel* nehme ich eine weitere technische Metapher auf, nämlich die Unterscheidung analoger und digitaler Welten. Ich entwickle dort einen Begriff »sozialer Digitalisierung«, der noch einmal deutlich macht, dass die moderne Gesellschaft sich nicht mehr in den analogen Begriffen unserer Alltagserfahrung darstellen lässt. Soziale Konflikte zum Beispiel stellen wir uns normalerweise als Konflikte zwischen konkreten sozialen Gruppen oder Milieus vor. Die moderne Gesellschaft ist aber so komplex, dass konkurrierende Gruppen unsichtbar, also digitalisiert werden. Reale Konkurrenten sind keine sozialen Gruppen mehr, sondern statistische Gruppen, abstrakt, unsichtbar, nicht beschreibbar. Genau das macht es so plausibel, in angeblich sichtbaren sozialen Gruppen, etwa sogenannten Fremden, eine Adresse für Kritik und Ablehnung zu finden. Die technische Digitalisierung, also das Internet und seine *verteilten Intelligenzen,* wird in diesem Zusammenhang nicht als Ausgangspunkt und Ursache, sondern eher als Folge und Symptom einer sozial digitalisierten Gesellschaft dargestellt.

Im *fünften Kapitel* nehme ich die Kapitalismuskritik noch einmal auf. Ich werde dort unter dem Stichwort *It's the society, stupid!* die These vertreten, dass die fast ubiquitäre Diagnose einer »Ökonomisierung« der Gesellschaft so plausibel ist, weil man in der modernen entfesselten Ökonomie auch eine Metapher für eine nahezu nicht steuerbare, komplexe Dynamik sehen kann.

Im *sechsten* und letzten Kapitel schließlich werde ich unter dem Stichwort Übersetzungskonflikte darauf hinweisen, dass die moderne Gesellschaft weder als integriert noch als aus einem Guss bestehend noch als eindeutig beschreibbare Einheit gedacht werden kann. Mit der Figur der Übersetzung führe ich einen Mechanismus ein, an dem gezeigt werden kann, dass sich eine Gesellschaft immer nur temporär, immer nur in praktischen Gegenwarten, immer nur vorläufig und immer nur an konkreten Stellen integrieren kann und – immer wieder neu beginnen muss. Ich werde das am Verhältnis von ökonomischen und politischen Perspektiven als einem Schlüsselproblem verdeutlichen und argumentieren, dass Lösungshorizonte für Komplexitätsprobleme nur als Übersetzungsleistungen in Echtzeit zu denken sind. Ich werde daraus am Ende andeuten, ob und wie sich daraus womöglich ein neuer Kritiktypus generieren lassen lässt.

Unter dem Titel »Übersetzungskonflikte« beginnt übrigens im Sommer 2015 ein unter meiner und der Leitung meiner Kollegin Irmhild Saake stehendes, von der Deutschen Forschungsgemeinschaft gefördertes Forschungsprojekt, das sich in den nächsten Jahren exakt mit diesem Mechanismus der Übersetzungskonflikte und mit Übersetzungsstrategien auf unterschiedlichen Gebieten beschäftigen wird. An dem Konzept muss also weitergearbeitet werden. Die grundlegende Denkrichtung freilich ist deutlich: Es geht darum, die Multiperspektivität der modernen Gesellschaft mit ihren eigenen Mitteln zu schlagen: nämlich mit gegenwartsbezogenen Formen des Umgangs mit unterschiedlichen Kontexten und Logiken.

Ein Briefwechsel

Wie bereits erwähnt, befindet sich im Anhang des Buches ein Briefwechsel mit Götz Kubitschek, dem Verleger des rechtskonservativen Antaios Verlages und der sich selbst als rechts labelnden Zeitschrift *Sezession*. Ich hatte bereits vor einigen Jahren Kontakt zu jener Zeitschrift, da sie mich im Nachgang zu den Diskussionen um das Buch *Deutschland schafft sich ab* von Thilo Sarrazin zu einer öffentlichen Diskussionsveranstaltung eingeladen hatte. Ich habe damals abgesagt, auch weil das Spektrum der Zeitschrift nicht zu dem gehört, was als satisfaktionsfähig gelten konnte. Ich war, zugegebenermaßen, auch nicht mutig genug, zuzusagen.

Ich habe über die Jahre immer wieder Bücher beim Verlag bestellt, auch einzelne Exemplare der Zeitschrift *Sezession*. Im Frühjahr 2014 dann hat der Internet-Buchhändler Amazon die Bücher des

Verlages aus dem Programm genommen, was durchaus mit Befremden registriert wurde, etwa von Lorenz Jäger in der *Frankfurter Allgemeinen Zeitung*.[4] In einer E-Mail am 3. März 2014 an Kubitschek habe ich diese Praxis von Amazon *en passant* kritisiert, denn es sollte nicht Aufgabe eines kommerziellen, international agierenden Marktführers der Branche sein, Zensur auszuüben – ganz unabhängig davon, ob einem die Inhalte der Druck-Erzeugnisse passen oder nicht, solange sie Legalitätsgrenzen nicht überschreiten, wovon hier wirklich nicht die Rede sein kann. Kubitschek hat auf diese meine E-Mail reagiert und gemeint, man könne auch, wie er formulierte, »über Weltanschauungsgrenzen hinweg« ins Gespräch kommen. Daraus hat sich dann ein langer Briefwechsel ergeben, der von März bis Juni 2014 stattfand, in dem übrigens die Frage der Publizierbarkeit des Schriftwechsels stets Thema war.

Ich habe mich schwer damit getan, den Briefwechsel zu publizieren – die *Sezession* als von Kubitschek vorgeschlagenem Ort kam für mich nicht infrage, schlicht weil man viel zu viel hätte erklären müssen, an einem Ort zu publizieren, der in der Publizistik als nicht salonfähig gilt. Und mit den meisten Periodika ist der Briefwechsel schon aus Formgründen kaum kompatibel. Dass ich mich entschlossen habe, den Briefwechsel hier zu dokumentieren, hat in erster Linie damit zu tun, dass ich es für falsch halte, das rechte oder rechtskonservative Denken für unberührbar zu erklären. Es ist in der Welt, und das nach meiner Einschätzung derzeit keineswegs wirkungslos – und da es in der Welt ist, muss man sich damit auseinandersetzen, und zwar direkt. Götz Kubitschek hat der Publikation in diesem Buch dankenswerterweise zugestimmt.

Der Briefwechsel zeigt meines Erachtens ziemlich deutlich die Sackgassen »rechten« Denkens auf. Er zeigt zugleich in aller Deutlichkeit, wie sehr die Idee, dass sich Strukturprobleme der modernen Gesellschaft durch homogenere Bevölkerungen, durch die Konzentration auf ein kulturell oder sogar ethnisch Eigenes lösen ließen, vor dem Problem der Komplexität der Gesellschaft kapituliert. Und er zeigt, dass diese Idee letztlich gar nicht diskursfähig ist, weil sie den Rekurs aufs »eigene Volk« wie eine transzendentale, also vor-empirische Bedingung behandeln muss. Insofern kann an diesem Briefwechsel mitstudiert werden, was gemeint ist, wenn ich davon spreche, dass Beschreibungen an gegebene Milieus beziehungsweise Alltagsplausibilitäten anschließen müssen, um zu funktionieren. Empirisch kann man jedenfalls kaum daran vorbeisehen, dass eine solche Denkungsart auf entgegenkommende Milieus trifft und immer anschlussfähiger wird, im politischen Raum auch sicher deswegen, weil es der Union nicht mehr gelingt, die konservative Seite der Gesellschaft abzudecken. Die Union möchte gerne großstädtisch liberal sein – und die Wahlergebnisse geben ihr recht. Aber das hat unter anderem zur Folge, dass sich jenseits ihrer selbst auch intellektuelle Formen des Rechten und Rechtskonservativen entwickeln. In anderen europäischen Ländern, etwa Frankreich, hat dieses Fehlen eines ernsthaften Konservatismus der Mitte bereits erheblich extremere Folgen gehabt.

Mir selbst ist es übrigens auch eine Frage der intellektuellen Redlichkeit, solche Argumentationsformen ernst zu nehmen. Wenn es nicht gelingt, *mit* den Vertretern dieser Denkungsart zu sprechen, erhöht sich deren Nimbus als Exkludierte aus dem Mainstream – was ja letztlich das identitätsbildende Grundgefühl jener Protestwähler und Demonstranten etwa der sogenannten Pegida-Bewegung oder auch der AfD ausmacht. Es kommt bei aller normativen Distanz darauf an, nicht in der selbstgerechten Attitüde der normativen Ablehnung auf einen Dialog zu verzichten. Ich spreche am Ende des Buches über Übersetzungskonflikte. Letztlich liegen solche Konflikte auch hier vor – und einer dieser Übersetzungskonflikte ist, dass sich die erlebte Komplexität der Welt und die Undurchschaubarkeit der Gesellschaft in jenen Erfahrungen wiederfinden, die vom rechtskonservativen Denken affizierbar sind. Es muss intelligentere Formen der Auseinandersetzung geben als eine bloße Ablehnung oder gar Dämonisierung der Position. Es gebührt übrigens auch Götz Kubitschek ein Dank dafür, dass er sich der Auseinandersetzung gestellt hat. Dass wir zu keinem Konsens gekommen sind, ist klar.

Die Konsistenz des weißen Blattes und die Inkonsistenz der Welt

Wer ein Buch beginnt, sitzt vor einem weißen Blatt und wird womöglich verführt, sich wie ein Schöpfer zu fühlen. Wer vor einem weißen Blatt sitzt, kann eine ganze Welt erschaffen, indem er sie hinschreibt. Es ist gewissermaßen eine Gottesposition, die aus dem Nichts beginnt, allein eingeschränkt durch den eigenen Willen – freilich ist dies das grundlegende Missverständnis des Schreibens. Der Autor ist nicht Schöpfer der Welt, die er da (be)schreibt, sondern muss sich einerseits von dieser Welt belehren lassen, um sie beschreiben zu können – und er ist zugleich Teil dieser Welt.

Gemeint ist damit, dass Beschreibungen ebenso wie der Versuch, Handlungsressourcen zu entdecken, niemals rein präskriptiv möglich sind. Sie müssen immer dort beginnen, wo man gerade steht, und sie müssen auch sehen, dass sie Teil des Beschriebenen sind. Außen und Innen fallen paradoxerweise zusammen. Wahrscheinlich ist deshalb alle Rationalität und Rationalisierung eine besondere Form von *Postrationalisierung*, weil sie nie am Anfang beginnt, sondern sich mit den Folgen des Begonnen-Habens herumschlagen muss. Ich werde im dritten Kapitel behaupten, dass manche Diagnose der Gesellschaft mit einem Gestus daherkommt, als könne die Gesellschaft und ihre Gestalt schlicht auf ein weißes Blatt Papier geschrieben werden. Vielleicht ist das weiße Blatt Papier – oder heute: der leere Bildschirm – das Grundmissverständnis schlechthin. Die Omnipotenzfantasie des Schreibens ist die kleine Schwester der theoretischen Impotenz, bei der Beschreibung an unbeschriebene Blätter zu glauben.

Pierre Bourdieu hat, darauf werde ich im ersten Kapitel hinweisen, den Habitus des Intellektuellen dahin gehend kritisiert, dass dieser im Gestus des *Epistemozentrischen* sein Einwirken auf die Gesellschaft mit der Praxis am Schreibtisch verwechselt, an dem man Welten nach dem eigenen Bilde erschaffen kann, deren einzige Selbstkontrolle im Zugzwang *epistemozentrischer* Textproduktion liegt. So kann man dann beschreiben, wie eine Gesellschaft mit nachhaltiger Wirtschaftsweise aussehen könnte und entsprechend konstruiert oder umgebaut werden muss. Oder man kann eine kohärente Lebensform und Lebenswelt zur Bedingung der Möglichkeit funktionierender Gründewelten erklären, sieht dann nicht mit, dass die *präskribierte* (buchstäblich!) Bedingung eine Bedingung der Denknotwendigkeit oder eines konsistenten Schlussverfahrens ist, aber empirischen Bedingungen kaum entspricht. Letztlich entspricht dem *Epistemozentrischen* in der intellektuellen Beschreibung der Welt das *Heroische* im Führungshabitus von Managern, etwa in Unternehmen. Ein bestimmter männlich-heroischer Führungsstil mit direktiven Formen der Einflussnahme scheint mir so etwas wie ein funktionales Äquivalent für den Intellektuellen vor einem weißen Blatt Papier zu sein.

Was die Metapher des weißen Blattes noch zusätzlich plausibel macht, ist eine Art theologisches Argument. Die Erschaffung der Welt wird in der jüdischen und später christlichen Tradition in einem geoffenbarten Buch bezeugt. Gott saß also vor einem weißen Blatt, das er vollschreiben musste. *Am Anfang war das weiße Blatt, nicht das Wort* – aber nur am Anfang, danach nicht mehr, danach gibt es kein Anfangen mehr, sondern nur ein Weitermachen.

Der Hinweis auf den Irrtum des weißen Blattes ist mehr als nur ein Bonmot, denn das Problem des weißen Blattes, auf dem man ganze Strukturen und Modelle errichten kann, entzieht sich der Komplexität der Welt geradezu. Der Zugzwang des weißen Blattes ist nicht die Komplexität des Beschriebenen. Die Zugzwänge des Schreibens verlangen eher Geschichten, die aufgehen, und genau deshalb erzeugt die Praxis des Schreibtisches und des Beschreibens des weißen Blattes meistens kohärente Geschichten, die aufgehen, in einer inkohärenten Welt, die eben nicht aufgeht.

Ich möchte bescheidener sein: Ich hoffe, dass meine Argumente im Laufe dieses Buches aufgehen werden – aber als Geschichte werden sie nicht wirklich aufgehen, weil die Darstellung selbst stets darauf stößt, dass man den Diagnosen der Gesellschaft, wie ich sie an den politischen Chiffren rechter, linker, konservativer Provenienz verdeutlichen werde, nicht einfach eine weitere anfügen kann. Mein Narrativ ist das Narrativ der Komplexität, und daraus lässt sich keine lineare Geschichte stricken. Oder anders gewendet: Die Diagnose der Komplexität schließt die Möglichkeit einer linearen Beschreibung kategorial aus und muss Formen finden, diese Nichtlinearität, die Gleichzeitigkeit von Unterschiedlichem, die Wechselwirkungen *verteilter Intelligenz*, die Perspektivendifferenz analoger und digitaler Perspektiven und nicht zuletzt die Nachträglichkeit aller Ordnungslogiken auf den Begriff zu bringen. Sie muss übrigens auch damit rechnen, dass in der Gesellschaft schon sehr wirksame Beschreibungen vorliegen – die moderne Gesellschaft ist voll davon, dass unterschiedliche Logiken, Akteure, Funktionen, Organisationen usw. sich einen Reim auf das machen, was sie tun und sich damit in ihrer Welt einrichten. Schon das erhöht die Komplexität einer Gesellschaft voller Unterbrechungen zwischen ihren Teilen – und ist eine Provokation für diejenigen, die konsistente, kohärente und monologische Beschreibungen dieser Gesellschaft unters Volk bringen. Erst recht ist es eine Provokation für jene, die klare und deutliche Hebel für die Verbesserung der Welt imaginieren.

Vielleicht ist Komplexität gar nicht narrationsfähig, schon weil Erzählungen davon leben, durch ihre eigene Selektivität für Verhältnisse zu sorgen, die alles weglassen, was nicht zum Ende hin strebt – zum Ende im doppelten Wortsinne: zum logischen oder wenigstens plausiblen Aufhören der Geschichte einerseits, zum Ende im Sinne des Zwecks andererseits, denn der Erzählung muss ein Narrativ zugrunde liegen – und dies ist explizit *keine* Tautologie, weil nicht die Sätze die Erzählung hervorbringen, sondern der Zugzwang des Erzählbaren die Sätze. Von Komplexität zu erzählen beziehungsweise die merkwürdig nicht linearen Bedingungen komplexer Ordnungsbildung zu diskutieren, heißt letztlich, von der Unmöglichkeit jener Erzählbarkeit, in der Geschichten stets aufgehen, zu erzählen.

Und vielleicht ist das, nun ganz unbescheiden, doch ein schönes Narrativ. Ein Narrativ jedenfalls, das davon profitieren könnte, dem Missverständnis des weißen Blattes nicht auf den Leim zu gehen. Die Welt ist schon beschrieben – im doppelten Wortsinne. Meine Beschreibung setzt genau dort an.

Erstes Kapitel

Rechts – links, konservativ – progressiv. Wirklich keine Alternativen?

Selbstverständlich machen rechts und links einen Unterschied. Es wäre nicht nur politisch naiv, sondern auch empirisch sehr gewagt, zu behaupten, rechts und links machen keinen Unterschied. Aber wie ich bereits in der Einleitung gesagt habe: Das ist nicht meine These. Ich möchte vielmehr zeigen, dass diese Unterscheidung womöglich mehr Ordnung in die Welt bringt, als es für eine angemessene Beschreibung ihrer Komplexität und inneren Widersprüchlichkeit zuträglich ist. Nur deshalb beginne ich mit der Behauptung, dass sie eben keine Alternativen mehr sind, auch wenn sie Wesentliches unterscheiden. Aber sind sie wirklich keine Alternativen mehr?

Rechts und links, konservativ und progressiv sind mir tatsächlich nur Chiffren dafür, dass es offensichtlich ein Ordnungsbedürfnis gibt, das vor den Ordnungsproblemen einer differenzierten, einer komplexen Gesellschaft kapituliert. Diese Unterscheidungen rufen Beschreibungstraditionen auf, die uns wohlvertraut sind – und noch der Hinweis darauf, dass die Unterscheidungen nicht mehr so genau diskriminieren, zeigt nur, dass uns offensichtlich wenig andere Beschreibungsmöglichkeiten zur Verfügung stehen – zumindest nicht solche, die wirksam in das Selbstbild von Gesellschaften hineinwirken.

Was mir vorschwebt, ist der Versuch, jenseits dieser eingeführten Unterscheidungen so etwas wie eine Beschreibungsmöglichkeit für die Komplexitätsprobleme der Gesellschaft anzubieten – und zwar eine, die ganz explizit nicht eine wissenschaftliche Textsorte bedient, in der sich wohlfeil über Komplexität und Differenzierungstheorie, über ihre epistemologischen Grundlagen usw. debattieren lässt, sondern eine, die diese Schwelle überwinden und somit verhindern kann, dass wir nicht immer wieder in die alten Reaktionsmuster zurückfallen, an die wir uns so sehr gewöhnt haben. Bleiben wir aber zunächst bei der Unterscheidung.

Rechts, links

Es ist unbestritten: rechts und links machen einen Unterschied. Wir wissen auf den ersten Blick auch, was damit gemeint ist. Eine eher linke Perspektive interessiert sich vorwiegend für die Schwächeren, für die Unterprivilegierten, und erkennt an, dass soziale Ungleichheit vor allem das Ergebnis sozialer Strukturen ist. Eine eher rechte Perspektive wird individuelle Schwächen hauptsächlich den Individuen zurechnen, zugleich Individuen ohnehin Großgruppen, also Völkern, Ethnien, Nationen, Konfessionen, Familien usw., zuordnen. Eine eher linke Perspektive kann Pluralität aushalten, eine eher rechte nicht. Irgendwie merkt man schnell, wie ein Gegenüber tickt – und oft passt das dann auch nicht recht zu den allgemeinen politischen Orientierungen, die in etablierten politischen Systemen ohnehin kaum nach rechts und links zu diskriminieren sind.

Links oder wenigstens linksliberal zu sein, ist durchaus erwartbar – womöglich gar ein Normalfall des Argumentierens. Aber rechts? Das Rechte scheint uns als Kategorie abhandengekommen zu sein, wenigstens im deutschsprachigen Raum, auch wenn man kaum daran vorbeisehen kann, dass genuin rechte Orientierungen sowohl im politischen Raum als auch im publizistischen Raum zunehmen. Sichtbarstes Beispiel ist etwa die im Herbst 2014 entstandene sogenannte PEGIDA-Bewegung – PEGIDA heißt: *Patriotische Europäer gegen die Islamisierung des Abendlandes.* Es ist eine Bewegung, die schon auf den ersten Blick klassische rechte Chiffren bedient und Zuwanderung als den Fokus aufgreift, in dem sich Unsicherheiten, Ängste und Distinktionsbedürfnisse bündeln. Die meisten Teilnehmer bezeichnen sich und die Bewegung keineswegs als rechts, aber das Gemeinsame der sehr heterogenen Bewegung kulminiert tatsächlich in dem, was rechtes Denken in erster Linie ausmacht: zwischen *uns* und den *den anderen* klar und deutlich und asymmetrisch zu unterscheiden.

Das Rechte ist als Kategorie abhanden gekommen.

Die Frage ist: Kann man eigentlich *rechts* sein? Ist die Unterscheidung nicht längst implodiert, nachdem alle sich in der Mitte treffen? Oder heißt *links* immer noch, dass sich alles ändern muss, *rechts* dagegen die Bewahrung des immer schon Gültigen? Das entspricht jedenfalls der Sitzordnung der französischen Nationalversammlung von 1789, in der links die Protagonisten der Revolution saßen, also die Progressiven, auf Fortschritt setzenden, diejenigen, die für radikale Veränderung standen. Und rechts die, die an der Tradition festhalten, also die alten Machtverhältnisse stabilisieren wollten, regressiv, konservierend. Das ist eine allzu einfache und grobschlächtige Unterscheidung – und dass sie allzu einfach ist, sticht sofort ins Auge.

Heute freilich fällt der Unterscheidung die rechte Seite weg. Man findet kaum jemanden, der sich als *rechts* bezeichnet – und die Unübersichtlichkeit, die großen politischen Strömungen eher konservativer und eher sozialdemokratischer Provenienz zwar unterscheiden zu können, aber nicht wirklich prinzipiell, lässt die Unterscheidung fast gegenstandslos werden. Denn gerade *rechts* will heute niemand sein. Und wo sich an den Rändern dann doch *Rechte* finden – im Umkreis etwa von Zeitschriften wie *Junge Freiheit*, die sich inzwischen freilich um eine bürgerlichere Selbstdarstellung bemüht, oder die *Sezession* unter dem Label der »Neuen Rechten« –, muten die semantischen Figuren bisweilen eher *links* an. Jedenfalls wird dort versucht, die »Etablierten« als die eigentlich Konservativen im Sinne des Stillstands zu verstehen, während man sich selbst eine geradezu revolutionäre Semantik zulegt, eine Form der ideologischen Kritik und der Unterwanderungs- und Guerilla-Strategie, die linken Desperados in den 1970er-Jahren ähnlicher ist, als es alle Beteiligten wollen. Pate steht die merkwürdig paradoxe Figur der »Konservativen Revolution« von Armin Mohler – eine ideologische Form, die anti-egalitär, anti-demokratisch, anti-liberal ist, aber durchaus revolutionär. Es sind – zumindest was die semantischen Formen angeht – hier *Rechte* am Werk, die ein revolutionäres linkes Projekt beabsichtigen, nämlich die Umgestaltung der Gesellschaft.

Linke werden dagegen eher konservativer, denn kaum eine linke Perspektive hat noch so etwas wie eine revolutionäre, in diesem Sinne progressive Lösung anzubieten – und der großstädtische Alltag der Wohlsituierten ist eindeutig »rechter«, auch in diesem Sinne weniger revolutionär geworden, hat sich mit ökonomischen Segnungen versöhnt, gibt für Kritik viel Geld im Bioladen aus und freut sich, dass der SUV bei fast 300 PS so wenig Benzin oder Diesel verbraucht wie zuvor ein oberer Mittelklassewagen in flacher Limousinen-Bauweise. Und die Distinktion nach unten bekommen die gut situierten, gebildeten, kritischen Bürger auch hin, die sich selbst niemals als konservativ ansehen würden, aber etwa in der Bildungspolitik auf die Privilegien distinktiver Schulformen bestehen. Man kann sogar Kapitalismuskritik und Spitzensteuersatz verbinden – und braucht den Erfolg des Konsumkapitalismus doch, um das angenehme Leben führen zu können, das man führt.

Distinktion nach unten.

Paradoxerweise sind gerade die urbanen wohlsituierten Lebensformen ein Indikator dafür, dass sich das konservative politische Spektrum tatsächlich nach *links* verschiebt und dem sozialdemokratischen Spektrum die Klientel verloren geht – aber das hat dann mit der Unterscheidung von *rechts und links* kaum mehr Informationswert, weswegen so etwas wie große Koalitionen wenigstens im deutschen Fall die fast logische Folge sind.

Vielleicht ist das letzte große Thema das Distributionsthema – aber selbst das fügt sich nicht mehr so einfach der Rechts-links-Unterscheidung. Die linke Kritik hat vielleicht deshalb die Kritik am *unternehmerischen Selbst* entdeckt, an der Figur des Arbeitskraftunternehmers, also des Individuums, das sich flexibel auf Märkte und eigene Vermarktungschancen einstellen muss – und unterliegt dabei einem radikalen Selbstmissverständnis. Mit dem Unternehmerischen konnte man sich von linker Seite nie versöhnen, aber die Segnungen einer konsumstarken Lebensform ist ohne dies nicht zu kriegen.

So berechtigt wenigstens Teile dieser Kritik sind und so leicht und unmittelbar einsichtig eine mitgeführte Beschleunigungskritik auch sein mag – ist das *links*? War es nicht einmal eine linke, wenigstens linksliberale Forderung, dass das Individuum Spielraum für individuelles Ressourcen- und Arbeitsmanagement haben sollte? Haben wir es womöglich mit Folgekosten einer erfüllten Erwartung zu tun, dass die Bewohner der Moderne wirklich Individuen sind, die sich selbst führen, statt geführt zu werden? Und selbst wenn das eine subtile Art der Führung ist, so gehörte zu Modernisierungsprozessen stets auch die Forderung, *Wollen* und *Sollen* zu versöhnen. Ich werde später darauf zurückkommen.

Aber was ist nun rechts? Nun, rechts liegt am Rand – zumindest was seine intellektuelle Reflexion angeht. Es liegt am Rand, weil es inzwischen unsagbare Sätze formuliert, wenigstens für den intellektuellen Diskurs unsagbare Sätze, die freilich dem Lebensgefühl vieler öffentlicher Konfliktlinien näher sind, als es zunächst den Anschein hat. Wenn man das Rechte auf einen Begriff bringen will, dann ist es eine merkwürdige Konstellation von Gleichheit und Ungleichheit, nämlich Gleichheit nach innen und Ungleichheit nach außen. Der vielleicht wirkungsvollste Stichwortgeber einer »Neuen Rechten« ist neben Armin Mohler der französische Publizist und Philosoph Alain de Benoist. In seinem Buch *Aufstand der Kulturen* plädiert er für eine Rehabilitierung der »Verschiedenheit« als grundlegendes Ordnungsprinzip, explizit als Gegenprinzip gegen das Versprechen der Gleichheit, wie es seit der Aufklärung gilt.[5] Rechts wird Denken also spätestens dann, wenn es eine Homogenität der Eigengruppe annimmt und in einer gewissen Toleranz die Homogenität von anderen Gruppen, von Fremdgruppen akzeptiert. Man kann dieses Denken von Benoist und der sogenannten »identitären Bewegung« auch als ein Lob der Vielfalt lesen, und zwar in dem Sinne, dass man Vielfalt insofern gutheißt, als es durchaus unterschiedliche Kulturen und Lebensformen geben darf – aber eben nicht vermischt und innerhalb eines Raumes, sondern nebeneinander.

Homogenität oder Lob der Vielfalt?

Living apart together – diese Formel für die Liebesbeziehung unter räumlich getrennt Lebenden taugt letztlich auch für jene Toleranz, die das Andere das Andere sein lässt. Diese Art von Toleranz ist genauso ambivalent wie die falsche linke Toleranz. Die eine, die rechte, die identitäre Toleranz ist eine Toleranz der Partikularismen untereinander, die unterschiedliche Behälter nebeneinander gutheißt, aber mit möglichst wenig Grenzverkehr. Man kann dann Fremdenfeindlichkeit als Toleranz ausgeben und das Recht an den Boden binden. Die andere, die linke Toleranz, segelt unter der Flagge des Universalismus, die alles als Kultur Legitimierte will gelten lassen.

Der vielleicht größte aktuelle Skandal in dieser Hinsicht sind die Geschehnisse in der englischen Stadt Rotherham, in der über Jahre

Kinder organisiert vergewaltigt und gequält worden sind, und die Verfolgungsbehörden Hinweise auf die Täter ignoriert haben, weil diese Briten mit pakistanischen Wurzeln waren. Man wollte sich nicht dem Vorwurf der Intoleranz aussetzen, wenn man Verdächtige mit einem ethnischen Täterprofil sucht. Es gibt nicht nur das, was in der Soziologie als »gruppenbezogene Menschenfeindlichkeit«[6] gilt, sondern auch so etwas wie einen »gruppenbezogenen Verlust von Urteilskraft«, um nicht allzu gruppenbezogen zu verurteilen. Dieses Gruppenbezogene ist letztlich eine rechte Figur – die sich partikularistisch und universalistisch wenden lässt. Es partikularistisch, also rechts zu wenden, wäre die Betonung der Eigengruppe, die traditionalistische Abgrenzung nach außen, die Betonung von Ungleichheit. Es aber universalistisch, also links zu wenden, würde dann ein emanzipatorisches Recht auf Gleichheit in der Ungleichheit einklagen. Man denke etwa an separatistische Bewegungen, an Sonderrechte und -pflichten für minoritäre

Politik der Identität.   Gruppen, positive Diskriminierungen durch das Recht, besondere Rechte für Angehörige kultureller, ethnischer oder religiöser Minderheiten. Diese Fragen des Rechts in der multikulturellen Gesellschaft führen dann zu der Frage, wie eine neue Politik der Identität partikularistische Orientierungen im Gewand universalistischer Rechte in Anspruch nimmt. In der Philosophie des Multikulturalismus etwa bei Charles Taylor[7], Will Kymlicka[8] oder Heiner Bielefeldt[9] geht es dann exakt um jene Paradoxien, in die das moderne Recht gerät, wenn es besondere Anerkennungsformen ungleich verteilt. Das moderne Recht arbeitet nach dem Prinzip, jeden Menschen gleich zu behandeln, unabhängig von seiner Herkunft. Das Identitätsrecht bestimmter Gruppen dagegen plädiert für Ungleichheit vor dem Recht, muss dafür aber universalistische Ansprüche formulieren. Letztlich nimmt jede separatistische Bewegung universalistische Rechte in Anspruch – eine Paradoxie, die schwer aufzulösen ist, will man weder den generalinklusiven Charakter des Rechts gefährden noch womöglich berechtigte Interessen von Minderheiten.

Auch hier ist es also nicht so einfach, das Rechte vom Linken wirklich kategorial zu trennen – es ist eben nur eine Unterscheidung, und das eine lebt dann vom anderen und ist sich als Unterscheidung ähnlicher, als man es gerne hätte. Wie das Gute das Böse, das Gottgefällige die Sünde, braucht das Rechte das Linke und das Linke das Rechte – gerade dort, wo sich die beiden Seiten kreativ aufeinander einstellen, was sich im identitären Denken etwa eines Alain de Benoist sehr deutlich ablesen lässt. Solches rechte Denken ist nicht mehr im engeren Sinne offen rassistisch oder antisemitisch, sondern es zielt auf äußere Abgrenzung und innere Kohäsion – letztlich ist es die Idee des ethnisch homogenen Nationalstaates, der als revolutionäre Idee des 19. Jahrhunderts linken Ursprungs ist.

Die Nation war ein linkes Konzept – links in dem Sinne, dass es nun nicht mehr Dynastien oder Herrschaftsgebiete, nicht mehr aristokratische Traditionen und geschlossene Führungszirkel sind, die kollektive Identität repräsentieren konnten, sondern »das Volk« – dafür freilich musste das Volk als eine homogene Form semantisch bereitgestellt werden, man musste es geradezu als eine Einheit erfinden, die es dann durch die permanente kommunikative Bestätigung auch wurde.[10] So wurde aus der vormodernen ethnischen Pluralität Europas, von der etwa das ehemalige Gebiet des Habsburger Reiches noch heute zeugt, das Ideal des ethnisch homogenen Nationalstaates. Hat es in vormodernen Zeiten ein zwar nicht konfliktfreies, aber vergleichsweise unproblematisches Nebeneinander ethnischer Formen gegeben – siehe etwa das Verhältnis von arabischen und jüdischen Semiten im Gebiet des heutigen Israel und Palästina –, wurden mit der Aufwertung des Volkes dann auch die *Völker* aufgewertet. Zuvor wurden Herrschaftsbereiche schlicht von oben integriert – es war eher eine Po-

> Die Nation als *linkes* Konzept.

litik der Einflusssphären als eine Politik der Überzeugung der eigenen Bevölkerungen, die man schon wegen fehlender massenmedialer Erreichbarkeit gar nicht oder nur in ihren städtischen Eliten ansprechen konnte. Es reichte dann, diese Eliten mit bestimmten ständischen Privilegien auszustatten – wofür diese Loyalität der Herrschaft gegenüber zollten. Dies ändert sich spätestens in dem Moment, in dem Herrschaftsbereiche sich nicht nur in der Abgrenzung nach außen definieren, sondern sich auch nach innen legitimieren müssen. Das Konzept der Nation hat dafür das entsprechende semantische Rüstzeug geliefert.

Erst jetzt erforderte letztlich die *linke* Idee der Volkssouveränität auch die *rechte* Idee der inneren Homogenität. Der Historiker Hans Mommsen hat darauf hingewiesen, dass die Nation eine *klassentranszendierende* Funktion hatte, also tatsächlich das zuvor bloß untertänige Volk zum Akteur gemacht hat. Nutznießer waren vor allem aufstrebende Mittelschichten – freilich mit der Tendenz, die neue innere Homogenität als Volk mit einer Intoleranz nach außen hin zu erkaufen.[11] Insofern war die Nation tatsächlich sowohl rechts als auch links – und der Kosmopolitismus der Aufklärung, das Versprechen des allgemeinen Menschentums und der Gleichheit der Menschen brach sich an der politischen Praxis der Staatswerdung, die eine innere Form der Differenzierung erforderte, weil das »Wir« eben stets ein »Ihr« erfordert, um sich angemessen beschreiben zu können.

Rechts = unhintergehbare Gruppenzugehörigkeit.

Rechts zu denken, heißt, dass man menschliche Existenz nur als unhintergehbare Gruppenexistenz denken kann – mit allen Konsequenzen, die das dann theoretisch, normativ und auch politisch hat. Menschen sind dann in erster Linie Mitglieder größerer Gemeinschaften, und die Lösung gesellschaftlicher Probleme wird letztlich der Homogenität beziehungsweise der inneren Kohäsion einer solchen Gruppe auferlegt. Die Vorbedingung für die *rechte* Idee der Volkssolidarität war die *linke* Idee der Volkssouveränität. Beide sind gleichursprünglich entstanden.

Um einen Eindruck davon zu vermitteln, wie sich neues rechtes Denken anhört, ist diese Charakterisierung von Manfred Kleine-Hartlage hilfreich, einer der Protagonisten einer neuen intellektuellen Rechten: Wichtig ist für ihn »die Bereitschaft und Fähigkeit zur Bildung von Solidargemeinschaften, die auf dem Ausschluß der Nichtdazugehörigen beruhen, demgemäß die Bevorzugung des Eigenen vor dem Fremden, die Bereitschaft zur Akzeptanz eines gesellschaftlichen Konsenses über Normen, Werte und Spielregeln, verbunden mit der Diskriminierung dessen, was davon abweicht«.[12] Man muss fast dankbar sein, dass die Dinge so klar auf den Begriff gebracht werden. Selbstverständlich glauben diese Rechtsintellektuellen nicht wirklich, dass sich Gesellschaften solcher gemeinschaftlicher Form (wieder)herstellen lassen. Auch Alain de Benoist wird fast so etwas wie ein gemäßigter Multikulturalismus nachgesagt – gemeint ist damit aber in der Tat eine klare Aufwertung des Eigenen gegenüber dem Fremden. Götz Kubitschek, ein weiterer Vertreter der neuen rechtsintellektuellen Szene, plädiert denn auch für Intoleranz: »Das Gebot der Stunde ist also die Intoleranz, oder besser: das Lehren und das Erlernen der Intoleranz dort, wo das Eigene in seiner Substanz bedroht ist.«[13]

Man kann solche Statements für unmoralisch halten – aber das trifft sie nicht, da sie selbst im Modus des Moralischen argumentieren. Trotz der Universalisierbarkeit von guten Gründen stellen die meisten Partikularinteressen sich selbst gar nicht gegen die Moral, sondern kommen sogar mit besonderer moralischer Verve daher, wenn man den Moralbegriff nicht vorschnell normativ an den Horizont der Menschheit bindet, sondern an den Horizont der Achtung der Moralgenossen. Das ist, wohlgemerkt, keine normative, sondern eine empirische Diagnose, denn anders ist nicht zu erklären, warum gerade auch die starken Partikularismen *gegen* den Multikulturalismus und die Toleranz anderer Lebensformen gegenüber performativ mit starken moralischen Kategorien und Geltungsansprüchen operieren. Man lese nur die Parolen der »Wahren Finnen«, des »Front National« Marine Le Pens, der »Dansk Folkepartie« oder der »Nieuwe Vlaamse Aliantie«, auch der britischen »Ukip«, die Fremdenfeindlichkeit und Renationalisierung ja nicht anti-moralisch, sondern hochmoralisch begründen. Und sich gegenwärtig immer wirksamer etablierende neorechte, sogenannte identitäre Intellektuelle, die sich in die Tradition Armin Mohlers stellen, begründen ihre »Verteidigung des Eigenen«[14] mit klaren moralischen Achtungs- und Missachtungsdifferenzierungen, also hochmoralisch und polemogen. Dass man diese Moralen für unmoralisch halten kann, ist ja nur eine Bestätigung ihrer moralischen Stärke.

Ich halte die Verteufelung und vor allem die Invisibilisierung des rechtsintellektuellen Denkens für falsch. Denn gerade in den rechtsintellektuellen Nachfolgern von Armin Mohler und Carl Schmitt zeigt sich eine typische Reaktion der Moderne auf sich selbst, und zwar eine Reaktion, die unmittelbar damit zu tun hat, auf Komplexitätsprobleme der Gesellschaft zu reagieren – wenn auch in völlig verfehlter Weise. In dem Briefwechsel, den ich mit Götz Kubitschek geführt habe und der im Anhang zu diesem Buch dokumentiert ist, dürfte sehr deutlich werden, dass rechte Orientierungen sich vor allem am Problem der Unübersichtlichkeit der Gesellschaft abarbeiten und diese mit einem kruden Konzept von ethnischer oder kultureller Kohärenz und Homogenität überwinden wollen, das freilich bisweilen mehr Alltagsplausibilität beanspruchen kann, als es uns intellektuellen Beobachtern und Beschreibern der sozialen Welt genehm ist.

Um jeglichem Missverständnis vorzubeugen: Alltagsplausibilität heißt nicht, dass es damit akzeptabel ist. Aber es hilft nichts, über solche Denkformen mit dem bloßen Hinweis auf ihre moralische Unangemessenheit hinwegzugehen, womit ein Beispiel dafür vorliegt, dass sich Begründungsprobleme tatsächlich nur in homogenen beziehungsweise konsistenten Lebenswelten *nicht* stellen. Aktuelle Studien zeigen, dass offen rechtsextreme Einstellungen in der Gesellschaft in den letzten Jahren eher gesunken sind und auch eher latente rechte Einstellungen kaum mehrheitsfähig sind und auch nicht werden. Was das Wahlverhalten angeht, so ist Protestwahlverhalten fast immer auch mit *rechten* Orientierungen verbunden. Dazu liegt eine sehr instruktive aktuelle Studie der Friedrich-Ebert-Stiftung vor.[15] Was diese

Verbreitung rechter Ressentiments.

aber auch zeigt, ist eine durchaus abrufbare Form rechter Orientierungen und rechter Ressentiments in der Bevölkerung, die letztlich empirisch schwer zu messen, aber im konkreten Alltag relativ leicht abrufbar sind. Ich glaube, es ist keine Übertreibung, zu sagen, dass sich Ressentiments in weiten Teilen der Bevölkerung relativ leicht finden lassen. Anders als in anderen europäischen Ländern scheint sich dies in Deutschland noch nicht in politischen Wahlerfolgen niederzuschlagen, wenn man von der AfD absieht, über die exakt zu urteilen es wohl noch zu früh ist. Dass sie jedenfalls ein Sammelbecken für Wähler mit hohem Ressentimentpotenzial geworden ist, darf niemanden überraschen.

Ein Problem bei der Messung rechter oder fremdenfeindlicher Einstellungen besteht unter anderem darin, dass niemand explizit wirklich rechts sein will, implizit aber an exakt diesen Chiffren ansetzt. Die bereits erwähnte PEGIDA-Bewegung ist dafür ein gutes Beispiel. Vielleicht würden die meisten Teilnehmer oder Sympathisanten dieser Bewegung gar nicht als rechte oder fremdenfeindliche Akteure erfasst werden. Die Semantik dieser Bewegung ist geradezu gekonnt gespickt mit positiven Aussagen. Ein im Dezember 2014 auf der Facebook-Seite der Organisatoren publiziertes

Positionspapier spricht sich *für* die Aufnahme von Kriegsflücht-
lingen aus, *für* ein Recht auf Integration, *für* eine aktive Zuwan-
derungspolitik – doch genau besehen bedient das Papier alle Themen, mit denen sich Ressentiments gewissermaßen indirekt ansprechen lassen. Jedenfalls sind sowohl das Papier als auch die
Demonstrationen in eindeutiger Weise fokussiert auf klassische
rechte Argumentationsmuster, die darin kulminieren, dass die plu-
rale, multikulturelle Gesellschaft so unübersichtlich geworden ist
und homogenisiert werden muss. Der semantische Kern sind Angst
und Sorge, nicht Hass und Ablehnung.

In diesem Kontext und am Rande dieses Milieus entsteht ein
nicht ganz erfolgloser rechtsintellektueller Diskurs, der konkret an
den genannten Alltagsplausibilitäten ansetzt. Wie gesagt: Man muss
den Diskurs auch mit diesen Rechtsintellektuellen führen wie etwa
in dem Briefwechsel mit Götz Kubitschek, dem Herausgeber der
neorechten Zeitschrift *Sezession* vom Sommer 2014. An diesem
Briefwechsel, der diesem Buch im Anhang zugefügt ist, zeigt sich
meines Erachtens sehr deutlich, welche Funktion dieses neorechte
Denken hat: Es reagiert auf die Komplexität der Gesellschaft und daraus resultierende ängstliche Haltungen mit so einfachen Erklärungen,
dass sie bei genauem Nachfragen in sich zusammenbrechen – man
muss nur nachfragen. Um dies zu demonstrieren, habe ich diesen
Briefwechsel in das Buch aufgenommen – übrigens nicht, um den
Protagonisten Götz Kubitschek vorzuführen. Der Austausch war
freundlich und von beiden Seiten entgegenkommend – und nur so
kann auch deutlich werden, worum es bei diesen Denkformen
geht, deren Wirkmächtigkeit ich nicht unterschätzen möchte. In
dem Briefwechsel sehe ich in Kubitscheks Argumentation trotz der
starken Rhetorik gar ein Zeichen von Schwäche.

Meine Argumente in dem Briefwechsel sind selbstverständlich
linke Argumente – links in dem Sinne, dass sie sich nicht damit zufriedengeben können, die Komplexität einer modernen Gesellschaft

auf die banale Frage der Zugehörigkeit der Individuen zur »eigenen« Großgruppe bewältigen zu wollen. Aber letztlich ist meine Perspektive dann doch mehr eine *soziologische* als eine *linke*, weil sie das Komplexitätsproblem ernst nimmt – und deshalb auch diejenigen, die darauf reagieren, wenn auch falsch und inakzeptabel wie die neorechten Intellektuellen.

Wenn es ums Argumentieren geht, hat das Linke ohnehin einen Diskursvorteil. Es hat als Beschreibungsperspektive insofern stets einen Kredit des Fortschrittlichen – fortschrittlich deshalb, weil es den Mythos des Umbaus der Gesellschaft kraft eines begründbaren Konzepts und dadurch den Nimbus des

Der Diskursvorteil des Linken.

Neuen und Innovativen in sich trägt. Das Linke hat auch deshalb Kredit, weil es dem intellektuellen Selbstverständnis des schreibenden Subjekts entspricht.

Exkurs: Die Praxis des (Be-)Schreibens

Pierre Bourdieu, der große linke französische Soziologe, nannte diesen Habitus des schreibenden Intellektuellen einen *scholastischen Epistemozentrismus*.[16] Bourdieus Soziologie ist eine Soziologie der Praxis. Er beschreibt an verschiedenen empirischen Situationen, wie Menschen sich vor allem praktisch an das gewöhnen, was sie tun, dass für sie die Welt nicht in Form von abstrakten Ideen und Überzeugungen plausibel erscheint, sondern weil sich diese Plausibilitäten praktisch bewährt haben. Praktische Bewährung meint nicht, dass diese Plausibilitäten an sich richtig sind, sondern es bedeutet, dass wir uns innerhalb sozialer Bezüge so verhalten, wie es sich in diesem Rahmen bewährt. Das lässt sich letztlich konkret in alltagsweltlichen Selbsttests überprüfen. In unterschiedlichen Milieus oder Berufsgruppen lassen sich problemlos unterschiedliche

Habitusformen unterscheiden – das fällt uns zumeist und vor allem bei anderen Habitus auf, besonders bei denen, die wir selbst irgendwie skurril finden oder die unerwartete Ausprägungen zeitigen. In einem zweiten Schritt wird man feststellen, dass auch das eigene Verhalten einem solchen Habitus unterliegt und insofern von anderen als fremd oder wenigstens irgendwie anders dechiffriert wird. Bourdieus Soziologie ist eine Soziologie der Praxis, weil sie sich eben für die praktischen Bedingungen interessiert, unter denen bestimmte Habitus und ihre Plausibilitäten entstehen.

Bourdieus größte Leistung freilich ist für mich die, dass er darüber nicht einfach aufklärt, sondern dass er auch dem Intellektuellen einen beschränkten Horizont zuschreibt, eine eingeschränkte und einschränkende Perspektive, aus der heraus er sich nicht vorstellen kann, dass andere anders urteilen als er selbst. Nimmt man Bourdieus Denken wirklich ernst, kann man es auch als *intellektuelle Selbstaufklärung des aufklärerischen Intellektuellen* lesen.

Dem Intellektuellen wirft Bourdieu einen unrealistischen Habitus vor, den er, wie bereits erwähnt, einen *scholastischen Epistemozentrismus* nennt. Gemeint ist damit, dass der intellektuelle Kritiker anderer Klassen, anderer Kulturen und anderer Habitus einen analogen »Fehler« begeht wie all diese anderen Felder und Milieus, die den je eigenen Habitus als eine Art natürliche

Der Habitus des *scholastischen Epistemozentrismus*.

Form behandeln. Wie die anderen Milieus in ihrer Praxis gefangen sind, ist der Intellektuelle darin gefangen, dass er denkt, dass alle anderen auch nur das für real halten, was sich der Praxis des literarischen oder wissenschaftlichen Erschreibens guter Gründe, vernünftiger Motive und universalistischer Erklärungen fügt.

Darin sieht er einen doppelten blinden Fleck. Der erste besteht darin, dass die Praxis des Schreibtischs und des Zugzwangs von Texten mit ihren Konsistenz- und Begründungspflichten eben auch nur eine Praxis ist wie jede andere auch – der andere besteht darin, dass die vernünftige Begründung nicht der Normalfall von Praxis ist, sondern eine Partikularpraxis. Als besonders verblendet muss dann wohl derjenige dastehen, der seine Praxis nicht blind und unausgesprochen verallgemeinert, sondern der das explizit und mit dem Gestus des Sendungsbewusstseins dessen tut, der weiß, wie es eigentlich sein müsste.

Um nicht falsch verstanden zu werden: Bourdieu ist der Letzte, der so etwas wie eine generelle Intellektuellenschelte im Blick hätte. Im Gegenteil: Für ihn muss der Intellektuelle als kritischer Intellektueller aber in der Lage sein, die Beschränkung der Perspektiven als Perspektiven zu verstehen und damit besonders selbstkritisch den Vorrang der Praxis vor dem Räsonieren anerkennen – eben weil Letzteres auch eine Praxis ist. Eine unmittelbare Konsequenz dieses Gedankens ist, dass der Intellektuelle vor allem seine eigene begrenzte Position anerkennen muss, um die Logik der Praxis auf den Begriff bringen zu können. Ohne diese kritische Selbstanwendung, so Bourdieu, könne eine intellektuelle Beobachtung heute nicht mehr auskommen. Das ist jedenfalls Bourdieus spezifische Idee soziologischer Aufklärung.

Der Intellektuelle stellt sich das Subjekt als jemand vor, der in der Lage ist, das Leben beziehungsweise Lösungen zu projektieren, durch vernünftige Entwürfe herzustellen, präskriptiv zu erzeugen – *prä-skriptiv* heißt buchstäblich: erst aufzuschreiben, bevor es praktisch wirksam wird. Das ist es, was ich mit der Metapher des »weißen Blattes« meine, die ich in der Einleitung bereits eingeführt habe: Die Praxis des Intellektuellen besteht darin, ein leeres Blatt vollzuschreiben, und diese Praxis kann ihn dazu verführen, sich eine Welt vorstellen zu können, die von Anfang an neu aufgebaut werden kann. Insofern ist dann auch das Bild einer solchen Welt von Prinzipien geprägt, nach denen man baut. Es ist gewissermaßen die Arbeit eines Architekten, der gegen die Naturwüchsigkeit der krummen Gasse anbaut und eine Lösung aus einem Guss sucht.

Am Beispiel des von mir durchaus geschätzten Philosophen Julian Nida-Rümelin lässt sich gut zeigen, wie eine solche Konstruktion aus einem Guss aussieht. Nida-Rümelin, der eine rationalistische, nicht konsequenzialistische Ethik vertritt, schreibt in dem kleinen Band *Strukturelle Rationalität* Folgendes: »Eine in sich vollkommen kohärente Lebensform wirft keine internen Begründungsprobleme auf.«[17] Dieses Statement bringt das Problem ziemlich genau auf den Punkt, denn die Utopie dieser Ethik besteht offensichtlich darin, dass sich ethische Urteile und Entscheidungen auf konsistente, rationale Gründe berufen sollen. Das freilich setzt eine kohärente Lebensform voraus, in der sich Begründungsprobleme dann deshalb nicht mehr stellen, weil die Kohärenz der Perspektiven gute Gründe vollständig einsichtig machen müsste.

Kohärenzannahmen als intellektuelles Missverständnis.

Begründungsprobleme wären in diesem Sinne Probleme, die mit der gut begründeten Ablehnung von guten Gründen zu tun haben – was dann aber durch die Kohärenz der Lebensform unwahrscheinlicher wird. Dass eine solche »vollkommen kohärente Lebensform« empirisch aber geradezu unmöglich ist, ficht das Argument nicht an, denn auf die Inkonsistenz der Umwelt wird mit der Konsistenz des Arguments reagiert – so könnte man das Argument zusammenfassen.

Ich erwähne dieses Beispiel gar nicht, um die Ethik Nida-Rümelins inhaltlich zu kritisieren. Im Gegenteil: Es ist vielleicht auch die Aufgabe des Philosophen, die Bedingungen dafür anzugeben, unter denen gute Gründe tatsächlich diskriminieren können. Zu diesen Bedingungen gehört ganz offensichtlich, dass sich Lebensformen so formen lassen, wie es die Begründungsarbeit am Schreibtisch des Intellektuellen vorsieht, konsistent nämlich, kohärent und damit entscheidbar. Was eine solche Perspektive gar nicht sehen kann, ist, wie sehr das hier gezeichnete Bild der Welt letztlich nur in der *epistemozentrischen* Vorstellung der Welt als Gründewelt standhalten kann, nicht aber mit der empirischen Widersprüchlichkeit, Perspektivität und Pluralität einer empirischen Welt.[18]

Vielleicht wird daran deutlich, was Bourdieu damit gemeint hat, dass das, was wir denken, Resultat unseres Tuns ist, nicht umgekehrt. Und er hat das nicht einfach nur beschrieben, sondern sich auch dafür interessiert, was Leute eigentlich machen, wenn sie etwas beschreiben. Er hat als linker Soziologe zum Beispiel scharf kritisiert, wie Intellektuelle am Schreibtisch sitzen

> Was wir denken, ist Resultat unseres Tuns, nicht umgekehrt.

und jene Klassen definieren, die sie von sich selbst befreien wollen. Er war also so radikal, auch sich selbst dabei zu beobachten, was ein kritischer Denker tut, wenn er kritisiert. Besonders lesenswert in diesem Zusammenhang ist seine Antrittsvorlesung, die er am 23. April 1982 unter dem Titel *Leçon sur la leçon* am Collège de France gehalten hat.[19]

Was der kritische Denker praktisch vor allem tut, ist, an sich selbst zu erleben, wie Wirklichkeiten durch eigene kreative Konstruktionsarbeiten entstehen und nach einem eigenen Bilde geformt werden können. Solche Konstruktionsarbeit arbeitet sich am Bestehenden ab, ihr natürlicher Feind ist die *Reaktion*, wie man jene in der Nationalversammlung rechts sitzenden Kräfte nach der Französischen Revolution nannte, die sich eben gegen die Neukonstruktion der Welt gewendet haben. Die Selbsterfahrung, sich die Welt nach dem eigenen Bilde zu formen, die Idee, einen »Neuen Menschen« zu formen, von dem man Einsicht ins Notwendige fordern kann, und nicht zuletzt das Konstruktionsprinzip der Gesellschaft auf den Begriff bringen zu können, ist nicht nur die Grunderfahrung des Intellektuellen, sondern auch das Konstruktionsprinzip dessen, was man eine linke Denkungsart nennen kann. Mich interessiert dabei weniger die inhaltliche Definition dessen, was man auf bestimmten Politikfeldern als links beschreiben kann, also das Eintreten für die »kleinen Leute« – was ja selbst bereits eine interessante Differenz zu denen symbolisiert, die man beschreibt.

Interessanter ist vielmehr die Diskursposition selbst, die die Gesellschaft für konstruierbar hält, also für etwas, das der eigenen Gestaltungskraft unterworfen ist und damit der Konstruktionsarbeit am Schreibtisch nahe kommt. Das ist übrigens nicht als Kritik am Intellektuellen zu verstehen – denn es ist ja gewissermaßen die Natur seiner Praxis. Aber womöglich liegt hier der Schlüssel für die Frage, um die es mir geht: *warum es keine Beschreibungstradition für Komplexität gibt, also für ein Phänomen, das sich der Gestaltungsmöglichkeit durch einen souveränen Konstrukteur gerade entzieht.* Womöglich kann eine solche Beschreibungstradition dann tatsächlich nicht links sein, zumindest was die grundlegende Denkungsart angeht. Und das ist es ja auch, worum dieses Buch ringt. Es will nicht den Intellektuellen und das Intellektuelle dementieren – was ein performativer Selbstwiderspruch wäre. Es will versuchen,

Gegen prä-skriptive Selbstüberschätzung.

eine Sprecherposition zu entwickeln, die eben nicht jener prä-skriptiven Selbstüberschätzung auf den Leim geht und insofern nicht mehr links sein kann, ohne je davon lassen zu können, eine wenigstens normativ universalistische Perspektive auf die Frage einzunehmen, wenn es darum geht, den Insinuierungen rechter Gruppenideologien zu begegnen.

Aber zurück zur scholastischen Vernunft. Sie musste das Linke mit mehr Kredit ausstatten, weil das Linke eben *als Projekt* inszeniert werden konnte – während rechten oder konservativen Denkern nur die Reaktion, das Reaktionäre bleibt, das sich auf etwas beziehen muss, das immer schon da ist und eben deshalb nicht projektiert werden muss – als Ethnie, als Volk, als Konfession, als Tradition, als Abstammung, als Herkunft, also als etwas, das vor allem im Projizieren und Projektieren liegt. Deshalb ist die *konservative Revolution* eines Armin Mohlers eben nicht nur rechts, und deshalb eignet selbst den klassentranszendierenden Wirkungen des Nationalsozialismus etwas Linkes, weil diese Bewegung als Projekt behandelt werden kann – und im Übrigen für die deutsche Gesellschaft eine durchaus anti-traditionalistische Wirkung hatte, wie etwa Ralf Dahrendorf schon in den 1960er-Jahren betonte.[20] Deswegen war der Widerstand gegen das NS-Regime eben nicht nur ein linker Widerstand, sondern in seinen prominenten Formen etwa des Kreisauer Kreises, des militärischen Widerstands um Stauffenberg, aber auch des studentischen Protestes der Weißen Rose in München von konservativ-aristokratischen und konservativ-bürgerlichen Protestformen geprägt.

Die rechte Kritik der liberalen Gesellschaft

Es ist sicher kein Zufall, dass das Rechte erst dann eine intellektuelle Form annimmt, wenn der Gegenstand des Reaktionären, also eben die genannten Chiffren Ethnie, Volk, Konfession, Tradition, Abstammung, Herkunft, Eigenes und Fremdes, Freund und Feind nicht einfach mehr positiv vorliegt, sondern infrage gestellt ist und seinerseits wie in einem Projekt wiederhergestellt werden muss – exakt das war es, was Armin Mohler in seiner Rekonstruktion der »konservativen Revolution 1918–1932« beschreibt, bezogen auf eine Epoche, in der sich angeblich durch den »Liberalismus« die Grundkoordinaten der Welt verschoben haben. Mohler schreibt: »Das eigentliche politische Problem des Liberalismus ist, daß eine liberale Praxis nur möglich ist, wenn gewisse Traditionsbestände an

Gewohnheiten und tief eingerasteten Sitten noch vorhanden sind, mit deren Hilfe die Gesellschaft ihre Schwierigkeiten meistert. Salopp gesprochen: sechs konservative Jahrhunderte erlauben es zwei Generationen, liberal zu sein, ohne Unfug anzurichten. Sind aber jene Bestände in der permissiven Gesellschaft einmal aufgezehrt, so werden die bestgemeinten liberalen Parolen zu Feuerlunten.«[21] Mohler bringt hier das Credo dessen, was man »rechts« nennen kann, sehr deutlich auf den Begriff: Er meint, dass eine freie, eine liberale Gestaltung der Gesellschaft durchaus möglich ist, wenn die Grundkoordinaten stabil bleiben, Grundkoordinaten, die er deutlich benennt: »Die Vorstellung eines autonomen ›Individuums‹, wie sie dem Liberalen so am Herzen liegt, ist die schlimmste aller Abstraktionen. Es ist geradezu banal, das festzustellen: Jeder Mensch steht in einem Lebenszusammenhang, von dem aus er denkt und reagiert. Er ist in seiner Familie verwurzelt oder in der Bindung an andere Menschen, er steht in seiner Landschaft (und wenn es eine Großstadtlandschaft ist). Er verhält sich im Hinblick auf die geschichtliche Situation, in der er

Rechte Individualismuskritik.

sich befindet, und im Hinblick auf die Aufgabe, die er sich gestellt hat. Ein Mensch ist überhaupt nur zu verstehen aus dem, was er tut (eine Einsicht des theoriefernsten aller politischen Denker, Georges Sorel). ›Individuum‹, wie die Liberalen es sich vorstellen, ist er höchstens mitten in der Nacht, wenn er um drei Uhr erwacht, alles um ihn herum reglos ist, alle Fäden zum Leben abgeschnitten, wenn selbst der Puls nur langsam schlägt – und er das Gefühl hat, in nichts verwoben und verwickelt zu sein. In solchen Augenblicken fängt vielleicht alles Übel an ...«[22] Mohler muss einen guten Schlaf gehabt haben.

Es geht um eine Kritik der völligen Bindungslosigkeit – oder umgekehrt gesprochen: um den Vorrang der Gruppenzugehörigkeit vor der Individualität des Menschen. Der Basso continuo, der sich

durch rechtes Denken zieht, ist also das Postulat nach der Koinzi-
denz von Gruppenidentität und persönlicher Identität, die gerade
in komplexen modernen Gesellschaften wenn nicht aufgehoben, so
zumindest infrage gestellt ist.

Es sind gewissermaßen zwei unterschiedliche Lesarten dessen,
was man »Volkssouveränität« nennt: eine linke und linksliberale
Lesart formuliert das Ideal, dass nicht nur den Eliten, sondern auch
dem »einfachen« Volk ein eigenes Recht zukommt; eine rechte Lesart macht die Souveränität des Volkes als Container stark, als einen
Raum, in den die individuelle Existenz vollständig eingelassen ist,
dann aber in der klassischen Linken wieder durch Klassenzugehö-
rigkeiten kollektiviert wird.

Interessanterweise ist der Gegner Mohlers aber gar nicht die tra-
ditionelle Linke im engeren Sinne, sondern eine linksliberale Idee
des autonom gedachten Individuums, das dadurch überfordert
wird, dass es seiner Bezüge entkleidet wird und nun selbst für sich
sorgen soll. Mohler hat eine Überforderungssituation im Blick, die
er mit der klassisch konservativen institutionentheoretischen Begründung des Konservatismus auf den Begriff bringt. Der Rechte,
so Mohler, »sieht nun einmal im Menschen ein ausgesprochenes
Mängelwesen, das der Abstützung durch Institutionen, aber auch
durch tief verankerte leib-seelische Bindungen bedarf.«[23]

Die Anatomie des rechten Denkens kommt in diesen Statements
gut zum Ausdruck – und auch die Funktion eines solchen Arguments. Es wird exakt auf die Komplexität
der modernen Gesellschaft abgestellt,
also darauf, dass die Gestaltung der Welt
übertrieben wird und Unsicherheit er-
zeugt, wenn Selbstverständlichkeiten der Zugehörigkeit außer
Kraft gesetzt werden. Moderne Lebensformen lassen sich tatsächlich nicht mehr als Container, als Gruppenzugehörigkeit organisieren. An dieser Stelle kommt es mir zunächst darauf an, wie plausibel

**Die Anatomie
des rechten Denkens.**

solche Analysen aber dennoch wirken – plausibel in dem Sinne, dass sie eine der Moderne inhärente Überforderungssituation artikulieren, die das Rechte offensichtlich anschlussfähiger macht, als es für jene Perspektiven gilt, die die Gesellschaft als etwas ansehen, was sich als Projekt organisieren lässt.

Was meint Liberalität? Jedenfalls ist der Liberalismus der Lieblingsgegner für rechtes und linkes Denken. Für das *rechte* Denken ist der Liberalismus der Hauptgegner, weil die Quelle des Liberalismus unter anderem der Vorrang der individuellen Freiheit vor der Zugehörigkeit zu Großgruppen ist. Der Liberalismus eines John Locke etwa formuliert Freiheit, Gleichheit und Privatbesitz als die entscheidenden Kriterien – die Zugehörigkeit zu Gruppen, Staaten oder Familien rückt dabei eindeutig in die zweite Reihe.[24] Aus eher *linker* Perspektive ist es vor allem die Betonung des Privateigentums durch den Liberalismus, vor allem aber das liberale Credo, der Staat möge sich so wenig wie möglich in die Regulierung der Wirtschaft einmischen. Interessanterweise ist auch aus linker Perspektive gerade die internationalisierende Perspektive des Liberalismus suspekt, wenn diese das nationalstaatlich verfasste Arrangement des klassischen Industriestaates in Gefahr bringt. Auf dieses Argument stützt insbesondere Wolfgang Streeck seine Kritik des Liberalismus, scharf gestellt vor allem an Friedrich August von Hayek.[25] Am ehesten kompatibel ist der Liberalismus noch mit gemäßigt konservativer und gemäßigt linker (linksliberaler) Bürgerlichkeit, die freilich eher auf Ordnungsvorstellungen setzt als auf das »freie Spiel der Kräfte«.

Ein Grundproblem des Liberalismus als Beschreibungsperspektive ist, dass womöglich ein Freiheitsbegriff stark gemacht wird, der die gesamte Dialektik von Freiheit und Unterwerfung, von Wollen und Sollen unterschätzt. Gerade der Wirtschaftsliberalismus scheint immer noch in der Kritik eher extremer Formen der gesellschaftlichen und staatlichen Kontrolle zu wurzeln. Man kann John Lockes

Betonung der individuellen Freiheit und vor allem des Besitzindividualismus nur vor dem Hintergrund der *Glorious Revolution* in England im Jahre 1689 verstehen. Diese Kritik des Absolutismus ist ein Kind seiner Epoche, setzt sich aber als eine allgemein staatskritische Perspektive fort. Ähnliches gilt für den zweiten großen Theoretiker des Liberalismus, für John Stuart Mill, der fast 200 Jahre später sein Buch *On Liberty* schrieb. Darin heißt es, der Einfluss des Staates auf die Gesellschaft müsse begrenzt werden, weil ausufernde Staatstätigkeit »den aktiven und ehrgeizigen Teil der Öffentlichkeit mehr und mehr zu Mitläufern der Regierung oder irgendeiner Partei, die danach strebt, die regierende Partei zu werden«[26] verwandle. Und im 20. Jahrhundert ist es wohl Friedrich August von Hayek, der die liberale Staatsferne sogar als Demokratiekritik auf den Begriff bringt. Er kritisiert an der Demokratie, dass Politik sich gewissermaßen in den Dienst der Wähler stelle und deren Wünsche befriedigen wolle und deshalb in die Autonomie ökonomischer Freiheit eingreifen müsse.[27]

> Kritik des Absolutismus als Ursprung des Liberalismus.

Letztlich hat diese Art Liberalismus nichts anderes anzubieten als eine Problemformel, nämlich einerseits die Frage, wie sich Gemeinwohl und Eigeninteresse zueinander verhalten, andererseits, wie der Staat selbst politisch kontrolliert werden könnte. Das erste Problem hofft man durch die »unsichtbare Hand« loszuwerden, was letztlich nichts anderes ist als eine weitere Beschreibung des Problems und also keine Lösungsperspektive bietet. Das zweite Problem wird durch liberale Verfassungen ermöglicht, die nicht nur die Regierung des Volkes, sondern auch die Regierung der Regierung, also die Kontrolle des Staates im Blick haben und Rechte als Bürgerrechte deuten.

Eine Stärke des Liberalismus hätte es sein können, wenigstens eine Idee davon zu haben, dass das eine ohne das andere nicht zu haben ist. Aber der Liberalismus scheint keine Idee davon zu haben, wie dieses Verhältnis gestaltet werden muss. Sich nur auf Abwehrrechte zu konzentrieren, ist zu wenig, weil damit das Verhältnis zum gestaltenden Staat stets ungeklärt bleibt. Niklas Luhmann hat dem Liberalismus vorgeworfen, er sei ein Programm ohne Gesellschaftstheorie[28] – und damit gemeint, dass der Liberalismus ökonomische Freiheit und politische Freiheit nicht aufeinander beziehen kann und sich je selbst überlassen muss.

Liberalismus ohne Gesellschaftstheorie.

Auch deshalb ist es dem Liberalismus kaum gelungen, wettbewerbsfähige (sic!) Gesellschaftsbeschreibungen anzubieten. Er hat keine Theorie, nur ein individualistisches Programm, das aber nicht mitsehen kann, dass Individualität nicht *gegen* die Gesellschaft, sondern *mit* ihr und *in* ihr vollzogen wird. Der Absturz des politischen Liberalismus in Deutschland in den letzten Jahren hatte jedenfalls unter anderem den Grund, dass den Protagonisten nichts weiter eingefallen ist, als zu denken, dass sich aufgrund des freien Spiels der Kräfte alle Fragen von selbst lösen.

Gegen dieses »freie Spiel der Kräfte« opponieren sowohl rechte wie auch linke Perspektiven. Linke Perspektiven versuchen, dieses freie Spiel von außen zu lenken und damit beherrschbar zu machen, und rechte Perspektiven zeichnen sich dadurch aus, dass sie die Unbeherrschbarkeit der im Markt symbolisierten Gesellschaft auf den Verlust von quasi-natürlichen Selbstbindungen der Gesellschaft zurückführen. Deshalb ist das Rechte *per definitionem* reaktionär, und das klassisch Linke projektorientiert. Das Rechte pflegt die Ästhetik der Eingrenzung und Solidarität nach innen, gepaart mit einer mehr oder weniger aggressiven Ablehnung bis zum Biologistisch-Rassistischen nach außen – die Ästhetik des Linken ist die Ästhetik der intelligiblen Konstruktion von Umbaumöglichkeiten zugunsten der Domestikation des Marktes. So unterschiedlich diese

Formen sind und so sehr sie Antipoden sind, so sehr ähneln sie sich im Bezugsproblem der Eindämmung eines komplexen Geschehens, das ich hier noch zunächst mit der Metapher des Marktes belege, das aber letztlich jenes Phänomen ausmacht, für das – so behaupte ich – keine anschlussfähigen Beschreibungstraditionen zur Verfügung stehen – Komplexität nämlich.

In dieser bisher nur angedeuteten Gemengelage muss die neue Plausibilität des rechten Denkens gesehen werden. Wie sehr sich übrigens die beiden großen Volksparteien einander angenähert haben, lässt sich mit einem Blick in die 1960er-Jahre verdeutlichen. Während für die Sozialdemokratie dies das Jahrzehnt war, in dem sie sich von einer linken Milieupartei zu einer linksliberalen Volkspartei entwickelt hat, war Armin Mohler 1967 erster Konrad-Adenauer-Preisträger der der Union nahestehenden Deutschland-Stiftung, die die nationalkonservativen Figuren der Bundesrepublik gebündelt hat.

Die Union hatte ihr Godesberg-Erlebnis erheblich später, konnte damit aber ihre politische Funktion stabiler ausfüllen. Während es der Sozialdemokratie spätestens mit dem Auftreten der Grünen Anfang der 1980er-Jahre und mit den SED-Nachfolgeparteien nach 1990 nicht gelungen ist, links von sich keine politische Kraft zuzulassen, ist es der Union bis vor Kurzem gelungen, rechts von sich nichts Salonfähiges entstehen zu lassen, was sich nun mit der AfD ändern könnte. An CDU/CSU lässt sich schön studieren, wie sehr sich das Diskursive stets nach links verschiebt, wenn es diskursiv wird. So ist die Union heute viel sympathischer, als sie es vor Kurzem noch war, eben weil sie diskursiver geworden ist, sich also in jenem Milieu bewegt, das sich die Gesellschaft immer auch anders vorstellen kann. Damit rückt sie nach links, also in die Mitte, wird für intellektuelle Beobachter satisfaktionsfähiger, hat mit Angela Merkel eine

> Diskursverschiebungen des Konservativen nach links.

Vorsitzende, die die Mitte geradezu universalistisch repräsentiert, kann aber womöglich ihre politische Funktion nicht mehr erfüllen. Denn die Ressentiments und die Gruppenbezogenheit der alltäglichen Gesellschaftsbeschreibungen verschwinden nicht dadurch, dass ihre politische Repräsentation sich nach links Richtung Mitte verschiebt. Im Gegenteil – diese Ressentiments können nun freier flottieren und nicht mehr wirklich eingefangen werden.

Dass jemand wie Mohler, der heute als *spiritus rector* einer »Neuen Rechten« firmiert und dessen Schriften in rechtskonservativen Verlagen erscheinen, die von der etablierten Mitte als Parias behandelt werden, heute den Preis einer konservativen Volkspartei erhalten könnte, kann geradezu ausgeschlossen werden. Zugleich aber haben rechte Reaktionen – in der Doppelbedeutung dieser Formulierung – derzeit durchaus Konjunktur. Diese Konjunktur bleibt unerklärlich, wenn man sie totschweigt und die Anatomie dieses Denkens nicht zur Kenntnis nimmt.

Links reden – rechts leben?

Ich wiederhole: Wenn auch die Umbauidee des klassischen linken Denkens den Komplexitätsproblemen der modernen Gesellschaft nicht angemessen ist – ich werde darauf ausführlich zurückkommen –, so kann sich die linke Ästhetik des Umbaus der Gesellschaft zur Reduktion von Marktkomplexität auf Beschreibungstraditionen stützen, die durchaus intellektuellen Kredit haben: All dies lässt sich mit universalistischen, gerechtigkeitsorientierten und ungleichheitskritischem Denken in Verbindung bringen – also mit jenen Chiffren, die den normativen Kern der westlichen Kultur seit der Aufklärung repräsentieren. Wir denken also mehrheitlich *links* – es bedarf schon höherer Argumentationskosten, Menschen mit unterschiedlichen Zuschreibungsmerkmalen etwa tatsächlich unterschiedliche Rechte einzuräumen. Dass Männer und Frauen womöglich bisweilen ungleich behandelt werden und die Karrierechancen für Leute mit Migrationshintergrund schlechter sind und dass es einen ziemlich deutlichen Einfluss der sozialen Herkunft auf Einkommen und Bildungschancen gibt, ist ohne Zweifel ein Effekt einer dynamischen Gesellschaft. Aber ebenso ohne Zweifel ist es nicht mehr das Ergebnis einer klaren Klassifikation. Diese beobachtbaren sozialen Ungleichheiten sind heute eher Effekt als Programm, eher Folge als Ausgangspunkt, eher stochastisch als klassifikatorisch bestimmt. Als Programm – im Recht, im Bildungswesen, nicht zuletzt auf Märkten – werden wir eher linksliberal qualifiziert, als Individuen, als solche, die Armin Mohler nachts um drei trifft. Man kann also die Formel wagen: *Wir reden links (oder wenigstens linksliberal) – aber wir leben bisweilen rechts!*

Das gilt in der Tat auch für Milieus, die sich dies wohl selten zugeben würden. Man denke etwa daran, wie sehr gerade liberale Milieus soziale Brennpunkte meiden, wie gerade junge Familien darauf achten, dass ihre Kinder in schicht- und kulturadäquaten Umfeldern beschult werden. Man achte auf die nicht nur latenten Alltagsressentiments, die in gesellschaftlichen Konfliktlagen problemlos abrufbar sind. Antisemitische Klischees lassen sich, wie sich während des Gaza-Konflikts im Sommer 2014 beobachten ließ, sehr leicht mobilisieren. Zugleich paaren sich islamophobe Reaktionen gerade bei den Wohlsituierten sehr gut mit einer merkwürdigen Toleranz für gewaltnahe, frauenfeindliche und islamistische Tendenzen in problematischen Migrantencommunitys – man ist tolerant, weil es eben auch eine »Kultur« ist, aber auch nur, weil man es nicht vor der eigenen Haustür findet, sondern nur aus den Medien kennt. Latent rechts ist daran, dass solche falsch verstandene Toleranz und solches mit dem Argument der »Kultur« befeuertes Verständnis Migranten nur nach ihrer Gruppenzugehörigkeit und Herkunft beurteilen kann. Gleichzeitig mitgemeint ist, dass man

Angehörigen solcher Gruppen den zivilisatorischen Standard eines modernen westlichen Lebens nicht wirklich zutraut – denn den Autochthonen würde man dies nicht mit Toleranz durchgehen lassen.

Vielleicht sind die toleranten Heuchler ebenso schlimme Rassisten wie die wirklich Rechten, weil auch sie nicht aus dem Schema der Gruppenidentität herauskommen. Der französische Philosoph Alain Finkielkraut hat vor 25 Jahren in einem viel beachteten Essay böse formuliert: »Wie die alten Lobsänger der Rasse halten die gegenwärtigen Fanatiker der kulturellen Identität den einzelnen im Gewahrsam seiner Zugehörigkeit. Wie jene setzen diese die Unterschiede absolut und zerstören im Namen der Mannigfaltigkeit der einzelnen Kausalitäten jede den Menschen gemeinsame Natur und Kultur.«[29] Er spielt darauf an, dass die neue »Politik der Identität« mit einer der wichtigsten Errungenschaften des modernen Rechts bricht, nämlich dass Menschen, alle Menschen eigenschaftslos als gleich behandelt werden sollen. Die Würde, die Rechte und die Pflichten eines Menschen werden von seiner empirischen Verfasstheit, von Kriterien und Vermögen unabhängig gemacht. Die Inklusion in das Rechtssystem hat unterscheidungslos zu erfolgen (mit der Ausnahme, dass zwischen Menschen und Bürgern zu unterscheiden ist). Darin ist das Recht moderner westlicher Staaten in der Tat eher links oder linksliberal, weil es eben die Inklusion des Einzelnen unterschiedslos universalisiert – aber die Praxis der Gesellschaft ist eher rechts, weil Zurechnungen im Alltag sich dieser Unterscheidungslosigkeit nicht fügen und sich eben nicht an den Menschen, sondern an den Bürger richten – sodass bis heute die Spannung zwischen Menschen- und Bürgerrechten auf jene merkwürdige Anomalie hinweist, dass der universalistische Gedanke nur links zu kriegen ist, die Praxis der universalen Inklusion aber nur rechts –

Lobsänger der Rasse und tolerante Heuchler.

eben begrenzt auf die »Eigenen«, die Bürger. Exakt deshalb sind rechte Reaktionen so leicht zu provozieren, sobald sich die Welt unübersichtlicher darstellt, als es der Alltag normalerweise ertragen kann.

In der Bundesrepublik war die Debatte um Thilo Sarrazins Bestseller *Deutschland schafft sich ab* von geradezu diagnostischer Potenz.[30] Ich will hier nicht noch einmal auf dieses Buch eingehen und auch nicht noch einmal die Diskussion über Sarrazins Thesen reflektieren, sondern nur kurz darauf hinweisen, worin der Erfolg dieses oft verkauften und selten gelesenen Buches des SPD-Politikers Sarrazin lag. Das Perfide an dem Buch war gar nicht, dass es auf problematische Migrationsrealitäten hingewiesen hat, das Problematische war auch nicht, dass es die höchst inklusive Kraft der deutschen Gesellschaft unterschlagen hat, in der politisch letztlich nicht gestaltete Formen der Migration im 20. Jahrhundert dennoch vergleichsweise erfolgreich vonstattengingen. Das Problematische und wohl auch das Erfolgsgeheimnis des Buches bestand darin, dass hier auf eine sonst selten zu lesende Weise die Folgen von Migration mit ihren Voraussetzungen vertauscht wurden. Sarrazin hat nicht, genauer gesagt: nicht nur auf milieubezogene Migrationsfolgen aufmerksam gemacht, nicht einmal nur auf kulturelle Differenzen, sondern sogar auf die biologischen Voraussetzungen der Integrationsfähigkeit bestimmter Einwanderergruppen, die schon aus erbbiologischen Gründen nicht den intellektuellen Standard der autochthonen Bevölkerung erreichen können. Die Gemengelage ist komplex: Sarrazins Grundthese ist grober Unfug; Sarrazins Diagnose eines Unbehagens mit der Migrationsrealität trifft einen lebendigen Nerv; Sarrazins Wirkmächtigkeit beruht nicht auf Lektüre, sondern darauf, dass über die Chiffre der Zugehörigkeit das Unbehagen auf den Begriff gebracht werden konnte.

Das Publikum erlebt also an dem Buch, dass die rechte, also partikularistische Alltagserfahrung eines unübersichtlichen Alltags mit

Unsicherheiten und Ängsten und dem Bedürfnis nach Ähnlichkeit und Kalkulierbarkeit nun nicht auf linke, also universalistische Kritik stößt. Sarrazin ist deshalb so erfolgreich, weil er es verstanden hat, diese merkwürdige Paradoxie, dass wir zwar links denken, aber letztlich gerade in Krisensituation rechts leben, zu nutzen. Es ist nicht schwer, das Syndrom zu analysieren: Sarrazin bietet einer komplexen Welt eine sehr vereinfachte Lesart an. Ich erinnere an Mohlers Liberalismuskritik: Der Mensch sei ein »Mängelwesen, das der Abstützung durch Institutionen, aber auch durch tief verankerte leib-seelische Bindungen bedarf«, was in der Folge bedeutet, dass gesellschaftliche Modernität gerade in Krisen und Unsicherheitssituationen als Überforderung erlebt wird. Diese Überforderungssituation ist ja keine Schimäre: Der Konkurrent auf Arbeitsmärkten und Märkten für Lebenschancen ist eher abstrakt als konkret; Konjunkturentwicklungen werden als gefahrvolles Geschehen erlebt, das sich völlig unabhängig von den Erfahrungen des Einzelnen ereignet; der andere ist im modernen Leben ohnehin ein Fremder, sodass es sicherer ist, ihn als ähnlichen Fremden zu erleben, um ihn kalkulierbar zu machen.

In diesen Überforderungssituationen, die ja unstrittig sind und durchaus ein Lebensgefühl der Moderne ausdrücken, zu dem neben der Freiheits- auch die Entfremdungserfahrungen gehören, liegt es tatsächlich näher, *rechts* zu leben – gedacht wird aber *links*, weil man auf diese Überforderungen

Entfremdung und Überforderung als Grundgefühl der Moderne.

fast nur im Modus der Überforderung antworten kann. Es gibt dafür in einer komplexen Welt keine einfachen Lösungen – weder politische noch kulturelle, religiöse oder therapeutische. Sarrazin hat also einfache Lösungen für komplexe Probleme angeboten – das ist das Geheimnis des Erfolges, und es funktioniert auch ohne Lektüre des Buches. Dieses einfache Spiel auf der Klaviatur der

Ressentiments hat es auch fast unmöglich gemacht, das Buch *en détail* zu kritisieren – sodass eine kleinliche Kritik des soziobiologischen Designs, wie ich sie selbst in einem Zeitungsbeitrag versucht habe, nur eine intellektuelle Petitesse bleibt[31] und die ebenso kleinlichen Zweifel an der Datenbasis[32] das ressentimentgeladene Publikum eher bestätigt haben.

Eine ähnliche Erfahrung ist mit PEGIDA zu machen. Wenn in Dresden Tausende gegen Überfremdung und Islamisierung demonstrieren, dann nützt der Hinweis auf den Anteil von Muslimen an der sächsischen Bevölkerung wenig. Er ist jedenfalls verschwindend gering. Und das Ressentiment gegen Einwanderer und ihre angebliche Belastung des deutschen Sozialstaates lässt sich auch nicht durch belastbare Informationen darüber aushebeln, dass Einwanderer eindeutig Nettozahler und nicht Nettoempfänger bezüglich der Sozialkassen sind. Ganz im Gegenteil: Das Argument, vor allem das bessere Argument kehrt sich gegen sich selbst, weil das Narrativ der

Das gute Argument kehrt sich gegen sich selbst.

Angst und der Sorge, der Konkurrenz und der Unübersichtlichkeit ohne Zweifel vorhandene Konflikte parallel zu ethnischen Grenzen in den Großstädten und das Unbehagen gegen einen global agierenden Islam sich durch Wiederholung selbst bestätigt.

Geradezu mit Händen zu greifen ist das in Stellungnahmen von Organisatoren der Bewegung. Eine der Dresdner Organisatorinnen wird mit folgenden Sätzen zitiert: »Die Statistiken sind doch alle auf Deutsch gesagt um die Ecke, das sind keine aktuellen Zahlen, und da fehlen die ganz vielen, die illegal im Land sind. Das können wir natürlich nur mutmaßen …«[33] Gerade diese Mutmaßungen sind es, mit denen sich ein Gefühl transportieren lässt, das ganz offensichtlich nicht durch Informationen zu behelligen ist – und dass es gelingt, mit einem eher diffusen Gefühl der Fremdheit, der Unübersichtlichkeit, der Verunsicherung Tausende von Menschen auf die

Straße zu bringen, ist ein Hinweis darauf, dass das universalistische Argument, der gute Grund und die stichhaltige Information letztlich nicht dazu beitragen können, die Welt übersichtlicher zu machen.

Man kann *links*, also universalistisch argumentieren, aber der Effekt ist das genaue Gegenteil, denn gerade das Argumentieren gegen die realen oder vermeintlichen Überforderungserfahrungen des Publikums wird dadurch im Kontrast noch deutlicher. Je universalistischer argumentiert wird, desto eher bestätigen sich paradoxerweise jene Reflexe, die auch in der argumentativen Darlegung von Gründen eine Überforderung sehen – auf die dann wieder selbstbestätigend reagiert wird. Es wird gerade dadurch bestätigt, dass Sarrazin dem Publikum vorgerechnet hat, dass es ganz konkrete Gruppen in der Gesellschaft gibt, die dafür sorgen, dass die Verhältnisse unübersichtlich geworden sind, und nun kommen wie zur Bestätigung Forscher, die keine konkreten und sichtbaren Gruppen anbieten, sondern statistische Gruppen, die unsichtbar sind. Diese Argumentation behauptet Objektivität und Universalität, ist aber ebenso unanschaulich wie die erlebte Welt – und deshalb müssen die anschaulichen Beispiele stimmen. Das ressentimentgeladene Publikum lernt also: *Ihr denkt links, ihr habt gute Gründe, aber das interessiert uns nicht, weil wir das erleben, was Sarrazin schreibt.* Es würde dies nie rechts nennen – aber es nutzt diese Chiffren der Zugehörigkeit und der Unterscheidbarkeit von Gruppen.

Das linke Reden, dasjenige, das die Gesellschaft als Projekt ansieht, ist das einzige, das als Denken durchgeht, das irgendwie akzeptierbar ist, gelebt werden kann es aber nur schwer. Das linke, das universalistische Denken braucht bereits jenen Neuen Menschen, den es erst erzeugen will. Es gibt keine Möglichkeiten, das Unbehagen der unübersichtlichen Welt auszudrücken – es sei denn in larmoyanter Form, die weit weg ist vom Habitus derer, die ihr Geld mit der Beschreibung der Welt verdienen.

In diese Marktlücke ist Sarrazin gestoßen – und in diese Marktlücke stößt PEGIDA, in diese Marktlücke stoßen Angebote für Protestwähler von rechts und links, in diese Marktlücke stoßen auf Migrantenseite auch islamistische Angebote, übrigens auch immer interessanter für Konvertiten. Sie sind nur der seismografische Ausdruck dafür, dass die intellektuelle Beschreibung der Welt diese Art Überforderung ernster nehmen muss – nicht in dem Sinne, hier nun selbst *rechte* Angebote zu machen, aber mitzusehen, dass das Rechte nicht nur eine unappetitliche Denkungsart ist, sondern eine sehr reale Lebenserfahrung, die man normativ kritisieren, in seiner Dynamik aber auch verstehen muss.

Die Marktlücke rechter Beschreibungsangebote.

Sarrazin ist zwar in eine Marktlücke gestoßen – aber er kommt aus genau dieser Lücke nicht mehr raus. Man kann das an dem Folgebuch sehr schön beobachten, in dem er die Folgen und die Reaktionen auf seinen Bestseller untersucht.[34] Hier beklagt sich ein geradezu beleidigter Autor über »Tugendterror« und darüber, dass er in seiner Meinungsfreiheit eingeschränkt worden sei – es ist viel darüber gespottet worden, wie jemand mit einer Millionenauflage sich in dieser Weise als ein Opfer darstellen kann, das seine Meinung nicht frei äußern könne. Das ist abenteuerlich und absurd, aber man muss Sarrazin fast in Schutz nehmen – denn er hat in der Tat recht, freilich ganz anders, als er es denkt. Gekränkt ist Sarrazin vor allem darüber, dass er zwar den Beifall des Publikums bekommt sowie derer, in deren Nähe er steht, aber nicht stehen möchte, nämlich der rechtskonservativen Publizistik.

Aber diejenigen, die den Diskurs bestimmen, konnte er nicht gewinnen. In einem Buch von fast 500 Seiten kann nicht alles falsch sein – und selbst in Sarrazins Analyse gibt es durchaus manche Beschreibung von Migrationsrealitäten, die ohne Zweifel stimmen und die auf sträfliche Versäumnisse der deutschen Integrations- und

Migrationspolitik verweisen, auch übrigens darauf, was ich oben einen »gruppenbezogenen Verlust von Urteilskraft« genannt habe. Aber das ist geschenkt – denn für die Grundanlage des Buches hat Sarrazin nicht den Beifall bekommen, den er sich von denen erhofft hatte, die in Gründewelten leben und nicht aufs erfahrungsgesättigte Ressentiment setzen. Das ist nicht nur eine Kränkung, sondern bildet geradezu dialektisch ab, wie sehr die linken und die rechten Perspektiven ineinander verwoben sind.

Sarrazin nutzt Chiffren, die nicht sagbar sind, bekommt dafür Beifall, wird aber von denen kritisiert, die mit guten Gründen gegen diese Chiffren vorgehen. Hier verstärken sich die antipodischen Seiten gegenseitig. Denn je plausibler die Ressentiments empfunden werden, desto stärker opponiert die Intelligenzija – und je stärker diese opponiert, desto stärker werden die Thesen von Sarrazin bestätigt. Ich habe das am eigenen Leib erlebt, als ich in einer Diskussionsveranstaltung mit Sarrazin in München feststellen musste, dass die naive Idee, man könne über diese Themen vor einem wohlsituierten bürgerlichen Literaturhauspublikum diskutieren, tatsächlich naiv war – die Veranstaltung ist in Tumulten zu Ende gegangen, mit einem erheblichen Erfolg für Sarrazin.[35] Diesen Erfolg aber muss Sarrazin als vergiftet empfunden haben, denn vom Denken (links) kriegt er eben keine Bestätigung, vom Erleben (rechts) schon.

Meine Unterscheidung ist sehr grobschlächtig, aber tatsächlich bewegen sich die Dinge in der Spannung zwischen der Mohlerschen Überforderungserfahrung und ihrer semantischen Verstärkung durch Vereinfachung komplexer Probleme in gruppenspezifische Verantwortlichkeiten auf der einen Seite und den universalisierbaren Gründen, die einen einsichtsfähigen Leser voraussetzen, der sich womöglich gegen seine Erfahrungen überzeugen lässt. Es lässt sich wohl nur eine Seite bedienen – und deshalb ist die Unterscheidung sehr stabil und handhabbar – aber sie bietet keine Alternative an – mit dieser These habe ich dieses Kapitel begonnen.

Einfache Unterscheidungen in einer komplexen Welt

Es sollte deutlich geworden sein, dass die Zuschreibungen als links und rechts durchaus einen Unterschied machen, dass diese Unterscheidung aber nicht genügend oder vielleicht auch zu viel diskriminiert. Beide bedienen bestimmte Traditionen moderner Selbstbeschreibungen der Gesellschaft, die davor zurückschrecken, ihre je andere Seite sehen zu können. Die linke Seite mit ihrem Zug zur Universalisierung von Argumenten und der Absehung von Gruppenunterschieden lebt vom Fantasma einer Gesellschaft, die man über die Einsicht in eine wie immer geartete Notwendigkeit binden kann, während die rechte Seite mit dem Fantasma lebt, dass eine sozial homogene Gesellschaft per se leichter zu steuern und damit übersichtlicher sei. Deshalb besteht die Verklausulierung der rechten Alltagserfahrung in der Sentenz *Man wird das doch wohl noch sagen dürfen* – gerade weil die Universalisierung von Gründen und die Forderung nach Gleichheit der Grunderfahrung Hohn spricht, dass es gerade jene Gleichbehandlung des Ungleichen sei, die die Komplexität der Welt ausmacht. Das Rechte schreckt also davor zurück, die Komplexität der Gesellschaft sehen zu wollen – und rastet letztlich an demselben Mechanismus ein, der im 18. und 19. Jahrhundert zur Etablierung der Idee der Nation geführt hat, deren Funktionssinn vor allem darin bestand, die unterschiedlichen Zugkräfte und Entzweiungen der Gesellschaft unter die Einheitschiffre einer sozialen Form der Zusammengehörigkeit zu zwingen. Diese zunächst eher linke Denkfigur, die nun nicht mehr Herrschaftsräume, sondern Völker entdeckt, nutzt eine rechte Denkfigur, indem sie die Völker gegeneinander ausspielt. Die Idee der Nation hat versucht, eine Einheit zu imaginieren, und musste damit fast zwangsläufig zu Enttäuschungen führen – Ent-

> Die Nation als imaginierte Einheit.

täuschungen, die durch die linke Idee der gemeinsamen Basis guter Gründe ihre korrespondierende andere Seite fand.

Die rechte Seite gibt sich damit zufrieden, Verantwortliche zu identifizieren, denen man Fehlentwicklungen der Gesellschaft zurechnen kann, am besten Migranten, kulturell andere oder sexuell Abweichende, weil man an diesen Gruppen simulieren kann, man könne das Andere wirklich *sehen*. Dabei lässt sich gar nicht leugnen, dass der moderne Alltag tatsächlich Unübersichtlichkeiten bereithält, für die kompensatorische Chiffren gefunden werden müssen – und wenn die Gründe für das Unbehagen offensichtlich unsichtbar sind (sic!), bietet sich die Zurechnung an partikulare Gruppen an. Das erklärt auch, dass die Feindschaft gegenüber anderen zumeist gruppenbezogen auftaucht – und übrigens dann auch nicht durch Einzelfallerfahrungen aus der Welt geschafft werden kann. Den Ausländer/Muslim/Schwulen usw., den ich kenne, identifiziere ich dann womöglich anders, als gruppenbezogene Zurechnungsformen dies wahrhaben wollen.

Die linke Seite ist natürlich normativ sympathischer. Sie will keine Unterschiede machen, was letztlich das Grundversprechen der europäischen Aufklärung war, das Individuum eben nicht als Zugehörigen von Gruppen zu imaginieren, sondern als eine *tabula rasa*, also als eine Person, von der man *in concreto* absehen muss, um sie *in abstracto* achten zu können. Dass damit aber die Unübersichtlichkeit der komplexen Gesellschaft nicht einfach verschwindet, sondern eher das Problem sichtbar gemacht wird, dass diese Abstraktion eher eine Abstraktion einer *epistemozentrischen* Perspektive ist, um mit Bourdieu zu sprechen, gerät dabei aus dem Blick. *Man wird doch noch sagen dürfen* ist der Einfall einer unaufgeklärten Empirie in einen aufgeklärten vorempirischen Prinzipienraum – weswegen es oftmals besonders lächerlich wirkt, wenn urbane Universalisten,

»Man wird doch noch sagen dürfen!«

wohlsituierte Gute-Gründe-Lieferanten, gebildete Scholastiker und tolerante Liberale unter Druck an die Grenze ihrer Möglichkeiten geraten. Das lässt sich bei Abstiegsängsten in Konjunkturkrisen ebenso beobachten wie bei der distinktiven Suche nach Ähnlichkeit, wenn es um die Schulwahl für die Kinder oder für das ästhetische Umfeld des Wohnquartiers geht. Hier reagieren die universalistisch Denkenden nach den Gewohnheitsprinzipien, die rechtskonservative Intellektuelle wie Armin Mohler geradezu genüsslich als die innere Antinomie des Liberalismus brandmarken: Man könne an der Gesellschaft herumexperimentieren, so viel man wolle, aber wenn es am Ende darum geht, vorempirisch zwischen »uns« und »ihnen« zu unterscheiden, kommt man schnell an das Ende möglicher Belastbarkeiten, ob »wir« und »sie« nun Nationen oder Völker seien oder auch nur Milieus und Schichten mit ihren jeweiligen alltäglichen Selbstverständlichkeiten, die vor allem dazu dienen, Distinktion zu ermöglichen.

Übrigens kommt dem Bildungssystem dabei eine merkwürdig janusköpfige Rolle zu. Die Spannung von »links denken, rechts leben« aufzulösen, war stets an die Strategie der Aufklärung und der Bildung gebunden. Bis heute verbinden wir mit Bildung – mit Recht! – auch die Hoffnung und Erwartung, dass sich Unterschiede der Lebensweisen und sozialmoralischen Orientierungen so weit relativieren, dass eine pluralistische Koexistenz möglich wird. Auf die Insinuation der Intoleranz reagieren wir gerne mit Bildungsangeboten – in dem Sinne, dass das Fremde nur durch Bildungsgüter vertraut gemacht werden muss, damit wir es ertragen können. Die gesamte Ethisierung des Pädagogischen, ihre allerorten interkulturelle Orientierung und ihr Versuch, jeglichen Unterschied unterscheidungslos für illegitim zu erklären, ist ein wirksames Programm, die Dinge leicht sagbar zu machen – man findet dann in der Pädagogik einen Grundzug des Inklusiven, der Differenzen überwinden will. Die Hoffnung besteht institutionell auch darin, durch

Expansion von Bildungspartizipation und entsprechenden inklusiven Bildungsangeboten eine Einstellung herzustellen, die offensichtlich die lebensweltlich gebundenen Selbstverständlichkeiten des gruppenbezogenen Lebens ernst nimmt. Schulen etwa hatten stets die Funktion, Schüler aus den engen lebensweltlichen Bindungen der Herkunftsfamilien zu lösen, um diese einerseits der engen Gruppenzugehörigkeit zu entreißen, sie aber andererseits wieder in größere Gruppen, die Nation etwa zu integrieren – deshalb war Nationalisierungs- ebenso wie Demokratisierungspolitik auch immer Sprach- und Schulpolitik – stets oszillierend in der Spannung zwischen *ethnos* und *demos*!

Zugleich ist aber das Bildungssystem auch das stabilste Medium des Distinktionsgewinns. Man kann sich kaum besser von anderen Gruppen und Milieus abgrenzen als über die Zugehörigkeit zu Bildungsmilieus – Bildung ist also einerseits eine links codierte Form universalistischer Geltungsansprüche, aber auch der rechts codierten Form der Abgrenzung von Gruppen. Der hohe Migrantenanteil in der Schule ist dann *prinzipiell* kein Problem und sogar eine Bereicherung, *konkret* aber wird die Schule gewählt, in der sich das verhindern lässt – und wenn es nur sekundär darüber geregelt wird, dass hohe Schulkosten recht eindeutig mit kultureller Mittelschichtorientierung korrelieren.

Wovon die rechtskonservative Beobachtung der Gesellschaft tatsächlich lebt, ist diese Erfahrung, dass man links denkt und rechts lebt, was sich nun genauer fassen lässt: Sobald man denkt, also Gründe finden muss, müssen diese Gründe die eigene Perspektive verlassen und sich irgendwie universalisierbar geben – das Leben aber findet auf dem Boden vergleichsweise stabiler Lebenswelten statt. Dies ist die Spannung, in der die Unterscheidung *links* und *rechts* letztlich funktioniert – es ist die Spannung, für die es keine Beschreibungstradition gibt, nämlich das Problem der Komplexität der Welt. Sieht man genau hin, werden rechte Orientierungen dann anschlussfähig und sinnvoll, wenn sie auf die Unübersichtlichkeit der Welt stoßen, während linke Orientierungen eine solche Übersicht simulieren – zum Beispiel als eine Form, die universalistisch fürs Ganze sprechen kann. Ich werde im vierten Kapitel diese Spannung als den Unterschied zwischen *analogen* und *digitalen* Welten beschreiben. Hier nur dies als Andeutung: Die Konflikte der Gesellschaft, meist Konflikte um die Verteilung von Knappheiten, um sichere Anschlüsse, darum, was zu gelten hat und was nicht, um Chancen und Konkurrenzen, werden von Akteuren sehr konkret erlebt. Man muss diese Unübersichtlichkeit der Gesellschaft wirklich ernst nehmen – denn das Problem ihrer Unübersichtlichkeit ist exakt das Problem dessen, was überhaupt sichtbar wird. Nun wird das Leben analog gelebt – mit konkreten Verteilungsproblemen, konkreten Knappheiten, mit konkreten Chancen und Widerständen – die Genese dieser Strukturen freilich bleibt weitgehend unsichtbar.

Der publizistische Erfolg von Thilo Sarrazins *Deutschland schafft sich ab* im Jahre 2010 ist ein schönes Beispiel für den Reflex, digitale Probleme analog abzubilden – und ein Lehrstück aus dem Arsenal der Vorurteilsforschung. Hier, am Beispiel von Immigrationsfolgen, wurde vorgeführt, wie man die Unsichtbarkeit komplexer Probleme dieser Gesellschaft an Gruppen festmacht, die leicht sichtbar zu machen sind. Immigranten sind dafür geradezu gemacht. Sie machen analog sichtbar, was ansonsten nur digital erklärbar scheint.

Konkurrenten werden schlicht unsichtbar – sie treten nicht mehr als analoge pralle Formen auf, nicht mehr als *soziale Gruppen*, sondern als *statistische Gruppen*. Damit werden auch Verantwortliche und Schuldige immer weniger adressierbar und identifizierbar – und das bietet die Andockchance für *rechtes* Denken, das ein Denken in Konkretionen ist, ein Denken, das sich nicht mit den *digitalen* Invisibilisierungen aufhalten will, sondern *analoge* Visibilität herstellt.

Es ist eine unmittelbare Reaktion auf die Komplexität einer Welt, die allenfalls abstrakt auf den Begriff gebracht werden kann, aber konkret gelebt werden muss – dies ist die Spannung, in der wir eben *links* reden und *rechts* leben.

Links und rechts ist also keineswegs nur eine normative Unterscheidung. Es ist vielmehr eine Unterscheidung, deren Bezugsproblem in der Erfassung gesellschaftlicher Komplexität liegt – darin, für wen und vor wem wir die Gesellschaft als Gesellschaft beschreiben. Beschreibungstraditionen gibt es freilich fast nur dafür, die eher linken Gründe gegen die eher rechten Praktiken auszuspielen. Der Effekt ist, dass sich die beiden Orientierungen wechselseitig bestätigen, und zwar nicht darin, dass sie sich einig sind, sondern gerade darin, dass sie sich in ihrer antipodischen, gegensätzlichen, differenten Struktur einig sind. Sie brauchen sich gegenseitig – und kapitulieren dann doch davor, dass dort *analog* gelebt werden muss, wo wir es inzwischen mit *digitalen* Gemengelagen zu tun haben. Was das freilich genau bedeutet, werden wir später sehen.

Bezugsproblem: Erfahrung gesellschaftlicher Komplexität.

Zweites Kapitel

Zwischen kollektiver Einheit und besserer Einsicht. Wie kann die Welt verbessert werden?

Letztlich kennen wir an öffentlichen Beschreibungstraditionen fast nur Aspekte der kollektiven oder kollektivierbaren *Einheit* oder der moralischen *Einsicht*. Entweder werden die Probleme der komplexen Welt durch Einheitschiffren gelöst – Appelle an so etwas wie homogene Gesellschaften, in denen die Solidarität untereinander vor allem durch Zugehörigkeiten, meist kultureller oder nationaler Art, gelöst wird, möglicherweise auch eine Idee gesellschaftlicher Einheit, von der her alles zu erklären ist, wie etwa der berühmte Hauptwiderspruch in marxistisch orientierten Beschreibungen. Oder die Lösung wird in einer moralisierenden Form der Einsicht in das Richtige, in das moralisch Angemessene gesehen. Der erste Typus ist der Typus der Unterwerfung unter die Normen einer Solidargemeinschaft beziehungsweise unter die Prinzipien einer eindeutigen Beschreibung der Gesellschaft, der zweite die Unterwerfung unter moralische Normen und einsichtsfähige Sätze.

Gegen beides ist nichts zu sagen. Die dahinterstehende Utopie ist die, dass die Komplexität der Welt dadurch gemildert werden kann, dass wir die auseinanderstrebenden Kräfte der Moderne, die Pluralität und Vielfalt unserer Lebensweisen, vor allem aber die multifaktoriellen Quellen unserer Probleme in den Griff bekommen, indem wir uns entweder an Gruppennormen anpassen oder aber von dem besseren Argument moralischer Richtigkeit und objektiver Wahrheit überzeugen lassen. Diese beiden Mechanismen sind die klassischen emanzipatorischen Mechanismen, die im 19. Jahrhundert mit der Entstehung komplexer Nationalstaaten und Produktions- und Distributionsformen entstanden sind.

Die Idee der Nation als Schicksalsgemeinschaft ist in dem Moment aufgetreten, in dem man die Zentrifugalkräfte einer explodierenden neuen Welt zusammenhalten musste, und die Frage der Einsicht in das Notwendige ist dort entstanden, wo die Menschen aufgrund dieser Explosionen auf einmal die Wahl hatten, dies oder jenes zu tun. Wer die Wahl hat, wird frei, und wer frei wird, muss das Richtige wählen, weil er sonst sowohl seine Freiheit verliert als auch die Ordnungsprobleme der Welt vergrößert. Dies ist – sehr vereinfacht ausgedrückt –, was die Welt zur »Gesellschaft« gemacht hat, was eine vormals hierarchisch geordnete Entscheidungskaskade zu einem fluiden und kaum beherrschbaren System gleichzeitiger Zugkräfte gemacht hat, die niemand mehr beherrschen konnte – und für deren Beherrschung deshalb neue Mechanismen gefunden werden mussten.

Einer der Mechanismen war die Idee der klassenübergeifenden Solidargemeinschaft von nun emanzipierbaren »Völkern« und »Nationen«, die andere war das einsichtsfähige vernünftige Subjekt, das wollen soll, was es soll, weil man es in einer komplexen Welt nicht mehr von außen zwingen kann. Das reichte von der bürgerlichen Idee des protestantisch-vernunftgeleiteten männlichen Individuums, das seine Wünsche zu vernünftigen Entscheidungen sublimiert, bis zum Subjekt unserer Tage, das sich mit Self-Monitoring-Apps und Strategien des *impression management* selbst kontrolliert und optimiert.

Zwischen individueller Einsicht und kollektivem Handeln

Ich bin ein Soziologe – und meine größte Passion in meinem Beruf ist es, in jedem Wintersemester mehrere Hundert Erstsemester-Studentinnen und -Studenten unterschiedlicher sozial-, kultur- und geisteswissenschaftlicher Fächer in dieses Fach einzuführen. Ein Drittel von ihnen studiert Soziologie im Hauptfach, die anderen im Nebenfach. Der Kontakt zu diesen jungen Leuten, die in meiner Illusion immer jünger werden – dabei werde ja nur ich immer älter –, ist insofern sehr lehrreich, als man an diesen die klassischen Beschreibungstraditionen geradezu unverstellt wiederfinden kann. Um welches Problem es auch immer geht, um den Klimawandel, um ökologische Gefährdungen, um soziale Ungleichheit oder Gerechtigkeit und die angemessene Verteilung von Gütern und Lebenschancen, um Diskriminierungen und Interessendivergenzen, also um das ganze Arsenal dessen, worüber diskutiert wird, stets wundern sich die Studentinnen und Studenten darüber, warum es so schwierig ist, diese Probleme zu lösen. Das Ökologieproblem wäre doch durch Einsicht in bestimmte Verzichtsformen einfach zu erledigen. Und Solidarität mit den Schwächeren setzt doch nur den freiwilligen Verzicht der Stärkeren voraus. Und eine angemessene Verteilung von Gütern müsste man doch staatlicherseits regeln können, und wenn Produzenten die Produkte herstellen würden, die man wirklich braucht, dann würde es allen besser gehen. Und wenn sie darauf hingewiesen werden, dass ihr Smartphone, das man sich in Cupertino, Kalifornien, ausgedacht hat, für sie nur deshalb erschwinglich ist, weil man auf Löhne zurückgreift, die eben nicht denen in Kalifornien oder Oberbayern entsprechen, dann bekommt man zumindest die Reaktion, dass sich ja noch nichts ändern würde, wenn der Einzelne hier Verzicht leisten würde. Und wenn man dann darauf hinweist, dass die viel niedrigeren Löhne in

anderen Regionen der Welt dort womöglich nicht nur Ausbeutungs-
folgen haben, sondern auch Entwicklungsmöglichkeiten beinhalten, wird alles erst recht unübersichtlich. Noch unübersichtlicher
wird es, wenn man darauf hinweist, dass sowohl eher linke als auch
wirtschaftsliberalere Kommentatoren solcher globaler Zusammenhänge zu ganz ähnlichen Diagnosen kommen – wie etwa Erich
Weede und Elmar Altvater[36] –, steigt die Verunsicherung noch mehr.

Die offene Frage für die jungen Leute ist fast immer die, wie aus
der leicht zu gewinnenden Einsicht in das Richtige der Übergang
vom individuellen Handeln in kollektive Wirkungen gelingen kann.
Sie bieten dann zwei Erklärungen an: Entweder müssen eben alle
von der vernünftigen Idee überzeugt
werden, oder aber es muss so etwas
wie eine kollektive Solidarität geben
und der Einzelne sich zugunsten der
Integrität des Ganzen einschränken. Die jungen Leute sind alle bereit dazu – beginnen aber in ihrem ersten Semester darüber nachzudenken, dass exakt diese Schwelle von der individuellen Einsicht
zum kollektiven Handeln beziehungsweise vom individuellen Interesse zum kollektiven Interesse das eigentliche Problem ist. Es ist –
auf den ersten Blick – nicht schwer, das Richtige zu erkennen, es
scheint auch nicht schwer zu sein, richtiges Handeln zu qualifizieren, aber irgendwie scheitert es stets an den anderen.

**Individuelles Handeln und
kollektive Wirkungen.**

Wenn die jungen Leute das nicht glauben, konfrontiere ich sie
mit dem Milchpreis. Das Beispiel würde derzeit nicht funktionieren – der Milchpreis für die Bauern steht im Jahre 2014 auf einem
Rekordhoch, könnte sich aber wegen der Russland-Sanktionen bald
ändern. Vor einigen Jahren aber lag der Milchpreis, den Milchbauern in Deutschland erwirtschaften konnten, deutlich unter den
Herstellungskosten – mit der Gefahr, dass damit womöglich ein für
die Bevölkerung wichtiger Wirtschaftszweig ernsthaft bedroht ist
oder aber die bäuerliche Landwirtschaft unter die Räder größerer

Agrarproduktionsformen gerät. Das hat viele Gründe – einer ist sicher die zugelassene Überproduktion, ein anderer ist ohne Zweifel die Subventionspolitik der EU. Ein weiterer Faktor ist interessant. Es ist der Faktor des Verkaufspreises, der insbesondere durch Discounter bestimmt wird. Es wird behauptet, dass Aldi durch seine Preispolitik das allgemeine Preisniveau bestimmt und damit Druck auf die Milchwirtschaft ausüben kann. Selbst wenn das eine vielleicht allzu monokausale Erklärung für die Entwicklung des Milchpreises ist – und ich gebe zu, kein Experte in diesem ökonomischen Zweig zu sein –, selbst wenn das also eine zu einfache Erklärung ist, so ist sie didaktisch recht wertvoll. Denn ganz offensichtlich hätten es ja die Verbraucher in der Hand, das Problem zu lösen. Sie müssten bereit sein, die Milch eben nicht bei Discountern zu kaufen, sondern dort, wo es einen »fairen« Preis gibt, also einen, der alle in der Wertschöpfungskette – von der Kuh über den Bauern und die Molkerei bis zu Zwischen- und Einzelhändlern – irgendwie angemessen alimentiert. Je mehr Leute die Milch für einen fairen Preis kaufen, desto eher würden die Preise sich anders entwickeln.

Diese Idee der Verbrauchermacht finden die jungen Leute richtig gut – es ist ein bisschen revolutionär, aber man muss dafür nicht auf die Barrikaden gehen. Es ist kapitalismuskritisch, setzt aber doch am Mechanismus von Angebot und Nachfrage an. Außerdem sind Solidarität und kollektive Aktion gefragt, der Einzelne ist also eingebettet in etwas Größeres. Die jungen Leute sind sogleich dafür und haben einen Mechanismus gelernt, mit dem man kollektive Wirkungen erzielen kann, nicht nur ökonomisch übrigens, sondern auch ökologisch, denn erstaunlicherweise besteht bei der billigen Milch ein höheres Risiko, eine Ware zu kaufen, die lange und damit ökologisch bedenkliche Transportwege hinter sich hat, als bei teurerer Milch. Auf Nachfrage aber erfährt man, dass die jungen Leute die Milch eben nicht im Bioladen kaufen, der sie von einem »Fair-Trade«-Netzwerk bezieht und die in der Region wirtschaftenden Biobauern recht gut bezahlen kann. Sie kaufen – bei Aldi. Sie würden einen Boykott selbstverständlich mitmachen, aber sie könnten es sich nicht leisten. Man müsse schon bedenken, dass Studierende eben nicht so viel Geld hätten, dass die Mieten in München exorbitant seien, dass Bachelor-Studiengänge nicht mehr so viel Zeit fürs Jobben ließen, und am Ende, dass es ja auch nur ein Detailproblem sei. Die viel schlimmeren Auswüchse des Kapitalismus seien ja nicht in der Milch-, sondern in der Finanzwirtschaft zu beobachten, und da könne man nur etwas machen, wenn man die Banker dazu bekommen könnte, nicht so gierig, egoistisch und bonusorientiert zu sein.

Man mag sagen, das sei doch nun wirklich ein vergleichsweise geringes Problem, von dem hier die Rede ist. In der Tat – und gerade deswegen lässt sich daran schön zeigen, wie sich Probleme in einer komplexen Welt darstellen. Die jungen Studentinnen und Studenten sind, so bekommen sie es auch beigebracht, zugleich politische Akteure, ökonomische Spieler und moralische Subjekte – und aus allen drei Ansprüchen erwachsen für sie unterschiedliche Zugzwänge und Logiken. Sie haben klare moralische Vorstellungen darüber, dass man nicht gierig sein soll, dass jeder, der sich – auch auf Märkten – um die eigenen Interessen sorgt und seinen Vorteil sucht, auch eine Verantwortung fürs Ganze und für den anderen hat. Sie haben auch klare politische Vorstellungen darüber, dass die Sache irgendwie geregelt werden muss, wenn sie nicht funktioniert. Sie stellen sich aber auch, und das gefällt ihnen oftmals gar nicht, als durchaus egoistische Marktakteure heraus, die die kapitalistische Grundregel vollständig verinnerlicht haben: dass man mit möglichst wenig Mitteleinsatz den größtmöglichen Gewinn erzielen will, und wenn der Gewinn nur darin besteht, an der Milch gespart zu haben. Sie verhalten sich als Milchkunden ganz ähnlich, wie sich auch die Molkereien und der Einzelhandel verhalten.

Das Grundproblem ist, dass niemand in einer komplexen Gesellschaft sich in einfachen Handlungssituationen befindet. Der Milchkunde ist sowohl ein ökonomischer als auch ein politischer und moralischer Akteur (wahrscheinlich noch viel mehr), und das macht es schon bei diesem Beispiel schwierig, auf die anfangs in der Vorlesungsstunde diskutierten Mechanismen der Einsicht oder der kollektiven Solidarität zu vertrauen. Moralische *Einsicht* und kollektivierbare *Einheit* sind wunderbare Denkangebote – aber sie lösen das Problem komplexer Handlungssituationen nicht, sondern vereinfachen etwas, das komplizierter ist. Beide Mechanismen – Einsicht und Solidarität – wollen Handlungsmöglichkeiten zugunsten der als richtig erkannten einschränken – und beide stoßen auf eine Realität, in der sich eine solche Parallelisierung nicht einstellen will – zum Teil sogar wider bessere Einsicht.

Dieses Dilemma ist es, das Studentinnen und Studenten der Sozialwissenschaften oftmals ihren ersten Schock vermittelt, weil sie ja zunächst gelernt haben, dass gute Wirkungen vor allem durch Algorithmen der Einsicht in das Notwendige, Richtige und Gute zustande kommen, oder durch so etwas wie die Einsicht in die Solidarität einer Gruppe, der man sich zugehörig fühlt. Der erste Schock ist zumeist der, aushalten zu lernen, dass sich eine richtige Einstellung beziehungsweise die Erkenntnis richtigen Verhaltens auf der individuellen Ebene nicht einfach auf kollektives Handeln und kollektive Effekte aufrunden lässt.

In den Sozial- und Wirtschaftswissenschaften ist dieses Problem als das Problem des *kollektiven Handelns* bekannt, wie es als erster Vilfredo Pareto untersucht hat und wie es von Mancur Olson weiterentwickelt worden ist. Es geht hier darum, dass individuelle Akteure wenig Interesse daran haben, eigene Vorteile zugunsten eines kollektiven Guts einzuschränken, selbst wenn ihnen das auf lange Sicht nützen würde – man muss immer

Das Problem kollektiven Handelns.

damit rechnen, dass sich die anderen eben nicht an die Einsicht halten, wodurch dann das eigene, eigentlich richtige Verhalten erst recht dysfunktional wird und man dann doch lieber sich selbst der Nächste sein sollte.[37]

Solche Theorien können sich, ganz ähnlich wie meine jungen Studentinnen und Studenten, die Welt letztlich nur als Summe von Individuen vorstellen, von denen man hoffen muss, dass sie dann gemeinsam doch irgendwie das Richtige tun, selbst wenn sie im Einzelnen nicht wissen, wie. Ökonomen hoffen dann gerne – in der Tradition von Adam Smith – auf die »unsichtbare Hand« des Marktes, der sich schon in einem Gleichgewicht einpendeln wird, das zu einem Pareto-Optimum führt. Ein solches Optimum wäre ein Zustand, in dem die Wirkkräfte einzelner Akteure so aufeinander bezogen sind, dass eine Verbesserung an einer Stelle nicht mehr möglich ist, ohne an einer anderen Stelle eine Verschlechterung zu bewirken. Ein solches Denken kennt nur die Kumulation individueller Akteure zu größeren Strukturen und unterschätzt die Strukturen, also die Regeln, innerhalb derer sich der Einzelne verhält. Ich will hier nicht in theoretische Fragen der Sozialwissenschaften einsteigen – aber es sollte schon mit diesen Andeutungen deutlich werden, dass man vor einem großen Dilemma steht, wenn man glaubt, von den Einstellungen und Handlungen von Individuen her kollektive Wirkungen erzielen zu wollen. Das gilt für Fragen der ökonomischen Verteilung, wie sie Vilfredo Pareto, einer der Urheber des Modells des *homo oeconomicus* im Blick hatte, es gilt aber letztlich auch für moralische Fragen. Ob sich mit der Vorstellung einer Aufrundung individueller Handlungen zu einem kollektiven Handlungsziel wirklich die gewünschten Folgen einstellen können, darf bezweifelt werden. Es ist deshalb keine triviale Frage, wie egoistische Akteure in der Lage

Die Unwahrscheinlichkeit der Identität von Eigen- und Kollektivinteresse.

sein können, miteinander zu kooperieren. Das Pareto-Optimum war die Idee, dass darin Kooperation wenigstens wahrscheinlicher wird, weil Eigen- und Kollektivinteresse identisch sind – aber das wird womöglich schon dadurch korrumpiert, dass sich die positive Wirkung erst in Zukunft einstellt.

Die Überschuldung privater Haushalte etwa ist nicht nur eine Folge der zu beobachtenden Abwälzung staatlicher Leistungen auf die Privathaushalte, sondern auch eine Folge dessen, dass die Befriedigung aktueller Bedürfnisse die Gefahr späterer Zahlungsunfähigkeit geradezu unsichtbar machen kann – und bezogen auf die zeitliche Differenz von individuellem Nachteil jetzt zugunsten eines kollektiven Vorteils später verschärft das Problem noch. Ökonomen und Philosophen, die einerseits empirisch anerkennen, dass Kooperation nicht einfach trivial durch Einsicht zustande kommt, aber dennoch nötig ist, sprechen sich dann auch für entsprechende Anreize für Kooperation aus beziehungsweise dafür, den Egoismus von Marktakteuren durch Regeln einzudämmen. Der Wirtschaftsethiker Karl Homann etwa plädiert seit Jahren dafür, eben nicht auf Einsicht zu setzen, sondern einerseits die Konkurrenz auf Märkten anzuerkennen, andererseits gewünschte Ziele sicherzustellen durch die konsensuelle Aufstellung von Regeln, die nicht den Wettbewerb, aber seine unerwünschten Folgen eindämmen. Eine Individualmoral, so Homann, müsse durch Moral in den Strukturen ersetzt werden.[38] Die offene Frage ist dann nur, unter welchen Bedingungen politische Akteure Interesse daran haben, für solche Regeln zu werben, oder Wähler, dies zu honorieren.

Das ist ein ähnlich komplizierter Zusammenhang von Einsicht ins Notwendige und individuellem Handeln wie bei meinem Milchbeispiel. Am Ende wählen die Leute diejenigen, die sie recht schnell entlasten und alimentieren – was aus politischen Akteuren, die als Kontrolleure auf den Märkten auftreten sollen, wichtige Akteure, also *Kunden* auf den Finanzmärkten macht. Mit staatlichen

Schulden kauft man nicht nur Handlungsspielräume, sondern auch Wählerstimmen! Der linke Politikwissenschaftler Colin Crouch sagt dazu lapidar: »Das Problem ist, dass Banker wie Politiker vom Baum der Erkenntnis der sekundären Märkte gekostet haben.«[39] Die Folgen sind bekannt, und sie wirken sich auf entsprechende Steuerungsmodelle aus.[40] Zudem zeigen sie, dass sich Marktakteure eben wie Marktakteure verhalten, ob es Banken und Konzerne oder Staaten sind – oder studentische Milchkunden im ersten Semester. Dass es zwischen diesen Marktakteuren starke Machtunterschiede und sehr unterschiedliche Interessenlagen gibt, ist selbstverständlich – aber an der Sache ändert dies nichts, im Gegenteil, es macht sie noch schwieriger.

In der Methodeneinführung lernen die Studenten übrigens auch etwas über den sogenannten ökologischen Fehlschluss. Dieser besagt, dass man nicht von aggregierten Daten auf individuelle Fälle rückschließen kann. Wüsste man also aus aggregierten Daten, dass die Wahrscheinlichkeit beruflichen Erfolgs bei Männern mit der Körpergröße und einer sportlichen Figur korreliert, kann daraus nicht auf den Einzelfall geschlossen werden. Heißt: Trifft man auf jemanden mit nicht nur geringer Körpergröße, sondern auch zu hohem Gewicht für diese Größe, dann kann man aus diesen Informationen nicht auf beruflichen Misserfolg schließen.

Der ökologische Fehlschluss.

Solchen ökologischen Fehlschlüssen begegnet man relativ oft, und viele unserer besonders bewährten Vorurteile bauen auf solchen Fehlschlüssen auf, denen nicht allzu schwer auf die Schliche zu kommen ist. Womit wir es aber hier zu tun haben, ist das Gegenteil, gewissermaßen mit einem umgekehrten ökologischen Fehlschluss. Wollte man auch dies mit einem logischen Begriff belegen, dann könnte man es mit einem Induktionsproblem vergleichen. Das Induktionsproblem beschreibt die Unmöglichkeit beziehungsweise die Schwierigkeit, von konkreten empirischen Einzelfällen auf allgemeine beziehungsweise allgemeingültige Aussagen zu schließen. Also: Wenn man jemanden findet, der für sein Gewicht zu klein ist und beruflichen Erfolg hat, kann man daraus nicht auf eine allgemeine Theorie schließen, dass kleine schwere Leute eher beruflich erfolgreich sind. Inwiefern es dann überhaupt möglich ist, aufgrund empirischer Aussagen auf Theorien zu schließen, ist ein schwieriges und kontroverses wissenschaftstheoretisches, begriffslogisches und methodologisches Problem der Sozialwissenschaften, mit dem wir uns hier nicht beschäftigen wollen. Mir geht es hier nur um die grundlegende Beobachtung, dass individuelle Fälle und aggregierte Realitäten, man könnte auch sagen: individuell Beobachtbares und seine überindividuellen Wirkungen oder Voraussetzungen, nicht auf der gleichen Realitätsebene angesiedelt sind.

Auf unser Milchbeispiel bezogen: Hier wird sehr simpel evident, dass die bloße individuelle Einstellung, selbst wenn sie bei der Mehrheit von Akteuren vorkommen würde, sich nicht unbedingt auf kollektives Handeln oder auf allgemeine Wirkungen überträgt oder aufrunden lässt – übrigens ist mein Beispiel (aus didaktischen Gründen) insofern allzu einfach gewählt, als es so tut, als würde der Milchmarkt nicht seinerseits darauf reagieren, wenn sogar *alle* Marktteilnehmer sich in der angedeuteten Weise verhalten würden. Wir tun ja meistens so, als würde sich die Welt nicht mitverändern, wenn wir unser eigenes Verhältnis anpassen. Das macht es so schwer, in komplexe Systeme wie etwa einen Markt einzugreifen. Aber dazu später mehr.

Das Induktionsproblem, um das es hier geht, besteht darin, dass man sich Lösungen für Probleme auf der Aggregatebene, also auf der überindividuellen Ebene – hier: das Verhältnis von Milchpreis im Einzelhandel zu den Produktionskosten bei den Milchbauern –, nicht einfach durch induktive Schlüsse von der Individual- auf die Aggregatebene vorstellen darf. Im Klartext: Der Milchmarkt reagiert auch auf Verbraucherverhalten wie ein Markt, und das Verhalten von Individuen wird nicht allein durch Überzeugungen gesteuert, weil sie eben nicht nur moralische Akteure, sondern auch Marktteilnehmer sind. Die Sache ist also sehr kompliziert – aber beschreiben lässt sie sich einfacher, indem man eine kausale Beziehung konstruiert zwischen moralischen Einstellungen, etwa der besseren Einsicht oder Solidarität, und ihren Wirkungen auf komplexe Ebenen der Gesellschaft. Dann wird das Problem des Milchmarktes ein Problem der Gier und des Gewinnstrebens, und korrumpiert wird die Diagnose noch durch das eigene Verhalten als Marktteilnehmer, der Präferenzen für die billigere Milch ausbildet, die ihm aufgrund des Angebots auch zur Verfügung steht. Und selbst dafür lassen sich noch moralisch angemessene Gründe finden: Studierende müssen mit geringen Einkommen auskommen, was durch einen Wohnungsmarkt in einer der wenigen wachsenden Metropolen in Deutschland verschärft wird, deren Mietpreise trotz einer durchaus wirksam regulierenden Stadtpolitik auf die stetig wachsende Nachfrage und das knappe Angebot reagieren. Dies zu beschreiben, ist außerordentlich schwierig – schon weil man es in einer Form tun muss, in der man keine Individuen mehr findet, keine Solidargemeinschaften und kaum jemanden, den man dafür verantwortlich machen kann.

Die Studentinnen und Studenten sind am Ende zufrieden und unzufrieden zugleich – zufrieden, weil sie sich nicht richtig verhalten, aber irgendwie dadurch entlastet werden, dass man ihnen zeigen kann, wie komplex selbst ein so einfaches Problem wie das mit dem Milchmarkt ist; unzufrieden sind sie übrigens aus demselben Grund.

Ich wiederhole meine Grundintuition: *Es gibt lange Beschreibungstraditionen, die Welt in anthropomorphen Kategorien auf den Begriff zu bringen* – als die *Einheit* von Kollektiven und/oder als die *Einsicht* in das Richtige, zumeist kombiniert damit, dass das, was wir uns in der ersten Person Singular als das Richtige vorstellen können, durch die erste Person Plural zu einem Allgemeinen aufgerundet wird. Jeder weiß, was der Milchkunde eigentlich tun müsste, und wenn er das nicht als ein Ich, sondern als ein Wir täte, würde es auf der Aggregatebene funktionieren.

Kapitalismuskritik – zwei Modelle

Das Beispiel des Milchmarktes ist allzu einfach, aber schön plakativ – dass es sich aber bei den beiden Mechanismen der kollektiven *Einheit* und der angemessenen *Einsicht* tatsächlich um diejenigen Figuren und Formen handelt, mit denen wirksame Beschreibungen unserer Gesellschaft üblicherweise hantieren, zeigt sich erst recht beim dominanten Thema unserer Tage, dem der Kapitalismuskritik, also bei der Reaktion auf die Banken-, Wirtschafts- und Staatsschuldenkrise. Ich möchte hier keine weitere Position anfügen, wie man diese Krise angemessen überwinden kann, sondern einen Schritt zurücktreten, um die grundlegenden Mechanismen des Diskurses darüber ordnen und verstehen zu können. Dabei stellt sich das Problem der angemessenen Auswahl und des Zugangs, denn dieser Diskurs ist vielfältig und kann auf eine lange Tradition zurückblicken. Ich wähle der besseren Darstellbarkeit halber zwei Positionen, die ich miteinander kontrastiere. Ich wiederhole noch einmal: Ich diskutiere nicht, welcher der beiden Positionen zu folgen wäre. Ich interessiere mich vielmehr dafür, wie diese beiden Positionen ihr Problem exemplarisch konstruieren und daraus Lösungsperspektiven entwickeln.

Ich werde das an zwei sehr klugen Positionen vorführen, die interessanterweise aus recht unterschiedlichen politischen Orientierungen zu recht ähnlichen Diagnosen kommen, charakteristischerweise aber zu unterschiedlichen Einschätzungen und Ausblicken auf mögliche Lösungen. Ich beziehe mich einerseits auf den in Wien lehrenden Politikwissenschaftler Ulrich Brand, andererseits auf den Ökonomen, Sozialwissenschaftler und Gründer des Thinktanks »Denkwerk Zukunft« Meinhard Miegel.[41] Ich führe als Beispiele also nicht einfach zwei meinungsstarke Protagonisten vor, denen man leicht Expertise oder Kenntnis absprechen könnte, ich mache mir vielmehr die Mühe, zwei Positionen in den Blick zu nehmen, die je für sich von hohem Reflexionsgrad sind, zugleich aber stellvertretend stehen für jene Stichworte, unter denen die Debatte über die Zukunft des modernen Kapitalismus geführt wird. Beide waren übrigens sachverständige Mitglieder im Rahmen der Bundestagsenquete »Wachstum, Wohlstand, Lebensqualität«, die in der 17. Wahlperiode zwischen 2011 und 2013 getagt hat. Zurate ziehe ich zwei konzentrierte, außerhalb der *academia* zugängliche Texte der beiden Protagonisten, die nicht en détail, aber in groben Zügen markieren, worauf ich hinauswill. Es ist ein fulminanter Aufschlag von Brand über »Das bornierte Streben nach Profit«, auf den Miegel ebenso fulminant unter dem Titel »Die unerwiderte Liebe der Menschen zum Kapitalismus« retourniert. Beide Beiträge sind im Juli/August 2014 in der *Frankfurter Allgemeinen Zeitung* erschienen.[42]

Eine kurze Rekonstruktion: Ulrich Brand nimmt eine wachstumskritische Position ein. Seine Kritik konzentriert sich auf die Orientierung einer »immer bornierteren Suche nach der Rest-Profitmarge«, die nicht nur ökonomisch widersprüchlich sei, sondern auch grundlegende neue Vorstellungen von Wohlstand und materiellem Status verhindere, dessen starre Bindung an die Erwerbsarbeit kaum andere Optionen offenhalte als die bisherigen. Er geht dann die unterschiedlichen politischen Optionen durch, kritisiert an der FDP und Teilen der CDU ihr bloß wirtschaftsliberales Credo, an der eher konservativen Wachstumskritik aus Teilen der Union die Forderung nach Rücknahme sozialstaatlicher Leistungen, an den Grünen deren ökologischen Technikoptimismus und das, was Rainer Rilling im *Kursbuch 174* als »grünen Wohl- fahrtskapitalismus« beschrieben hat.[43] Der SPD bescheinigt Brand die konservativste Position, denn ihr wirft er vor, »phantasielos einer vermeintlich besseren Verwaltung des Bestehenden« hinter- herzulaufen. Auch die Links- partei sei noch immer in der engen Kopplung von »Wachs- tum und Verteilung« gefangen. Was Brand dagegen im Blick hat, ist zweierlei: zum einen die Überwindung der allzu engen Ver- kopplung von Lebensweisen und Produktionsverhältnissen, um es traditionell auszudrücken, zum anderen eine neue Produktions- strategie, die das Problem ökologischer Wachstumsgrenzen ernst nehme.

Eine linke Wachstums- und Kapitalismuskritik: »das borniierte Streben nach Profit«.

Zugleich zeichnet Brand das Bild eines linken Wohlfahrtsverständ- nisses, das sich gegen die Universalisierung des Profit- und Kon- kurrenzprinzips ebenso richtet wie gegen den Versuch, die dem Kapitalismus inhärente Überproduktion von Gütern dadurch zu bewältigen, den Verbrauchern mit geeigneten Marketingmaßnah- men die Befriedigung letztlich falscher Bedürfnisse zu verspre- chen. Die Menschen müssten sich ihrer Unfreiheit klar werden, jener, von Brand mit Marx beschriebenen Tendenz zur Entfrem- dung, nach der das Kapital »kein Akteur (sei), sondern ein soziales Verhältnis, in dem die meisten Menschen wenig zu bestimmen und nichts als ihre Arbeitskraft zu verkaufen haben«. Von einer klassischen marxistischen Kritik unterscheidet sich diese Position vor allem in ihrer wachstums- und technikkritischen Dimension und trifft durchaus einen Nerv dessen, was derzeit als eine linke Kritik erscheint: Kritik an alternativloser Profitorientierung, Kritik am Abbau von Sozialleistungen, Kritik an Ökonomisierung über- haupt und nicht zuletzt eine Diagnose, die davon ausgeht, dass der

Erfolg des Kapitalismus auf Kosten seiner eigenen Grundlagen erwirtschaftet wird.

Miegel, den Brand explizit einer »konservativen Wachstumskritik« zuschlägt, setzt ganz ähnlich an. Greift die linke Kapitalismuskritik Brands vor allem jene Antinomien auf, die in den Produktionsverhältnissen abgebildet werden, inszeniert Miegel die inneren Antinomien des Kapitalismus in erster Linie als Wachstumskritik. Ist bei Brand das »borniertе Streben nach Profit« der Motor der verhängnisvollen Wachstumsorientierung der kapitalistischen Wirtschaft, die Produzenten und Konsumenten entfremdet und die ökologischen Bedingungen ruiniert, macht Miegel etwas ganz anderes aus: Auch er ist wachstumskritisch, und zwar sowohl ökologisch als auch wohlfahrtsstaatlich. Das ökologische Problem könnte man auf die Formel bringen, dass das wirtschaftliche Wachstum an der Begrenztheit des Planeten seine ökologischen Limitationen findet. Würde die ganze Weltbevölkerung, so Miegel, wie die USA wirtschaften, wären vier Globen nötig, auf dem Niveau Deutschlands immerhin noch zweieinhalb.

Eine konservative Wachstums- und Kapitalismuskritik: die Maßlosigkeit von Bedürfnissen.

Zugleich macht er ein wohlfahrtsstaatliches Wachstumsproblem aus. »Jedes Wachstumsprozent, jede Lohnrunde, jede weitere soziale Wohltat oder jede zusätzliche öffentliche Leistung« erhöhe den »zerstörerischen Druck auf die Lebensgrundlagen und damit eine Beschleunigung ihres Zusammenbruchs«. Bis hier ähnelt Miegels Diagnose derjenigen von Brand durchaus – wenn auch bei unterschiedlicher Gewichtung der Bedeutung des Wohlfahrtsstaates, was dann auf den entscheidenden Unterschied hinweist. Anders als Brand sieht Miegel die Stabilität des Systems eben nicht in der Stabilität eines Ausbeutungssystems, in dem die Menschen gewissermaßen zu ihrer Praxis gezwungen werden müssten – im Gegenteil.

Miegel führt die Stabilität des Kapitalismus darauf zurück, dass er den Bedürfnissen der Menschen entgegenkommt: »Das bornierte, sprich geistig beschränkte Streben nach Profit, soll heißen nach Vorteil und Gewinn, ist, anders als seine Kritiker meinen, nicht eine seiner Schwächen, sondern eine weitere Stärke. Denn das versteht jeder auf Anhieb: Konzentriere dich auf deinen eigenen Vorteil, und versuche, ihn gegen andere zu verteidigen. Du stehst im Mittelpunkt. Unter dem Strich zählst allein du.«

Miegels These lautet, dass eines der größten Probleme bei der Umgestaltung des Kapitalismus darin bestehe, dass dieser sich weltweit »in den Hirnen und Herzen« der Menschen eingenistet habe – diese wollten nicht raus aus dem Kapitalismus, sondern rein. Wo Brand also letztlich darauf setzt, dass der Kapitalismus so etwas wie innere Widerstandskräfte entwickeln müsste – das ist das Credo aller linken Politik –, verzweifelt Miegel daran, dass die Leute diese bornierte Sache wirklich wollen. Das mache es noch schwerer, dass die Botschaft gehört werde.

So weit die beiden Positionen. Ich will nun nicht prüfen, welche der beiden recht hat und welche man weiterverfolgen soll. Einig sind sie sich ohnehin darin, dass der Kapitalismus ein System sei, das seine eigenen Grundlagen zerstört, also ein System, das die Bedingungen seiner eigenen Möglichkeit nicht durch Fehler, falsche Entscheidungen oder Misserfolge in Gefahr bringt, sondern durch seinen Erfolg – auch darüber möchte ich hier nicht diskutieren. Diese Denkfigur jedenfalls ist traditionsreich. Sie reicht von Marx, dessen Kritik der Bourgeoisie stets auch eine Feier des Bürgertums war, bis heute.

Das größte Problem der Moderne ist ihr Erfolg.

Marx' Figur, es seien die *Erfolge* des bürgerlichen Kapitalismus gewesen, die so wunderbare Produktivkräfte hervorgebracht haben, dass die Bedingungen ihrer produktiven Zerstörung in Richtung einer Revolutionierung der Verhältnisse erst möglich werden, zieht sich bis zu heutigen Kritikern wie Ulrich Beck, dessen Idee einer »reflexiven Modernisierung« ein ähnliches Motiv bedient: Das größte Problem der Moderne ist ihr Erfolg.[44]

Einig sind sich die beiden Positionen auch darin, dass ihre Diagnosen eine radikale Veränderung erfordern und nicht einfach eine kosmetische Frage des Typs, ob man nun eher eine nachfrage- oder angebotsorientierte Wirtschaftspolitik fahren soll oder ob kleinere Reparaturen möglich sind. Nein, hier, mitten im Feuilleton des Flaggschiffs der bürgerlichen Publizistik Deutschlands, werden *Systemfragen* gestellt, Fragen des Typs: Hat der Kapitalismus, wie wir ihn kennen, überhaupt noch eine Chance? Muss sich nicht Grundlegendes ändern?

Hier ist nun der Punkt, an dem die beiden Texte für mich erst wirklich interessant werden – so interessant, dass es sich lohnt, zunächst einmal zurückzutreten und kurz über die Textsorte nachzudenken. Mich interessiert an ihnen, wie eigentlich die öffentlichkeitswirksame Selbstbeschreibung funktioniert. Öffentliche Selbstbeschreibungen müssen so etwas wie einen appellativen Charakter haben, um das beschreiben zu können, was sie beschreiben. Die wissenschaftliche Erörterung kann demgegenüber auf einen solchen appellativen Charakter verzichten und tatsächlich wissenschaftlich generierte Fragen beantworten, etwa methodische Fragen, Fragen der angemessenen Datenbasis oder der Verortung, in welcher Tradition bestimmte theoretische Vorannehmen stehen usw. Es geht dann auch um die Sache – aber womöglich werden da unterschiedliche Probleme gelöst.

Ich möchte nun nicht behaupten, dass es eine klare Grenze zwischen diesen Textsorten gibt, aber als in der Gesellschaft wirksame Form der Selbstbeschreibung brauchen Texte etwas Appellatives – weswegen wiederum wissenschaftliche Texte mit zu starker appellativer Inszenierung gerne für wissenschaftlich zweifelhaft gehalten werden – und Texte, für die man eine komplizierte Vorbildung

braucht, um sie verstehen zu können, taugen dann nicht als motiv-
bildende Beschreibungen.

Kommunikation ist ja nicht einfach die Mitteilung eines Sach-
verhaltes, sondern mehr: Die Mitteilung muss auch angenommen
werden. Solche Kommunikationstheorien lassen sich auf systemtheoretische, kybernetische, medientheoretische, aber auch prag-
matistische Theorien zurückführen, aber es reicht schon so etwas
wie eine praktische Alltagsevidenz. Unser eigenes Kommunikationsverhalten hat stets mit einer Art Erwartung dem nächsten
kommunikativen Akt gegenüber zu tun. Wir passen uns in unserem
Kommunikationsverhalten nachgerade vorreflexiv an mögliche
Anschlusskommunikationen
an. Kommunikation kommt
nicht allein dadurch zustande, dass jemand etwas mehr

**Anschlussfähigkeit erzeugt
das Kommunikationsverhalten.**

oder weniger Sinnvolles in die Welt setzt – Kommunikation ist viel
stärker als von demjenigen, der da etwas in die Welt setzt, abhängig
von demjenigen, der darauf reagiert. Kommunikation ist eben
keine Sender-Empfänger-Beziehung. Kommunikation ist das, was
auf eine Offerte folgt – das Lächeln auf einen Blick, der Widerspruch auf eine Behauptung, die Auskunft auf eine Frage, das Seuf-
zen des Lesers nach der Lektüre eines Satzes.

Kommunikation ist ein Nacheinander, ein Prozess. Und deshalb
müssen sich Kommunikationsofferten danach richten, wer wie daran anschließen könnte. Das hört sich zunächst banal an – aber in
einer Gesellschaft, die ja letztlich nur aus Kommunikation, aus den
sinnhaften Reaktionen auf Offerten unterschiedlicher Art besteht,
muss dies die ausgezeichnete Frage sein: Wer schließt an? Wer
kann anschließen? Wer soll anschließen? Und wer nicht? Und wer
ist dann eigentlich der Autor?

Wenn Kommunikation vom Response abhängig ist, von seiner
Anschlussfähigkeit, dann gilt auch, dass der Informationswert von

Kommunikation nicht das einzige Kriterium für (gelungene) Kommunikation ist. Das ist letztlich alltagsplausibel. Wir können andere mindestens so gut durch die Art unserer Kommunikation überzeugen wie durch den sachlichen Gehalt. Und wir können sie dadurch womöglich leichter verschrecken oder zurückweisen als durch ihren Inhalt – das weiß jeder, der schon einmal geflirtet hat, der sich um eine Stelle beworben hat, der jemanden von einer Strategie oder einem Programm überzeugen wollte, der den schwierigen Versuch unternommen hat, ein Kind zu erziehen, oder der sich über eine Dienstleistung beschweren wollte. In all diesen Fällen ist es nicht der flirtende Satz oder Blick, die Bewerbung, das Programm, die Erziehungsmaßnahme oder die Beschwerde in ihrer inhaltlichen Substanz allein, die über den Erfolg entscheidet, sondern auch das *Wie*, die Form der Mitteilung, die für die Reaktion des Gegenübers verantwortlich ist.

All das gilt auch fürs gepflegte Kommunizieren, fürs Schreiben, für den öffentlichen Vortrag, fürs Publizieren. Und es gilt für die diagnostische und öffentlichkeitswirksame Selbstbeschreibung der Gesellschaft. Es gilt vor allem für die appellative Rede.

Metaphern der Kapitalismuskritik: Umbau versus Einsicht

Ich komme nun auf die Debatte zwischen Meinhard Miegel und Ulrich Brand zurück, die mich insbesondere im Hinblick darauf interessiert, was sie jeweils plausibel macht und wie sie Anschlussfähigkeit erzeugt. Meine These ist nämlich, dass diese Plausibilität eben nicht allein auf der Ebene der Argumente hergestellt wird. Vergegenwärtigen wir uns noch einmal die Argumente: Brand nimmt eine grundlegend kritische Haltung zum Kapitalismus ein und hofft darauf, dass der Kapitalismus seine inneren Widersprüche erkennt und diejenigen, die von ihm unterjocht werden, dagegen aufbegehren. Es ist dies die klassische linke dialektische Idee, dass die innere Negativität des Systems sich positiv aufhebt und über den Mechanismus einer Aufklärung über das Kapital, das eben »kein Akteur, sondern ein soziales Verhältnis« sei, dazu führt, dass das Leiden am System zum Widerstand dagegen führt. Miegels ganz ähnliche Diagnose des Kapitalismus als eines Systems mit inneren Widersprüchen ökologischer und ökonomischer Natur kommt freilich zu ganz anderen Konsequenzen. Der Kapitalismus werde zwar vielleicht nicht geliebt, aber die Menschen strebten hinein, stellten sich auf die Mechanismen ein. Der Kapitalismus bediene »wenn schon nicht ihre edelsten, so doch ihre stärksten Triebe«. Das, in der starken Formulierung Brands, »borniertes Streben nach Profit« wirke eben nicht als Schwäche, sondern als besondere Stärke – freilich, so Miegel, mit verheerenden Folgen. Interessant ist nun, wie beide sich die Lösung des Problems vorstellen und wie sie sie ihren Lesern plausibel machen. Der Unterschied der beiden Herangehensweisen könnte paradigmatisch dafür sein, wie gesellschaftliche Selbstbeschreibungen Eingriffsmöglichkeiten in die Gesellschaft so imaginieren, dass sie auch eine handlungsrelevante Plausibilität bekommen können. Denn anders als wissenschaftlich codierte Texte, die sich damit zufriedengeben können, auf den Punkt zu bringen, was der Fall ist (und was sie bisweilen zugegebenermaßen langweilig erscheinen lässt), müssen solche Selbstbeschreibungen einen Ausblick darauf enthalten, warum man sich mit Beschreibungen komplexer Sachverhalte aufhalten soll. Die beiden Lösungsmechanismen sind, wie ich oben schon angedeutet habe, die Imagination einer kollektiven *Einheit* einerseits, der Appell an eine (meist moralisch wertvolle) *Einsicht* andererseits. Genauso verfahren diese beiden kapitalismuskritischen Texte.

Man muss sie wirklich genau lesen. Die zentrale Chiffre in Brands Text ist *Umbau* – Umbau der Lebensweise, umfassender Umbau der Lebensform, sozialökologischer Umbau. Die Metapher des Umbaus meint, dass ein Konstrukteur sich eines Werkstücks annimmt und dies nach einem neuen Plan neu gestaltet. Selbstverständlich ist der Umbau der Gesellschaft etwas, das in der Gesellschaft selbst stattfindet, aber die Metapher des Umbaus imaginiert, dass man ein halb internes und halb externes Verhältnis zum umzubauenden Gegenstand einnehmen kann. Brand formuliert hier übrigens nicht ungenau oder gar zufällig – nein, die Metapher ist sehr treffend gewählt, denn er grenzt sich klar von einer

Die linke Metapher des Umbaus.

»Verteilungslinken« ab, die innerhalb der bestehenden Verhältnisse schlicht die Verteilungsmargen verschieben möchte. Umbau dagegen meint, die Grundstruktur der Gesellschaft selbst zu verändern. Hier liegt so etwas wie ein sozialtechnologisches Verhältnis zur Gesellschaft vor. *Sozialtechnologie* war in den 1970er-Jahren noch ein linkes Schimpfwort für Ansätze, die für so etwas wie instrumentelle Reparaturarbeiten an der Gesellschaft plädiert haben. Es galt als das Gegenteil von Kritik.[45] Aber viel besser passt es auf solche Strategien, die sich eine grundlegende Veränderung und Verbesserung von Situationen nur als Umbau vorstellen können. Eine klassische Linke hatte noch den Vorteil, auf eine gewisse innere Logik vertrauen zu können, nach der die innere Krisenhaftigkeit eines Systems, das seine eigenen Grundlagen zerstört, sich auf eine höhere Ordnungsstufe hebt. Die Lösung der Probleme war als genetisches Programm in den Problemen selbst angelegt, was dann solchen utopischen Bewegungen auch das Selbstbewusstsein verliehen hat, wenn schon nicht die Zeitgenossen, so wenigstens die künftige Geschichte auf der eigenen Seite zu haben.

Letztlich ist dies eine Strategie, mit einer perennierenden Parusieverzögerung umzugehen, weswegen sich solch utopisches Denken, eingestellt auf die Verzögerung, auf eine zukünftige Lösung richtet. Nachdem die geschichtsphilosophischen Energien solchen

Glaubens beim besten Willen nicht mehr vorausgesetzt werden können, wird Utopie im zeitlichen Sinne durch Utopie im sachlichen Sinne ersetzt: Aus dem Vertrauen in den notwendigen Gang der Geschichte wird die Forderung nach einem technologisch zu vollziehenden Umbau.

Brands Argumentation ist insofern folgerichtig, als er die Lösung eines grundlegenden Widerspruchs der Gesellschaft tatsächlich auch nur grundlegend ansetzen kann. Die Metapher des Umbaus meint, das Ganze als eine Einheit beschreiben zu können, die man als solche verstehen und wie ein Werkstück verändern kann. Eine solche Perspektive rechnet mit einem mittels einer relativ einheitlichen Logik dechiffrierbaren System, nicht aber *mit Komplexität*, damit, dass »das System« während des Umbaus auf den Umbau reagiert und sich eben nicht als Einheit darstellt, sondern intelligenter ist als die Intelligenz des Umbaus. Man könnte von einem *Technologiedefizit* sprechen – aber ich greife vor.

> Die Strategie einer perennierenden Parusieverzögerung.

Zunächst ist zu konstatieren, dass eine solche Beschreibung, die ein Subjekt-Objekt-Verhältnis zwischen Kritik und Gegenstand der Kritik voraussetzt, zumindest eine sehr plausible Diagnose liefert: Wenn die Grundlage des Kapitalismus darin besteht, seine eigenen Grundlagen zu zerstören, dann ist dieser grundlegend umzubauen. Man muss auf eine Einheit setzen, auf die Einheit der Betroffenen, die heute nach Brand nicht mehr nur das Proletariat umfasst, sondern die Gesellschaft als Ganzes. Und dieses Ganze muss zum Gegenstand nicht nur der Erörterung, sondern auch des umbauenden Handelns werden. Mit dieser Essenz freilich fangen die Probleme erst an, denn wo ist eigentlich der Hebel, an dem das Ganze als Ganzes umgebaut werden kann? Die klassische linke Theorie kannte diesen Hebel noch – es war der Widerspruch zwischen Kapital und Arbeit, den man theoretisch einigermaßen plausibel beschreiben kann. Aber praktisch? So weit muss man nicht gehen. Es reichen dann schon Konzepte des »sozial-ökologischen Umbaus«, ohne dass man wissen kann, wie der Weg von A nach B, will heißen vom *status quo* zum *status construendi* zu beschreiten ist.

Um das zu imaginieren, muss man sich die Welt irgendwie aus einem Guss vorstellen können. Für die klassische Linke war das eben der klassische Hauptwiderspruch, von dem alles abgeleitet werden kann. Im Laufe meiner Argumentation werde ich noch auf andere imaginierte Vorstellungen einer Gesellschaft aus einem Guss kommen, die auf den ersten Blick nichts, aber auch gar nichts mit der linken Idee eines Hauptwiderspruchs zu tun haben – hier sei aber zunächst festgehalten: Die Probleme des Kapitalismus lassen sich am besten lösen, wenn man ihn als eine relativ einheitlich und relativ einfach funktionierende Einheit versteht, in die man geradezu instrumentell eingreifen kann, indem man ihn umbaut – so wie man eine Maschine umbaut, die während des Umbaus freilich ausgeschaltet sein muss. Natürlich hat Brand das nicht gemeint – aber die Performanz des Arguments funktioniert exakt so. Wenn ich solche Chiffren wie »sozialökologischer Umbau« höre, die übrigens auch innerhalb meiner eigenen Disziplin vertreten werden, so komme ich zu dem Schluss: Man muss Soziologie betreiben, gerade um vor solchen Umbaufantasien zu warnen.

Wie etwa Meinhard Miegel in seinem Beitrag. Direkt auf Brand replizierend schreibt er: »Die Linke flüchtet sich, wie so oft in ihrer Geschichte, auch diesmal wieder in Utopien. Obwohl sie tiefgreifende Veränderungen in Aussicht stellt, sollen diese in den Worten Brands ›nicht auf dem Rücken der Menschen ausgetragen werden‹. Soll das heißen, ›die Menschen‹ könnten bei derartigen Umwälzungen ausgespart bleiben?« Aber ist das wirklich die Alternative? Miegels Antwort auf die dem Kapitalismus inhärente, also wirklich essenzielle Krise und innere Widersprüchlichkeit ist nicht die Idee eines Umbaus. Miegel

Die individuelle Utopie des Kapitalismus.

ist hier vorsichtiger – er erkennt empirisch durchaus richtig an, dass der Kapitalismus, wiewohl aufgrund seiner inneren Antinomien instabil, sich durch seine eigenen Strategien stabilisiert. Der Kapitalismus schaffe es, seine Moral des individuellen Profitstrebens in individuelle Utopien umzumünzen – exakt das verhindere jegliche sozialtechnologische Perspektive auf den Kapitalismus, weil man die Akteure nicht über ihre eigene Not aufklären kann. Denn wie die linke Parusieverzögerung sich auf die Erlösung des Ganzen bezieht, stellt sich nach Miegel das Problem des Kapitalismus als *individuelle* Parusieverzögerung für den einzelnen Akteur dar, nach dem Motto: *Erlösung ist möglich, für mich, und wenn nicht für mich, dann vielleicht für meine Kinder.*

Vielleicht ist die Idee eines deregulierten Wirtschaftssystems deshalb insbesondere in typischen Einwanderungsgesellschaften besonders plausibel, weil Einwanderern dort signalisiert wird, dass sie es schaffen können, wenn sie sich nur genügend anstrengen – man denke an die USA. Oder man denke an die aufstrebenden Wachstumsökonomien in Ostasien, die sich vor Selbstausbeutungsmotiven einer jungen motivierten Generation kaum retten können, weil diese Utopie wirklich eine konkrete Utopie ist. Das ist es, was Miegel meint, wenn er davon spricht, dass die Leute nicht aus dem Kapitalismus raus wollen, sondern hineinstreben – was für ihn keine gute Nachricht ist, weil das ökonomische und folgend auch das wohlfahrtsstaatliche Wachstum sowohl die ökonomischen wie die ökologischen Grundlagen des Kapitalismus korrumpiert.

Anders als Brand sieht Miegel also erheblich realistischer, dass das umzubauende System nicht einfach aus einem Guss ist, sondern sehr intelligent reagiert, indem es seine Versprechen individualisiert. Er stellt es also erheblich subtiler dar, als es eine linke Utopie vermöchte, die letztlich immer noch von der Grundidee geprägt ist, was der Kapitalismus mit den Menschen »eigentlich« macht, auch wenn sie es nicht gleich merken. Nun fährt Miegel keineswegs fort und stößt auf die Komplexität des Problems, das Brand noch mit der Fantasie über eine einheitliche Beschreibung des Kapitalismus wegzuschreiben versucht. Miegel macht aber wenigstens auf ein zugrunde liegendes Dilemma aufmerksam: Gerade weil sich das von Brand angenommene Unbehagen am Kapitalismus nicht einstellen will oder wenigstens bei den Verlierern in eine individuelle utopische Energie ummünzen lässt, werden die Wirkkräfte gegen den Kapitalismus durch ihn selbst außer Kraft gesetzt. Der Linke Brand glaubt an die inneren Antinomien des Kapitalismus – und wundert sich darüber, dass die objektive Lage sich nicht in Einsicht ummünzt und einen grundlegenden Umbau suggeriert.

Der konservative Miegel dagegen wundert sich nicht über die Schwäche der Menschen, die sich von den vermeintlichen Erfolgen des Kapitalismus blenden lassen. Als Ausweg aus diesem Dilemma gebe es nur so etwas wie eine moralisch getriebene Einsicht, die freilich wieder durch die menschliche Schwäche korrumpiert wird. Miegel beschließt sein Plädoyer mit der schwachen, sich der Schwäche sympathischerweise bewussten Forderung, die Menschen müssten sich von den stark verinnerlichten Denk-, Gefühls- und Handlungsmustern befreien, um zur Einsicht in die Notwendigkeit eines Verzichts auf Wachstum zu gelangen. Es ist gewissermaßen die moralische Idee des Verzichts, die moralische Forderung nach Verzicht auf den kurzfristigen Vorteil, der dem Konservativen Miegel bleibt, weil er an die linke Idee der organisierbaren Einsicht ins Ganze nicht glaubt.

Die konservative Metapher von der Schwäche des Menschen und die Forderung nach moralischer Einsicht.

Gemeinsam ist beiden die Diagnose, dass sie den Kapitalismus als eine Ordnung begreifen, der seine Fundamente selbst untergräbt – es trennt sie das, was ihre Diagnose für ein jeweiliges Publikum plausibel macht. Brand glaubt an den grundlegenden Umbau, imaginiert dafür eine kollektive Betroffenheitsdimension und vermag doch nicht, den Hebel anzugeben, an dem sich diese Ordnung aushebeln lässt. Da die Kollektivität der Betroffenheit so schwer zu finden ist, war die Strategie der Linken stets, Solidarität nicht nur kollektiv zu fordern, sondern vergleichsweise zentralistisch zu organisieren – mit allen Konsequenzen, die dies gesellschaftlich fast notwendigerweise hat, wenn Linke nicht nur »Verteilungslinke« sein wollen, wie Brand spöttisch anmerkt. Den real existiert haben-den Sozialismus nicht für einen Betriebsunfall zu halten, sondern als nachgerade logische Folge einer »Umbau«-Perspektive, übersieht, dass sich nur mit erheblichen Kosten sozialtechnologisch in die Komplexität der modernen Gesellschaft eingreifen lässt. Und die eher konservative Idee von Miegel, auf eine Art bürgerliche Sublimierungsstrategie zu setzen, ist ebenso realitätsfern, auch wenn die anthropomorphe Idee, dass Handlungsfolgen immer etwas mit den Motiven der Akteure zu tun haben, durchaus einsichtig ist.

Es macht übrigens beide Texte durchaus sympathisch, dass sie darum ringen, Beschreibungsmöglichkeiten für ein merkwürdig komplexes Geschehen anzubieten. Ob es stimmt, dass »der Kapitalismus« durch seine eigene Praxis seine Existenzgrundlagen zerstört, sei dahingestellt. Beide jedenfalls stellen das Geschehen als ein komplexes Geschehen dar, das nicht einfach einen Zustand beschreibt, sondern eine komplexe Dynamik, bei der die Praxis einer Ordnung durch sich selbst auf sich selbst reagiert und damit ihre Anfangsbedingungen durch ihre eigen Bewegung permanent verändert. Man könnte sagen, diese Ordnung reagiert auf sich in der Form eines *Systems*, das insbesondere auf Eigenzustände reagiert und das man nicht mehr einfach mit Mitteln der Kausalität beschreiben kann. Beide Perspektiven stoßen auf das Problem, dass eine Diagnose schwierig wird. Beide bieten eine Selbstbeschreibung an, die durchaus plausibel wirkt – und beide schrecken davor zurück, das Komplexitätsproblem beim Namen zu nennen und greifen stattdessen auf bekannte Beschreibungsvorlagen zurück: der eine auf die sozialtechnologische Idee des Umbaus einer Einheit, deren Reaktionsmechanismen man am Ende doch kennt, der andere auf den Appell in die moralische Einsicht, dass man so nicht weiter handeln dürfe, weil dies ungeahnte Folgen hat. Beide Lösungen sind gut eingeführte Lösungsmuster und Beschreibungstraditionen – mit dem beschriebenen auf die eigenen Zustände zurückgeworfenen System, das insbesondere auf sich selbst reagiert, haben diese Beschreibungsformen freilich wenig zu tun.

Ich nehme Brand und Miegel in Anspruch, um zu zeigen, wie solche Beschreibungen am Ende fast automatisch in die eingeführten Beschreibungs- und Lösungsmuster geraten, an die sich das Publikum gewöhnt hat und die man ihm zumuten kann. Sogar noch die Unterscheidung der beiden Lösungen ist bekannt: Hier sprechen ein Linker und ein Konservativer, kommen zu ähnlichen Diagnosen und komplementären Konsequenzen.

Komplexität als blinder Fleck

Nach fast 100 Seiten Text komme ich nun an den Ausgangspunkt meiner Überlegungen zurück, zu jenen Unterscheidungen, die ich im Untertitel des Buches für untauglich erklärt habe. Es sollte deutlich geworden sein, dass sie tatsächlich einen Unterschied machen – das lässt sich an Brand und Miegel ablesen. Aber letztlich macht das keinen Unterschied, denn die zugrunde liegende Diagnose entzieht sich diesem Kalkül – zumindest bei diesen beiden klugen Diagnosten, die nicht einfach irgendein Programm entfalten, sondern wirklich eine Diagnose versuchen. Es fällt übrigens auf, wie problemlos die Perspektiven sich einer linken beziehungsweise konservativen Denkungsart zuschlagen lassen, zugleich aber auch diese Unterscheidung unterlaufen. So rechnen linke Perspektiven zwar stets mit dem »Neuen Menschen«, malen das Bild eines bisweilen heroischen Anwalts der eigenen Sache, aber glauben doch nicht recht an diese Strategie, sonst würden sie Solidarität nicht organisatorisch unterfüttern müssen. Natürlich hat die Organisation von Solidarität auch etwas damit zu tun, Interessen zu bündeln und so kollektives Handeln zu organisieren, aber dass diese Formen bisweilen autoritär werden, liegt auch daran, dass die Individuen dann doch schwächer sind, als die Lehre von der objektiven Klassenlage es vermuten lässt. Selbst Brand ist nicht ganz frei davon, wenn er sich darüber wundert, dass die Unterdrückten ihre Unterdrückung nicht recht wahrhaben wollen. Linke Bewegungen nutzen deshalb gerne das konservative Muster der Führung, Bündelung und Begrenzung von Motiven durch Institutionen, also auch der Institutionalisierung von Solidarität. Auch der Neue Mensch gründet offenbar schwach in den Limitationen der Erbsünde.

Umgekehrt mutet Miegels Appell an die moralische Entscheidungstat, sich der Mentalität des borniertnen Profitstrebens zu entziehen, eher links an – zumindest wenn man die Figur des Neuen Menschen und die Einsicht in die Notwendigkeit jenseits ihrer Institutionalisierbarkeit in Rechnung stellt. Man weiß am Ende wirklich nicht mehr, wer hier konservativer argumentiert, wenn man die Diskussion nicht auf die Frage der bloßen Verteilungsarithmetik beschränkt, die ja die grundlegende Kritik beider Autoren gar nicht erst berührt. Jedenfalls sollte deutlich geworden sein, dass auch komplexe Problembeschreibungen in sehr einfache Beschreibungtraditionen zurückfallen, wenn sie auf die Anschlussfähigkeit ihrer Diagnosen stoßen. Es bleiben die beiden Chiffren einer kollektivierbaren *Einheit*, die man instrumentell umbauen kann und die das Ganze auf ein konkretes Prinzip hin verkürzen lässt, sowie einer Forderung nach moralischer *Einsicht*

Wer argumentiert
konservativer?

95

des Einzelnen als Grundlage für die Veränderung von kollektiven Phänomenen. Der erste Vorschlag krankt – das kann man auf den ersten Blick sehen – an einem Technologiedefizit und an einer allzu einfach gedachten Umbaufähigkeit eines komplexen Systems, für den zweiten Vorschlag gilt das, was ich oben als umgekehrten ökologischen Fehlschluss beziehungsweise als Induktionsproblem beschrieben habe, wonach in einem komplexen System nicht einfach individuelle Handlungsereignisse auf kollektive Wirkung hin aufgerundet werden können.

Die beiden exemplarisch dargestellten Perspektiven haben gemein, dass sie stark analogisierende, eingeführte, also publikumsadäquate Beschreibungsformen verwendet haben. Ich habe deren Diskussion mit der Überlegung begonnen, dass sich appellative Texte an den Erwartungen ihrer Rezipienten scharf stellen und von kulturell eingeführten Chiffren abhängig sind. Was bei beiden Perspektiven als unausgesprochener Subtext mitläuft, als blinder Fleck gewissermaßen, ist die Frage, wie man in ein komplexes System einwirken kann, das sich weniger einheitlich und weniger aus einem Guss darstellt als ein System, von dem man ernsthaft erwartet, es lasse sich umbauen oder durch einsichtigen Verzicht linear verändern. Ich werde im nächsten Kapitel, dem Hauptkapitel des Buches, nun versuchen, ein Beschreibungsangebot für gesellschaftliche Komplexität zu machen.

Drittes Kapitel

Komplexität.
Warum dezentriert die Heliozentrik die Welt?

Wo stehen wir jetzt? In den vergangenen Kapiteln habe ich mit unterschiedlichen Schwerpunkten darauf hingewiesen, wie sich Beschreibungen und Diagnosen der Gesellschaft vor allem solchen Beschreibungstraditionen verdanken, die für ein Publikum anschlussfähig sind – ich habe das im ersten Kapitel an der Unterscheidung *rechter* und *linker* Argumentationsfiguren aufgezeigt, im zweiten Kapitel dann am Beispiel zweier kapitalismuskritischer Diagnosen dargelegt, wie solche Diagnosen sich den Zugriff auf die Gesellschaft vorstellen.

Der eine, explizit *linke* Zugang hat vor allem mit einer Umbaumetapher gearbeitet, also mit der Idee, dass man die Gesellschaft gewissermaßen an ihrem Hauptproblem, an einem zentralen Hebel, an einer zentralen Kategorie fassen muss, um die Krise des Kapitalismus zu überwinden. Die Umbaumetapher habe ich ein sozialtechnologisches Modell genannt, also eines, dessen Sprecherposition vor allem davon lebt, dass man sich fast außerhalb des Geschehens setzt und »den Kapitalismus«, was ja letztlich eine Metapher für die Gesellschaft als ganze darstellen soll, für einen bearbeitungsfähigen Gegenstand hält, mit klaren Stellschrauben. Diese Sprecherposition rechnet *nicht* mit Komplexität, sondern mit der

Umbaufähigkeit seines Gegenstandes, indem klare Stellschrauben zu benennen sind, die man dann mit politischer Macht durchsetzen muss. Dass linke Politik bei aller normativen Anschlussfähigkeit am Ende doch eine autoritäre Grundstruktur besitzen muss, liegt daran, dass die Idee des Umbaus nur dann durchzusetzen ist, wenn man nicht nur so etwas wie eine *objektive* Beschreibbarkeit des Hebels intellektuell voraussetzen kann, sondern auch von Kausalitäten überzeugt ist, die vom Handeln auf eine Wirkung durchschlagen. Es ist interessant, wie Brand sich vor allem darüber wundert, dass die Ausgebeuteten ihre objektive Lage nicht *selbst* sehen. Darin scheint schon die Grundidee auf, das Wollen eher einem zentralen Akteur zuzuschreiben – vom Staat als Wirklichkeit der sittlichen Idee bis zur Avantgarde der Arbeiterklasse ist es nur ein kurzer Schritt. Das ist auch der Grund dafür, dass eine linke Perspektive stets eher staatszentriert operiert und daraus auch ihr Selbstbewusstsein bezieht, weil es einen Akteur geben muss, dem sich Handeln und Wirkungen zurechnen lassen – und nichts anderes ist die Funktion von Politik: einem wählenden Kollektiv Regulatorien anzubieten, von denen man mit entsprechenden politischen Zurechnungen Wirkungen erwartet.

Die zweite, hier *konservativ* genannte Perspektive ist realistischer – realistischer wenigstens in dem Sinne, dass sie mit der Eigendynamik des ebenso krisenhaft beschriebenen Systems rechnet. Diese konservative Perspektive verzweifelt daran, dass die Krisenhaftigkeit des Kapitalismus noch dadurch erhöht werde, dass die Unmöglichkeit der Selbstdistanzierung der Akteure zum System selbst als Teil der Krise wahrgenommen wird. Folgt man Miegels Diagnose jener der linken Analyse Brands ähnlichen Endzeitdiagnose des Kapitalismus, so nimmt Miegel zugleich noch eine selbstreflexivere Position ein. Reflexiv meint: Ein instrumentelles Umbauverhältnis zum Kapitalismus werde sich schon deshalb nicht einstellen, weil die Akteure an die Versprechungen des Kapitalismus – sowohl an die erfüllten wie die im Sinne des individuellen Vorteils als erfüllbar erscheinenden – wirklich glauben. Bei Miegel kommt also schon ein Moment Komplexität hinzu, nämlich die Einsicht, dass die Veränderung des Kapitalismus nur innerhalb seiner selbst und mit den gerade zur Verfügung stehenden Mitteln möglich ist. Einfacher gesagt: Der zu verändernde Gegenstand reagiert während der Veränderung auf sich selbst, und zwar mit den Mitteln, die er hat – wie denn auch sonst? Diese Kreativität des Kapitalismus ist es, die für eine eher linke Perspektive stets als problematisch erscheinen muss – für jenes Problem nämlich, dass sich aus einer als objektiv beschriebenen Krisenlage keine subjektive Handlungsbereitschaft deduzieren lässt.

Ich möchte behaupten, dass Diagnosen dieser beiden Typen tatsächlich paradigmatisch dafür sind, wie wir uns den Zugriff auf die Lösung jener Krise vorstellen, die uns in öffentlichen Zeitdiagnosen angeboten werden, hier präsentiert an zwei Beispielen, die dies vielleicht am deutlichsten auf den Begriff bringen. Die Imagination einer kollektiven Einheit beziehungsweise der Appell an die bessere Einsicht sind gewissermaßen die beiden Enden einer Unterscheidung, die unmittelbar mit dem Problem zu tun hat, das ich im vorigen Kapitel behelfsweise am Beispiel des Milchpreises dargestellt habe. Bezieht man diese beiden grundsätzlichen Perspektiven, die ja nichts weniger als das Ende des gegenwärtigen Modells propagieren, auf konkrete Politikstile, fällt dies auf: Auch die Politikstile der Mitte mit ihrer *eher* linken und *eher* konservativen Form sind imprägniert von diesen beiden Beschreibungstraditionen, vor allem in aktuellen Politikfeldern. Die eher linke Perspektive wird zu zentralistischen Lösungen neigen, wenn man an Quotierungen denkt oder an eine stärkere Regulierungspolitik. Die eher konservative Seite dagegen vertraut länger auf die Einsichtsfähigkeit der Akteure und wartet länger ab, bis sie dann in sich selbst sozialdemokratischer wird. Die wenigen Konflikte, die Großkoalitionäre haben, hören auf diese Differenz, werden aber in einem moderierenden Politikstil aufgehoben.

Ich halte sowohl die Idee des Umbaus des Kapitalismus – wenn wir an dieser Problemformel festhalten wollen – als auch die Idee der Änderung der Welt durch Verhaltensänderung für, ja, man muss es so sagen, unterkomplex. Was mich eher interessiert, ist die Frage, warum sich Diagnosen der gesellschaftlichen Krise so enttäuschungsfest geben, warum also einerseits immer wieder ein Gesamtumbau angestrebt und theoretisiert wird, andererseits an Einstellungen appelliert wird – nur um dann festzustellen, dass sich mit der Kritik die Rahmenbedingungen des Kritisierten mitverändern und die Dinge doch weiterlaufen wie bisher. Es scheint so etwas wie eine merkwürdige Selbstkorrektur der gesellschaftlichen Krise zu geben, eine merkwürdige Form der Resilienz, die mit bisweilen hohen Kosten, aber ganz ohne Kollaps dazu führt, dass die Dinge einfach weiterlaufen. Vielleicht muss man sich auf einen solchen merkwürdigen Selbstanpassungsmechanismus der Gesellschaft einstellen, um ihrer Funktionsweise auf den Grund zu gehen – um dann mit anderen Formen der Beschreibung aufwarten zu können.

Selbstkorrektur und Resilienz.

Die Problemformel lautet also: Komplexität. Ich möchte mich dieser Problemformel nun in diesem Kapitel nähern. Und ich laufe dabei Gefahr, genau das zu verfehlen, was ich in der Einleitung angedeutet habe: dass Beschreibungsformen nur dann funktionieren, wenn sie an Beschreibungstraditionen andocken können. Dafür gibt es hier zunächst keine Entsprechung, und insofern ist der Text nun in der Gefahr, in wissenschaftliches Räsonieren abzudriften, mit der Folge, dass der Text übers Komplexe seinerseits zu komplex wird. Ich weiß noch nicht, wie ich dieser Gefahr entgehen kann – die einzige Chance besteht darin, es einfach zu versuchen – womit wir übrigens mitten im Thema sind, aber dazu später.

Wovon kann man reden?

Der *erste Schritt* beschäftigt sich zunächst einmal mit der Frage danach, wovon wir eigentlich reden, wenn wir von *etwas* reden, denn das ist inzwischen nicht mehr so einfach, wie es einmal war. Niemand spricht mehr in Substanzen, nichts ist so, wie es ist. Alles ist Ergebnis von Unterscheidungen, Differenzen. Darüber scheint es eine erstaunliche Einigkeit zu geben. Man trifft auf kaum eine theoretische Innovation, die nicht mit der Hilfe von Differenzen das auszudrücken versucht, was sie als theoretisches Credo bereitstellt. Und selbst wenn wir unsere eigene Denkgeschichte beobachten, stoßen wir auf leitende Unterscheidungen, auf eingeführte Differenzen, die alles erklären können (was sie erklären können). Dass der Krieg, also das Gegeneinander von Unterschiedlichem, der Vater aller Dinge sei, wussten schon die ganz alten Griechen; dass der Kosmos in eine eigentliche und eine uneigentliche Welt, in eine unbewegte und eine bewegte Welt differenziert sei, lehren die nicht ganz so alten Griechen; dass die Differenz von Heil und Verdammnis beziehungsweise von Glaube und Sünde die Dynamik des irdischen Lebens ausmache, lehrt die christliche Tradition, die dies übrigens stets im Hinblick auf die Differenz zum ewigen Leben leistet; dass Gott wie bei Nikolaus Cusanus als Ununterschiedenheit zu denken sei, macht die Unterschiedenheit alles Geschaffenen umso sichtbarer und prekärer; dass sich Synthesen dem dialektischen Zusammen-/Gegenspiel von Thesen und Antithesen verdanken, lässt Differenzen als Motor der Geschichte des Geistes offenbar werden; dass diese hegelsche Geschichte – von Marx vom Kopf auf die Füße gestellt – stets eine Geschichte von Differenzen sei, die in Klassenkämpfen ausgetragen werden, lässt Einheitsdenken als falsches Bewusstsein erscheinen; die Diagnose, dass die Geschichte der abendländischen Metaphysik von Seinsvergessenheit geprägt sei, verdanken wir Heidegger, dem Denker der ontologischen Differenz zwischen Sein und Seiendem; dass die morgenländische Metaphysik schon immer von der Differenz von Yin und Yang wusste, scheint sie für enttäuschte Europäer seit dem 19. Jahrhundert so attraktiv zu machen; ebenso die buddhistische Unterscheidung von Zeitlichkeit und der Enthobenheit von Zeit.

Das Charakteristische an den genannten Unterscheidungen ist, dass sie ganze Welten aufspannen. Sie haben die Fähigkeit, die ganze Welt in sich aufzunehmen, weil es die Unterscheidung selbst ist, welche die Welt erzeugt, die sie da aufspannt. Die Welt ist eine Funktion der Unterscheidung – nicht umgekehrt. Wird also – um ein Beispiel aufzugreifen – die Welt mit der Unterscheidung von Heil und Verdammnis beobachtet, dann greift man keineswegs auf Gegenstände zu, die entweder Heil oder Verdammnis versprechen oder erwarten lassen. Andersherum: Alle Gegenstände, alles, was geschieht, fügt sich dann dem Schema Heil und Verdammnis – am radikalsten vielleicht in der Erbsündenlehre, wie sie von Augustinus im fünften Jahrhundert entwickelt wurde: Der Mensch selbst ist Ausdruck der Spannung zwischen der Sünde, die er durch seine Zeugung erfahren hat, und dem Heil, weil er gottesebenbildlich geschaffen wurde. So wird alles, was ein Mensch tut beziehungsweise was in einer Gesellschaft geschieht, von dieser Unterscheidung absorbiert.

Insofern bildet die Unterscheidung von Heil und Verdammnis die ganze Welt ab – weil es nichts geben kann, das nicht in die Unterscheidung passt –, bis man auf konkurrierende Unterscheidungen stößt. Dies ist nun der erste Komplexitätsaspekt. Die Unterscheidung von Heil und Verdammnis kann in der Tat *alles* qualifizieren. Alles, was es gibt, kann unter dem Aspekt dieser Unterscheidung betrachtet werden. Wenn man so denkt, dann bewegt man sich in der Tat in der Geschlossenheit dieser Unterscheidung, ohne dass irgendetwas verloren geht – es sei denn, ich wiederhole es, man

Welten in Unterscheidungen.

stößt empirisch auf andere Unterscheidungen, also auf etwas, das die Welt auch ordnet, aber nun eben *anders*.

Der historische Klassiker dafür, wie solche Welten aufeinandertreffen, ist sicher die durch die Naturbeobachtungen von Galileo Galilei und Nikolaus Kopernikus ausgehende Kritik des ptolemäischen Weltbildes, welche die theologische Idee von der Erde als Zentrum der Schöpfung Gottes stark in Mitleidenschaft gezogen hat – übrigens erst dann, als die Forschungen des Kopernikus, die man zunächst nicht als Ketzerei angesehen hatte, mit Galileo Galilei an Plausibilität gewannen.[46]

Warum die kopernikanische Wende die Welt dezentriert

Das Epochale dieser heliozentrischen Wende bestand freilich gar nicht darin, dass hier ein Weltbild einem anderen gegenüberstand. Man hätte es ja dabei belassen können, das heliozentrische Weltbild als Ketzerei abzutun, es also im Schema von Heil und Verdammnis aufzuheben und somit die Ordnung wiederherzustellen – eine Praxis, die sich ja historisch durchaus bewährt hat. Man zwingt dann den Ketzer, zu widerrufen, und, wenn er es nicht tut, überlässt man ihn eben pyrotechnisch oder auch nur psychotechnisch der Verdammnis. Das mag ärgerlich sein, aber ändert nichts an den Verhältnissen und ist sehr effizient. Letztlich haben solche Verunsicherungen dann sogar einen stabilisierenden Effekt, weil man sie innerhalb der gebotenen Unterscheidung, also innerhalb der gegebenen Kategorien vollständig lösen kann. Man braucht sogar das Verderbte, damit das Heil überhaupt unterscheidbar ist, wie ja erst die Sünde das Gottgefällige wirklich charakterisieren kann – und links nur links sein kann, weil es nicht rechts ist, wie ich im ersten Kapitel dargelegt habe.

Das Komplexität Generierende, darin Epochale der heliozentrischen Wende freilich bestand darin, dass sich die Beobachtungen von Galileo und Kopernikus nicht mehr so einfach dem vorherigen Schema subordinieren ließen – und das weniger aus logischen, sondern aus empirischen Gründen und aus Gründen einer sich irgendwie entwickelnden Plausibilität. Es kam nun nicht einfach Widersprüchliches, sondern Inkommensurables zum Vorschein: Ob die Erde sich um die Sonne oder diese um jene dreht, war nun eine Frage der (wissenschaftlichen) Wahrheit. Die Unterscheidung, die sich nun Bahn brach – im wahrsten Sinne des Wortes, denn es ging um Planetenbahnen –, war die zwischen wahren und falschen Sätzen – und sie verhält sich im Hinblick auf die experimentellen und theoretischen Bedingungen der Naturbeobachtung letztlich indifferent zur Unterscheidung von Heil und Verdammnis. Die bloße Naturbeobachtung konnte sich letztlich unabhängig machen von der Frage, ob die kopernikanische Beobachtung stimmt oder nicht. Die beiden Seiten begannen, füreinander indifferent zu werden, schon weil die wissenschaftlichen Beobachter sich selbst der Frage enthalten konnten. Sie haben sich schlicht dafür interessiert, was man denn da eigentlich sehen kann.

Die Kirche hat auf diese Herausforderung sehr intelligent reagiert. Sie hat sich zunächst mit dem Kompromiss zufriedengegeben, die kopernikanischen Überlegungen als ein bloß mathematisches Modell zu tolerieren. Das war in der Tat intelligent, weil es bedeutete: Wir lagern das Problem einfach in eine Zone der Indifferenz aus, in die Mathematik, die ohnehin eine abstrakte Wissenschaft ist, keine Wissenschaft konkreter Wirklichkeiten. Damit wären die Beobachtungen so eingehegt, dass sie die Frage der symbolischen Bedeutung gar nicht erst berühren. Die Beobachtungen werden neutralisiert, indem man sie nicht in die eigene Entscheidung einmustert.

Doch so intelligent diese Lösung auch war, sie war bereits der Sündenfall. Denn diese Tolerierung toleriert nicht bloß ein Buch eines preußischen Naturforschers, das man als bloße Mathematik auslagern konnte – es toleriert eine *andere Unterscheidung*. Es unterscheidet Unterscheidungen – und das ist die eigentliche Bedrohung für das, was zuvor galt: Du sollst keine anderen Unterscheidungen neben meiner haben! Oder anders gesagt: Diese intelligente Lösung impliziert zugleich, dass man auch anders unterscheiden kann, so im Hinblick darauf, ob etwas dem Heil oder der Verdammnis näher steht. Es gibt auf einmal etwas, das im Hinblick auf Heil und Verdammnis irrelevant geworden ist. Damit entdramatisiert man die Unterscheidung – jedoch mit dramatischen Konsequenzen dafür, wie sich fortan die Welt darstellt, wenn man sich auch andere Unterscheidungen vorstellen kann beziehungsweise muss.

> Du sollst keine anderen Unterscheidungen neben meiner haben!

Diese Geschichte setzt Lernprozesse in Gang: Sie lehrt zum einen, dass man Unterscheidungen nicht in der Welt vorfindet, sondern *Welten in spezifischen Unterscheidungen*. Man findet also die Welt von Heil und Verdammnis in der Unterscheidung, nicht in der Welt, und man findet das Problem der plausiblen oder unplausiblen Beobachtung als Wahrheitsfrage, nicht einfach so in der Welt. Es scheiden sich also Wahrheits- von Glaubensfragen, was einer Revolution gleichkommt.

Sie macht zum anderen auf zwei Formen der Kritik aufmerksam: auf eine interne Form der Kritik und eine externe Form der Kritik. Die interne Form der Kritik war diejenige, die im Schema der Unterscheidung gefangen bleibt, also eine, welche die Unterscheidungswerte *Heil* und *Verdammnis* anders zuordnen würde. Man könnte etwa argumentieren, dass es heilsrelevant sein könnte, die Schöpfung Gottes genau zu beobachten und womöglich – wenn ich eine theologische Erklärung erfinden darf – in der Dezentrierung der Erde zu einem Planeten unter anderem ein Symbol für die Gebrochenheit des Menschen vor Gott zu sehen. Man würde dann durch Kritik bestätigen, was man kritisiert – die Unterscheidung von Heil und Verdammnis wird erst recht stabilisiert und außer Frage gestellt, wenn man sie zum Ausgangspunkt von anderen Antworten macht. Es wären nur andere Antworten innerhalb derselben Ordnung.

Die externe Form von Kritik dagegen würde eine andere Unterscheidung verwenden. Sie kritisiert, indem sie eine andere Unterscheidung anwendet – ob etwas wahr oder falsch ist, kritisiert dann die Autoritäten, die darüber bestimmen, was dem Heil dient und was in die Verdammnis führt. Die Beobachter werden inkommensurabel – also: Sie messen mit unterschiedlichen Maßen, sie können sich nicht einigen, weil sie unterschiedlichen Welten entstammen. Sie können höchstens anerkennen, dass man nicht nur unterscheidet, sondern auch Unterscheidungen unterscheidet. Und das ist wahrlich kein akademisches Problem. Beim Unterscheiden geht es bisweilen um Leben und Tod – schon wieder eine Unterscheidung.

Interne und externe Kritik.

Papst Urban VIII., der zuvor schon ein großer Förderer Galileis war, hat eine überaus elegante Lösung für diese Herausforderung gefunden. Vielleicht ist es kein Zufall, dass er als Papst einer großen, nein: der großen Organisation seiner Zeit vorstand, also ein Organisationsprofi gewesen sein muss. Organisationen haben stets damit zu tun, dass sie gleichzeitig Unterschiedliches so prozessieren müssen, dass es für alle so aussieht, als würden sie an einem Strang ziehen – was in Organisationen ohnehin eher der Ausnahmefall ist. Was Organisationen aber leisten müssen, ist tatsächlich, Komplexität zu organisieren, das heißt, damit klarzukommen, dass es für den gleichen Sachverhalt unterschiedliche Anschlüsse geben kann und muss. Die Mitglieder von Organisationen sind latent unzufrieden – eben weil alles aussehen soll, als sei es aus einem Guss, aber es ist nicht aus einem Guss. Denn wäre es aus einem Guss, müsste es ja nicht organisiert werden.

Die eingeführte Technik, mit Abweichungen umzugehen, waren für den Vatikan Zensurauflagen, das heißt Korrekturen, die die Illusion der Konsistenz durch kreativen Umgang mit Inkonsistenz herstellen sollen. Man kann Zensur sehr gewaltsam ausüben und zeigt damit ein sehr grobschlächtiges Komplexitätsmanagement – gerät aber auch in Paradoxien. Einen Text zu verbieten, bedeutet ja nicht, dass der Text dadurch inexistent wird – ganz im Gegenteil: Das Verbot eines Textes dürfte als ein besonderer Beweis seiner Existenz gelten können, denn verbieten kann ich nur, was zum einen da ist, was zum anderen auch relevant ist, sonst müsste ich es nicht verbieten. Macht muss nur gegen etwas angewandt werden, das selbst Machtpotenziale hat. Deshalb muss ein kreativer Umgang mit der hier aufscheinenden Komplexität anerkennen, dass die Differenz unüberwindlich ist, zugleich aber dafür sorgen, sie zu entschärfen. Genau das hat Urban VIII. auf eine sehr moderne Weise getan.

Die Zensurauflagen für Galilei bestanden darin, dass er seinen *Dialogo* über die zwei Weltsysteme 1632 mit einem Bekenntnis für das ptolemäische Weltbild abschließen sollte. Ein schöner Kompromiss, der einerseits anerkennt, dass man unterschiedlich unterscheiden kann, der aber zwischen den Unterscheidungen wiederum einen Unterschied macht, und zwar einen asymmetrischen. Es war so etwas wie der Versuch einer Gewaltenteilung bei gleichzeitiger Gesichtswahrung der Kirche – eine bloße Hypothese sollten Galileis Gedanken sein, damit die Ordnung der kirchlichen Unterscheidung gewahrt bleibt. Als bloße Hypothese wird die *andere* Unterscheidung zugleich anerkannt und unterlaufen – sie wird anerkannt, indem sie genannt werden kann, sie wird unterlaufen, indem sie aus der Perspektive der Macht des Vatikans nicht einfach gelöscht wird, sondern auf eine andere Realitätsebene gesetzt wird. Die paradoxe Wirkung dessen liegt dann freilich darin, dass die Hypothese eine besondere Macht entfalten kann, weil anerkannt wird, dass es eine andere Realitätsebene ist – womit die Asymmetrie zwischen der kirchlichen und der weltlichen Unterscheidungspraxis einerseits gewahrt bleibt, andererseits deren Autonomie nicht mehr wegzudiskutieren ist. Deren Autonomie besteht darin, dass sie sich eben nicht mehr ohne Rest in die Heil/Verdammnis-Welt einordnen lässt.

Die entstandene Autonomie, wiewohl eine zunächst asymmetrisch gehaltene Asymmetrie, immerhin konnte der Papst entscheiden, was gedruckt wird und was nicht, hat auch Galilei zu einer kreativen Lösung angeregt, angesichts derer man gar nicht mehr genau weiß, wer in der genannten Asymmetrie eigentlich die Oberhand hat. Galilei hat sich an die Zensurauflage gehalten – und er hat sich zugleich nicht an sie gehalten: Er hat das Bekenntnis zum ptolemäischen Weltbild tatsächlich in den *Dialogo* geschrieben, wie es die Auflage verlangt hatte. Aber er hat sie nicht einfach als sein Bekenntnis ausgegeben, sondern das Bekenntnis dem Dummkopf *Simplicius* in den Mund gelegt, womit zwar vordergründig der Zensurauflage genüge getan, der Unterschied zwischen den Unterscheidungen aber umgekehrt wurde – und letztlich eine dritte Unterscheidung eingeführt wurde, nämlich eine juristische, die der Zensurauflage *rechtlich* Genüge tut, aber die religiöse und wissenschaftliche Form letztlich unterläuft.

Es sollte bis zum Jahre 2008 dauern, bis der Vatikan die Verurteilung Galileis zurücknahm – übrigens seinerseits mit einem weder wissenschaftlichen noch theologischen Argument, sondern mit einem juristischen Hinweis: Letztlich sei die Verurteilung durch Papst Urban VIII. gar nicht gültig gewesen, weil dieser sie nie unterzeichnet habe. Damit hat der Vatikan eine weitere Unterscheidungsebene eingeführt. Es geht dann weder um Heil oder Verdammnis, noch geht es um die Wahrheit oder Unwahrheit der Beobachtung, sondern nun nur noch um die Rechtmäßigkeit des Verfahrens – eines Verfahrens, das nur durch die Signatur des Papstes wirklich gültig gewesen wäre, mithin also die Aufregung letztlich bedeutungslos blieb. Wenn man die Verurteilung danach beurteilt, ob sie rechtswirksam ist oder nicht, kann man von theologischen und wissenschaftlichen Unterscheidungen absehen, und alles fügt sich einer Ordnung, die sich eben nicht *einer* Ordnung fügt.

Der kleine Exkurs in das 17. Jahrhundert soll als Parabel gelesen werden, als Parabel darauf, wie sich in der modernen Welt eine Mehrfachcodierung der Wirklichkeit etabliert. Was sich tatsächlich etabliert, sind unterschiedliche Formen von Geschlossenheit, also unterschiedliche Bereiche in der Gesellschaft, die die Welt mit ihrer je eigenen Logik, mit einem je eigenen Blick wahrnehmen und sich darin bewegen. Es wird dann fast unmöglich, sich so etwas wie eine gemeinsame Welt für alle überhaupt vorzustellen – und hier geht es nicht um individuelle Perspektiven von Menschen, die irgendwie unterschiedliche Erfahrungen gemacht haben. Es geht vielmehr um eine prinzipielle Diskontinuität, die hier in die Welt eingebaut wird. Das Beispiel macht auf Unterbrechungen aufmerksam, auf Unterbrechungen, die offensichtlich darauf reagieren, dass die Welt zu komplex geworden ist, um sie über den simplen Machtmechanismus des Vorrangs bestimmter Unterscheidungen vor anderen zu ordnen.

> Die Unmöglichkeit einer gemeinsamen Welt.

Perspektivendifferenz als Problem und als Lösung

Man kann sagen: Die hier sehr einfach beschriebene Form von Komplexität erlaubt es, unterschiedliche Problemlösungstools voneinander zu unterscheiden und dann neu aufeinander zu beziehen. An dem Beispiel zeigt sich: Unterschiedliche Logiken werden erheblich komplexer – zum Beispiel die Begründungsanforderungen dafür, was dem Heil dient und was zur Verdammnis führt, oder noch mehr: wenn Naturbeobachtung genauer wird als die Hypothesen, die man aus vorherigen Weltbildern kannte, oder mit am wirkungsvollsten: wenn rechtliche Regulierungen an sich selbst erleben, dass sie Erwartungssicherheit nur dann herstellen können, wenn sie Verfahren und nicht Inhalte regulieren. All diese Steigerungen von Möglichkeiten, all diese unterschiedlichen Problemlösungskonzepte lassen sich aus Komplexitätsgründen irgendwann nicht mehr im Rahmen einer Unterscheidung verhandeln. Es entstehen gewissermaßen Welten in einer Welt, Welten, die nach unterschiedlichen Regeln funktionieren. Die Konsequenz ist dann, dass sich die einzelnen Logiken in ihrer Praxis voneinander unabhängig machen: die Naturbeobachtung wird von religiösen Zumutungen ferngehalten, religiöse Überzeugungen werden durch rechtliche Entdramatisierungen gesichert, und das Recht beginnt, sich für die Inhalte selbst nicht mehr zu interessieren, wenn nur Verfahren angemessen eingehalten werden.

Dieses Verfahren einer Multiplikation unterschiedlicher Problemlösungstools geht auf zweierlei Art mit Komplexität um: Es reagiert auf Komplexitätssteigerungen, etwa auf die Konkurrenz der Himmelsbeobachtung, im Englischen könnten wir sagen: aus *heaven* wird *sky* oder *outer space*. Mit der logischen Trennung der Bereiche werden diese letztlich entlastet, weil sie weniger Komplexität bearbeiten müssen, indem sie eben nur ihre eigenen Probleme lösen müssen. Zugleich steigen aber die Komplexitätsanforderungen im Verhältnis der Logiken zueinander. Was soll ein Papst denn machen, der vor Kurzem noch fürs Ganze stand und nun anerkennen muss, dass es neben dem Ganzen noch konkurrierende Formen gibt – nicht religiöse Konkurrenz, sondern eine Konkurrenz auf ganz anderen Gebieten? Er war noch mit genügend Macht ausgestattet, wenigstens Publikationsauflagen zu machen, aber dass es

Das Ende des Ganzen.

überhaupt zur Publikation kommt, ist bereits ein Hinweis darauf, dass sich die Komplexitätssteigerung nicht einfach durch ihre Unterdrückung lösen lässt. Das verhindert es geradezu, das Ganze als Ganzes wahrnehmbar zu machen, weil unterschiedliche universale Beobachtungen nebeneinander entstehen. Für die Naturbeobachtung wird es völlig irrelevant, ob die Beobachtung heilsrelevant ist – für den Papst ist es nicht ganz so einfach, weil er mehr zu verlieren hat. Aber nachdem irgendwann auch diese Macht verloren war, können Glaubens- und Wahrheitsfragen gut nebeneinander existieren.

Schon dieses sehr einfache Beispiel zeigt nicht nur, dass es keine einheitliche Beschreibung mehr für ein solch komplexes Geschehen geben kann. Je nach Beschreibungsebene werden in diesem Fall ganz unterschiedliche Probleme gelöst, die letztlich nicht aufeinander abbildbar sind. Das theologische beziehungsweise religiöse Problem der Heilsrelevanz will andere Probleme lösen als die Frage der Richtigkeit der wissenschaftlichen Beobachtung, und die rechtliche Verfahrensfrage kann als ausgeschlossenes Drittes der beiden anderen Problemlagen gelten. Für das Recht ist es völlig egal, ob hier ein religiöses oder ein wissenschaftliches Problem gelöst wird. Die Erfolgsbedingung des Rechtlichen verhält sich geradezu indifferent zu den beiden anderen – und löst ein Problem, das diese nicht haben können.

Komplex ist eine Situation dann, wenn sie mehrere andere Zustände annehmen kann, das heißt, wenn es zwischen einem Ereignis A und einem Ereignis B keine notwendige oder eineindeutige Beziehung geben muss. Das gilt letztlich für fast alles, was keine Trivialmaschine oder keine simple algebraische Gleichung ist, aber potenziert sich dort, wo unterschiedliche Logiken gleichzeitig und nebeneinander statthaben. Man muss keine große Fantasie aufbringen, um das für eine Parabel auf die moderne Gesellschaft zu halten. Man kann sagen: Das Gesellschaftliche des Beispiels um die Naturbeobachtungen Galileis und Kopernikus' besteht gerade darin, dass die

Dinge irgendwie nicht zusammenpassen und auch nicht wirklich koordiniert werden können, weil sie ja gerade in Echtzeit gleichzeitig nebeneinander geschehen.

Schon an dem historischen Beispiel fällt auf, dass sich unterschiedliche Beschreibungsmöglichkeiten desselben Sachverhalts nicht mehr durch eine hierarchische Ordnung des Ausschlusses und der Unterdrückung anderer Möglichkeiten bearbeiten lassen. Es lässt eine Welt aufscheinen, wie wir sie heute nur zu gut kennen. Alles wird kontextualisiert, das heißt, wie die Dinge sich darstellen, hängt davon ab, von wo aus wir sie betrachten. Letztlich ist die Gesellschaft voller unterschiedlicher Problemlösungsperspektiven. Etwas aus ökonomischer Perspektive zu betrachten, löst andere Probleme, als dies aus politischer, wissenschaftlicher, rechtlicher oder religiöser Perspektive zu tun. Ökonomisch erscheint etwas stets als Knappheitsproblem, als Problem des angemessenen Einsatzes von Mitteln und der Herstellung zukünftiger Zahlungsfähigkeit – aus politischer Perspektive dagegen erscheint die Welt als etwas, das kollektiv gestaltet werden und für das man Mehrheiten oder wenigstens Plausibilität erwerben muss. Das muss man ökonomisch auch – aber die Plausibilität für einen Käufer ist eine andere als die für einen Wähler, und die Plausibilität, die ein wissenschaftliches Argument einem Leser abverlangt, ist wiederum eine andere, als der Leser eines Stücks Literatur erwartet. Und selbst wenn sich dies im Alltag nicht annähernd so trennscharf darstellt, wie es sich hier abstrakt beschreiben lässt, kann man doch an der prinzipiellen Komplexität eines solchen Systems kaum vorbeisehen. Das Grundproblem von Komplexität ist dann tatsächlich die Mehrfachbedeutung, die alles stets hat – und nicht nur im Sinne unterschiedlicher Geschmacksfragen, sondern vor allem unterschiedlicher Logiken, die sich nebeneinander etabliert haben.

Verteilte Intelligenz

Will man die Logik der modernen Gesellschaft verstehen, ist vielleicht das Bild der *verteilten Intelligenz* recht nützlich. Innerhalb der Soziologie wird diese Frage als *Theorie funktionaler Differenzierung* diskutiert. Diese Diskussion stellt sich meistens an der Frage scharf, wie denn die unterschiedlichen Logiken und Formen miteinander *integriert* werden. Meist schreckt die Soziologie davor zurück, die Integrations- oder Koordinationsperspektive aufzugeben und nach den Funktionsweisen eines differenzierten Systems zu fragen. Ich werde diese Diskussion hier nicht weiterverfolgen, sondern will versuchen, ein Beschreibungsangebot zu machen, das die Komplexität der Gesellschaft wirklich ernst nimmt. Ich verlege mich dazu zunächst auf technische Metaphern.

Distributed intelligence nennen die Informatiker Programme und Architekturen, in denen unterschiedliche Probleme, Lösungen, Geschwindigkeiten, Kapazitäten und operative Einheiten nicht strikt, sondern lose miteinander gekoppelt werden. Die lose Kopplung unterschiedlicher Komponenten hat dazu geführt, dass die sogenannten Peripheriegeräte wie Drucker, Plotter, Laufwerke, Speicher, Arbeitsplätze usw. nicht mehr einfach von einem Zentralrechner aus gesteuerte Untergeräte sind, sondern Geräte, die selbst über Rechenkapazität verfügen. Das ermöglicht es zum Beispiel, den Datenaustausch möglichst klein zu halten, zeitliche Prozesse auseinanderzuziehen und damit für jeweilige Unabhängigkeit und auch Fehlerfreundlichkeit zu sorgen, denn durch die losere Kopplung ist etwa der Ersatz beziehungsweise die Weiterentwicklung einer Komponente möglich, ohne das Gesamtsystem vollständig bearbeiten zu müssen. Die Frage der Gesamtintelligenz eines Systems mit *verteilter Intelligenz* besteht in einer Konzentration auf das Schnittstellenmanagement, das in einem hierarchisch gebauten System mit Unterkomponenten aus einer schlichten Befehlsfolge mit vergleichsweise wenig komplexer, aber fehlersensibler Kopplung bestand. *Verteilte Intelligenz* dagegen erhöht die Unabhängigkeit der Komponenten – erhöht aber auch die Schnittstellenkomplexität und verringert die Möglichkeit zentraler Steuerung, weil man nicht mehr auf alle Prozesse der anderen Komponenten Zugriff hat.

Es mag befremdlich erscheinen, ein solches Bild aus dem Bereich der technischen Informatik als Bild für die Gesellschaft heranzuziehen – aber letztlich ist bereits unser historisches Beispiel ein Fall *verteilter Intelligenz*, das durch lose Kopplung ein Problem löst – damit aber neue Probleme produziert, insbesondere auf der Seite derer, deren Selbstbeschreibung noch darauf setzt, so etwas wie eine *CPU* zu sein, um im technischen Bilde zu bleiben, eine *Central Processing Unit*. Papst Urban VIII. hatte formal die Macht, Texte auf den Index zu setzen beziehungsweise Auflagen für die Publikation durchzusetzen, aber wie die

Der Gewinn pluraler Intelligenzen und der Verlust zentraler Determination.

Bedingungen an der Peripherie erfüllt werden, konnte er schon nicht mehr wirklich präjudizieren. *Verteilte Intelligenz* ist, wie das Beispiel zeigt, vor allem der Gewinn pluraler Intelligenz und der Verlust zentraler Determinationsmöglichkeiten – je nachdem, von wo aus man hinsieht. Es entsteht eine Bedingung, die man – wiederum technisch gesprochen – als Prekär-Werden linearer Formen beschreiben kann. Der Papst verlangt, dass der empirische Beobachter ein Bekenntnis ablegt, und der empirische Beobachter legt dieses Bekenntnis jemandem in den Mund, der explizit kein empirischer Beobachter ist. Damit ist der Sache formal Genüge getan – aber mit den Mitteln einer anderen Intelligenz. Der Papst hätte dies letztlich nur durch Gewalt unterbinden können – und dass diese Art Gewalt immer unwahrscheinlicher wurde, ist kein Zeichen dafür, dass die Seite der Empirie gestärkt wurde, sondern dafür, dass selbst das gewaltsame Durchregieren die prinzipielle empirische Beobachtbarkeit nicht außer Kraft setzt. Der Verzicht auf Gewalt wäre so etwas wie kluges oder wenigstens realistisches Schnittstellenmanagement.

Es geht hier um das, was die meisten Konflikte ausmacht – Schnittstellenmanagement ist letztlich das, was einer polykontexturalen Gesellschaft entspricht. Polykontexturalität, ein von dem Philosophen Gotthard Günther geprägter Begriff,[47] meint, dass sich die Welt stets so darstellt, wie sie aus der jeweiligen Kontextur erscheint, und soziologisch lässt sich daraus die Konsequenz ziehen, dass es offensichtlich keine Instanz, keinen Ort, keine Perspektive, keine Unterscheidung, keinen Beobachterstandpunkt, keine Sprecherposition und keine Autorität gibt, die für alle Kontexturen gleichermaßen sprechen könnte. Es gibt Macht und Herrschaft, gewaltsame und illegitime Formen des Oktrois, es gibt Kämpfe um Vorteile und Hegemonien, militärisch, ökonomisch, wissensförmig, rechtlich, territorial, religiös, kulturell und ästhetisch – aber dass es diese Kämpfe gibt, ist doch nur ein Hinweis auf die Polykontexturalität der Welt. Könnte man die Kämpfe innerhalb einer Kontextur austragen, befände man sich in der alten Welt jener Strategien, die, wie gezeigt, doch nur die instrumentelle Perspektive des Umbaus kennen oder die moralische Kategorie einer kollektivierbaren Einsicht. Sie funktionieren nur, weil sie eine Beschreibbarkeit der Welt innerhalb einer Logik fingieren. Diese Fiktionen sind:

- linke Umbauperspektiven durch die Fixierung auf den einen Hauptwiderspruch in der Kapitalismuskritik, getragen von der Annahme einer objektivierbaren Analyse von Klassen- und Interessenlagen, deren reale Pendants dann als falsches Bewusstsein erscheinen;
- die bürgerlich-konservative Idee der moralischen Einsicht, des Verzichts auf Handlungsoptionen und der kollektivierbaren Moralität, die sich dann darüber wundert, dass sich Akteure entwe-

der nach anderen Algorithmen verhalten oder aber das individuelle Motiv nicht kollektivierbar ist;

- schließlich die rechte Idee der Überwindung moderner Polykontexturalität durch die Simulation einer kulturellen/ethnischen/ nationalen Einheit, die durch Einschluss- und Ausschlussroutinen die Komplexität der Situation zu überwinden trachtet – und am Ende feststellen muss, wie polykontextural selbst eine ethnisch völlig homogene Gesellschaft wäre.

Auf diesen drei Fiktionen, so habe ich in den beiden vorigen Kapiteln argumentiert, sind die meisten öffentlichkeitswirksamen Beschreibungen der modernen Gesellschaft aufgebaut – ihre Plausibilität liegt letztlich darin, einen Ersatz für die Erfahrung zu entwickeln, die Polykontexturalität der Welt wirklich aushalten zu können.

Der Erfolg solcher Beschreibungstypen ist kein Zufall – denn diese Beschreibungstypen opponieren gegen eine moderne Grunderfahrung, die sich einer linearen Beschreibbarkeit letztlich deshalb entzieht, weil es einer Beschreibungsmöglichkeit für Nichtlinearität bedürfte – Beschreibungen aber an die Serialität der Sprache gebunden sind. Die Gesellschaft im Narrativ eines Hauptwiderspruchs zu erzählen, als eine Gesellschaft nicht einsichtswilliger Personen oder aber als Abweichung von einer dem Gesellschaftlichen letztlich *natürlich* inhärenten Homogenität hat den Vorteil, die Polykontexturalität der Gesellschaft durch monokontexturale Beschreibungsformen heilen zu wollen. *Ex negativo* gesprochen, beinhaltet die Diagnose der Komplexität bereits die Diagnose der Nichterzählbarkeit der Gesellschaft, eben weil jeder Satz noch einmal dadurch indiziert ist, dass er nur die Probleme lösen kann, die er lösen will.

Komplexität und die Nichterzählbarkeit der Gesellschaft.

Das geschieht auch gerade diesem Text, dem man ganz ohne Zweifel vorwerfen kann, dass er sich eigentlich gar nicht mit der Sache selbst beschäftigt, also mit der Gesellschaft, die da beschrieben wird, sondern nur mit ihrer Beschreibung beziehungsweise mit ihrer Beschreibbarkeit. Ein solcher Vorwurf wäre in der Tat zutreffend – und doch auch wieder nicht. Denn die Diagnose, die hier angedeutet wird, erzeugt erzählerisch letztlich einen Gegenstand, von dem behauptet wird, dass man ihn nicht mit den üblichen plausiblen Mitteln erzählen kann – wenigstens nicht mit denen, die ich hier noch einmal aufgezählt habe. Die Beschreibung und ihr Gegenstand koinzidieren also exakt in jenem Problem, das ich das Komplexitätsproblem genannt habe.

Die Metapher der *verteilten Intelligenz* könnte vielleicht ein Schlüssel sein, um das Problem verständlicher zu machen. Die Fragerichtung wäre dann nicht, ob *verteilte Intelligenz* eine gute Lösung ist, sondern umgekehrt: *Wenn sich so etwas wie verteilte Intelligenz als Rechnerarchitektur durchsetzt, kann man die Frage stellen, was das Bezugsproblem für eine solche Architektur war.* Warum also hat man sich von der hierarchischen Architektur der vertikalen und asymmetrischen Anordnung der Komponenten mit einem klar identifizierbaren Zentrum hin zu einer eher horizontalen, symmetrischen, loser gekoppelten Form entschieden, warum von der Determinationsbeziehung in einem Ebenenmodell hin zu einem Netzwerk ohne eigentliche Spitze und Zentrum? Was war das Problem für diese Lösung?

Die Antwort ist einfach: Komplexität, also die gleichzeitige Bearbeitung unterschiedlicher Aufgaben, die nicht mehr kausal, sondern in Form von Wechselwirkungen und gegenseitigen Ermöglichungsbeziehungen miteinander verbunden sind. Die Fülle neuer Aufgaben, die Unterschiedlichkeit von Prozessen und die höhere Performance durch (Teil-)Autonomisierung der Komponenten hat es verlangt, von dem klassischen Modell der Arbeitsteilung und seiner zentralen Organisation umzustellen auf die Koordination und Kooperation je funktional autonomer Komponenten, die für sich wechselseitig Umwelten darstellen und somit der Mehrwert ihrer Kooperation in ihrer funktionalen Unterbrechung liegt. Der kategoriale Unterschied der beiden Modelle lässt sich an ihren Transaktionskosten verdeutlichen:

- Die Transaktionskosten im ersten Modell kumulieren dort, wo es für die Zentrale zu einem Kapazitätsproblem wird, alle Prozesse einer Architektur prädiktiv und mithilfe starker Kontrolle im Blick zu haben, was dann bei Störungen dazu führt, dass sich Fehler in der Peripherie schnell auf die Arbeitsfähigkeit des Gesamtsystems auswirken. Zentralistische Führung, eindeutige Expertise und stabiles Wissen sind die Medien, mithilfe derer sich ein solches System steuern lässt. Es ist letztlich die Utopie des klassischen *scientific management*, das hier Pate steht, also eines Managementmodells, in dem sich Wissen, Wollen und Können in einer einheitlichen und vereinheitlichenden Spitze vereinen.

Transaktionskosten.

- Die Transaktionskosten des zweiten Modells verringern sich dadurch, dass die Teilautonomie der Komponenten Probleme dort löst, wo sie auftreten, und in den jeweiligen Umwelten nur der Output registriert wird, nicht aber der Prozess selbst. Sind die Komponenten des ersten Modells *white boxes*, sind sie in diesem Modell *black boxes*. Dafür aber steigen die Transaktionskosten durch einen höheren Bedarf an Koordinations- und Kommunikationsleistungen. Wenn nicht mehr zentral feststeht, wer was warum wann wofür tut, muss dies in ständigen *Bargaining*-Prozessen immer wieder neu festgelegt werden.

Vielleicht steckt in einer technisch orientierten Beschreibung von Rechnerarchitekturen, wie ich sie hier sehr vereinfacht darstelle, eine gewisse Plausibilität für die Beschreibungsmöglichkeit von Komplexität. Schon die Metapher der *verteilten Intelligenz* verweist auf das, was in der Soziologie als *gesellschaftliche funktionale Differenzierung* bezeichnet wird, also darauf, wie sich unterschiedliche gesellschaftliche Logiken und Funktionen nebeneinander ausbilden, die je unterschiedliche Probleme mit je unterschiedlichen Mitteln, Medien und unter unterschiedlichen Erfolgsbedingungen lösen – was Ausdruck der besonderen Komplexität der modernen Gesellschaft ist.[48] Diese Differenziertheit und Perspektivendifferenz der Gesellschaft ist es, die letztlich alle Beschreibungen, insbesondere solche mit Lösungs-, Kritik- und Veränderungsappeal, hinter der Dynamik des Beschriebenen selbst hinterherhinken lassen, was dann wiederum die Voraussetzung für eine Radikalisierung jener Beschreibungen ist.

Vergleicht man noch einmal die an technischen Begriffen der Informatik gewonnenen Modelle im Hinblick auf den Umgang mit der Perspektivendifferenz der Gesellschaft, dann lassen sich zwei typische Formen des Umgangs mit Komplexität beobachten:

- Das erste Modell entspricht der klassischen modernen Industriegesellschaft mit fordistischer Wirtschaftsstruktur, klarer nationalstaatlich organisierter politischer Willensbildung mit einer behördenförmigen Verwaltungsstruktur, mit relativ klar definierten Normallebensläufen und daran orientierten Versorgungsstrukturen, stabiler Schichtung mit klaren Regeln für den sozialen Aufstieg, nicht zuletzt auch klaren Generations- und Geschlechtsrollen. Im Hinblick auf die Transaktionskosten erkauft sich dieses Modell seine Stabilität mit einem stark nationalstaatlich und expertenkulturell integrierten Steuerungsmodell, das letztlich über eine gelungene Kombination von Wohlfahrtsstaat,

Kapitalismus und wissenschaftlich-technischem Fortschritt in der Lage war, eine Koordination seiner unterschiedlichen Logiken zu gewährleisten. Es ist übrigens auch das Modell, an dem sich sowohl die Sozialwissenschaften als auch die öffentlichen Debatten über gesellschaftliche Selbstbeschreibungen und Zeitdiagnosen orientiert haben. Es ist das Normalmodell, dessen Beschreibungsformen für uns am plausibelsten erscheinen.

- Das zweite Modell zielt auf eine stärkere Eigendynamik der unterschiedlichen, voneinander entkoppelten Logiken der Gesellschaft, die mit der Globalisierung ökonomischer, politischer, kultureller, religiöser und medialer Natur eine Dynamik in Gang gesetzt hat, vor der die klassische Industriegesellschaft als geradezu übersichtlich und kleinräumig erscheint. Im Hinblick auf die Transaktionskosten bewegen sich die Konflikte hier tatsächlich an den Schnittstellen: Wie ist eine politische Regulierung des Ökonomischen in einer global dynamischen Weltwirtschaft möglich? Wie können politische Autonomie und demokratische Legitimation angesichts supranationaler Verflechtungen gelingen? Wie kann man normative Erwartungssicherheit rechtlich sicherstellen, wenn die Geltungsräume des Rechts nicht denen des Politischen, Ökonomischen oder Medialen entsprechen? Wie kann die Gesellschaft mit den unterschiedlichen Geschwindigkeiten von Ökonomie und Politik, von Familien und Bildung und Karrieren usw. umgehen? Wie können Medien das Bild einer verstehbaren Welt vermitteln, wenn sich alles widersprüchlich darstellen lässt? Wie können Großprojekte geplant werden, wenn die Zahl der Stakeholder steigt? Wie sind ökonomisch langfristige Projekte möglich, wenn Stakeholder und Shareholder sich immer mehr unterscheiden? Wie kann man mit sozialer Ungleichheit umgehen, wenn Schichtungsmodelle keine kulturelle Plausibilität mehr haben? Von wem kann man Solidarität für Transferzahlungen erwarten, wenn die Geltungsräume des

Politischen und Rechtlichen erlebten Zugehörigkeitsgefühlen nicht entsprechen? Wie kann man Argumenten trauen, wenn Experten ihre klassischen Sprecherpositonen verloren haben? All dies sind Fragen, die auf Schnittstellenprobleme reagieren. War das Steuerungsmedium des klassischen Modells ein relativ umgrenzter Herrschaftsraum, ist es nun die Frage nach Kooperation und Koordination.

Das technophile Bild der Metapher der *verteilten Intelligenz* scheint also gut zu funktionieren. Es kann tatsächlich dazu dienen, den Fokus in der Beschreibung der Gesellschaft von einem grundlegenden Prinzip hin zu Koordinationsprozessen zu verschieben, um so die Komplexitätsproblematik angemessener zu erfassen. Es geht also um das Prinzip der Prinzipienlosigkeit, um es paradox auf den Begriff zu bringen.

Man könnte nun einwenden, dass ein technisches System *verteilter Intelligenz* und entsprechender Netzwerkstrukturen immerhin noch den Informatiker braucht, der die unterschiedlichen Komponenten zusammensteckt und ihnen so etwas wie eine gemeinsame Programmiersprache beibringt. Denn die gesellschaftliche *verteilte Intelligenz* ist genau nicht als ein zentral geplantes Programm anzusehen – ein Denkfehler, der übrigens auch

Das Prinzip der Prinzipienlosigkeit.

innerhalb der Soziologie weitverbreitet ist, man denke etwa an Ulrich Becks wiederholte Kritik am Differenzierungsparadigma, das er eher für ein politisches Programm als für eine Theorie hielt, die gerade die evolutionären Formen der Entstehung unterschiedlicher Unterscheidungen rekonstruieren will. Man möge doch von *funktionaler Differenzierung* auf *funktionale Koordination* umstellen.[49]

Von Schwärmen schwärmen?

Man sollte *verteilte Intelligenz* als technisches Phänomen tatsächlich ernst nehmen, denn die weltweiten Computernetze, insbesondere das Internet, sind ein Paradebeispiel dafür, wie Vernetzung ungeplant und evolutionär entsteht und ihre Stärke in der lose gekoppelten Form unterschiedlicher Komponenten findet, mit genau deswegen bis heute noch ungeahnten Formen der wechselseitigen Kontrolle. Diese Konstellation ermöglicht nämlich genau das, was Komplexität bedeuten soll: Dass dasselbe bei unterschiedlichen Adressaten eben je Unterschiedliches bedeuten kann, weswegen wir uns heute bei der Bemühung um *informationelle Selbstbestimmung* auf einem geradezu paradoxen Terrain bewegen. Letztlich kann das Internet als eine erweiterte Netzwerkarchitektur angesehen werden, die sich der zentralen Kontrolle radikal entzieht (und gerade deshalb multizentrische Kontrollformen erlaubt, dazu aber im nächsten Kapitel). Das Internet ist in der Tat *verteilte Intelligenz*, wenn man darunter das lose gekoppelte gleichzeitige Nebeneinander von Unterschiedlichem versteht, dessen Struktur durch Koordinationspraktiken entsteht. Jeder Nutzer des Internets hat die Möglichkeit, Wege zu beschreiten, die es ohne seine Praxis vorher nicht gegeben hat. Andere Orte in der Gesellschaft sind dann keine Utopien mehr, also nichts, was unerreichbar wäre und am Ende doch keinen Ort hat, sondern, wie Michel Foucault schreibt, »Heterotopien«, also »wirkliche Orte, wirksame Orte, die in die Einrichtung der Gesellschaft hineingezeichnet sind, sozusagen Gegenplatzierungen oder Widerlager, tatsächlich realisierte Utopien, in denen die wirklichen Plätze innerhalb der Kultur gleichzeitig repräsentiert, bestritten und gewendet sind, gewissermaßen Orte außerhalb aller Orte, wiewohl sie tatsächlich geortet werden können«.[50] Geschrieben lange vor der Erfindung des Internets, meinte er halb alltägliche, halb außeralltägliche Orte, an denen andere Erfahrungen gemacht werden und die eine Kultur mit einer gewissen Abweichung, also mit anderen Orten, eben mit Heterotopem versorgen und so eine Dynamik innerhalb und gegen die Normalisierung in Gang setzen. Das Internet ist ein solcher Ort, an dem man alles Mögliche finden kann – auch das, was man nicht gesucht hat und was man auch gar nicht suchen wollte. Es entspricht als Anti-Utopie tatsächlich dem Modell der *verteilten Intelligenz*, weil es eben nicht an die zentrale Utopie der klassischen Moderne glaubt. Wie die klassische moderne Gesellschaft ein Bild ihrer selbst im Sinne zentraler Steuerung hatte, hatte sie auch zentralistische Utopien ausgebildet – die bürgerliche Gesellschaft, die sozialistische Gesellschaft, die Erfindung des Neuen Menschen, die verallgemeinerungsfähige Moral – Utopien, die vor allem von ihrer Parusieverzögerung lebten: Gerade weil sie nicht wirklich eintreten konnten, erschienen sie als kollektives Ziel umso wirkmächtiger. Die Heterotopien des Netzes dagegen erfüllen alles, weil sie alles zeigen und damit auch entzaubern.

Die intellektuelle Begleitung der digitalen Welt war stets von der geradezu romantischen Erwartung solcher, paradox ausgedrückt, heterotoper Utopien geprägt. Bezogen aufs Internet reicht die Spanne von der Euphorie eines Howard Rheingold 1993, der virtuelle Gemeinschaften und eine neue demokratische Kultur in »virtuellen Gemeinschaften«[51] am Horizont sah, bis zu Sascha Lobos Klage, das Internet sei inzwischen kaputt, weil es all diese Verheißungen praktisch dementiere.[52] Grundtenor in der Reflexion des Internets ist aber nach wie vor das rheingoldsche Motiv der Vergemeinschaftung und des *social networks*, der Möglichkeit von Gegenöffentlichkeiten und des Zusammenbringens von Teilpublika, die ohne das Netz nicht erreichbar wären. Es ist ein Diskurs darüber, wie man den Vorteil schwacher Netzwerke ausnutzen kann: Das Netz bringt Leute zusammen, die sonst nicht zusammenkämen, und erzeugt dadurch adressierbare

Verteilte Intelligenz als Anti-Utopie.

Räume, die andere Medien nicht in dieser Geschmeidigkeit herstellen können. Aus dem öffentlichen Raum der bürgerlichen Gesellschaft mit ihrem Wunsch nach dem einen legitimen Geschmack, der einen legitimen Lebensform, der einen sozialmoralischen Intuition und der Vereinheitlichung politischer Konfliktlinien entsteht ein *Pluralismus von communities*, die sich operativ neu bilden und nicht mehr die Gesellschaft repräsentieren, sondern nur ihre je eigene Sphäre in thematischer, ästhetischer und sozialmoralischer Absicht.

Die sozialen Implikationen setzen hier erstaunlich traditionell an. Die Entstehung vernetzter Kommunikationssysteme wird in ihrer heterotopen Struktur zwar gesehen, aber sogleich mit der Utopie der *kollektiven Intelligenz* und der *Schwarmintelligenz* belegt, etwa im Sinne von Howard Rheingolds *Smart Mobs*,[53] die nicht nur *virtual communities* von Individuen sind, sondern auch kollaborative Systeme mit kollektiver Intelligenz werden können. Doch letztlich geht es dann auch hier darum, aus der Differenz von Perspektiven etwas Gemeinsames zu machen. Mit großem Optimismus etwa hat James Surowiecki in seinem Bestseller *The Wisdom of Crowds*[54] darauf hingewiesen, dass die Homogenität von Gruppen und die Ähnlichkeit von Perspektiven die Fehlerquote bei der Einschätzung von Wirklichkeit erhöht. Das Ergebnis ist ein Plädoyer für möglichst heterogene Gruppen – aber Schwärme im Sinne der romantischen Idee einer »Schwarmintelligenz« sind das nun wirklich nicht. Der Bienenschwarm, der sich durch kollektives und kooperatives Verhalten gegen stärkere Gegner und Bedrohungen durchsetzen kann, oder der Vogelschwarm, dem durch aerodynamische Konstellationen weitere Flugstrecken gelingen, als es einzelnen Piepmätzen möglich wäre, ist ja nur deshalb kollektiv intelligent, weil Bienen oder Vögel im Hinblick auf Gefahrenabwehr beziehungsweise Flugmanöver einen recht eingeschränkten Verhaltensspielraum haben.

Das gesellschaftliche Bezugsproblem aber resultiert gerade aus der hohen Perspektivendifferenz komplexer Gesellschaften, für die kollektive Intelligenz beziehungsweise aus Einzelaspirationen sich ergebendes kollektives Handeln schon aus strukturellen Gründen ausgeschlossen ist. Vielleicht ist die Idee der Weisheit der vielen nur eine Umkehrung der Verhältnisse – denn was Netzwerke anbieten, ist etwas völlig anderes: Sie ermöglichen eben nicht eine kollektive Weisheit der vielen, sondern eher eine individuelle Klugheit der Einzelnen. Wie man aus der Netzwerkforschung weiß, sind gerade lose gekoppelte Verbindungen in der Lage, Informationen zusammenzubringen, die man in stärker gekoppelten Netzwerken nicht bekommen würde. Der Klassiker der Netzwerkforscher stammt von dem derzeit an der Stanford University lehrenden Soziologen Mark Granovetter, der die – geradezu zur Formel gewordene – *strength of weak ties* hervorhebt.[55]

Wenn man also einen Job sucht und über wenige feste Kontakte verfügt, ist die Erfolgswahrscheinlichkeit geringer, als wenn man über

The strength of weak ties.

viele eher lose Kontakte verfügt, weil lose Kontakte uns mit Erfahrungen zusammenbringen, die den unseren unähnlicher sind und somit einen höheren Informationswert haben können. Und: Je komplexer eine soziale Situation ist, also je uneindeutiger einzelne Elemente miteinander verknüpft sind, desto mehr Chancen gibt es, von schwachen Verbindungen zu profitieren. Dieser Mechanismus verbindet Komplexität und Digitalität: Es geht dabei eben nicht um Kollaboration und Kollektivität, sondern darum, dass sich die Erreichbarkeit der Welt individualisiert – Pfade werden immer unwahrscheinlicher und deshalb auch unterschiedlicher, was umgekehrt technische Tools der Identifizierung und Steuerung von Individuen mithilfe von Big Data und der Rekombination von Daten und Netzwerken ermöglicht. Ausführlicher dazu im nächsten Kapitel.

Hinter der romantischen Verklärung des Internets als kollaboratives Netzwerk, in dem die Weisheit der vielen möglich ist, verbirgt sich nichts anderes als das statistische Phänomen der großen Zahl. Je höher die Fallzahl, umso eher neigt die Mehrheit zu jenem Durchschnitt, den man für die Wirklichkeit hält.[56] So haben Experimente gezeigt, dass bei Schätzungen hohe Fallzahlen sogar dem Urteil von ausgewiesenen Experten überlegen sind – was aber nichts anderes abbildet als die Normalverteilung in der gaußschen Glockenkurve. Was sich hier durchsetzt, sind letztlich wieder die Plausibilitätsstrukturen der kollektiven Einsicht beziehungsweise der einheitlichen Beschreibung – dabei sind dies doch lediglich Funktionen unterschiedlicher Präferenzen, Urteile und Perspektiven, die sich statistisch glockenförmig verteilen.

Weniger romantisch bildet sich hier das ab, was in der liberalen Wirtschaftstheorie für die Preisbildung beschrieben wird. Friedrich August von Hayek schreibt in seinem berühmten Aufsatz »The Use of Knowledge in Society«: »*If* we possess all the relevant information, *if* we can start out from a given system of preferences, and *if* we command complete knowledge of available means, the problem which remains is purely one of logic.«[57] Da diese Bedingung vollständiger Information, vollständiger Präferenzrationalität und vollständigen Wissens über Zweck-Mittel-Relationen nicht gegeben ist, sorge der Markt individueller Spieler dafür, dass sich ohne die Weisheit der Individuen eine rationale kollektive Lösung durchsetzen könne. Der am Markt erzielte Preis wäre also, stört man ihn nicht durch politische Regulierung, Kartelle oder sonstige Eingriffe, ein *rationaler* Preis, was nichts anderes als die normative Kraft des Faktischen unter Bedingungen der Normalverteilung von Handlungspräferenzen bedeutet. Der Traum der Weisheit der vielen ist also nicht verteilte, sondern kollektive Intelligenz, also der Ver-

Verteilte versus kollektive Intelligenz.

such, Komplexität durch eine Form emergenter Konformität zu bewältigen – Konformität nämlich, die sich in einer mäßigen Streuung der Fälle um einen Mittelwert organisiert. Das aber ist ein nachträglicher Wert – wie der Preis das Ergebnis eines Marktprozesses ist, wäre hier Normalverteilung von Präferenzen das Ergebnis eines komplexen Geschehens. Kollektiv ist daran lediglich ein leicht zu beschreibendes Ergebnis – vielleicht ist das ja die Funktion von Preisen auf Märkten, einen komplizierten Mechanismus einfach auszudrücken, nicht aber eine Repräsentation des Prozesses selbst.

Summa summarum: Die Metapher der *verteilten Intelligenz* darf nicht mit der im doppelten Sinne *schwärmerischen* Metapher der *kollektiven Intelligenz* gleichgesetzt werden, was auf das schwierigere Problem der Ordnungsbildung in komplexen Systemen verweist, dem ich mich nun zuwenden werde.

Ordnung als Funktion von Unordnung

Die vielleicht beste Einführung in das Problem der Komplexität ist Gregory Batesons *Ökologie des Geistes*. Der erste Teil des Buches beginnt mit sieben Metalogen, Gesprächen Batesons mit seiner Tochter Cathy, in denen nicht nur über etwas gesprochen wird, sondern auch darüber, wie darüber gesprochen wird. Der erste Metalog beginnt mit der Frage der Tochter an den Vater: *Papi, warum kommen Sachen durcheinander?* Die Leute würden viel Zeit damit verbringen, Sachen aufzuräumen und Ordnung zu stiften. All das wieder durcheinanderzubringen brauche dagegen weniger Zeit und Aufmerksamkeit – freilich müsste dann alles wieder aufgeräumt werden, was wiederum Mühe mache. Vater und Tochter einigen sich dann darauf, dass es wahrscheinlich weniger Zustände gibt, die man ordentlich nennen würde, als solche, die durcheinander sind. Freilich kann man unterschiedliche Zustände von »Durcheinander« nur dann identifizieren, wenn man sie ihrerseits an Ordnungsvorstellungen scharf stellt. Das Gespräch läuft so:

Vater: ... *glaubst du denn auch, du meinst dasselbe mit »ordentlich« wie alle anderen Leute? Wenn Mami deine Sachen aufräumt, weißt du dann, wo du sie findest?*

Tochter: *Hmmm ...* manchmal – *weil, siehst du, ich weiß, wo sie sie hinlegt, wenn sie aufräumt –*

V: *Ja, ich versuche auch, sie daran zu hindern, meinen Tisch aufzuräumen. Ich bin sicher, dass sie und ich nicht dasselbe unter »ordentlich« verstehen.*

T: *Papi, verstehen du und ich dasselbe unter »ordentlich«?*

V: *Ich bezweifle es, mein Schatz – ich bezweifle es.*

T: *Aber Papi, ist es nicht komisch, dass jeder dasselbe meint, wenn er »durcheinander« sagt, aber alle unter »ordentlich« etwas anderes verstehen? Und »ordentlich« ist doch das Gegenteil von »durcheinander«. Oder nicht?*

V: *Jetzt geraten wir langsam an schwierige Fragen. Lass uns noch mal von vorne anfangen. Du hast gefragt:* »Warum kommen Sachen immer durcheinander?« *Wir haben einen oder zwei Schritte getan – und jetzt wollen wir die Frage abändern in:* »Warum kommen Sachen in einen Zustand, den Cathy als ›nicht ordentlich‹ bezeichnet?« *Verstehst du, warum ich diese Änderung vornehmen möchte?*

T: *... Ja, ich glaube – denn wenn ich eine besondere Bedeutung für »ordentlich« habe, dann werden mir einige »Ordnungen« anderer*

Leute als Durcheinander vorkommen – selbst wenn wir uns über das Meiste einig sind, was wir als Durcheinander bezeichnen – [58]

Die beiden stoßen, pädagogisch sensibel geführt vom Vater, einerseits darauf, dass Ordnungen offensichtlich unwahrscheinlicher sind als Unordnung. Darüber hinaus erkennt Bateson im Gespräch mit seiner Tochter, dass es offensichtlich ganz unterschiedliche Kategorisierungen für Ordnung gibt, die aus der Warte eines anderen als Unordnung oder wenigstens als andere Ordnung erscheinen. Kant wird gerne ein geradezu übertrieben ordentliches Leben nach strengen Regeln nachgesagt – was, wie wir inzwischen wissen, wohl nicht stimmt. Kant war von großer Geselligkeit und lud viele Gesprächspartner zu sich ein. Aber er hatte keine Kinder. Und wer Kinder hat, stößt unweigerlich auf unterschiedliche Ordnungslogiken. Hier ist Bateson mit Cathy eindeutig im Vorteil.

Das Gespräch zwischen Vater und Tochter geht weiter und stößt nun nicht nur darauf, dass es unterschiedliche Ordnungen und Ordnungsvorstellungen gibt, dass es also durchaus beobachterabhängig ist, ob etwas als Ordnung betrachtet wird beziehungsweise wie eine Ordnung beschaffen ist oder sein soll. Die beiden stoßen auch auf die Frage, wie Ordnungen überhaupt zustande kommen, wenn es doch unterschiedliche Ordnungen geben kann. Als Beispiel fällt dem Vater ein Filmtrailer ein – im Kino hätten er und Cathy gesehen, wie ein Buchstabensalat mit vielen Buchstaben, die kreuz und quer lagen, durchgeschüttelt wurden, bis sie sich zu dem Wort DONALD gruppiert haben. Aus einer komplexen, ungeordneten Menge von Elementen wurde durch Irritation und Bewegung eine geordnete Menge, die ein sinnhaftes Wort ergab. Es stellte sich nun die Frage, wie man eine solche ungeordnete Menge dazu bekommt, eine Ordnung zu generieren. Die Antwort: Indem eine unter vielen möglichen Auswahlen getroffen wird – da es aber sehr viele Kombinationsmöglichkeiten gibt und es höchst unwahrscheinlich ist,

dass ausgerechnet DONALD dabei herauskommt, müssen die Filmleute einen Trick anwenden, um das demonstrieren zu können.
Wir hören noch einmal in das Gespräch hinein:

V: *Und dann schüttelt irgendwas die Bildebene, so dass sich die Buchstaben zu bewegen anfangen, und das Schütteln geht so lange weiter, bis
sich alle Buchstaben zusammenfinden und den Titel des Films ergeben.*

T: *Ja, das habe ich schon gesehen – dabei kam DONALD raus.*

V: *Darauf kommt es nicht so sehr an. Wichtig ist, dass du gesehen
hast, wie etwas geschüttelt und aufgestört wurde, und anstatt noch
mehr vermischt zu werden als vorher, fanden sich die Buchstaben zu
einer Ordnung zusammen, alle in der richtigen Stellung, und ergaben
ein Wort – sie bildeten etwas, das eine Menge Leute für* Sinn *halten
würden.*

T: *Ja Papi, aber weißt du …*

V: *Nein, ich weiß nicht; ich versuche nur zu sagen, dass in der wirklichen Welt nie so etwas passiert. Das gibt es nur im Kino.*

T: *Aber Papi …*

V: *Warte noch einen Augenblick, lass mich diesmal ausreden – Und
im Kino lassen sie es so erscheinen, indem sie das Ganze rückwärts
drehen. Sie reihen die Buchstaben so auf, dass sie DONALD ergeben,
dann setzen sie die Kamera in Gang und dann fangen sie an, die
Bildebene zu schütteln.*

T: *Oh Papi – das wusste ich, und ich wollte* dir *dasselbe erzählen –;
und wenn sie dann den Film spielen, lassen sie ihn rückwärts laufen,*

damit es aussieht, als sei alles vorwärts passiert. Aber in Wirklichkeit
passierte das Schütteln rückwärts. Und sie müssen es verkehrt 'rum
fotografieren … Warum machen sie das Papi?

V: *Oh Gott.*[59]

Was Bateson seiner Tochter und Cathy ihrem Vater sagen möchte:
Ordnung ist unwahrscheinlich und letztlich nur aus sich selbst heraus erklärbar, nicht aus der Gesamtmenge aller Möglichkeiten. Deshalb kann man Ordnung nicht vorwärts, sondern nur rückwärts
verstehen. Wir kennen das aus komplexen technischen Unfällen. Es
könnte passieren, dass ein Verkehrsflugzeug abstürzt, weil aufgrund
einer fehlerhaften Sicherung in der Kaffeemaschine die Bordküche
Feuer fängt und dieses Feuer auf systemrelevante Komponenten
des Flugzeugs ausgreift und es zum Absturz bringt. Wäre aber zuvor die fehlerhafte Sicherung aufgefallen, hätte man daraus nicht
auf den künftigen Absturz schließen können.

Wahrscheinlich werden die Aufsichtsbehörden nun alles daran-
setzen, dass alle Verkehrsflugzeuge ab sofort vor dem Start daraufhin geprüft werden, ob die Sicherungen der Kaffeemaschinen in
Ordnung sind – bis das nächste Flugzeug aus einem anderen Grund
abstürzt. Wahrscheinlich ist es sogar Unsinn, sich zu lange mit dieser Sicherung zu beschäftigen, weil es sehr unwahrscheinlich ist,
dass eine mit dem Rest des Flugzeugs so lose gekoppelte Ursache
das ganze Flugzeug zerstört – ähnlich unwahrscheinlich, wie es für
die Filmleute gewesen wäre, so lange an den Buchstaben zu rütteln,
bis DONALD erscheint. Das geht nur rückwärts, nicht vorwärts –
und gilt nicht nur für technische Systemunfälle.

Wenn es stimmt, dass die Weltfinanzkrise ihren Ausgangspunkt
in der US-amerikanischen Immobilienkreditwirtschaft hatte, konnte
man dies den damaligen eher unspektakulären Transaktionen nicht
entnehmen. Und genauso wenig gilt, dass man künftige Finanzkri-

sen verhindern können wird, wenn man amerikanischen Immobilienfinanzierern genauer auf die Finger schaut (was übrigens nicht heißt, dass man das nicht tun sollte). Und es gilt auch biografisch. Der dänische Philosoph Søren Kierkegaard schrieb in seinen Tagebüchern 1843, das Leben könne, wie die Philosophen immer schon wüssten, nur rückwärts verstanden werden, aber es müsse vorwärts gelebt werden. Dieser Satz, der in kaum einer launigen biografischen Rede fehlt, hat es in sich. Das mit der Vergangenheit ist ohnehin plausibel, aber dass es auch zugleich bedeutet, dass es kein Verstehen im Vorwärtsgang geben kann, oder besser: dass uns nur die Unterscheidungen zur Verfügung stehen, die uns aus der Vergangenheit bekannt sind, die aber für die Zukunft kaum taugen, ist das Entscheidende.

Rückwärts verstehen – vorwärts leben.

Es kommt also, darauf will auch Bateson hinaus, darauf an, was einen Unterschied macht. Wer im Nachhinein erklärt, sieht die Sicherung der Kaffeemaschine, die einen Unterschied gemacht hat, sieht kleine Immobilienfinanzierer, die einen Unterschied gemacht haben, sieht frühere Erfahrungen, die einen Unterschied machen – und schon entsteht die Welt, in der wir eine Ordnung deswegen sehen, weil wir sie so sehen und weil wir uns an sie gewöhnt haben. Ordnung ist das Ergebnis unseres eigenen Blicks – aber sie ist nicht beliebig, weil der Blick genau die Form ist, in der wir sie sehen. Wir sind immer schon drin in der Welt, deshalb können wir nie anfangen.

Irgendwie bildet sich die Komplexität der Welt in so etwas Ähnlichem wie dem Schütteln von Möglichkeiten ab, aus denen dann DONALD wird – aber vorführen kann man das nicht, weil wir ja immer schon drin sind und weil uns aus der Perspektive der Ordnung gar nicht sichtbar wird, wie unwahrscheinlich diese Ordnung ist – denn wir leben ja in ihr. Und halten sie manchmal sogar für notwendig. Was sollen wir auch sonst tun, als Sicherungen auszuwechseln, wenn wegen einer Sicherung ein Flugzeug abstürzt? Wir leben immer schon in den Unterscheidungen, in denen wir leben. Und deshalb gibt es Ordnung nur im Durcheinander.[60]

Das Problem ist nur: Unter performativen Gesichtspunkten ist dies einfach nicht erzählbar, schon weil es exakt das ausschließt, was Erzählungen üblicherweise brauchen: eine wenigstens imaginierte Pointe, eine Lösung, einen Hebel, von dem her sich die Erzählung entfaltet. Übrigens: Erzählungen und Beschreibungen werden so ähnlich gemacht wie das DONALD-Bild. Die Textförmigkeit der Beschreibung, die auf eine Pointe hinauslaufen muss, erfordert es geradezu, rückwärts zu schreiben, damit man vorwärts lesen kann. Nimmt man hilfsweise noch einmal meine Beschreibungstypen mit den Unterscheidungsmerkmalen *rechts*, *konservativ* und *links* ernst, so wird deutlich, dass solche Beschreibungen die Unordnung, von der her sie ihre Aussage beziehen, von der nachträglichen Ordnung abhängig machen müssen, damit die Geschichte aufgeht. Wir können nicht so tun, als gäbe es Beschreibungen außerhalb von Beschreibungen, ja, als gäbe es das Beschriebene ohne die Beschreibung. Texte und Erzählungen folgen noch mehr als die mündliche Rede, die ja *post eventum* einfach verschwindet, dem Zugzwang, auf etwas hinauslaufen zu müssen. Zeitdiagnosen und Selbstbeschreibungen der Gesellschaft hängen auch von den Lesegewohnheiten ihrer Publika ab – hier wird nun deutlich, dass diese Lesegewohnheiten vor allem von der Art von Unordnung abhängig sind, die in den jeweiligen Publika herrscht. Der jeweilige beschreibungsspezifische DONALD erzeugt erst jene Unordnung, die auf *rechte* Homogenitätsfantasien, auf *konservative* Einsichtsfähigkeit und *linke* Umbauerwartungen hinauslaufen – insofern gibt es tatsächlich unterschiedliche Formen der Unordnung, die aber eben nicht ordentlich beschreibbar sind.

> Es gibt keine Beschreibung außerhalb von Beschreibungen.

Eine die Komplexität betonende Beschreibung dagegen muss entweder auf eine andere Ordnungsvorstellung setzen – oder aber die Ordnung in der Unordnung entdecken, woraus sich dann selbstverständlich dieselben Zugzwänge ergeben. Auch Komplexität lässt sich nicht außerhalb der Beschreibung beschreiben, und insofern gilt alles, was ich über den Zusammenhang zwischen Diagnose und Leseerwartung gesagt habe, auch für dieses Buch – und doch kommt hier das Buch selbst eher noch einmal im Buch vor, weil es sich eben mit der Frage der Beschreibbarkeit von Komplexität beschäftigt, und zwar mit einer Beschreibbarkeit nicht im sozialwissenschaftlichen, logischen oder mathematischen Sinne, sondern im Hinblick auf eine Diagnose der Gesellschaft, die außerhalb der Wissenschaft gelesen werden könnte. Denn die Selbstreferenzialität von Ordnungen ist ja auch nur eine Technik des Umgangs mit Komplexität. Man muss sich dann damit zufriedengeben, dass in einer Gesellschaft, in der es unterschiedliche Formen von Ordnung und Unordnung nebeneinander gibt, die wechselseitige Indifferenz auch eine Lösung sein kann – so wie es sich mit der Unterscheidung religiöser, wissenschaftlicher und rechtlicher Ordnungen verhält, wie ich es am Anfang dieses Kapitels am Beispiel von Galileo Galileis *Dialogo* beschrieben habe.

Optionssteigerungen

Eine moderne, komplexe Gesellschaft löst ihre Komplexitätsprobleme unter anderem dadurch, dass sie auf eine zentrale Instanz verzichten kann, die eine interne oder externe Stoppregel für das Operieren unterschiedlicher Logiken vorsieht. Was Papst Urban dazu bewogen hat, nicht mehr *gegen* den *Dialogo* vorzugehen, sondern die Schnittstelle zu entdramatisieren, ist diese Reaktion des Verzichts auf eine zentrale Instanz. Diese Funktionsstelle ist in der modernen, komplexen Gesellschaft nicht besetzt – auch wenn die meisten Diagnosen es gerne so hätten: von *rechts* als die Gemeinsamkeit und die Kohäsion eines homogenen Volkes, *bürgerlich-konservativ* als Einsicht in den Verzicht und die Vernunft des Einzelnen, von *links* als die Imagination eines Prinzips der Gesellschaft, das sich zu einer zentralen Umbaustrategie eignet. All dies sind *politisierte* Beschreibungen, die so tun, als könne man Strategien für kollektives Handeln beziehungsweise für kollektive Wirkungen als Programm formulieren – aber all das sind Perspektiven, die gerade diese Erreichbarkeit der Gesellschaft durch zentrale Eingriffe überschätzen. Denn der enorme Erfolg der modernen komplexen Gesellschaft besteht gerade darin, dass sich Dependenzunterbrechungen zwischen den unterschiedlichen Logiken etabliert haben. Im Bild der *verteilten Intelligenz*: Die einzelnen Logiken und Funktionen werden voneinander unabhängig gemacht und orientieren sich zunehmend an sich selbst.

Die Interdependenzunterbrechung zwischen den unterschiedlichen Logiken, Intelligenzen, soziologisch genauer würde man sagen: Funktionssystemen ermöglicht erst jenen unwahrscheinlichen Komplexitätsaufbau und jene weltgeschichtlich völlig neue Dynamik, die die Moderne auszeichnet. Das hat es den Funktionssystemen ermöglicht, sich geradezu sprunghaft zu entwickeln:

- Man denke an den sogenannten *wissenschaftlichen* Fortschritt, der ja zunächst einmal nichts anderes ist als die immer schnellere Selbstkorrektur von wissenschaftlichen Wahrheiten ganz ohne irgendeine Orientierung an der Frage, was man außerhalb der Wissenschaft mit solchen Erkenntnissen anfangen kann und soll und welche praktischen Konsequenzen Ergebnisse und Erkenntnisse haben.

- Man denke an die Fähigkeit der *Politik*, alles zum Gegenstand politischer Entscheidungsmöglichkeiten zu machen und die Logik des politischen Handelns am politischen Erfolg festzumachen, nicht an der Regulierbarkeit der politisch zu lösenden Probleme. Politisch erfolgreich ist dann das, was sich in *politischer* Münze auszahlen lässt, also in Form von (Wieder-)Wahl oder Massenloyalität – Programme, Inhalte und Konsistenzanforderungen bleiben dem untergeordnet.

■ Man denke an die exorbitanten Möglichkeiten der *Kunst*, die *imitatio*-Tradition der Welt dadurch zu überbieten, dass auf eine Vorlage bei der Verdoppelung von Realitäten in Bildern, Texten, Skulpturen oder szenischen Darstellungen verzichtet werden kann, sodass entweder völlig Ungegenständliches Gegenstände ausdrücken oder alles zum künstlerischen Objekt erklärt werden kann. Jedenfalls macht sich Kunst von ihrer Verstehbarkeit unabhängig, vielleicht ist sogar der Verzicht auf klare Verstehbarkeit eines der Erfolgskriterien gelungenen künstlerischen Ausdrucks geworden.

■ Man denke an die nahezu flächendeckende Möglichkeit des *Rechtssystems*, einerseits Erwartungssicherheit durch Normen, andererseits Konfliktmöglichkeiten durch die Externalisierung von Entscheidungen an entsprechende Instanzen zu etablieren. In der Konsequenz wird dann die Rechtspraxis weitgehend unabhängig davon, *was* sie rechtlich reguliert. Eine Sensibilität für Verfahren und ihre Einhaltung werden zum eigentlichen Medium der Rechtspraxis, mit der Konsequenz freilich einer Unsensibilität für das Regulierte.

Interdependenzunterbrechungen.

■ Man denke an die *Massenmedien*, die tatsächlich alles melden können, alles freilich stets nur unter der Maßgabe, dass es als Meldung taugt, also mit Neuigkeitswert im Hinblick auf eine unterstellte Klientel ausgestattet ist.

■ Man denke vor allem an die *Ökonomie*, an der wohl am deutlichsten wird, wie sich die ökonomische Logik, nämlich durch knappen Einsatz von Mitteln eine möglichst große Wirkung zu erzielen, völlig unabhängig davon macht, *was* dort gehandelt, produziert oder geleistet wird, sondern nur noch berücksichtigt, *wie* das geschieht. Die Erfolgsbedingung des Ökonomischen ist nicht das beste Produkt, nicht die überzeugendste Dienstleistung, nicht die Regulierung von Knappheitsproblemen für Grundgesamtheiten, sondern schlicht die Herstellung oder Sicherung eigener Zahlungsfähigkeit.

Diese Aufzählung ist sehr holzschnittartig, und sie ist allzu formal gehalten, da es zum Beispiel durchaus ökonomisch Handelnde gibt, die wirklich am besten Produkt interessiert sind und so lange tüfteln, bis sie selbst zufrieden sind; da es politisch Handelnde gibt, denen es wirklich um etwas geht, um eine gute Lösung für diejenigen, für die sie die Stimme erheben; da es Wissenschaftler gibt, denen es ganz explizit um eine gute und segensreiche Anwendbarkeit ihrer Ergebnisse geht; zumal es in der Rechtspraxis tatsächlich oft um eine ganz explizite Form von Gerechtigkeit geht; und da es in der Kunst sehr wohl um das Motiv der Verständlichkeit und Erreichbarkeit geht. All das gilt unbedingt – und die Welt ist voll von Leuten, denen es wirklich um etwas geht, die keineswegs zynisch einer abstrakten Logik folgen.

Und doch werden all diese besten Motive und moralischen *impetus*, die Visionen gelungener Lösungen und authentisch gesuchter Lösungen konterkariert durch die merkwürdige *verteilte Intelligenz* der modernen Gesellschaft, die nebeneinander Zonen unterschiedlicher, die Erfolgsbedingungen bestimmender Logiken ausdifferenziert hat, hinter die man nicht zurücktreten kann. Welche Motive ökonomisch verfolgt werden, ist von den Erfolgsbedingungen des Ökonomischen abhängig; wer politisch etwas erreichen will, muss Mehrheitsfragen von Wahrheitsfragen, also Fragen der Möglichkeit für kollektiv bindende Entscheidungen von Fragen der wissenschaftlichen Plausibilität unterscheiden, aber auch von Rechts-, Glaubens- oder von Schönheitsfragen; wer etwas rechtlich regulieren will, aus welchen hehren Motiven auch immer, dem bleibt nichts anderes übrig, als sich den Verfahrensimperativen des Rechtlichen zu unterwerfen usw. Diese Logiken haben

Brutale Zugzwänge. einen geradezu *brutalen* Zugzwang, das heißt, sie entlassen nichts, was geschieht, aus ihrem Zugriff, ökonomisch oder politisch, rechtlich oder ästhetisch, religiös oder wissenschaftlich. Wahrscheinlich ist dies der Grund dafür, dass sich moderne Gesellschaften meist als krisenhaft erleben, eben weil sie nicht in der Lage sind, die unterschiedlichen Logiken miteinander zu koordinieren, auch wenn wir das stets und alltäglich versuchen müssen.

Es geht hier um Komplexität – die Komplexität der modernen Gesellschaft ist explizit dadurch geprägt, dass sie zwischen diesen unterschiedlichen Logiken Unterbrechungen einbaut und sie dazu bringt, sich vor allem an sich selbst scharf zu stellen. Das macht es so schwer und fast unmöglich, *direktiv* in die Dynamik der Gesellschaft einzuwirken, weil diese auf solche Einwirkungen stets und immer wieder mit den Mitteln der unterschiedlichen im Sinne *verteilter Intelligenz* strukturierten Möglichkeiten reagiert. Was solch eine Struktur ausschließt, ist jene Kausalität, die man unterstellen muss, um die Diagnose von Gesellschaften um eine Perspektive auf Problemlösungen zu ergänzen und überhaupt erst plausibel zu machen. Vielleicht wird jetzt deutlich, warum die so unterschiedlichen Beschreibungen, die ich als *rechts*, *links* und *konservativ* beschrieben habe, allesamt an der Unterstellung solcher Kausalitäten scheitern müssen – damit also am Problem der Komplexität.

Doch die Komplexität der Gesellschaft liegt nicht nur darin, dass sich die unterschiedlichen Logiken voneinander entfernen beziehungsweise die Kontinuität der Gesellschaft durch diese Zentrifugalkraft unterbrochen wird. Es wird vor allem eine *operative*

Unterbrechung eingebaut, und zwar in dem Sinne, dass es keine externen Stoppregeln mehr gibt, die die Dynamik der einzelnen Logiken einschränken könnten. Wir stellen uns eine wohlgeordnete Gesellschaft üblicherweise so vor, dass die unterschiedlichen Logiken, Interessen, Intelligenzen und Problemlösungskompetenzen irgendwie kooperativ aufeinander bezogen sind, dass diese also dadurch integriert werden, dass sie im Sinne einer Arbeitsteilung Rücksicht aufeinander nehmen, sich zugunsten des Ganzen einschränken könnten. Genau das aber scheint immer weniger vorausgesetzt werden zu können.

Schon am *Dialogo*-Beispiel kann man sehen, dass die unterschiedlichen Perspektiven sich fast nur noch auf sich selbst beziehen und ihre Optionen in sich selbst finden. Die religiöse Perspektive muss sich vielleicht noch am ehesten auf die anderen Logiken einlassen. Sie kann die Naturbeobachtung nicht ignorieren, aber auch nicht übernehmen, und reagiert mit einem Verzicht auf die Koordination von Glaubens- und Wahrheitsfragen, bleibt dabei aber defensiv, weil ihr die alten Machtmittel nun nicht mehr zur Verfügung stehen. Die Seite der Naturbeobachtung aber steigert die eigenen Möglichkeiten dadurch, dass sie ihre Optionen nun ausschließlich aus sich selbst heraus entwickelt, und man kann dem Recht inzwischen sogar dadurch Genüge tun, dass man ganz offenkundig etwas äußerlich Regelkonformes tut, dies aber ebenso offenkundig völlig unabhängig von *inneren* Überzeugungen. Das Recht steigert seine Optionen dadurch, dass es sich mit Außenleitung zufriedengibt – und setzt Galilei in die Lage, den Papst rechtskonform zu demütigen, indem er *Simplicius* sprechen lässt. Die Perspektiven und Logiken verlieren letztlich ihre Orientierung am Ganzen, gewinnen aber zugleich eine Autonomie, die sie sogar für sich selbst unkontrollierbar macht.

Im europäischen, vor allem deutschsprachigen Raum ist etwa die Reformation eine solche Reaktion des Religiösen, sich weniger katholisch damit zufriedenzugeben, feststehenden Ritualen und formelhaften Bekenntnissen folgen zu können, sondern wirklich innerlich zu meinen, was äußerlich sichtbar bekannt wird. Nicht umsonst war das Katholische stets sehr rechtsnah gebaut – Rituale und Verfahren sind sich recht ähnlich und verhindern eine allzu starke Steigerung des religiösen Eifers, weil Verhalten wichtiger ist als eine diskursfähige Überzeugung. Das Protestantische dagegen, wenigstens in seiner lutherischen Variante, setzt auf die *Freiheit des Christenmenschen*, verlangt nun diskursfähige Bekenntnisse und steigert damit die religiösen Optionen (um sie dann wieder *vernünftig* einzuschränken). Das Protestantische ist nur deshalb möglich, weil es andere Logiken neben sich anerkennen muss und so Raum lässt für eine letztlich unkontrollierbare Innerlichkeit, die dann aber umso mehr kontrolliert werden muss.

Galilei hat mit seiner ironischen Demonstration, *Simplicius* die Auflage erfüllen zu lassen, letztlich eine sehr katholische Variante gewählt, die freilich nur deshalb möglich wurde, weil sich die Logiken voneinander entfernt haben. Ich will das hier gar nicht weiterverfolgen, sondern auf etwas anderes hinaus: Die drei Logiken können sich wechselseitig nicht mehr kontrollieren, weil sie die Erfolgsbedingungen ihrer selbst nur noch in sich selbst finden und damit ihre eigenen Optionen radikal steigern. Einfach ausgedrückt: Sie müssen sich immer weniger um die anderen Logiken kümmern und können deshalb hypertroph wachsen. Ich habe das mehrfach als das Problem der *Optionssteigerung* bezeichnet.[61]

Wieder am Streit um den *Dialogo* verdeutlicht: Die Trennung der unterschiedlichen Logiken löst ein Komplexitätsproblem, nämlich das Problem, dass die Dinge gleichzeitig unterschiedliche Bedeutungen haben können, dass sich ausschließende Logiken gleichzeitig operieren, dass es unterschiedliche Formen von Ordnung gibt, die nicht mehr innerhalb eines Bezugsrahmens verarbeitet werden können. Zugleich aber erzeugt diese Lösung auch wieder ein Problem, nämlich das Problem, dass durch die Steigerung der jeweiligen Optionen neue Komplexitätsprobleme auftreten. Die Koordination der unterschiedlichen Logiken und Intelligenzen wird immer unwahrscheinlicher, je mehr sie sich auf sich selbst beziehen. Das macht

Die Unwahrscheinlichkeit der Koordination.

die Gesellschaft tatsächlich unbeschreibbar – in dem Sinne, dass über sie immer mehrere Geschichten gleichzeitig erzählt werden können, will man nicht dem Fantasma einer koordinierenden Einheit unterliegen.

Was heißt nun Optionssteigerung? Es reichen schon wenige Hinweise auf Grunderfahrungen der modernen Gesellschaft, um diese Frage zu beantworten:

- *Wissenschaft* kann wissenschaftliche Erkenntnisse nicht vermeiden oder aktiv vergessen, deshalb wird man weder die Kernspaltung noch die Soziologie wieder los. Wissenschaftliche Optionssteigerungen sorgen erst für die Lösung von Problemen, die man ohne die Wissenschaften gar nicht hätte. Die Enttäuschung darüber, dass Wissenschaft nur selten oder wenigstens nicht immer die Probleme »der Gesellschaft« löst, liegt exakt daran, dass die Erfolgsbedingung des Wissenschaftlichen das Wissenschaftliche selbst wird. Die Rede von der »wissenschaftlich-technischen Zivilisation« konnte deshalb zur Krisendiagnose werden, und Kulturkritik kam oft in Form von Wissenschaftskritik daher – etwa im Sinne der Lebensferne der Wissenschaft oder als Kritik an bestimmten Entdeckungen, etwa der Kernspaltung.
- *Medizinischer Fortschritt* führt zu medizinischen Optionssteigerungen, die im Kontakt mit medizinischen Nachfragern kaum mehr auf Verständnis, geschweige denn auf eingelebte Rituale treffen, man denke nur an den gesamten Fragenkomplex der Intensivmedizin oder der Todeszeitbestimmung zwecks Organ-

transplantation, auch an die Frage, wie sich medizinischer Erfolg etwa der Lebensverlängerung um jeden Preis und Lebensqualität zueinander verhalten.

- *Künstlerische* Optionssteigerungen führen dazu, Sehgewohnheiten so sehr zu revolutionieren, dass künstlerische Innovationen während des 20. Jahrhunderts auf immer mehr Unverständnis bei denen stießen, die nicht im engeren Sinne an den Spezialdiskursen teilgenommen haben.

- *Sportliche* Optionssteigerungen führen inzwischen zu der Frage, ob sportliche Leistungsmöglichkeiten sich an den Grenzen des körperlich Möglichen zu orientieren haben oder ob körperliches Enhancement, das über körpereigene Trainingsmöglichkeiten und klassisches Doping hinausgeht, die Grenzen des Sportlichen erweitert.

- *Massenmedien* haben es spätestens mit der Erfindung der Tageszeitung und dann des Radios ermöglicht, soziale Räume zu synchronisieren, die sich als Nationen oder ähnliche kollektive Identitäten ausgeben konnten. Mediale Optionssteigerungen freilich synchronisieren nicht mehr Vorhandenes, sondern erzeugen nun selbst ihrerseits einen Bedarf an kurzen Reaktionszeiten, die im Bereich des Politischen zu einem radikalen Zeitverlust im Hinblick auf Meinungsbildungsprozesse und im Bereich des Ökonomischen zu sehr schnellen Reaktionen auf wechselnde Stimmungen geführt haben.

- *Ökonomische* Prozesse haben sich teilweise völlig vom Warenverkehr und von der Warenproduktion abgekoppelt und greifen auf Optionen eines geradezu virtuellen Geldverkehrs zu, der sich von wirtschaftlichen Bedürfnissen ganzer Volkswirtschaften abgekoppelt hat. Die Enttäuschung besteht dann unter anderem darin, dass (volks)wirtschaftliche Potenz keineswegs automatisch dazu führt, dass ganze Bevölkerungen mit Gütern versorgt werden oder Verteilungsfragen weniger konflikthaft werden. Im

Gegenteil: (Wenigstens kurzfristigen) ökonomischen Erfolg kann man sich sogar mit der Verschärfung von Verteilungsfragen und mit Versorgungsengpässen »kaufen«.

■ Die *technische Entwicklung* greift auf Optionen zu, die ihrerseits nicht mehr rational zu beherrschen sind, weil sie so komplexe Zeit- und Sachdispositionen auflaufen lassen, dass weder Zeit noch Kenntnis für Entscheidungen bleibt. Technische Optionssteigerungen erfordern also wiederum technische Optionssteigerungen, weil komplexe Techniken sich nur noch technisch kontrollieren und moderieren lassen. Inzwischen erzeugt Technik selbst Schnittstellen, die den bedienenden Menschen suggerieren, dass sie mit klassischen mechanischen oder kausalen Wirkkräften hantieren – man denke etwa an die Simulation von mechanischem Widerstand bei der Bedienung von Flugzeugen oder an Benutzeroberflächen am Computer, die aussehen wie Schalter aus der Frühzeit der Steuerungstechnik. Von den Folgen der Optionssteigerung digitaler Techniken sei hier noch gar nicht die Rede – darauf komme ich im nächsten Kapitel zurück.

■ *Politik* kann sich letztlich zu keinem Thema enthalten, in dem Macht erworben, gesichert oder verloren werden könnte, wovon die Diktaturen des 20. Jahrhunderts erheblichen Gebrauch gemacht haben.

Die Quintessenz meiner These lautet also: *Die Differenzierung, das Auseinandertreten unterschiedlicher Logiken und Funktionen hat nicht nur die internen Komplexitätsmöglichkeiten erheblich erhöht, sondern auch die Möglichkeit der wechselseitigen Kontrolle der unterschiedlichen Logiken untereinander. Es scheint weder externe noch interne Kriterien und Instanzen zu geben, die ihre Operationen limitieren könnten, die also ein Maß zur Selbstbeschränkung, zum Verzicht auf Optionen ausbilden oder letztlich zu völliger Transparenz der eigenen Logik führen könnten.*

Wachstum

Viele Kritiker der Gesellschaft, sowohl mit ökonomischem als auch mit ökologischem Schwerpunkt, setzen an der Wachstumslogik an. Auch meine Referenzbeispiele, Brand und Miegel, kleiden ihre Kapitalismuskritik vor allem in das Gewand der Wachstumskritik, und in der Tat kann man die Augen kaum davor verschließen, dass sich zumindest die ökonomische Logik geradezu mit der Selbstverständlichkeit einer Wachstumsorientierung abgefunden hat. Wachstum sei das Elixier, an dem wirtschaftliche Krisen gesunden könnten, und nur Wachstum könne Wohlstand und Stabilität sichern, bei allen Kosten, die dies verursacht. Und selbst ökologische Kritik verschreibt heute bisweilen dieses Elixier, so etwa Ralf Fücks, der den Grünen eine Wachstumspolitik auf dem Gebiet ökologischer Techniken empfiehlt – also Wachstum als Lösung, aber dann auf der Seite der richtigen Technologien.[62] Ich möchte mich nun nicht an den volkswirtschaftlichen Diskursen beteiligen, ob es eine dynamische Wirtschaft ohne Wachstum geben kann, zumal ich auf die Logik des Wachstums im fünften Kapitel noch einmal zu sprechen komme. Und ich möchte das nicht nur deshalb nicht tun, weil mir dafür womöglich der Sachverstand fehlt, sondern auch, weil schon ein soziologisches Argument ausreicht: Es ist gerade die Optionssteigerung des Ökonomischen, die dazu führt, dass die ausschließliche Konzentration des Ökonomischen auf sich selbst und seine Erfolgsbedingungen Wachstumsorientierungen geradezu logisch nahelegt – selbst womöglich gegen die Intentionen von Akteuren. Wachstumskritische Perspektiven müssten eben in der Lage sein, die Unterbrechung zwischen den Logiken aufzubrechen, aber genau dagegen wendet sich die evolutionäre Folge der *verteilten Intelligenz* oder der *Differenzierung der Gesellschaft*, die sich auf Kosten ihrer eigenen Erreichbarkeit gegen solche Mechanismen immunisiert. Wie dies strukturell eine eher linke, eine eher rechte und

eine eher konservative Strategie imaginieren, muss ich nicht wiederholen, denn auch die ökonomischen Perspektiven auf dieses Problem arbeiten in denselben Chiffren. Insbesondere haben sie mit
dem Problem zu kämpfen, dass die Forderung nach »Mäßigung«[63]
als ökonomische Lösung eben ein ganz und gar unökonomisches
Prinzip ist, wenigstens ein individual- oder betriebswirtschaftlich
unökonomisches, selbst wenn es volkswirtschaftlich vernünftig wäre.

Besonders dankbar muss man Niko Paech sein, der die Bedingungen einer Postwachstumsökonomie in aller ungeschützten
Deutlichkeit darlegt. Paech wirbt für eine »Beseitigung jeglicher
Ursachen für Wachstumsabhängigkeit-
en und -zwänge« – man mag sich gar   **Die autoritäre Metapher**
nicht recht vorstellen, wie man für   **der Beseitigung.**
eine solche »Beseitigung« sorgen soll,
die Semantik jedenfalls zeugt von einer Kombination linker Umbaufantasien und konservativer Einsicht in Mäßigung. Der Katalog
des zu Beseitigenden umfasst:

- »die Innovationsorientierung moderner Marktwirtschaften,
- das gegenwärtige Geld- und Zinssystem,
- maßlose Gewinnerwartungen,
- die bisherigen Privilegien beim Zugang zu Land, Ressourcen
  und zur Atmosphäre,
- die Entpersonalisierung und Anonymisierung der Unternehmen einschließlich der Beschränkungen der Haftung,
- das auf globaler Arbeitsteilung beruhende Modell der Fremd-
  versorgung und schließlich
- eine Kultur der bedingungslosen Steigerung materieller Selbst-
  verwirklichungsansprüche«.[64]

So logisch all diese Forderungen sind – sie atmen einen autoritären
Geist, weil sie eben nicht damit rechnen, dass man nicht bei einem

Nullpunkt, mit einem schlichten weißen Blatt Papier beginnen kann, von dem her sich eine neue Welt rekonstruieren ließe – und solche Theorien sind maßlos naiv darin, die Eigenkomplexität einer differenzierten Gesellschaft zu unterschätzen, die sich eben nicht dem Imperativ wohlfeiler Forderungen nach einem völligen Neuarrangement fügt. Marx hatte wenigstens noch auf die innere Verfallslogik einer Dynamik gesetzt, die sich gewissermaßen hinter dem Rücken von Akteuren durchsetzt.

Was man aus der Diagnose der Optionssteigerung freilich lernen kann, ist dies: Die Logik des Wachstums ist keineswegs nur eine ökonomische Logik, denn letztlich streben gerade aufgrund der Verteilung von Intelligenz und aufgrund des dadurch bedingten strukturellen Fehlens von Stoppregeln nicht nur ökonomische, sondern auch andere Orientierungen stets nach Wachstum, Verbesserung und Optimierung – das gilt für wissenschaftliche Innovationen, sportliche Leistungsverdichtung, Erlebnissteigerung, Gesundheitsoptimierung, sogar Lebensverlängerung usw. Exakt daraus resultiert jene Beschleunigungserfahrung, die derzeit als eine der eingängigsten Zeitdiagnosen funktioniert, am deutlichsten wohl von meinem Jenenser Kollegen Hartmut Rosa öffentlichkeitswirksam vertreten, der nicht müde wird, nach Stoppregeln zu suchen, also danach, wie sich die innere Logik der Steigerung durchbrechen lässt – auch darauf komme ich im nächsten Kapitel zurück.[65]

Das Fehlen einer Stoppregel gilt wenigstens auf der Ebene der Codierung, also der sehr einfachen Erfolgsregel der unterschiedlichen Logiken, die sich ja nur deshalb ausdifferenziert haben, um ein Komplexitätsproblem zu *lösen*. Indem man etwa das Ökonomische allein an die Erfolgsbedingung bindet, die je eigene Zahlungsfähigkeit herzustellen, entbindet man die konkrete Erfolgsbedingung davor, andere als ökonomische Probleme der konkreten ökonomischen Spieler zu lösen. Und Ähnliches gilt fürs Politische: Indem sich die Erfolgsbedingungen des Politischen *nolens volens* daran

bemessen, sich in konkreten Gegenwarten als mehrheitsfähig darzustellen, entkoppelt sich die Logik des Politischen von der Konzentration auf Sachprobleme. Das macht Ökonomisches und Politisches auf der Ebene der grundlegenden Bedingung für weiteres
Handeln geradezu immun für Ein-
griffe, auch wenn uns nichts anderes   Das Fehlen externer und
übrig bleibt, als stets innerhalb dieser   interner Stoppregeln.
Logiken dafür zu sorgen, konkrete
Probleme zu lösen. So muss man Wirtschaftspolitik machen und
zugleich die Eigendynamik und die eigensinnigen Reaktionsmög-
lichkeiten des weltweiten Wirtschaftssystems mitbedenken – etwa
dessen Fähigkeit des Ausweichens in andere Regionen oder der
Verweigerung von Investitionen, wenn es sich angeblich nicht
rechnet. Ebenso aber muss man diese Politik vor einem Publikum
legitimieren, dessen legitime Interessen nach Daseinsvorsorge und
infrastruktureller Versorgung bedient werden müssen.

Das ist irgendwie banal – es ist letztlich das Graubrot unserer
typischen politischen Auseinandersetzungen. Es ist aber zugleich das
Symbol für eine Komplexitätssteigerung, die sich vor allem dadurch
einstellt, dass sich die Optionen der unterschiedlichen gesellschaftlichen Logiken nicht einfach aufeinander abstimmen lassen – dabei setzt an genau diesen Abstimmungsprozessen die *Erzählbarkeit*
und *Diagnosefähigkeit* der Gesellschaft in ihren Selbstbeschreibungen an. Um noch einmal auf die beiden Diagnosen von Brand und
Miegel im vorigen Kapitel zurückzukommen, lässt sich an ihnen
nun womöglich besser verstehen, wie sie beide mit der seit Marx
geläufigen Kritik, der Kapitalismus werde an seinem eigenen Erfolg
zugrunde gehen, umgehen. Was Marx beschreibt, ist nichts anderes
als eine radikale Optionssteigerung des Ökonomischen. Die Kritik
am Kapitalismus besteht darin, dass alles dem Wertgesetz unterworfen wird, das die dynamische Bewegung des Kapitalismus steuert.
Was Marx wirklich deutlich gesehen hat, ist, dass der Kapitalismus

keinem zentralen Plan unterworfen ist und kein Programm und auch kein Projekt ist, sondern gewissermaßen wie ein Naturgesetz hinter dem Rücken der Akteure funktioniert und Eingriffe in den Kapitalismus letztlich nur innerhalb der Grenzen des Wertgesetzes möglich sind. Eben das veranlasst Brand, »Verteilungslinke« als diejenigen zu kritisieren, die nicht die Ursachen des Wertgesetzes ausheben, sondern lediglich den Kuchen anders verteilen wollen. Und auch Miegels Strategie, die moralische Einstellung zu den Attraktionskräften des Kapitalismus zu ändern, zielt auf die Aushebelung des Wertgesetzes – und selbst die »rechte« Strategie, auf die Homogenität der Gesellschaft zu setzen und daraus Solidarität zu beziehen, zielt darauf.

Übrigens zehren linke Kritiker des Kapitalismus, soweit sie nicht jene Metapher des Gesamtumbaus in Anspruch nehmen, ebenfalls von diesem Potenzial einer homogenen Gesellschaft, in der sich Solidarität für Umverteilungsmaßnahmen eher gewinnen lasse. Paradigmatisch dafür ist Wolfgang Streecks 2013 erschienenes, viel beachtetes und auch innerhalb der Sozialwissenschaften vielfach gepriesenes Buch mit dem Titel *Gekaufte Zeit. Die vertagte Krise des demokratischen Kapitalismus.* Streeck kritisiert etwa an der europäischen Integration, sie sei ein neoliberales Projekt, folgend einer Blaupause Friedrich August von Hayeks, der schon Ende der 1930er Jahre eine übernationale Demokratie an eine möglichst liberale, will heißen wenig interventionistische Wirtschaftspolitik gebunden sah.[66]

Streeck kann sich eine Lösung nur im regulatorischen Rahmen des Nationalstaates mit seinen nur darin möglichen Solidaritätsforderungen vorstellen. Für ihn ist der Nationalstaat der einzige Akteur, der zwischen den Fliehkräften des Ökonomischen und des Politischen vermitteln kann – aber letztlich nicht aus sachlichen Gründen, sondern weil der Nationalstaat fast so etwas wie eine natürliche Grundgesamtheit für Umverteilungszumutungen darstellen kann. Reaktion auf die komplexitätssteigernden Fliehkräfte der Gesellschaft kann für ihn also nur der stabile, regulierende Staat sein, der durch die Internationalisierung politischer Entscheidungen und die Europäisierung der Wirtschaftspolitik sich letztlich nur Zeit kaufen kann – und zwar an den Finanzmärkten, die den Staaten billiges Geld dafür anbieten, dass sie sich von Integrationskrise zu Integrationskrise retten können. An dieser Diagnose ist sicher etwas dran, zumal die Banken wo-

möglich die letzten wirklichen Sozialisten **Sind Banken die** sind, denn diese glauben an die immerwäh- **letzten Sozialisten?** rende Zahlungsfähigkeit von Staaten und an

die Sozialisierung struktureller Kosten der Gesellschaft. Dass hier aber womöglich nicht nur ein ökonomisches Problem der Optionssteigerung vorliegt, sondern auch eines des politischen Systems, das sich die eigenen Legitimationskrisen am Finanzmarkt »schönkauft«, sieht Streeck nicht und muss dann mit der unrealistischen Idee arbeiten, der national integrierte Staat sei dafür gewappnet, die Optionssteigerungen der unterschiedlichen Logiken zu bannen. Entsprechend blind muss er dafür sein, dass auch Staat und Politik sich in einer eigenen Logik gefangen sehen, die etwa in Wahlkämpfen um unterschiedliche Modelle der Krisenbewältigung und Kritik auf die Restriktionen der eigenen Funktion stoßen. Wirklich konsequent zu Ende gedacht, müsste Streeck auch die Demokratie selbst noch einschränken, um jener fragilen Form der Solidaritätszumutung zu entkommen. Wohlgemerkt –

das Gegenteil entspräche seinen Intentionen, **»Gibt es ein neo-** aber wenn man das Komplexitätsproblem **liberales Projekt?«** nicht ernst nimmt, dann muss man sich am

Ende von Verschwörern umgeben sehen, die dafür sorgen, dass (immer) die *falschen* politischen Entscheidungen aus demokratischen Wahlen resultieren. Wie wir darüber klagen, dass in arabischen Ländern nach dem Arabischen Frühling dummerweise die

Falschen gewählt wurden,[67] scheint das nach Streecks Ansicht in Europa auch der Fall zu sein, denn am Ende ist die Verschwörungstheorie eines »neoliberalen Projekts« kaum glaubhaft, hätte doch selbst dies keine Handhabe, die Gesellschaft nach seinem Willen zu steuern.

Interessanterweise wird damit der linke Rekurs auf eine Regulierung der Marktwirtschaft zugunsten sozialer Gerechtigkeit argumentativ mit dem eher rechten Argument der bedingungslosen Zugehörigkeit und Solidarität im Nationalstaat erkauft. Es würde zu weit führen, Streecks Argumentation mit Armin Mohlers Denkungsart gleichzusetzen – aber beider Liberalismuskritik stammt zumindest von feindlichen Brüdern des gleichen Stammes: Wie ich im ersten Kapitel erwähnt habe, hat Mohler den Liberalismus vor allem dahin gehend kritisiert, dass er seine Freiheitsgewinne allzu sehr auf Kosten solcher Gemeinschaften mache, die ohne Reflexion und ohne Entscheidung Zugehörigkeit und Solidarität unbedingt erwarten können. Man unterstellt keinem von beiden Ungehöriges, wenn man diese Argumentationen für verwandt hält. Abgesehen davon, dass Streecks Argument wie eine Verschwörungstheorie verkennt, dass die politischen Entscheidungen jener Entwicklungen sehr wohl demokratisch zustande gekommen sind und die Staaten gerade in ihren keynesianischen Strategien sehr von dieser Konstellation profitiert haben,[68] war es insbesondere Jürgen Habermas, der Streecks letztlich nationalstaatszentrierte Gedankenführung stark kritisiert hat – nur um dann seinerseits die solidaritätsstiftende Funktion einer europäischen Öffentlichkeit zu überschätzen.[69]

Komplexität als Bezugsproblem

Dieses Kapitel sollte dazu dienen, den zuvor analysierten Beschreibungs- und Diagnoseperspektiven der modernen Gesellschaft mit einer Perspektive auf Komplexität zu begegnen. Ich habe dabei auf komplizierte komplexitätstheoretische Details mathematischer, kybernetischer, logischer oder systemtheoretischer Natur verzichtet. Die wesentlichen Elemente von Komplexität fasse ich hier noch einmal in vier Schritten zusammen.

1. Perspektivendifferenz
Am Beispiel der kopernikanischen Wende und der Etablierung eines heliozentrischen Weltverständnisses habe ich gezeigt, dass Komplexitätssteigerung sich nicht einfach dadurch einstellt, dass Weltbilder komplexer werden. Vielmehr zeigt sich, dass sich die Welt offensichtlich nicht mehr der Chiffrierung durch eine dominierende beziehungsweise eine Leitunterscheidung fügt, sondern unterschiedliche Kategorien sich nebeneinander etablieren, die nicht aufeinander abbildbar sind. Dies hat ein neues Komplexitätsniveau zur Folge, das nicht nur unterschiedliche Perspektiven nebeneinander ermöglicht, sondern solche Perspektiven auch in Konflikt miteinander bringt. Komplexität bedeutet, dass an denselben Sachverhalt unterschiedlich angeschlossen werden kann, dass eine Situation gleichzeitig mehrere Zustände annehmen kann und gerade

Komplexität heißt also: Nichts ist mehr aus einem Guss.

deshalb so etwas wie ein Hebel fehlt, auf ein komplexes System zugreifen zu können. Was am Beispiel Galileis gezeigt werden konnte, ist, dass die einzelnen Perspektiven die Situation je nach ihren Maßgaben verarbeiten, was die Gemengelage füreinander unkalkulierbar macht. Es nützt dem Papst dann nicht einmal etwas, Zensurmacht zu haben.

2. Verteilte Intelligenz

Mit der technischen Metapher der *verteilten Intelligenz* habe ich dann gezeigt, wie sich durch die Differenzierung von Logiken diese nicht nur füreinander unabhängig machen, sondern auch ihre je eigenen Möglichkeiten erhöhen. Kosten im Sinne von Reibungsverlusten entstehen dann an den Schnittstellen. Die Metapher der *verteilten Intelligenz* zeigt, dass eine moderne Gesellschaft ihre Komplexität nur bewältigen kann, wenn sie auf eine zentrale Steuerungsinstanz verzichtet. Gerade die Geschichte der gesellschaftlichen Moderne ist voll davon, solche Steuerungsformen geradezu gewaltsam durchsetzen zu wollen, etwa politisch durch die Etablierung fundamentalistischer Formen von Diktaturen, die eine Totalpolitisierung der Gesellschaft angestrebt haben.

Komplexität heißt also: die lose gekoppelte Gleichzeitigkeit von Unterschiedlichem.

Verteilte Intelligenz sorgt also dafür, dass die Gesellschaft in unterschiedliche Regelkreise zerfällt, die je nach ihren eigenen Maßgaben reagieren und so durch Rückkopplungseffekte einen direktiven Zugriff auf die Gesellschaft ausschließen.

3. Ordnung als Postrationalisierung

Auch innerhalb der jeweiligen *Intelligenzen* oder Logiken oder Funktionssysteme ist Ordnung alles andere als transparent oder kalkulierbar. Denn gerade dadurch, dass solche Logiken auf äußere Steigerung und Begrenzung verzichten können, erhöht sich ihre interne Dynamik, die von einer merkwürdigen Kombination profitiert. Auf der einen Seite ist die Logik der jeweiligen Intelligenz geradezu brutal simpel. Was immer ökonomisch geschieht, es findet sich der Logik der Herstellung von Zahlungsfähigkeit unterworfen, was immer politisch geschieht, wird durch den einfachen Algorithmus der Macht und ihrer Genese im Machtkreislauf zwischen kollektiver Willensbildung und kollektiv bindenden Entscheidungen eingeschränkt; was immer wissenschaftlich geschieht, muss sich den Formvorschriften von Wahrheitsfragen unterwerfen usw. Auf der anderen Seite können erst auf dem Boden dieser brutal einfachen Codierungen die für die moderne Gesellschaft so charakteristischen Dynamiken entstehen, deren Ordnung sich immer weniger kausalistisch in die Zukunft projizieren lässt, sondern nur im Nachhinein plausibel wird. Exakt das ist es, was ich dann schließlich als Bedingung des Mechanismus der *Optionssteigerung* diskutiert habe.

> Komplexität heißt also: Ordnung ist nicht Voraussetzung, sondern Resultat von Praxis.

4. Optionssteigerungen

Optionssteigerungen resultieren aus dem funktionalen Verzicht auf jegliche externe Stoppregel für die einzelnen Funktionen und Logiken. Ihre einzige Stoppregel ist es, innerhalb der eigenen Logik zu operieren, nicht aber eine wechselseitige Kooperation, die man in der Sprache der Soziologie *Integration* nennen würde. Optionssteigerungen finden auf den verschiedensten Gebieten statt, nicht nur auf ökonomischem Gebiet. Der britische Informatiker Stephen Emmott hat dies in seinem Buch *Zehn Milliarden* ästhetisch auf den Begriff gebracht. Er zeigt darin das dramatische Wachstum auf, das für die Entwicklung der Menschheitsgeschichte charakteristisch ist, und unterlegt seine ebenso dramatische Beschreibung mithilfe von Diagrammen. Das erste ist ein Diagramm über die Entwicklung der Weltbevölkerung.[70]

Es zeigt, was wir bereits wussten: Die Weltbevölkerung ist über Jahrtausende unmerklich und langsam und erst mit dem Beginn der Moderne in den letzten 200 Jahren sprunghaft gewachsen und wird sich alsbald den zehn Milliarden nähern. Das Buch von Emmott enthält noch andere Diagramme, deren Charme darin besteht, dass

153

Weltbevölkerung

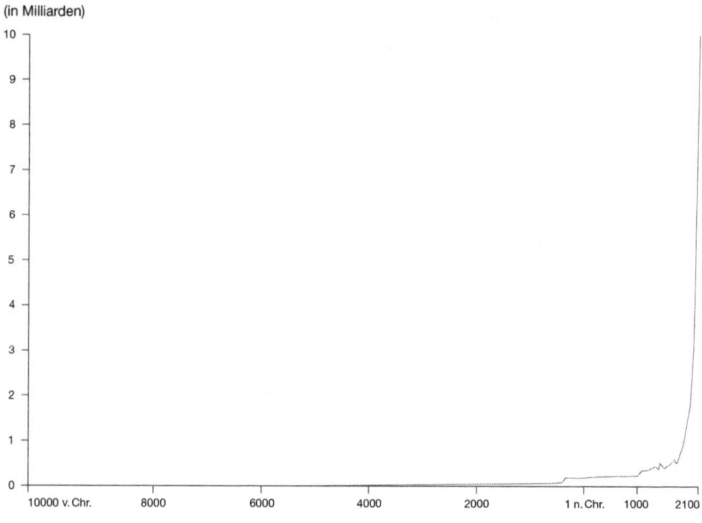

(in Milliarden)

Wachstum der Weltbevölkerung seit 10000 v. Chr., projiziert bis ins Jahr 2100.

Die Darstellung basiert auf: United Nations Department of Economic and Social Affairs, Population Division (Hg.) (2011), World Population Prospects. The 2010 Revision, Band I (New York).

Quelle: Stephen Emmott: *Zehn Milliarden*, Suhrkamp Verlag/Insel Verlag

sie alle gleich aussehen. Sie folgen demselben Muster: Auf einen langsamen, unmerklichen Anstieg folgt eine sprunghafte Steigerung, und das für die unterschiedlichsten Parameter: CO_2-Konzentration in der Atmosphäre, globaler Temperaturanstieg, globaler Anstieg der Meerestemperatur, Artensterben, Verlust an Regenwäldern, Ausbeutung der Meeresfauna, Wasserverbrauch, Kohleverbrauch, Straßenverkehr, Überschwemmungen in Asien, Flächenbrände in Nord- und Südamerika, globale Kohlenstoffemissionen. Die Botschaft ist alarmierend und klar: Wir zerstören durch dieses Wachstum unsere natürlichen Lebensgrundlagen. Das Buch ist wachstumskritisch und mündet in einen Appell an die Einsicht, dass sich etwas Grundlegendes ändern muss.

Das ist nicht überraschend. Was ich an dem Buch wirklich aufregend finde, ist die Ästhetik des Wachstums, das ja anders als typisches ökonomisches Wachstum nicht als summarische Kumulation immer höherer Wachstumsraten zu interpretieren ist, sondern wirklich als ein qualitativer Sprung, ganz in dem Sinne, wie ich es im Hinblick auf die *strukturelle* Veränderung der modernen Gesellschaft als Komplexitätsrevolution und Optionssteigerung beschrieben habe.

Im Übrigen würden solche Diagramme auch bei eher positiv besetzten Parametern so oder so ähnlich aussehen. Das würde zum Beispiel für medizinische Versorgung gelten, aber auch für die Möglichkeit, über Berufe, Ehepartner, Konfession oder Lebensstile selbst zu entscheiden oder auch für die Entwicklung von moralischer Empathie über Kultur- und Konfessionsgrenzen hinaus, wie für die Zahl von weltweiten Kommunikationsmöglichkeiten, ebenso für die Überlebensrate bei Geburten oder die Versorgung der Weltbevölkerung mit ausreichender Nahrung – selbst wenn das angesichts der bestehenden Not in vielen Teilen der Welt kaum glaubhaft erscheinen mag. Diese parallele Algorithmisierung der Gesellschaft weltweit, selbstverständlich flankiert von Ungleichzeitigkeiten und erheblichen Ungleichheiten, verweist tatsächlich auf eine strukturelle, revolutionäre Veränderung.

Dass die Entwicklungsdiagramme fast aller Messgrößen identisch sind, ist ein Hinweis darauf, dass Wachstum nicht einfach das Ergebnis einer kontingenten politischen oder ökonomischen Entscheidung ist, sondern letztlich der optionssteigernden Struktur einer modernen Gesellschaft eingeschrieben ist. Deswegen helfen Appelle für weniger Wachstum

> Komplexität heißt also: Prozessen liegt keine automatische Stoppregel zugrunde.

oder für mehr Koordination, für Mäßigung und mehr Steuerung, für weniger Eigendynamik und mehr staatliche Kontrolle kaum weiter, wenn man nicht der Komplexität der Gesellschaft ansichtig wird, die ja paradoxerweise evolutionär und funktional genau deshalb so geworden ist, um sich solchen Appellen und Zugriffen zu entziehen. Das Wunderbare und das Tragische liegt in dieser Diagnose der gesellschaftlichen Moderne nahe beieinander.

Diese vier Punkte machen es nicht leichter – im Gegenteil: Sie machen es noch schwerer, überhaupt einen Zugriffspunkt zu finden, und sie wirken so, als werde hier eine fatalistische Diagnose vorgelegt, als sei all das ein schicksalhaftes Geschehen ohne Ausweg. Ich höre schon die Kritiker, die gegen eine solche Diagnose einwenden, hier werde behauptet, dass es keine Eingriffsmöglichkeiten gebe und dass man sich zu fügen habe. Der Vorwurf wird lauten, hier sage einer: Fügt euch, es ist *das System*, fügt euch nicht nur, ihr werdet sogar entlastet, weil es keine Alternative gibt.

Allerdings wäre es zumindest inkonsistent, einer Komplexitätsdiagnose zu unterstellen, sie schließe Alternativen aus, das wäre eine *contradictio in adiecto*, denn Komplexität ist ja schon kategorial an die Möglichkeit anderer Anschlüsse, Lösungen und Alternativen gebunden. Worauf ich hinaus will, ist etwas anderes. Erst eine Diagnose, die nicht Wahrheiten im Sinne unterstellter Kausalität formuliert, wird in der Lage sein, eine realistische Diagnose und Strategie anzubieten, und sie wird auch zeigen können, dass es umgekehrt die klassischen Diagnosen der fehlenden Gemeinschaft, der fehlenden Einsicht oder des angemessenen Umbaus sind, die sich davon entlasten, sich Komplexitätsfragen zu stellen – als Fragen, die Alternativen nicht einfach anbieten, sondern stets damit rechnen, dass ein komplexes System anders reagiert, als wir es antizipieren.

Das bedeutet auch, dass komplexe Systeme stets in konkreten Gegenwarten operieren, immer je gegenwärtig auf sich reagieren und ihre Strukturen in der Zeit reproduzieren müssen. Ich habe diese Operativität und Gegenwartsbasiertheit und Gegenwartsorientierung der modernen Gesellschaft in mehreren soziologisch-theoretischen Arbeiten als *Gesellschaft der Gegenwarten* bezeichnet. Ich habe sogar vorgeschlagen, den Gesellschaftsbegriff möglichst nicht so zu gebrauchen, als handle es sich bei ihm um einen Gegenstand. Gesellschaft ist eigentlich nichts anderes als die Erfahrung, dass gleichzeitig Unterschiedliches geradezu unkoordiniert geschieht – es ist also etwas ganz anderes als etwas Geselliges und schon gar nicht etwas, das adressiert, angesprochen werden kann. Ich weiß auch gar nicht, ob man die Gesellschaft kritisieren kann. Man kann viel kritisieren, was in der Gesellschaft passiert, und sollte das auch tun, aber die Gesellschaft ist kein Adressat für Kritik – übrigens auch keiner für Lob, Anerkennung oder Zuneigung.

Eine Gesellschaft der Gegenwarten.

Gesellschaft ist eher etwas, das geschieht, etwas, das permanent praktisch und gegenwärtig aufgeführt wird, etwas, das instabiler ist, als es uns zumeist erscheint, vor allem, wenn wir es beschreiben, als sei es etwas. Ich habe in einer dieser soziologisch-theoretischen Schriften Gesellschaft eher mit einem Stück verglichen, das stets und immer wieder neu aufgeführt wird, und weil ich die dort gewählten Formulierungen ebenso unbescheiden wie überzeugt sehr gelungen finde, zitiere ich mich am Ende dieses Kapitels hier selbst:

»In diesem Sinne ist der gesellschaftliche Modernisierungsprozess als interner Emanzipationsprozess zu verstehen, in dem die funktionalen Logiken auf der einen Seite unabhängiger voneinander werden, aber gerade darin auf der anderen Seite hochgradig voneinander abhängig werden. Wie sollte die Wirtschaft ohne rechtliche Vertragssicherheit und die kollektive Bindungswirkung politischer Entscheidungen auskommen, wie Politik ohne eine funktionierende Geldwirtschaft und ein sanktionsbewehrtes Rechtssystem, wie Wissenschaft oder Kunst ohne ein funktionierendes Bildungssystem usw.? Was das Stück *Gesell-schaft* bisweilen zu einem Drama macht, ist freilich die Tatsache, dass diese unterschiedlichen ›Rollen‹ weder von einem zentra-len Regisseur aufeinander abgestimmt werden, noch ein Skript haben, an dem sie sich abarbeiten können. Wenn man dieses Bild weiter bemühen will, spielt auf der Bühne *Gesellschaft* eher eine Laienspielschar, die, zur Echtzeit gezwungen, weder Probe-noch Korrekturmöglichkeiten hat, sondern ihre Struktur gewis-sermaßen improvisieren muss und dennoch zu Selbststabilisie-rungen auch im Hinblick auf die Wechselseitigkeit der operativ voneinander unabhängigen Funktionssysteme kommt. Es ist fundamental eine *Gesellschaft der Gegenwarten*.«[71]

Viertes Kapitel

Zwei Welten.
Gibt es analoges Leben in
digitalisierten Welten?

Die Verwendung technischer Metaphern hat sich, wie ich meine, in meiner Darstellung bis jetzt bewährt, wie die Erklärung gesellschaftlicher Differenzierung und Komplexität als *verteilte Intelligenz* gezeigt hat. *Verteilte Intelligenz* im technischen Sinne verweist darauf, wie Komponenten voneinander unabhängig gemacht werden, was deren jeweilige Selbstbezüglichkeit und Leistungsfähigkeit, aber auch die Transaktionskosten an den Schnittstellen erhöht. Eine Folge ist, dass Koordination nicht zentral erfolgt, sondern mit jeweils unterschiedlichen Perspektiven an den Schnittstellen selbst, also gewissermaßen mehrere Koordinationen nebeneinander stattfinden, die ihrerseits wieder koordiniert werden müssten, was, zu Ende gedacht, Anforderungen an Komplexität wiederum erhöht.

Was in dieser Metapher der *verteilten Intelligenz* unmerklich mitenthalten ist, ist die Digitalisierung der Schnittstellen. In rein analogen Techniken ist verteilte Intelligenz kaum implementierbar, eben weil analoge Signale oder Chiffrierungen stets eine strikte Kopplung voraussetzen, was dann *verteilte Intelligenz* im Sinne voneinander operativ unabhängiger Komponenten ausschließt. Digitale Signale dagegen erlauben es, dass die unterschiedlichen Komponenten die jeweiligen Signale nach ihren je eigenen Verarbeitungsregeln ver-

159

wenden und eben nur das als Information behandeln, was für sie einen Unterschied macht. Analoge Signale machen zu viel Lärm, während man auf digitale Signale selektiver, insbesondere *eigenselektiver* zugreifen kann. Ganz ähnlich wie diese (informations- und kommunikations)technische Unterscheidung analoger und digitaler Formen der Weltverarbeitung stößt auch die Beschreibung moderner komplexer Gesellschaften auf diese Unterscheidung, die ich behelfsweise zunächst auf folgende Formel bringen möchte: *Die Welt sieht analog aus, nämlich so, wie wir sie sehen, sie operiert aber digital.* Ich verwende also die Unterscheidung *analog/digital* als Analogie.

Kommunikation – kein Übertragungsproblem

Bevor ich diesen Pfad weiterverfolge, möchte ich zunächst die Unterscheidung analoger und digitaler Welten abstrakt klarer machen, um sie dann später genauer verwenden zu können. Ich beginne dafür zunächst mit der Frage der Kommunikation, denn vorbereitet wurde die Möglichkeit der Unterscheidung von digitalen und analogen Formen der Kommunikation bereits in den 1940er-Jahren mit der mathematischen Kommunikationstheorie von Claude Shannon und Warren Weaver.[72] Shannon und Weaver haben versucht zu zeigen, dass Kommunikation nur zustande kommt, wenn aus Signalen mit einer bestimmten Wahrscheinlichkeit Informationen generiert werden können – die Wahrscheinlichkeit richtet sich danach, ob die Signale sich einer mit den Mitteln des Empfängers dechiffrierbaren Ordnung fügen, die wiederum als Ordnung für den Empfänger plausibel sein muss. Das bedeutet, dass Kommunikation nicht einfach eine Übertragung von Informationen sein kann, weil Informationen nichts anderes sind als Kalkulationen im Hinblick auf andere mögliche Lösungen.

Wer also Funksignale aus dem All danach absucht, ob sie womöglich von intelligenten Lebensformen stammen könnten, wird sie im Hinblick auf eine Ordnung im Vergleich zu anderen möglichen Ordnungen ordnen. Und wer versucht, herauszubekommen, was sein Mitmensch – Arbeitskollege, Liebespartner, Steueranwalt, Nachrichtensprecher – gerade mitteilt, wird die Signale danach ordnen, wie wahrscheinlich ihm mögliche Bedeutungen erscheinen. Was Shannon und Weaver als *mathematische* Kommunikationstheorie bezeichnen, ist also das Kalkül, mit dem die Wahrscheinlichkeit des Signals von einem Empfänger berechnet wird.

Den beiden Pionieren der Kommunikationstheorie ging es zunächst um die technische Übertragung von Signalen, aber auch die semantische Form der Kommunikation, etwa in natürlicher Sprache, arbeitet sich an Wahrscheinlichkeiten von Bedeutungen ab. Das hätte man bereits aus der klassischen Hermeneutik wissen können, denn wenn sprachliche Äußerungen – von der einfachen Äußerung eines Mitmenschen bis zu göttlich geoffenbarten heiligen Schriften – unterschiedlich verstanden werden können, unterliegen Verstehensprozesse letztlich einem Wahrscheinlichkeitsmanagement der angemessenen Bedeutung, was immer und wer auch immer die jeweilige Angemessenheit kalkuliert.

Das Sender-Empfänger-Modell dieser klassischen Kommunikationstheorie ist also keineswegs so simpel, wie es sich zunächst anhört, denn es wird nicht einfach ein Signal übertragen, sondern es wird darauf hingewiesen, wie voraussetzungsreich es ist, dass Signale als Signale rezipiert werden. Die Grundbedingung der Kommunikation – symbolisiert in der Metapher der gemeinsamen »Frequenz« – kann also nicht vorausgesetzt werden, sondern muss im Prozess der Kommunikation erzeugt werden.

Shannons und Weavers Verdienst ist es also, auf die Unschärfe der Kommunikation hingewiesen zu haben. Sie haben letztlich sogar gezeigt, wie *unwahrscheinlich* Kommunikation ist, eben weil

Kommunikationsprozesse stets mit der Unschärfe der Informationsübertragung umgehen müssen und gerade der Empfänger nicht einfach ein passiv empfangendes Gefäß ist. Auch das Empfangen von Signalen ist ein aktiver Prozess, der vor dem Hintergrundrauschen möglicher Signale dasjenige identifizieren muss, das insofern einen Unterschied macht, als es eine Information sein kann – oder muss man formulieren: einen Unterschied identifizieren muss, der dann einen Informationswert hat? Letztlich ist das egal, wenn nur darauf geachtet wird, dass das Empfangen eine aktive, nicht eine passive Tätigkeit ist. *Der Empfänger empfängt nach eigenen Verarbeitungsregeln, über die der Sender nicht verfügen kann!*

Die Unwahrscheinlichkeit von Kommunikation.

Das Übertragungsmodell Sender – Empfänger meint also streng genommen gar keine Übertragung, weil der Sender nur übertragen kann, wenn der Empfänger empfangsbereit, -fähig oder -willig ist. Das ist uns in unserer stark technisierten Welt heute vielleicht plausibler, als es zu Shannons und Weavers Zeiten war: Wir ärgern uns permanent mit technischem Equipment herum, das irgendwie kompatibel sein oder gemacht werden muss mit anderem technischem Equipment, wobei die Kompatibilität beziehungsweise die *connectivity* noch nicht die Kommunikation ersetzt, sondern bloß die Bedingung ihrer Möglichkeit darstellt. Letztlich aber halten wir Kommunikation dann für gelungen, wenn es so *aussieht*, als handle es sich um einen nachgerade verlustfreien Prozess von A nach B.

Wir gehen im Alltag zumeist davon aus, dass unser Gegenüber uns versteht und wir unser Gegenüber verstehen, eben weil es so *aussieht*, als sei es so. Wir sind sogar so sehr darin geübt, dies kontrafaktisch vorauszusetzen, dass wir im Alltag mit vergleichsweise unscharfen Signalen umgehen können. Auch hier richtet sich die Notwendigkeit der Bandbreite von Kommunikationskanälen nach der Informationstiefe. Ein grünes Licht in Form eines Ampelmännchens kann uns schon dazu bringen, über eine sechsspurige Straße zu gehen und völlig von dem 36-Tonner abzusehen, den man sehen könnte, würde man nicht die Ampel, sondern die Straße beobachten. Und wenn uns im Zug der Schaffner auf Erschleichung des Wegeentgeltes prüft, dann reicht es schon, sein Gemurmel von dem der anderen Fahrgäste unterscheiden zu können, um die Fahrkarte zu zücken, während eine halbe Stunde zuvor die Wegeauskunft, wie man zum Bahnhof kommt, eine ziemlich genaue Übertragungsrate erfordert, um nicht eine Abzweigung zu übersehen, die dann alle anderen nachfolgenden Abzweigungen ihres Sinnes beraubt. Das war übrigens auch eine der Intentionen von Shannon und Weaver: mit einer mathematischen Kommunikationstheorie mitberechnen zu können, wie viel Störung in der Kommunikation tolerabel ist, woraus sich dann die technische Einrichtung von Signalstärke, -art, -tiefe und -bandbreite kalkulieren lässt. Kommunikation hat es also weniger mit einem Übertragungsmanagement im engeren Sinne zu tun, sondern mit einer besonderen Form des Unschärfemanagements. Man muss nicht genau *wissen*, was der andere gesagt haben könnte, man *kann* es womöglich gar nicht wissen. Und eben weil Kommunikation nicht auf solches Wissen angewiesen ist, sondern im Gegenteil: nur deshalb funktional notwendig ist, weil es eben keine wirkliche Eins-zu-eins-Übertragung von A nach B gibt, kann man Kommunikation als »Nichtwissensmaschine« bezeichnen.[73]

Für meinen Gedankengang ist diese Kommunikationstheorie deshalb besonders wertvoll, weil sie Kommunikation eben nicht an den Verbindungen, an der Übertragung, an der gelungenen Verständigung und am Einverständnis misst und beurteilt, sondern an den Unterbrechungen, also dort, wo Übertragung eben nicht trivial ist, sondern stets etwas anderes erzeugt als das, was Ausgangspunkt der Kommunikation war. Insofern passt diese ja selbst aus dem technischen Bereich der Signalübertragung stammende Kommunikationstheorie zu der Metapher der *verteilten Intelligenz. Verteilte Intelligenz* erfordert Kommunikation zwischen den Komponenten

Kommunikation im Spannungsfeld zwischen Verbindung und Unterbrechung.

mit stets zwei unterschiedlichen Selektivitäten, derjenigen des Senders und derjenigen des Empfängers, setzt dabei aber letztlich auf eine systematische Verzerrung, nämlich darauf, dass die einzelnen Komponenten Signale nur nach den eigenen Regeln beurteilen und berechnen.

Die Unterbrechung zwischen den Komponenten ist dann keine Störung, auch kein Informationsverlust, in dem Sinne, dass dabei womöglich Informationen *verloren* gehen, sondern es wird deutlich, dass Informationen erst dort erzeugt werden, wo sie verarbeitet werden, sodass etwas (ein Signal, Daten, ein Unterschied usw.) an unterschiedlichen Stellen, das heißt durch unterschiedliche Komponenten, auch Unterschiedliches bedeuten – und das war das, was Komplexität ausmacht: dass etwas unterschiedliche Zustände annehmen kann, und das nicht einmal nacheinander, sondern gleichzeitig.

Krisen

Die Komplexität der modernen Gesellschaft ist exakt durch eine solche Struktur geprägt. Die unterschiedlichen Logiken, Intelligenzen und Funktionen nehmen sich wechselseitig je nach eigenen Verarbeitungsregeln wahr und erzeugen dadurch ein System, das eben nicht aus einem Guss ist. Letztlich erscheint deshalb moderne Gesellschaftlichkeit fast notwendigerweise als krisenhaft. Sie erlebt sich deshalb als Krise, weil sie die Widerständigkeit der Gesellschaft für intervenierende Zugriffe erlebt. Auf politische Rahmenbedingungen reagiert die Ökonomie ökonomisch und konterkariert oft die politische Intention; das Bildungssystem vermag die Probleme nicht so schnell zu lösen, wie es in politischen Öffentlichkeiten oder in Unternehmen gebraucht wird; Wissenschaft erzeugt widersprüchliche Analysen, weil sie eben in erster Linie wissenschaftliche Probleme löst; ökonomische, politische und rechtliche Formen entziehen sich ethischen Begründungsalgorithmen; ökonomische Prosperität und ihre Parameter erzeugen trotzdem ökonomische Not und Ungerechtigkeit.

Die Potenz der Moderne besteht gerade darin, dass die unterschiedlichen Logiken ihre gesellschaftliche Bedeutung als eigenlogische Bedeutung ansehen, sodass es so etwas wie eine *gesellschaftsweite Kommunikation* zumindest nicht in dem Sinne geben kann, dass jene Unterbrechungen funktionaler Differenzierung oder *verteilter Intelligenz* prinzipiell überwunden werden.

So ist die enorme Potenz des Marktes und der kapitalistischen Ökonomie tatsächlich ein genialer Problemlöser – aber eben nur unter ökonomischen Aspekten. So kann ökonomischer Erfolg mit wenig sozial verträglichen Folgen einhergehen. Und politischer Erfolg bemisst sich bisweilen am Erfolg innerhalb des politischen Prozesses, also an Wahlen, nicht aber daran, ob identifizierte Probleme gelöst worden sind. Auch Wittgensteins berühmte Sentenz, dass die Lösung aller wissenschaftlichen Probleme noch kein Lebensproblem gelöst haben mag, ist in diesem Kontext zu sehen, denn Wahrheitsfragen im wissenschaftlichen Sinne sind andere Fragen als Geltungsfragen im Bereich der Lebensführung. Das mag etwas holzschnittartig klingen, aber gibt genau das Kommunikationsproblem wieder, das für die moderne, komplexe Gesellschaft charakteristisch ist. Gesellschaftsweite Kommunikation, gesellschaftsweite Beschreibungen und Formen identischer Anschlussfähigkeit von Kommunikation können schlicht nicht vorausgesetzt werden.

Die Gesellschaft besteht aus Unterbrechungen, sie besteht aus internen Grenzen, die man nur um den Preis unterschiedlicher

Verarbeitungsregeln überwinden kann. Man wechselt also stets das Terrain und verliert die Kontrolle darüber, wie die Dinge an anderer Stelle verarbeitet werden – was dann Beschreibungen der Gesellschaft, die einen zentralen Mechanismus der Problemlösung voraussetzen, in ihrer ganzen Impotenz deutlich werden lassen.

Die Krisenhaftigkeit der Moderne beruht auf der Erfahrung, dass die Konzepte, über die wir verfügen, offensichtlich nicht hinreichen. Jürgen Habermas hat 1973 in seinem Buch *Legitimationsprobleme im Spätkapitalismus* als Arbeitsdefinition fürs Krisenhafte Folgendes vorgeschlagen: Wir erleben etwas als krisenhaft, wenn es sich dem handelnden Zugriff im Sinne einer objektiven Gewalt entzieht, die »einem Subjekt ein Stück Souveränität entzieht, die ihm normalerweise zusteht«.[74] Das trifft es ziemlich genau – und liefert zugleich mit, dass sich Krisenhaftigkeit prinzipiell nur durch Souveränität überwinden lasse, das heißt durch die prinzipielle Möglichkeit des Durchgriffs auf andere Logiken in der Gesellschaft, denn was soll Souveränität sonst bedeuten? Wahrscheinlich ist aber die Grundstruktur der Moderne dadurch geprägt, dass eben diese Souveränität ausgeschlossen ist – zumindest in dem Sinne, dass sich die Dinge an das halten, was die Intention des Akteurs gewollt haben könnte. Die Krisenhaftigkeit der Moderne ist deshalb keine objektive Krisenhaftigkeit, sondern eine, die dadurch entsteht, dass diese Gesellschaft nie stillsteht und nach Eigenlogiken reagiert, die sich jeglichem Souverän entziehen – auch einer souveränen Beschreibung und Diagnose.

Insofern erzeugen gerade die mächtigsten Reflexionstheorien auch die naivsten Konzepte über die Gesellschaft. Das heute neoliberal genannte Paradigma der Lösung aller Probleme durch sparsamen Einsatz von Mitteln und entsprechende Anreizstrukturen ist genauso lächerlich wie der Glaube an die prinzipielle Lösbarkeit aller

Krise = Verlust von Souveränität.

Probleme durch Partizipation oder die vollständige Ethisierung von Entscheidungsalgorithmen. Letztlich müssen Beschreibungen der Gesellschaft, wie ich sie als rechte, linke oder konservative Beschreibungen typisiert habe, am Gegenstand der Beschreibung scheitern, weil sie eben jene Unterbrechungen nicht in Rechnung stellen, die den Zugriff auf die Gesellschaft selbst nur mit erheblich subtileren Mitteln erlauben.

Wenn ich diese Konzepte lächerlich nenne, dann heißt das keineswegs, diese Programme seien nicht wirkmächtig und bedeutsam – im Gegenteil, es sind zum Teil die erfolgreichsten ihrer Sorte. Das beruht freilich auch auf der Tatsache, dass solche Beschreibungen fast notwendigerweise eine politische Form annehmen, das heißt so etwas wie eine auf mehrheitsfähige Zustimmung setzende Semantik verwenden müssen, um sich plausibel darzustellen. Das Politische lebt ja gerade davon, dass es die Komplexität der Gesellschaft dadurch für sich selbst vereinfachend darstellt, dass es die Gesellschaft mit der Kollektivität zustimmungsfähiger Leute verwechselt. Die rechte, die linke wie die konservative Form des Zustimmungsmanagements zielt dann darauf, sich in dieser Vereinfachung einzurichten – und die strukturelle Krisenhaftigkeit der Gesellschaft schlägt als Bestätigung für jene kritischen Diagnosen durch, die hier angeboten werden. Die linke Metapher vom Umbau simuliert den Zugriff aufs Ganze und findet sich dann in der Widerständigkeit einer »kapitalistischen Gesellschaft« bestätigt, die sich jenen Zugriffen mit ihren eigenen Mitteln entzieht. Die rechte Fantasie der Homogenität dagegen findet sich ebenfalls in der Unerreichbarkeit der Gesellschaft bestätigt, die ja gerade in ihrer Pluralität liege. Und der konservative Appell an die moralische Mäßigungseinsicht findet sich in der Korrumpierung der Subjekte durch den Markt oder sonstige Angebote bestätigt. Diese Beschreibungen zehren also von der Widerständigkeit einer komplexen Struktur, indem sie sich ihre Diagnosen von der Komplexität bestätigen lassen, aber in ihren praktischen Konsequenzen nicht mit Komplexität rechnen. Ich möchte dies auf die Formel bringen: *Sie reagieren mit analogen Mitteln auf digitale Probleme.*

Analog und digital – eine Heuristik

Die Unterscheidung von Analogem und Digitalem ist wieder eine technische Unterscheidung. Sie stammt aus der Signaltheorie, die auf ähnlichen Kommunikationstheorien aufbaut, wie ich sie mit Shannon und Weaver schon besprochen habe. So versteht man unter einer analogen Technik eine solche, die eine Eins-zu-eins-Übertragung von Ursache und Wirkung, Signal und Reaktion, Steuerung und Umsetzung vorsieht. Analoge Signale übertragen letztlich unmittelbar physikalische oder elektrische Größen. Der Klassiker der Analogtechnik ist etwa die Schallplatte, die Töne eins zu eins über die Schwingung einer Membran im Mikrofon und über die Schwingung in der elektrischen Leitung bis auf die Rillen der Platte weiterleitet. Selbstverständlich gibt es hier Übertragungsverluste, aber die Logik der Übertragung ist analog. Am Ende kommt das heraus, was abgesendet wurde – wenigstens im Hinblick auf die Dynamik der physikalischen Messgrößen, die vom Schall der Musik ausgehen.

Stellt man Übertragungsformen analoger Natur als mathematische Funktion dar, handelt es sich um eine sogenannte *glatte Funktion*, glatt genannt, weil der Graph ein glatter Graph ist, also mit Rundungen, ohne Ecken, maximal differenzierbar. Analoge Übertragung liefert aber gerade wegen dieser Differenzierungsfähigkeit alle Fehler mit, sie ist so, wie sie ist, und ihre Empfangstechnik ist darauf ausgerichtet, das Signal möglichst *naturgetreu* wiederzugeben. Analogtechnik

Analoge Übertragung als »glatte« Funktion.

übersetzt also nicht, sondern überträgt, das heißt, sie wandelt das Signal in keine andere Sprache um, höchstens in ein anderes Medium, also Licht in elektrische Signale oder Schall in physikalische Muster.

Unser Alltagsverständnis von Kommunikation ist so aufgebaut, dass wir mit analoger Übertragung rechnen. Was unser Gegenüber sagt, ist uns ein Hinweis darauf, was er oder sie meint. Was wir sehen, halten wir für die Wirklichkeit. Und solange sich begriffliche Bedeutungen praktisch bewähren, stehen sie ganz und gar analog für das, wofür sie stehen. Wir sind es gewohnt, die Signale, die wir empfangen, als analoge Signale anzusehen. Selbst wenn die Signalverarbeitung viel komplizierter ist, bringt uns unser Gehirn dazu, so zu tun, als würden wir die Welt analog wahrnehmen. Dafür sorgt das 1950 von Erich von Holst und Horst Mittelstaedt entdeckte sogenannte *Reafferenzprinzip.*[75] Organismen mit zentralem Nervensystem haben die Fähigkeit, ungenaue oder wechselnde oder nicht erwartbare Reize so zu verarbeiten, dass ein verarbeitungsfähiges Bild der Welt entsteht, ein analoges Bild,

> Reafferenzprinzip: Kalkulierbarkeit in einer nicht kalkulierbaren Welt.

dessen Tiefenschärfe sich in *glatten* Funktionen abbilden lassen müsste. Es läuft also keine passive Wahrnehmung einer objektiv vorhandenen Welt ab, sondern es läuft permanent ein »Selbst-Monitoring«[76] mit, das aber eher als implizite denn als explizite Voraussetzung bewusster Prozesse anzusehen ist. Man könnte laienhaft sagen: Wahrnehmung folgt eher *pragmatischen* als *prinzipiellen* Motiven, muss also funktionieren, nicht begründbar sein.

Vielleicht liegt hier einer der Schlüssel für das alte Problem der Bewusstseinsphilosophie, dass die Selbstwahrnehmung des Ich immer noch ein Ich davor voraussetzt, ein Ich hinter dem Ich, das das Ich wahrzunehmen in der Lage wäre. Wenn man dann das Ich hinter dem Ich zu bestimmen versucht, stößt man auf einen *regressus ad infinitum*, auf eine Paradoxie der Selbstvoraussetzung, die man philosophisch nur mit transzendentalen Setzungen stoppen kann. Hier wird nun deutlich, dass der Regress immer schon dadurch gestoppt wird, dass etwas geschieht, das heißt, dass sich ein Bewusstsein in einer konkreten Gegenwart zustandsdeterminiert vorfindet. Wenn ich etwas tue, dann geschieht es – und in diesem Geschehen sind wir immer einen Schritt zu spät, weil es immer erst nachträglich explizit werden kann – und das gilt auch für Handlungen, die wir bewusst planen und intentional ins Werk setzen, weil die Planung und die Intentionalität sich eben selbst auch ereignen müssen. Ich habe diesen Mechanismus an anderer Stelle als Entparadoxierung in der und durch die Zeit bezeichnet.[77] Es würde zu weit führen, diese kybernetische und systemtheoretische Figur hier auszubreiten, aber so viel sollte deutlich sein: Im Moment unserer eigenen Praxis, die die Welt mit eigenen Mitteln verarbeitet, befinden wir uns immer schon mitten in der Praxis, die ihre komplizierte selbsttragende, sich selbst voraussetzende Struktur gar nicht explizit wahrnehmen kann, weil das implizit immer schon geschieht und durch Zeit, also durch das Nacheinander von Ereignissen als Kontinuität wahrgenommen wird.

So sehen wir trotz unseres Ganges, der uns beim Gehen einige Zentimeter rhythmisch nach oben und unten schwingen lässt, einen konstanten und ruhenden Horizont – was man gut überprüfen kann, wenn man eine Videokamera vor sich hält. Wenn man geht, wird das Bild sehr wackelig, aber wir sehen die Welt so, wie sie *eigentlich* ist. Das Reafferenzprinzip sorgt übrigens auch für die Wahrnehmung von Farbkontinuität, obwohl sich die Farben wahrgenommener Gegenstände *objektiv* in Abhängigkeit zum Außenlicht verändern – im Laufe des Tages ändert sich die Farbtemperatur und damit auch die Farbe eines Gegenstandes, der Wechsel von Natur- zu Kunstlicht macht die Welt automatisch röter, weil natürliches Licht mehr Blau-Anteile enthält – zumindest galt das noch für Glühlampen, die neuen Leuchtstofflampen können das ausgleichen, was uns dann das Innenlicht bisweilen als unnatürlich erscheinen lässt, ohne dass wir wüssten, warum, weil wir das ja gar nicht sehen können. Man kann also sagen: Die Physiologie unserer Wahrnehmung funktioniert keineswegs analog, sondern mithilfe viel komplizierterer Verarbeitungsprozesse. Das Erleben des Wahrgenommenen erfordert aber wenigstens das Bild einer analogen, kontinuierlichen Welt, die durch unsere Wahrnehmung bestätigt wird.

Das Reafferenzprinzip kompensiert also die Mannigfaltigkeit von Umweltsignalen durch ein Selektionsprinzip, das aus einer chaotischen Fülle von möglichen Informationen diejenigen destilliert, die aus der chaotischen Umwelt eine handhabbare, wahrnehmbare, kalkulierbare Umwelt machen. Dabei geht es nicht nur um die Menge der Reize, sondern auch um die Qualität der Informationsverarbeitung. Und das gilt dann auch für die Verarbeitung von sozialen Situationen und sprachlichen Signalen. Wir werden den ganzen Tag mit einer Unmenge an Signalen beschallt, wir hören stets mehr, als wir verarbeiten können, wollen und sollten. Unsere Position in der sozialen Welt wird aber eben gerade dadurch bestimmt, wie unsere jeweils eigenen Verarbeitungsregeln diese Welt ordnen und auf wie viel Präzision sie angewiesen sind. Ich habe oben das Beispiel des Schaffners im Zug erwähnt, den wir nicht genau hören müssen, um zu wissen, was er von uns will. Erst wenn sein Verhalten nicht mehr in den Rahmen der Situation passt, wie wir sie erwarten, werden wir genauer hinhören und auf Präzision setzen.

Die Parallele zur mathematischen Kommunikationstheorie liegt auf der Hand: Informationsverarbeitung erfolgt stets mit den Mitteln und auch im Interesse des Empfängers, der so auswählt, dass die Informationen verarbeitet werden können – alles andere verschwindet im Hintergrundrauschen. Diesen Test kann jeder an sich selbst machen, indem er etwa einen Raum betritt, wahrnimmt, was dort zu sehen ist, und nach einer Minute die Aufmerksamkeit auf all das lenkt, was auch da war, durchaus unseren Wahrnehmungsapparat (Augen, Geruchssinn, Ohren, Tastsinn usw.) objektiv erreicht hat, aber subjektiv nicht zur Kenntnis genommen wurde. Man kommt dann auf völlig bedeutungslose Dinge wie etwa die Maserung des Bodens, die Farbe der Fußleiste, das Material von Beschlägen oder ein unbedeutendes Geräusch. Allerdings kann man dann daran sehen, dass die Wahrnehmung der Welt von unserer Intentionalität abhängig ist, also von unserem eigenen Zugewandtsein auf bestimmte Dinge, die wir erwartet haben. Das Reafferenzprinzip hilft dabei, die Illusion haben zu können, als sei Wahrnehmung eine Eins-zu-eins-Korrelation zwischen der Wahrnehmung und dem Gegenstand der Wahrnehmung – und dies war die Definition einer *analogen Welt*.

Man mag einwenden, was denn das physiologische Reafferenzproblem mit der Frage der Beschreibung moderner Gesellschaften zu tun hat. Die Frage ist berechtigt, aber auch leicht zu beantworten. Denn man kann neben dem (wahrnehmungs)physiologischen Reafferenzprinzip auch ein *soziales Reafferenzprinzip* ausmachen.

Ein soziales Reafferenzprinzip. Wir sehen auch die soziale Welt letztlich immer so, wie wir sie erwarten, und halten länger an sozial erwünschten beziehungsweise sozial bewährten Bildern fest, als es möglich wäre. Zu einer solchen *analogen* Illusion gehört etwa, die Gesellschaft für eine umbaufähige Einheit zu halten oder für ein Gruppenphänomen mit entsprechender Homogenitätsdichte. Obwohl solche Bilder bei genauem Hinsehen etwa so viel Plausibilität haben wie die Behauptung einer Farbkontinuität von Gegenständen unter wechselnden Farbtemperaturbedingungen, hat sich das analoge Bild der Gesellschaft in der angedeuteten Weise bewährt – weswegen dann auch die Beschreibungen entsprechend ausfallen. Aber ich greife vor.

Zunächst muss ich die angekündigte Heuristik vervollständigen. Schon bei der Beschreibung analoger Welten stößt man auf Digitalisierungsprobleme, sobald man über Wahrnehmung und Informationsverarbeitung spricht. Die Wahrnehmung der Welt durch ein Gehirn sorgt schon dafür, dass aus Außenreizen Daten werden und diese nach eigenen Regeln verarbeitet werden, freilich mit dem Ziel, eine analoge Welt voraussetzen zu können, die aber gerade nicht vorausgesetzt werden kann. Ich bin kein Neurowissenschaftler und habe davon wenig Ahnung – aber plausibel erscheint mir an solchen Analogien (sic!) stets, dass man von der Hirnforschung zumindest lernen kann, dass das Gehirn nach eigenlogischen Verarbeitungsregeln arbeitet und damit eine letztlich innere, geschlossene Existenzweise erzeugt, die aber gerade die Voraussetzung unseres Außenkontaktes ist. Wenn man sich das Gehirn als einen Operator vorstellt, der sich ereignishaft auf die Welt bezieht, dann stellt sich die Frage nach der Kontinuität.

Der Hirnforscher Ernst Pöppel hat die Frage so gestellt: »Wie ist es … auf der Grundlage isoliert definierter Ereignisse möglich, dass in unserem Erleben dennoch so etwas wie Kontinuität entsteht?«[78] Pöppel unterscheidet hier zwei Antwortmöglichkeiten: Entweder es gebe eine semantische Integration von Ereignissen, was aber eine semantisch bereits bestehende Welt voraussetzt, oder aber, und diese Antwort präferiert Pöppel: Die Integration erfolgt durch die Zeit, also dadurch, dass das Gehirn eine Art eigenen inneren Takt hat, der es ermöglicht, unterschiedliche Zustände nacheinander zu integrieren. »Die Grenze für die zeitliche Integration von Ereignissen liegt bei 2–3 Sekunden.«[79] Dies bedeutet, dass das Gehirn sich dadurch kontinuiert, dass es mit den je eigenen Verarbeitungsregeln weiterläuft und sich daran orientiert, was sich bewährt und was sich im Kontakt mit der Umwelt bestätigt, und zwar nicht ein für alle Mal, sondern kontinuierlich durch Pfade in der Zeit, aber je gegenwärtig neu. Deshalb kann man auch eine gemeinsame Welt voraussetzen, weil die Wahrscheinlichkeit steigt, dass in jeweiligen Erfahrungswelten ähnliche Selektionsmechanismen greifen und wir uns je füreinander bewähren können. Dies nennt Ernst Pöppel den »Rahmen«, in dem jeweilige Verarbeitungen des Gehirns statthaben. Dies ist ein weiterer Hinweis darauf, wie die Welt digital verarbeitet wird, *damit* sie analog erlebt werden kann.

Digitalität meint zunächst nichts anderes als Zählbarkeit – *digitus* ist der Finger, an dem sich die Dinge abzählen lassen. Die digitale Verarbeitung der Welt setzt also auf zählbare, zeit- und wertdiskrete Repräsentationen der Welt. Sie verarbeitet Information nicht als Eins-zu-eins-Korrelation. Sie baut vielmehr Unterbrechungen ein, die es erlauben, den Ausgangsreiz in Daten zu verwandeln, denen man die analoge Struktur nicht mehr ansehen kann. Das hat den Nachteil, dass bei der Rückführung von digitalen in analoge Signale, wie etwa bei einer Musik-CD, eine gewisse Verzerrung in Kauf genommen werden muss. Wird eine analoge Übertragung als glatte Funktion dargestellt, so besteht ein Graph einer digitalen Übertragung aus Rechtecken, also aus dis-

Digitalität als Übertragung diskreter Zustände.

kreten Zuständen, zwischen denen eben keine Kontinuität dargestellt wird, sondern eine Unterbrechung.

Die Funktion solcher Unterbrechungen freilich besteht darin, dass man in die Datenstruktur eingreifen kann, da es sich ja um zählbare, diskrete Zustände handelt, die man durch ähnliche Zustände ersetzen kann. Der große Vorteil jedenfalls besteht darin, dass die Datenstruktur digitaler Art eine Rekombination unterschiedlicher Datenquellen ermöglicht – das reicht von der genetischen Programmierung lebender Zellen bis zum softwaregesteuerten Maschinenmanagement, und erst recht ermöglicht es die Rekombination von Daten, die zu diesem Zwecke überhaupt nicht erhoben worden sind, aber dazu komme ich noch.

Im Unterschied zu analogen Welten, die aus analog Erzählbarem bestehen – aus Musik und Klang, aus Textbedeutung und kultureller Verstehbarkeit, aus Gestalten, aus Schönheit, Bedrohung und Hässlichkeit, aus Geschmack und Praktikabilität, aus Helligkeit und Dunkelheit –, bestehen digitale Daten nur aus zeit- und wertdiskreten Zuständen. Sind analoge Welten pralle Praxiswelten, so sind digitale Welten Zeichenwelten, die zumindest analog nicht abbilden, was sie bedeuten.

Das gilt schon für die Schrift, deren Buchstabenkolonnen bereits eine Digitalisierung dessen darstellen, was das Geschriebene bedeutet – und insofern ist vielleicht die auf geoffenbarte heilige Schriften gebaute Tradition der jüdisch-christlichen Überlieferung eine erste starke Digitalisierung der Welt, weil sie es mit *Büchern* zu tun bekommen hat, die man lesen muss, also unterschiedlich lesen kann, und damit eigendynamische Verarbeitungsregeln nicht nur erlaubt, sondern geradezu erzwingt. Letztlich besteht auch die Heilige Schrift aus *diskreten* Zuständen, die je historisch neu in *analoge* Formen gebracht werden müssen.

Mir scheint das nicht wirklich weit hergeholt zu sein, wenn man etwa nach der Entschlüsselung des menschlichen Genoms gar nicht auf den Menschen stößt, sondern auf eine abstrakte Programmierung, die Textform annimmt. Und es scheint trotz der Entschlüsselung des Genoms noch nicht gelungen zu sein, den Schlüssel auch lesen zu können – insofern werden Humanbiologen fast zu Literaturwissenschaftlern. Man muss heute die Naturwissenschaften – sie heißen wirklich noch *Natur*wissenschaften! – vielleicht viel **Die Natur als Buch.** stärker ästhetisch beobachten, um sie wirklich verstehen zu lernen. Ist es nicht erstaunlich, dass die Natur, zuvor Inbegriff praller Formen und wirklichen Lebens, nun als Text, als Buch daherkommt? Ist es nicht erstaunlich, dass dieses Buch des Lebens wie ein geoffenbarter Text erscheint, ein Text, dessen Ursprung uns zugleich unendlich fremd ist und der doch unsere ureigenste Existenz ausmachen soll? Ist es nicht erstaunlich, dass dieser Text sich nicht von selbst zeigt, sondern gelesen, entschlüsselt, gedeutet werden will? Ist es nicht erstaunlich, dass wir uns Naturwissenschaftler inzwischen als Schriftgelehrte vorstellen müssen? Und ist es nicht am erstaunlichsten, dass auch diese messianische Verkündigung des Neuen Menschen in Text- und Buchform daherkommt? Die gegenwärtige Gen-Hysterie kommt vielleicht daher, dass man den Gen-Text und seine Verheißungen allzu wörtlich nimmt – obwohl er noch gar keine Worte enthält, sondern nur diskrete Zustände. Und selbst in der biblischen Überlieferung, die ja wenigstens Worte und Sätze enthält, gelingt die Entschlüsselung nur vorläufig – bis jemand anders liest.[80]

Das Verhältnis von digitalen und analogen Welten ist also nicht neu, bekommt aber durch neue technische Möglichkeiten eine erhebliche neue praktische Bedeutung, was sich unter anderem in der Bioinformatik als einer der Schlüsseldisziplinen zwischen Natur-, Technik- und Kulturwissenschaften zeigt.[81]

Wichtig ist allemal: *Gelebt wird in analogen Welten, verarbeitet werden diese aber digital.* Dies war die Formel, mit der ich diese Überlegungen begonnen habe. Es geht also bei all diesen komplexen Prozessen der Kommunikation, der Informationsverarbeitung, der Wahrnehmung und sogar der Herstellung von Bedeutung darum, auf die Rekombinationsfähigkeit digitaler Verarbeitungsformen zu setzen, dabei aber eine lebbare analoge Welt zu erzeugen. Was in den Neurowissenschaften etwa als »Plastizität« bezeichnet wird, scheint mir nichts anderes zu sein als die biologische Entsprechung der Tatsache, dass sich ein Organismus selbsttätig an seine Umwelt anpassen muss, die sich selbst wiederum verändert, weswegen gerade in der Zeit vor der Pubertät das Gehirn sich am ehesten selbst in Bezug zu seiner Umwelt zu formen und zu verändern vermag. Der Anthropologe Michael Tomasello zeigt, wie sich kognitive Fähigkeiten vor allem in Abhängigkeit zu besonders uneindeutigen Umwelten entwickeln und wie diese Plastizität der neuronalen Ausstattung das Gehirn geradezu zu einem kooperativen beziehungsweise von Kooperation abhängigen Organ macht.[82] Ernst Pöppel weist dem Gehirn dabei sogar eine »gestaltende Kraft«[83] zu, was ich so interpretiere, dass es zwischen Gehirn und Umwelt eine Interdependenzunterbrechung gibt, die prinzipiell nicht überwindbar ist – die aber die Offenheit für die Welt erst ermöglicht. Wie in der Kommunikation der Empfänger nicht passiver Endverbraucher eines Reizes ist, ist bei der Konstitution der Welt im Bewusstsein das Gehirn kein Scanner, sondern ein eigentätiger Akteur – der sich übrigens nicht nur von seiner Umwelt, sondern auch vom Ich unterscheidet. Ich habe dafür an anderer Stelle das Bild gebraucht, das Ich sei eingekeilt zwischen Gehirn und Gesellschaft.[84]

Wenn man kognitive Leistungen und Fähigkeiten in einen *naturgeschichtlichen* Zusammenhang stellt, kann man fast von einem Vorrang digitaler Welten vor analogen Welten sprechen. Organismen mit zentralem Nervensystem verarbeiten Außenreize stets unterbrochen durch die Schwelle eines zentral gesteuerten Nervensystems, das diese eben nicht einfach analog *rezi*piert, sondern digital *konz*ipiert. Digitale Welten sind also der *Normalfall* der Informationsverarbeitung in der belebten Natur, der nur dazu dient, *analoge Welten* zu simulieren, in denen sich komplexe Organismen als Individuen bewegen und orientieren können.

Zwischen analoger Rezeption und digitaler Konzeption.

Wenn man auch die soziale Welt, also Gesellschaften als Systeme versteht, die Information verarbeiten und damit kognitiv operierende Systeme sind, wäre es sehr merkwürdig, den zur Vereinfachung der Welt dienenden analogen Bildern auf den Leim zu gehen, ohne deren digitale Form der eigendynamischen Ordnungsbildung in den Blick zu nehmen. Was ich sagen will, ist dies: Bereits ohne digitale Techniken, wie wir sie erst seit wenigen Jahrzehnten kennen, verfügen Gesellschaften über digitale Verarbeitungsregeln – mit dem Ziel, analoge Welten zu erzeugen, in denen wir uns bewegen können – was ja auch das Ziel von Digitaltechniken ist: analog erscheinende Benutzeroberflächen bereitzustellen, die die Tiefe ihrer digitalen Erzeugungsbedingungen im Dunkeln lassen müssen. Während ich am Bildschirm eine analog anmutende Schrift sehe, während ich dies schreibe, ereignet sich *dahinter* eine digitale Verarbeitungswelt, mit der ich nicht umgehen könnte. Die Schwelle zwischen analogen und digitalen Verarbeitungsformen sind jene Unterbrechungen, die die lose Kopplung zwischen Ich und Welt, zwischen Maschine und Umwelt, zwischen Wahrnehmung und Gegenstand ermöglichen und damit Dynamiken freisetzen, die in einer analogen Welt geradezu kurzgeschlossen wären.

Wenn es so aussieht, als hätte ich mich von meinem Thema entfernt, so ist das eine Fehleinschätzung, denn die Unterscheidung analoger und digitaler Welten enthält noch einen anderen Aspekt, der für das Thema der Beschreibbarkeit gesellschaftlicher Komplexität von außerordentlicher Bedeutung ist – vielleicht ist es sogar der entscheidende Punkt, an dem sich die Frage der Beschreibbarkeit von Komplexität entscheidet. Ich möchte nämlich zeigen, dass Digitalisierung keineswegs nur bedeutet, dass digitale Informationstechniken die Gesellschaft verändern. Vielmehr erscheint uns die Gesellschaft inzwischen selbst als *digitalisiert*, weswegen ich von *sozialer Digitalisierung* spreche, was ja schon deshalb naheliegt, weil man auch von einer biologischen, neuronalen Digitalisierung sprechen muss.

Soziale Digitalisierung

Üblicherweise sehen wir die Welt analog – zur Erinnerung: Analog ist eine Technik dann, wenn es zu Eins-zu-eins-Korrelationen zwischen Ursachen und Wirkungen, Steuerung und Prozess usw. kommt. Üblicherweise leben wir also in der Welt, in der wir leben und die wir sehen. Und sehen heißt: eine Ordnung wahrzunehmen, die es erlaubt, nächste Schritte zu kalkulieren und das Wahrgenommene als Basis fürs Unterscheiden zu verwenden.

In der sozialen Welt sind das die üblichen verdächtigen Kriterien: Schichtungen, Milieus, Erwartungen, Normallebensläufe, Erfahrungen, Typisierungen, auch milieuspezifische Versprechen, zeitliche und räumliche Programme des Verhaltens, also alles, was das komplizierte Verhalten in Gesellschaften kalkulierbar macht. Es reichen uns dann einige wenige Informationen, um den Rest zu erschließen. So dienen Milieuzeichen dazu, das Verhalten des Gegenübers einschätzen zu können. Wir können aus wenigen Zeichen an Personen oder Gruppen – Kleidung, Stil, Rang- und Funktionsabzeichen, Rollen und Habitus, Sprachstil und Wortwahl, Physiognomie und kulturelle Codes, unterstellte gemeinsame Erfahrungen und Selbstverständlichkeiten usw. – irgendwie erschließen, was sie machen beziehungsweise in welchem Verhältnis sie zu uns selbst stehen. Geschlecht, Alter, Kleidung, Konsumstil, Gebrauchsgegenstände, Sprechverhalten, Habitus – all das versorgt uns mit Informationen, die auf die übrigen Puzzlestücke weiter schließen lassen.

Wohlgemerkt: Dies sind keine intellektuellen oder abstrakten Kategorien, sondern dies ist das praktische Wissen, das wir über die soziale Welt haben. Wir bewegen uns praktisch darin und verfügen über implizites Wissen darüber, wie die Welt beschaffen ist. Am eindringlichsten können wir das vielleicht an unserem eigenen Sprechen beobachten – Sprechen ist letztlich eine implizite, eine vorreflexive Fähigkeit. Wir können uns in bestimmten sozialen

Situationen selbst sprechen hören, lernen dabei etwas über die Situation. Das, was wir sprechen, vorher als Intention im Kopf zu repräsentieren, gehört eher zu den Ausnahmesituationen. Meistens spricht es irgendwie von selbst, und Intention und Ausführung fallen irgendwie in eins, was sogar so weit gehen kann, dass wir bisweilen Vokabeln verwenden, auf die wir selbst – bei bewusstem Nachdenken – gar nicht gekommen wären. Die Welt, in der wir uns bewegen, ist uns im analogen Sinne vertraut, weil sie so ist, wie sie aussieht, und weil sie so aussieht, wie sie ist. Am vertrautesten ist sie uns, wenn wir nicht über sie nachdenken müssen – und wenn wir nicht über sie nachdenken müssen, bleibt sie uns vertraut. In diesem Modus der Informationsverarbeitung fügt sich eins zum anderen, nicht konflikt- und widerspruchsfrei, aber mühelos. Auch an bestimmte Diskontinuitäten muss man sich einfach gewöhnen – dann bleibt die Welt vertraut und kalkulierbar. Sie bleibt eine Welt, die so aussieht, als käme sie auf analogen Übertragungswegen in unsere Sinne oder semantischen Kategorien.

Die Soziologie hat dafür unterschiedliche Kategorien entwickelt, mit denen man das beschreiben kann. Die beiden prominentesten sind das Konzept der Lebenswelt und der Begriff der Praxis. *Lebenswelt* meint die Welt, die uns im Wesentlichen vorreflexiv, also als Boden unserer expliziten Erfahrung gegeben ist. Dazu gehören all die Kategorien, die ich schon genannt habe, aber auch die Sprache sowie implizite Annahmen darüber, wie die Welt funktioniert. Und der Praxisbegriff meint vor allem, dass sich unser Umgang mit und in der Welt praktisch bewährt, durch unser Tun, durch Wiederholungen und Bestätigungen – also weit weniger intentional und explizit wissensförmig, als wir uns selbst wohl sehen.[85] Die soziale Welt bildet also analoge Formen aus, die uns eine gewisse kalkulierbare Sicherheit darüber vermittelt, was gilt und was nicht gilt. Dass ich dies stets mit dem Begriff des Analogen belege, meint nur, dass dieses Bild letztlich der Gestalt der Welt entspricht. Es ist eine gewissermaßen durchschaubare Welt – und dies scheint auch nötig zu sein, um sich von zu viel Komplexitätsdruck entlasten zu können. Es entsteht damit eine Kontinuität und Regelmäßigkeit, die die Welt lesbar macht – und solange diese Sicherheiten und die Bilder der Welt nicht infrage gestellt werden, gelten sie auch sozial. Man

> Es bewährt sich das, was sich praktisch bewährt.

kann das fast ein soziologisches Grundgesetz nennen: *Was sich bewährt, das bewährt sich, bis es praktisch infrage gestellt wird.*

Wie regelmäßig eine Gesellschaft doch ist, lässt sich etwa bei Wahlprognosen beobachten. Es reicht aus, 1000 bis 2000 Personen zu befragen, um Wahlergebnisse von 50 bis 60 Millionen Wahlberechtigten ziemlich genau voraussagen zu können – und bevor ein Produkt für viel Geld entwickelt und produziert wird, kann man berechnen, wie groß der potenzielle Markt dafür sein könnte. Milieus und Geschlechterrollen, Formen der sozialen Ungleichheit, erwartbare Bildungs- und Arbeitskarrieren, legitimer Geschmack und Konsumstile – all das folgt in unserem Normalbild der Gesellschaft einer vergleichsweise stabilen Ordnung, die wie eine analoge Ordnung erscheint, weil man tatsächlich so etwas wie Eins-zu-eins-Korrelationen zwischen Einzelinformationen und Gesamtbildern vorauszusetzen meint. Es ist eine analoge Ordnung, weil sie tatsächlich kalkulierbar erscheint.

Das Verhältnis von digitalen und analogen Welten wird erst dann sichtbar, wenn analoge Bilder nicht mehr genügend Informationen bieten – und dies scheint exakt die Erfahrung zu sein, die der Ausgangspunkt für gesellschaftliche Krisen beziehungsweise Krisenerfahrungen ist.

Diese Welt ist in der Tat komplizierter geworden, weil die Krisen selbst unübersichtlicher geworden sind. Man könnte sagen: *Selbst Krisen verlieren ihre klare analoge Gestalt.* Konkurrenten um knappe Ressourcen und Lebenschancen haben es immer weniger mit kollektiven, klar identifizierbaren Gegenübern zu tun. Der Konkurrent wird ein abstrakter und unsichtbarer Konkurrent – unsichtbar unter anderem deswegen, weil die Konkurrenten nur noch in Ausschnitten ihrer Persönlichkeiten miteinander konkurrieren, nicht mehr als Exemplare von eindeutigen Gruppen, Klassen und Milieus. Der Konkurrent um Ausbildung,

Selbst Krisen verlieren ihre analoge Gestalt.

Arbeit, Wohnung, soziale Sicherheit, sogar um intime Zuneigung und soziale Anerkennung ist letztlich nur noch eine statistisch wahrnehmbare Größe, ein Konglomerat ähnlicher Merkmale, aber eben nicht von Gesamtgestalten. Konkurrenten werden gewissermaßen digitalisiert – sie treten nicht mehr als analoge pralle Formen auf, nicht mehr als soziale Gruppen, nur noch als statistische Gruppen. Damit werden auch Verantwortliche und Schuldige immer weniger adressierbar und identifizierbar. Der Konkurrent wird schlicht unsichtbar – oder besser: Er wird nicht mehr analog sichtbar, sondern nur noch als zeit- und wertdiskrete Information digitalisierbar.

Das Gefühl der Krise entsteht letztlich als Anpassungsstörung an das analoge Bild der Welt, das uns mit Ordnung versorgt. Ich habe oben schon Jürgen Habermas zitiert, der das Gefühl der Krise als *Verlust von Souveränität* beschreibt – und analoge Welten versorgen uns wenigstens mit der Möglichkeit, uns darin souverän zurechtzufinden. Das verschwindet, wenn Abweichungen und Bedrohungen nicht klar identifiziert werden können. Um ein archaisches Bild zu konstruieren: Eine Bedrohung ist objektiv dieselbe, ob ein Raum dunkel oder hell ist – aber im Hellen bekommt sie subjektiv eine Gestalt und kann kausal eingeordnet werden, während sie im Dunkeln so unbestimmt bleibt, dass sie noch bedrohlicher erscheint. Diese Urerfahrung machen Kinder, wenn sie das erste Mal alleine in den dunklen oder spärlich beleuchteten Keller gehen müssen – und mit dieser Urerfahrung spielt Spannung im Film, die am stärksten ist, wenn man nicht sehen kann, warum etwas gleich schiefläuft.

Deshalb ist es gerade in Situationen, die als krisenhaft erlebt werden, besonders wahrscheinlich, dass digitale Unübersichtlichkeit sich in analogen Bildern entlädt. Der Klassiker ist die Fremdenfeindlichkeit, das heißt die nachträgliche Identifizierung von vermeintlich *sichtbaren* sozialen Gruppen als Kompensation für *unsichtbare* statistische Gruppen, denen man Krisen des Arbeitsmarktes, des Wohnungsmarktes, der Konjunktur, der öffentlichen Sicherheit oder der kulturellen Erwartbarkeit zurechnen kann. Hier kann man komplizierte Wechselwirkungen der Gesellschaft und komplexe Dynamiken so behandeln, als lägen ihnen klare Kausalitäten zugrunde.

> Digitale Unübersichtlichkeit entlädt sich in analogen Bildern.

Die latent überall vorhandene und leicht abrufbare Fremdenfeindlichkeit und der Alltagsrassismus sind letztlich eine Funktion solcher Anpassungsstörungen, die keine digitalen Erklärungen ertragen können – und dann mit einfachen Kausalitäten arbeiten müssen. Was ich *soziale Digitalisierung* nenne, ist tatsächlich das Auseinanderklaffen dessen, was man an der Gesellschaft sehen kann, und der komplexen Gemengelage der Gesellschaft selbst.

Kausalität, so wissen wir schon aus der klassischen Bewusstseinsphilosophie, ist nicht das Prinzip der Welt, sondern nur ein Ordnungsprinzip, eine vereinfachte Darstellung einer komplexeren Wirklichkeit. Kausalverhältnisse zu kennen, vereinfacht unsere Weltsicht – scheitert aber letztlich an der Komplexität der Welt.

Kleiner Exkurs in analogen und digitalen Terrorismus

Um dies zu verdeutlichen, lohnt sich womöglich ein Blick auf den Strukturwandel des Terrorismus. Die Strategie der RAF in den 1970er-Jahren war noch von der nicht nur bösen, sondern auch primitiven Idee bestimmt, dass man Repräsentanten des »Schweinesystems« gewissermaßen analog stellvertretend töten muss, um etwas an den Verhältnissen zu ändern. Man hatte die Vorstellung, dass sich mit der Ermordung dieser Repräsentanten die Kausalität von Verantwortlichkeit und Schuld analog darstellen lässt – und danach wurden auch die Mordopfer ausgesucht. Das ist eine Parabel darauf, dass sich meistens gar keine Position ausmachen lässt, deren Tod tatsächlich etwas ändern würde – selten sind die Verhältnisse so klar, wie sie eine Tötung Adolf Hitlers im Jahr 1944 zur Folge gehabt hätte, wobei danach die Komplexitätsprobleme erst begonnen hätten. An der Sinnlosigkeit der RAF-Morde, die auf konkrete, »herrschende« Personen zielten, lässt sich viel über die Komplexität der modernen Gesellschaft lernen. Die RAF-Morde versuchten sich noch als Tyrannenmorde und sind gerade deshalb völlig sinnlos gewesen – böse, aber sinnlos. Es änderte sich gar nichts – im Gegenteil. Der Adressat des Terrors saß noch fester im Sattel als vorher, auch weil er auf den Zivilisationsbruch der Mörder zivilisiert reagiert hat – mit den differenzierten Mitteln eines Rechtsstaates in einer komplexen Gesellschaft. Gerade deshalb wollten die RAF-Mörder ihren eigenen Tod in Stammheim auch als Rache des Staates an ihnen inszenieren, weil nur ein seinerseits mordender Staat sie vor dem vernichtenden Urteil der Sinnlosigkeit ihres Tuns geschützt hätte.

Wie absurd das Modell des Tyrannenmordes in einer komplexen Gesellschaft ist, lässt sich an der Modernität der al-Qaida-Morde am 11. September 2001 ablesen – ebenso böse, aber zugleich modern in dem Sinne, dass man hier eher mit Resonanzen, mit Rückkopplungen, mit medialen Verstärkungen gerechnet hat und nicht mit analogen Verbindungen. Es war dann für diesen eher digitalen Terrorismus auch egal, wen man tötete, nicht egal war, wie viele und wo. Diese Opfer waren digitale Opfer – zufällig dort, wo sie waren, nicht zufällig gewählt aber der Resonanzraum Manhattan.

Analogisierungen

Im dritten Kapitel über »Komplexität« habe ich, ausgehend von dem zunächst sehr einfachen Beispiel des Auseinandertretens religiöser, wissenschaftlicher und juristischer Perspektiven in den Reaktionen auf eine Publikation von Galileo Galilei dargestellt, wie Komplexität sich entfaltet. Derselbe Gegenstand kann gleichzeitig unterschiedliche Zustände annehmen, wird aus unterschiedlichen Perspektiven mit unterschiedlichen Bordmitteln bearbeitet, und entscheidend: Die unterschiedlichen Perspektiven können sich nicht mehr gegenseitig kontrollieren. Ich habe dazu das Bild der *verteilten Intelligenz* verwendet, um die lose Kopplung zwischen den Perspektiven zu beschreiben. Es waren dies gewissermaßen Beschreibungen *von oben*, also Strukturbeschreibungen. Hier nun, mit der Unterscheidung von analogen und digitalen Perspektiven, lassen sich die Folgen gesellschaftlicher Komplexität *von unten* beobachten, oder besser: aus der Perspektive jener Zustandsdeterminiertheiten, die den Zugriff auf die Gesellschaft so schwer machen. Es liegt dann nahe, digitale Unübersichtlichkeiten durch analoge Bilder und Zuschreibungen zu ersetzen.

Ich möchte dies im Folgenden an einigen Beispielen erläutern. Auf die Analogfunktion der Fremdenfeindlichkeit und des Rassismus habe ich bereits hingewiesen – gewissermaßen die künstliche Herstellung von Sündenböcken, die sich in der Beschreibung als Ankerpunkte für Kritik eignen. Dabei wird übrigens unsichtbar, wie

plural und inhomogen unsere Gesellschaft bereits ohne Einwande-
rung und ohne die semantische Etablierung von »Fremden« ist.
Wer erinnert sich noch daran, wie sich vor zwei Generationen die
beiden christlichen Konfessionen gegenüberstanden? Oder wie vor
einer Generation jugendliche Subkulturen dramatisiert wurden?
Wer erinnert sich noch daran, dass das Outing von Schwulen und
Lesben vor Kurzem noch ein Skandal
Analogfunktion der war? Oder dass in den 1960er-Jahren
Fremdenfeindlichkeit. auch italienische oder spanische katholische Gastarbeiter als Bedrohung ange-
sehen wurden? Wer erinnert sich noch an den Abscheu der braven
Bürger der amerikanischen Popkultur gegenüber? Oder an die
Prüderie und bigotte Sexualmoral der 1950er-Jahre?[86] All diese
Unübersichtlichkeiten verschwinden dann letztlich hinter der Identifikation von bekannten Fremden, die als analoges Bild der Krise
gut funktionieren. Es ist nicht schwer, dies im Alltag aufzuspüren,
wenn man die Leute wirklich reden lässt – und dass solche Ressentiments komplizierte Gemengelagen à la »Wer betrügt, der fliegt«
(so ein Slogan von CSU-Vielfliegern im Jahre 2014) analogisierend
instrumentalisieren können, ist bekannt.

Dass Formen der Identifizierung von sozialen Gruppen mit dem
Ziel der Distinktion dazu dienen, Komplexitätsprobleme zu bewältigen, mag unbestritten sein. Diesen Mechanismus identifizieren
wir üblicherweise als »rechts« in dem Sinne, die Gesellschaft mit
dem Ideal kultureller oder ethnischer Homogenität auszustatten.
Es ist eine klar analogisierende Reaktion auf die Unübersichtlichkeit sozialer Digitalisierung.

Es gibt freilich einen ganz ähnlichen Mechanismus auf der anderen Seite des Diagnosespektrums. Insbesondere im Milieu eines
neuen politischen Feminismus und in Teilen des Netzfeminismus
scheint es kaum mehr anders möglich zu sein, als Menschen als
Angehörige wohldefinierter Gruppen anzusehen – eine Form, die

im Übrigen der akademischen Gender-Forschung bisweilen extrem widerspricht. Das Klassifikationsprinzip ist dann weniger die Identifikation ausgrenzbarer oder auszugrenzender Gruppen, sondern im Gegenteil die Inklusion, die Einschließung von Gruppen. Hier ist die analoge Bewältigung digitaler Unsichtbarkeit geradezu mit Händen zu greifen – denn letztlich ist auch die Identifikation »Frau« nur als statistische Gruppe zu haben, nicht aber als reale Adresse, weil sich Frauen bisweilen stärker voneinander unterscheiden als von Männern, wenn man das Merkmal mit anderen Merkmalen verbindet beziehungsweise kombiniert. Was diskriminiert dann mehr, das Geschlecht, das Einkommen, die Hautfarbe, die Nationalität, die sexuelle Orientierung? – *To be completed.*

Da die Identifikation als »Frau« nicht mehr genügt, entsteht in diesem Milieu aus der Kombination eher digitalisierter statistischer Gruppenmerkmale eine Art Unsicherheit darüber, wer autoritativ sprechen darf und wer nicht. Spricht etwa eine weiße akademisch gebildete, also privilegierte Frau im Namen des Feminismus, wird ihr geradezu das Recht dazu abgesprochen, weil es weitere abzählbare – also: digitale – Marginalisierungskriterien gibt. Darf eine weiße Frau sprechen, wenn es auch schwarze Marginalisierte gibt? Darf sich eine heterosexuelle Sprecherin äußern, wenn selbst Homosexualität als zu starke identitätserzwingende Zuschreibung erlebt werden kann? Dürfen all diese sprechen, wenn es auch Behinderte oder sonstig »Herausgeforderte« gibt? Darf man aus der Perspektive Europas oder Nordamerikas sprechen, wenn es Weltgegenden gibt, denen es schlechter geht? Darf man sprechen, wenn man sich in Freiheit befindet, sich also mit den herrschenden Rechtsregeln abgefunden hat, wenn es doch auch solche gibt, die kriminalisiert werden? Und darf jemand wie ich dazu etwas sagen?[87]

Wer diese Fragen für Kuriosa hält, möge entsprechende Blogs und Diskussionen aufsuchen, in denen exakt dies diskutiert wird, etwa auf dem durchaus lesenswerten Blog *Mädchenmannschaft*.[88]

Es fällt nicht schwer, dies lächerlich zu machen, doch das wäre eine vielleicht allzu einfache Reaktion. Nicht ganz falsch ist übrigens auch der Hinweis, dass man es sich schlicht leisten können muss, sich mit solchen Fragen zu beschäftigen, was dann wieder eine neue Verstrickung ins Privileg bedeutet. Mich interessiert freilich an der Sache nicht, dass es sich um ein ohnehin eher privilegiertes, durchaus medienwirksames und aktivistisches Milieu handelt, das sich das Leiden an der Welt dadurch erhält, dass es aus dem Widerspruch kein Entrinnen gibt, dass dort in advokatorischer Manier *für andere* gesprochen wird. Es ist auch ein Milieu, das offensichtlich mit digitalen Widersprüchen und der Logik von Paradoxien kaum umzugehen weiß – wodurch es ja schon fast Mainstream ist. Umso mehr ersetzt dann analoge Erregungsbereitschaft digitale Analysebereitschaft.

Die zunächst digitale Kategorie *Frau*, binär gesprochen der Wert eins neben dem Nullwert *Mann* (so kommt es jedenfalls stets in statistischen Konfigurationen vor) enthält letztlich nur digitale Informationen, die sich schwer auf analoge Welten abbilden lassen. Das liegt nicht daran, dass man keine Männer und keine Frauen fände – die Welt ist voll von beiden, wenn man naiv genug hinsieht, sogar fast exklusiv. Es liegt eher daran, dass die Unterscheidung wenig Informationswert hat, wenn man sie mit anderen digitalen Daten korreliert – Milieuzugehörigkeit, ökonomischer Status, politische Orientierung, Einstellungen usw. Zwar kann man dann digital ein *gender pay gap* behaupten und daraus schließen, dass die Gesellschaft ungerecht ist. Aber man stößt daneben auf andere Daten: Das *gender pay gap*, das es durchaus gibt, fällt erheblich geringer aus, wenn man mitbedenkt, dass Frauen eher Berufe wählen, in denen auch Männer weniger Geld verdienen würden als Männer in hochpreisigen Berufen, was sich dann, bezogen auf die Gesamtpopulation, entsprechend als Ungerechtigkeit darstellt, deren Struktur aber komplexer ist, als man es für politische Lautstärke brauchen kann.

Die Frage, warum in einer Gesellschaft wie unserer die Unterscheidung von Männern und Frauen in manchen Bereichen so sehr durchschlägt, ist ohnehin eine soziologisch interessante Frage, die sehr komplex ist. Ich würde die Frage so formulieren: In einer modernen, funktional differenzierten Gesellschaft, deren Struktur nicht von stabilen Großgruppen gebildet wird, sondern von der komplexen Differenzierung und Vernetzung unterschiedlicher Logiken und Funktionen, dürfte das Geschlecht eigentlich nicht so sehr diskriminieren, wie es das tut.[89] Das Gleiche gilt übrigens für die Zurechnung sexueller Orientierungen. Sexualisierungen im Alltag, Praktiken aller Art sowie ihre öffentliche Kommunikationsfähigkeit sind inzwischen im medialen Alltagsgebrauch und in der alltäglichen Aufmerksamkeit kein wirkliches Problem mehr. Hier hat die Gesellschaft eine interessante Indifferenz entwickelt – man muss nicht alles gut finden, aber das Aufregungspotenzial ist eher gering. Aber Homosexualität bleibt dennoch ein Reizthema – und aus meiner Sicht ist es schwer zu interpretieren, warum das so ist. Warum verschwinden Homosexualität und seine öffentliche Darstellbarkeit nicht auch hinter dem Hintergrundrauschen und jenseits der Aufmerksamkeitsschwelle einer ohnehin permissiven und durchsexualisierten Alltagskultur?

Auf eine solche Frage kann es keine analoge Antwort geben – es sei denn, man sagt, dass die Unterscheidung von Männern und Frauen beziehungsweise hetero- und nicht heterosexuellen Menschen sowie die entsprechenden Zurechnungen, ebenso wie das Ressentiment gegen bestimmte sexuelle Orientierungen, nur deshalb noch existieren, weil sie sich bewährt haben – als Thema, als Ausgrenzungsmechanismus, als Schimpfwort. Das würde aber dann eher zeigen, wie eigenlogisch und bisweilen gegen die Intentionen der Akteure sich eine Gesellschaft darstellt und in ihrer Eigen-

> **Warum diskriminiert das Geschlecht?**

dynamik verhält. Eine solche Perspektive ist unbefriedigend, denn sie bleibt eine digitale Perspektive, bei der man nicht mehr genau ausmachen kann, wie man Kausalitäten bearbeiten kann. Aber zumindest bringen solche Identifizierungen Ordnung in die Welt. Es mutet merkwürdig an, wie tolerant unsere Alltagskultur heterosexueller Permissivität und nachgerade übersexualisierter Kommunikationsformen ist, aber im Falle homosexueller Formen genau hinsieht. Toleranz heißt ja: *nicht hinschauen*. Hier wird genau hingeschaut – und der Effekt ist nichts anderes, als etwas Analoges identifizieren zu können, auf das man mit dem Finger zeigen kann. Das ist eigentlich eine schöne Volte. Gegen die soziale Digitalisierung (im Wortsinne: an den Fingern abzählbar) hilft nur, wenn man mit dem Finger auf etwas Identifizierbares, in diesem Sinne tiefenscharf Analoges *zeigen* kann. Die Geste des Fingerzeigs heißt: *Seht her!* Und das bedeutet, dass man auch etwas zu sehen bekommen kann.

Und das genau ist auch die analogisierende Technik des Versuchs, Marginalisierungen möglichst authentisch darzustellen, wobei man immer noch wieder auf jemanden zeigen kann, der, besser *die* noch sichtbarere Marginalisierungszeichen trägt und damit authentische Sprecherin dieser Art des Feminismus sein darf und kann. Ganz abgesehen davon, dass dies innerhalb der entsprechenden Milieus zu einer nachgerade neurotischen Sprech- und Sprachdisziplinierung und -kontrolle führt, hilft es jedenfalls dabei, eine komplizierte digitale Welt zwar noch komplizierter, aber wenigstens analog bearbeitbar zu machen. Was dem verbreiteten Alltagsrassismus der Fingerzeig auf die »anderen« ist, der der Welt eine analoge Ordnung verleiht, ist Teilen dieses Feminismus der Marginalisierungswettbewerb an sichtbaren Zeichen der Diskriminierung, der am Ende dazu führen wird, dass niemand mehr authentisch sprechen darf, weil sich noch eine authentischere Form der Marginalisierung finden wird, die noch analoger sprechen könnte. Um

Missverständnissen vorzubeugen: Was ich hier andeute, gilt nicht für die *gender studies* im Allgemeinen, die sich explizit dafür interessieren, die sozialen Konstruktionsprozesse geschlechtlicher Unterscheidungen auf den Begriff zu bringen. Es fällt auf, dass auch die *gender studies* inzwischen einer extremen Form von Kritik ausgeliefert sind, die sich offensichtlich nicht damit abfinden kann, dass gewohnte analoge Formen des Geschlechterarrangements aus der digitalisierten Perspektive seiner Konstruktionsprinzipien eben nicht mehr so gewohnt aussehen wie zuvor.

Es ist in letzter Zeit viel über Lann Hornscheidt gespottet worden, bis hin zu Hasstiraden und Gewaltfantasien in den sozialen Netzwerken. Lann Hornscheidt bekleidet eine Professur für Literaturwissenschaft an der Humboldt-Universität in Berlin. Hornscheidt hat den immer weiter um sich greifenden »gendergerechten« Schreibformen eine neue Variante hinzugefügt, nämlich alle Geschlechtsmerkmale in der Sprache durch ein X zu ersetzen.[90] Aus Professorinnen und Professoren werden dann Professx, aus Studentinnen und Studenten Studierx und aus Doktoranden Doktorx. Hier wird die Forderung nach vollständiger Analogisierung der Visibilisierung möglicher Merkmale daraufhin beobachtet, dass solche Zuschreibungen dann doch wieder zu viele Informationen enthalten, also eine komplexe Gemengelage zu sehr analogisieren. Man kann den Vorschlag merkwürdig finden, man kann auch das im Umkreis von Hornscheidt entstandene Brevier an der Humboldt-Universität »Was tun?«[91] für eine Gängelung von Sprechx halten – was man dem Modell aber zugutehalten muss, ist dies: Der Vorschlag, dem

Redigitalisierung der Geschlechterbezeichnung.

eine gewisse Ästhetik und Logik insofern nicht abzusprechen ist, macht die Geschlechter in Bereichen, in denen sie letztlich keine systematische Rolle spielen, völlig unsichtbar. Aus Professoren werden dann eben nicht mehr Professorinnen und Professoren (mehr

Information), sondern Professx (weniger Information) – und insofern hat es fast etwas Ironisches, dass die Strategien der Analogisierung komplexer Sachverhalte hier zu einer *Redigitalisierung* führen, indem Begriffe eingeführt werden, die vollständig rekombinierbar werden und damit sogar technisch eine digitale Informationsverarbeitung erlauben würden. Das wäre, wenn dies mit intendiert wäre, eine wirklich intelligente Lösung – womit ich nicht meine, dass man Sprechen und Schreiben entsprechend umstellen sollte, per Verordnung schon gar nicht, aber wer kann etwas gegen eine Anregung haben, die zumindest gewohnte Wahrnehmungsroutinen infrage stellt? Jedenfalls kann das Beispiel als eine Parabel auf die merkwürdige Gemengelage analoger und digitaler Welten gelesen werden. Zugleich lässt sich damit der Spott und zum Teil offene Hass erklären, der Lann Hornscheidt entgegentritt, bis hin zu Aufforderungen, sie aus dem Amt zu entfernen. All das zeigt nur, wie schwer es ist, mit der *sozialen Digitalität* der modernen Welt umzugehen.

Ich weiß nicht, ob diese Redigitalisierung der Geschlechterbezeichnung intendiert ist, aber sie ist wenigstens konsequent – und wenn zumindest diese Interpretation nicht intendiert war, so intendiert Lann Hornscheidt im Übrigen auch keine autoritäre Durchsetzung der X-Schreibweise, sondern macht, etwa in einem lesenswerten Artikel in der *Zeit*, exakt auf jene digitalisierte Form aufmerksam, die sich eben nicht analogen Gewohnheiten fügen will.[92] Jedenfalls formuliert Hornscheidt in einem ebenso gelassenen wie sympathischen Ton keine universalistischen Ziele und will auch keinen Zwang ausüben, sondern lediglich auf Gewohnheiten aufmerksam machen – umso erstaunlicher, wie aggressiv in den Medien gegen diesen Vorschlag vorgegangen wird, was man durchaus auch als eine Reaktion darauf lesen kann, dass es insbesondere aus der Perspektive einer durchaus selbstgewissen Form von Männlichkeit ganz offensichtlich eine Überforderung darstellt, wenn die eigene, sichere analoge Position aufgelöst wird. Es ist ganz ähnlich wie bei den Selbstbeschreibungen von Eliten. Insbesondere die Forschungen von Michael Hartmann aus Darmstadt haben sehr deutlich gezeigt, dass es den deutschen Wirtschaftseliten in ihren Selbstbeschreibungen kaum gelingt, ihre je eigene Position zu digitalisieren, wie es in meinem Sprachgebrauch heißt. Eliten gehen offensichtlich davon aus, dass es allein Leistung und eigene Fähigkeiten sind, die Personen in entsprechende Funktionen bringen. Entgegen dieser Selbstbeschreibung kann man aber ziemlich genau zeigen, dass die deutschen Wirtschaftseliten mehrheitlich aus bereits ökonomisch erfolgreichen Herkünften stammen, aus eher bildungsnahen und durchaus vermögenden Familien, die ihren Kindern entsprechende Startchancen bieten konnten – nicht nur im Hinblick auf die ökonomischen, sondern auch im Hinblick auf die habituellen und kulturellen Voraussetzungen.[93] Als *analoge* Beschreibung ist es Leistung, sind es Fähigkeiten, ist es die Persönlichkeit der entsprechenden Personen, die für ihre Position verantwortlich ist, blickt man aber auf die komplexe Gemengelage, nach der solche Positionen erreicht werden, kommt man wieder eher auf *digitale* Strukturen, nach denen es eher unsichtbare, eher statistisch erfassbare Voraussetzungen sind, die für entsprechende Regelmäßigkeiten sorgen. Wie unsichtbar diese Zusammenhänge den Protagonisten selbst sind, kann man in dem sehr empfehlenswerten Buch *Die da oben. Innenansichten aus Deutschlands Chefetagen* nachlesen, ein Band mit Interviews deutscher Führungskräfte, aufgezeichnet von Barbara Nolte und Jan Heidtmann.[94] Was die Interviews auszeichnet, ist ein völliges Fehlen von Selbstdistanzierung, ein völliges Fehlen von Selbstironie und Selbstdigitalisierung. Ganz offensichtlich muss es für diese Eliten geradezu bedrohlich sein, darauf hingewiesen zu werden, dass auch sie eine *soziale Lagerung* haben – dieser von Karl Mannheim stammende Ausdruck meint in der Soziologie, dass sie eben nicht freischwebend sind, sondern ihr So-Sein ihren sozialen Bezügen und Möglichkeiten verdanken.

Das scheint mir parallel dazu zu laufen, wie es gerade Männern in gesicherten Führungs- und Meinungsführungspositionen schwerfällt, die Bedingungen ihres eigenen Erfolgs in den Blick nehmen zu können. Heinz Bude vertritt die These, dass es insbesondere in den Leistungsklassen der Gesellschaft, dort, wo man sich Erfolg zuschreiben kann, ein besonderes Angstpotenzial gibt[95] – wohl auch, weil ein Blick auf die Bedingungen des Erfolgs auf dessen kontingente Voraussetzungen aufmerksam machen würde. Ob es wirklich Angst ist, sei dahingestellt – richtig an der Diagnose ist freilich, dass diese insbesondere männlichen Erfolgsmilieus am meisten zu verlieren haben, historisch und im konkreten Einzelfall. Das gilt auch für die Zurechnung auf einen bestimmten Geschlechtscharakter, der sich durch eine in ihrer eigenen Weise ähnlich neurotische Form der Selbstverunsicherung in Teilen des akademischen Feminismus besonders herausgefordert fühlt. Den unfassbaren Hass, der Lann Hornscheidt in der publizierten Meinung getroffen hat, kann ich mir nur so erklären, dass gerade die Redigitalisierung der Geschlechtszuschreibung als Provokation erlebt werden muss, statt darauf mit Gelassenheit und durchaus auch Anerkennung zu reagieren – wenigstens mit der Anerkennung dafür, dass sich in anderen als den männlichen Erfolgsmilieus die digitale Unübersichtlichkeit der Gesellschaft anders darstellen könnte als aus der Perspektive des selbstgerechten männlichen Erfolgsmenschen. Würde man einen Blick auf die digitalen Bedingungen der jeweiligen analogen Selbstverständlichkeiten wagen, erschienen die Dinge ganz anders – aber dazu scheinen die einen zu viel zu gewinnen und die anderen zu viel zu verlieren zu haben. Gerade in solchen Situationen, so war meine These, liegt es nahe, eine digitale Gemengelage in analogen Selbstverständlichkeiten aufzuheben. Es ist offenbar schwer, mit der *sozialen Digitalität* klarzukommen.

Es fällt offenbar so schwer, dass sich selbst eine *linke*, kapitalismusskeptische Kritik nicht auf die Komplexität der merkwürdigen

Gemengelage von Optionssteigerungen einlassen kann, sondern von analogen Bildern leben muss. Beispielhaft wird das in den Arbeiten des Jenaer Soziologen Hartmut Rosa, dessen Beschleunigungsdiagnose sehr breit rezipiert wird. Die Grundthese lautet, dass in der Moderne insbesondere durch die Dynamik des Kapitalismus alles einem Wachstums- und Optimierungszwang unterliegt, der das Individuum zu einem Getriebenen macht, der sich in diesen Welten nicht mehr wirklich heimisch fühlen kann. Diese Diagnose oszilliert zwischen dem, was ich die Folgen *sozialer Digitalisierung* nenne, und einer dann eher kulturkritischen Diagnose über eine gewissermaßen enthumanisierte, entfremdende Welt. Ich will Rosas soziologische Argumentation nicht bis ins Einzelne nachzeichnen, sondern eher auf den Typus seiner Diagnose zu sprechen kommen, an der sehr schön deutlich wird, wie viel eingängiger eine Diagnose ist, wenn sie die digitale Diagnose in die Sprache analoger Erfahrbarkeit bringt. Rosa schreibt als Maßstab seiner Kritik an der »beschleunigten Gesellschaft«: »Gelingende Weltbeziehungen sind solche, in denen die Welt den handelnden Subjekten als ein antwortendes, atmendes, tragendes, in manchen Momenten sogar wohlwollendes, entgegenkommendes oder ›gültiges Resonanzsystem‹ erscheint.«[96] Das ist schön gesagt, und ich stimme Rosa zu, wenn er meint, dass sich beim Erleben von Musik, Natur oder Religion oder auch in einer authentisch unverstellten Beziehung zwischen konkreten Menschen Resonanzerfahrungen einstellen, die tatsächlich zeitweise als eine Art Aufhebung der prinzipiellen Distanz zwischen Menschen aufscheinen können. Analoger geht es nicht – aber dies zum Maßstab einer Gesellschaftskritik zu machen, ist wenigstens gewagt – ich habe dies in einem

Analoge Weltbeziehungen?

Zeitungsartikel einmal, übrigens unter Protest eines Teils meiner eigenen Mitarbeiter, einen kleinbürgerlichen Wunsch nach einer Welt gescholten, in der die Differenz zwischen Ich und Welt nicht mehr so sehr wehtut.[97] Hartmut Rosa hat darauf deutlich repliziert.[98] Einer Perspektive wie der meinen fehle die Sensibilität, die inneren Widersprüche der Moderne sehen zu können. Ich will hier nicht die auch in einem soziologischen Fachkonflikt wurzelnden Differenzen ausbreiten, sondern zunächst Rosa zustimmen, dass meiner Perspektive tatsächlich diese Sensibilität fehlt – aber auch nur deshalb, weil ich es für allzu einfach halte, die erheblich größeren Widersprüche und Antinomien jener digitalen Struktur der Gesellschaft in einer einfachen Kapitalismuskritik aufgehen zu lassen, vor der analoge Beschreibungen von alltäglich Erfahrbarem so plausibel erscheinen. Das schlägt bei Rosa dann freilich auf die Gesellschaftsdiagnose selbst durch, wenn er meint, dass eine gelungene Vergesellschaftung nur möglich ist, wo es auch zu kollektivierenden Resonanzen kommt, also zu einer demokratischen Erfahrung kollektiver Willensbildung mit resonanzfähigen Bindungen – von links eher gedacht als demokratische Umbaufähigkeit der Gesellschaft, von rechts als Idee ethnischer und kultureller Homogenität als Resonanzboden. Jedenfalls geht Rosa der Funktion des Politischen auf den Leim, die stets suggeriert, man könne so tun, als sei die Gesellschaft ein politisches Projekt – das freilich unterschätzt gerade das, was ich mit der Metapher der *verteilten Intelligenz* zu zeigen versucht habe. Eine Kapitalismuskritik, die meint, das Problem des Kapitalismus sei der Kapitalismus, springt zu kurz – dazu mehr im nächsten Kapitel.

Ich hoffe, es wird deutlich, was ich sagen will: Beschreibungen der Gesellschaft bleiben letztlich gefangen in einer *analogen Anschlussfähigkeit*, weil es keine Beschreibungstraditionen für Komplexität gibt und keine Beschreibungstraditionen für das Problem der sozialen Digitalisierung. Offenbar brauchen Beschreibungen selbst so etwas wie Resonanzböden, ganz in dem Sinne von Rosa übrigens, dass die Unterbrechung zwischen Ich und Welt, zwischen Leser und Beschreibung, zwischen Leseerwartung und Diagnose möglichst unsichtbar gemacht wird. Meine drei an politischen Begriffen scharf gestellten Typen der eher rechten, der linken und der bürgerlich-konservativen Idealtypen von Beschreibungen können nun besser eingeordnet werden als Versuche, die soziale Digitalisierung der Gesellschaft wenigstens semantisch handhabbar zu machen. Diese Beschreibungstraditionen simulieren, den Schlüssel der gesellschaftlichen Konstruktion und damit den Hebel für Interventionen resonanzfähig, analog, also in Begriffen des unmittelbaren Erlebens beschreiben zu können. Das wäre so ähnlich, wie die Funktionsweise des Gehirns in Begriffen unseres Erlebens beschreiben zu wollen oder die Funktion von Syntax und Semantik mit Hilfe der Wortbedeutungen. Es geht mir nicht darum, mich von alltäglicher Erfahrung zu entfernen, sondern die Bedingungen dafür beschreiben zu können. **Furcht vor der** Die Furcht vor der Komplexität und die Furcht **Komplexität.** vor der sozialen Digitalisierung ist also letztlich die Furcht davor, dass uns die Begriffe für das fehlen, was zu diagnostizieren wäre. Wie sagte doch Habermas? Als Krise erleben wir etwas, das uns das Gefühl der Souveränität nimmt. Deshalb kommen solche Beschreibungen auch mit einer entsprechenden Souveränität daher, weil sie sich im Bestimmungsgebrauch des Sagbaren bewegen.

»So lernt ich traurig den verzicht:
Kein ding sei wo das wort gebricht.«

So endet Stefan Georges berühmtes Gedicht »Das Wort« (1928) und drückt auf eindringliche Weise aus, dass sich die Sprache nicht nach den Dingen richtet, sondern umgekehrt: sprachlich Sagbares erst das ermöglicht, worüber etwas gesagt werden kann. Das ist das Grundthema dieses Buches: wie Komplexität diagnostisch auf den Begriff gebracht werden kann.

Technische Digitalisierung

Ein Kapitel über analoge und digitale Welten wäre unvollständig, wenn es nicht auf technische digitale Welten eingehen würde. Es gilt inzwischen als eine Binsenweisheit, dass sich radikale Umbrüche der Gesellschaft parallel zu Medienrevolutionen rekonstruieren lassen. Die Erfindung der Sprache kann als die gattungskonstituierende Revolution angesehen werden. Die Erfindung der Schrift hat es ermöglicht, Formen zu tradieren, ohne die Weitergabe an die konkrete Zeit und den konkreten Ort von Sprechern zu binden. Der Buchdruck hat es ermöglicht, sich die Gesellschaft als Lesepublikum vorzustellen, das einerseits desynchronisiert, indem man nun Lesarten unterscheiden kann, das andererseits einen bekannten Fundus von Sagbarem speichern, verbreiten und synchronisieren kann. Die Zeitung hat diese Synchronisation sowohl beschleunigt als auch die Gesamtinklusion von Bevölkerungen ermöglicht. Politisch, ästhetisch und kulturell ansprechbare Kollektive wären ohne die Zeitung nicht möglich gewesen. Das Radio hat diese Möglichkeiten noch erweitert und die Eindringlichkeit des Narrativen früherer Überlieferungsformen mit den modernen Möglichkeiten der Verbreitung kombiniert. Erst das Fernsehen hat dann für so etwas wie ein gemeinsames Bild der Gesellschaft gesorgt. Das Internet schließlich nutzt die Rekombinationstechniken des Computers, ermöglicht diversifizierte Such-, Lese- und Verbreitungsmethoden und setzt bidirektionale Medialität ins Werk.[99] Jede dieser Medienrevolutionen ermöglichte neue Verarbeitungsregeln und -praktiken der Information, und jede dieser Revolutionen trug zur Digitalisierung der Welt bei, wenn man darunter verstehen möchte, dass sich der Abstand zwischen Zeichen und Bezeichnetem vergrößert. Die Schrift bewahrt im Vergleich zur Sprache viel größere Rekombinationsmöglichkeiten auf, die durch das Buch als Medium der zeitlichen Streckung und sozialen und räumlichen Vervielfältigung von Kommunikation noch vergrößert wurden. Wahrscheinlich ist die auf den Möglichkeiten des Computers aufbauende Digitalisierung der Welt in ihren Wirkungen auf die Gesellschaft ähnlich revolutionär, wie es der Buchdruck für die Entstehung der modernen Welt war.

Der Computer ermöglicht es, Daten miteinander zu rekombinieren, die nicht füreinander bestimmt waren, was nicht nur Kapazitäten des Kontrollier- und Steuerbaren erhöht, sondern die Kontrolle selbst zum Grundproblem macht. Die auf Schrift (Buch, Zeitung usw.) basierenden Verbreitungsmedien haben einen Überschuss an Kritikmöglichkeiten erzeugt. Das autoritative Sprechen wird gewissermaßen von der Situation gelöst und kann in Abwesenheit kritisiert werden. Die massenhafte Verbreitung der Heiligen Schrift hat nicht nur ihre Lesbarkeit gesteigert, sondern auch ihre Kritik beziehungsweise die Möglichkeit, bestimmte Lesarten zu kritisieren und auch dies zu

Vom Kritiküberschuss zum Kontrollüberschuss.

verbreiten. Der Computer, so formuliert Dirk Baecker sehr treffend, erzeugt nun keinen Kritiküberschuss mehr, sondern einen *Kontrollüberschuss*.[100] Er ermöglicht es durch seine Fähigkeit der Rekombinierbarkeit von Unterschiedlichem, hinter der sichtbaren Realität Verbindungen zu finden, die Beobachter letztlich überfordern. Dabei ist dies nicht nur ein Quantitätsproblem, also es geht nicht nur darum, dass nun alles in Datenform gebracht werden kann und damit auch rekombinierbar wird. Es geht auch um die Erzeugung einer neuen Realität, die bisherige Beobachter überfordert hätte. Es lassen sich nun statistische Zusammenhänge, Wechselwirkungsprozesse und Strukturähnlichkeiten erzeugen, die erst für jene *digitalen* Welten sorgen, denen ihre *analogen* Bilder stets hinterherhinken. Die Kulturbedeutung des Computers besteht gewissermaßen darin, analoge Realitäten auf Grundbestandteile hin aufzulösen und zu rekombinieren.

Es sollte schon mit diesen wenigen Formulierungen deutlich werden, dass in der Medienrevolution des Computers und damit der Rekombinationsmöglichkeit von Daten eine strukturelle Parallele zu einer Gesellschaft zu sehen ist, in der sich Kausalitäten und Zurechnungsmöglichkeiten nicht mehr mit den traditionellen analogen Formen bewerkstelligen lassen. Die Digitaltechnik lässt also hinter der sichtbaren Realität einen Fundus an Zusammenhängen vermuten, der durch analoge Formen der Beobachtung nicht mehr einzuholen ist.

Diese Fähigkeit des Computers sowie die daraus erst resultierende Möglichkeit der technischen Vernetzung von Unterschiedlichem im Internet hat mindestens zwei Konjunkturen von öffentlichkeitswirksamen Beschreibungen erfahren. Bezogen aufs Internet reicht die Spanne von der Euphorie eines Howard Rheingold 1993, der eine neue demokratische Kultur in »virtuellen Gemeinschaften«[101] am Horizont sah, bis zu Sascha Lobos Klage, das Internet sei inzwischen kaputt, weil es all diese Verheißungen praktisch dementiert.[102] Grundtenor in der Reflexion des Internets ist aber auch in solchen Verlustdiagnosen nach wie vor das rheingoldsche Motiv der Vergemeinschaftung und des *social network*, der Möglichkeit von Gegenöffentlichkeiten und des Zusammenbringens von Teilpublika, die ohne das Netz nicht erreichbar wären. Es ist letztlich ein Diskurs darüber, wie man den Vorteil schwacher Netzwerke ausnutzen kann: Das Netz bringt Leute zusammen, die sonst nicht zusammenkämen, und erzeugt dadurch adressierbare Räume, die andere Medien nicht in dieser Geschmeidigkeit herstellen können. Aus dem öffentlichen Raum der bürgerlichen Gesellschaft mit ihrem Wunsch nach dem einen legitimen Geschmack, der einen legitimen Lebensform, der einen sozialmoralischen Intuition und der Vereinheitlichung politischer Konfliktlinien entsteht ein *Pluralismus von communities*, die sich operativ neu bilden und nicht mehr die Gesellschaft repräsentieren, sondern letztlich ihre je eigene Sphäre in thematischer, ästhetischer und sozialmoralischer Absicht.

Das Netz bringt aber nicht nur Leute zusammen, die sonst nicht zusammengefunden hätten, sondern es bringt Daten zusammen, die nicht füreinander bestimmt waren – letztlich wieder eine Differenz zwischen analogen und digitalen Welten: Dass (analoge) Leute sich finden, ist für jedermann nachvollziehbar; dass (digitale) Daten sich finden, ist abstrakt und unsichtbar – auch wenn es ganz und gar analoge *Leute* sind, die solche Datenrekombinationsmaschinen als funktionales Äquivalent der Dampfmaschine in der frühindustriellen Gesellschaft nun in der frühdigitalisierten Gesellschaft zu Geschäfts-, Wissens- und Politikmodellen machen.

Der Internetdiskurs hat bis vor Kurzem freilich nur die *Leute* gesehen, die hier zusammenkommen können – von Aktivisten erwartungsfroh und mit großem Vertrauen in neue Vergemeinschaftungs- und Demokratieformen gefeiert, von der akademischen Beobachtung des Internets mit einer gewissen Skepsis begleitet, aber doch auch an den Fragen der Chancen neuer Vergemeinschaftungsformen interessiert. Sozialwissenschaftliche Beobachter bleiben eben am Ende doch Anwälte einer besseren Welt, die sie sich vor allem als eine Welt mit hoher Konsensrate bei gleichzeitiger Diversifizierung von Möglichkeiten vorstellen. Was noch dazukommt, sind neue Praktiken, die das Private und Öffentliche, das Persönliche und das Sachliche in neuen Formen authentischer Gelegenheitskommunikation im Internet verschwimmen lassen – hin zu einer Netzwerkgesellschaft, in der wir anders leben können. Howard Rheingold spricht inzwischen von *Smart Mobs*,[103] die nicht nur *virtual communities* von Individuen sind, sondern auch kollaborative Systeme mit kollektiver Intelligenz werden können. Solche Diagnosen können sich die soziale Welt eben nur als eine Gemeinschaft von Leuten vorstellen und damit das Internet mit seiner Rekombinationsfähigkeit als einen Raum, in dem *Leute* rekombiniert werden, in dem also Leute zusammenkommen, die sonst nicht zusammenkommen. Das ist hübsch gedacht, zielt aber genau daran vorbei, was die Digitaltechnik geradezu erzwingt. Solche Diagnosen denken das Netz *analog*, nicht *digital*. Denn rekombinierbar sind eben nicht (nur) Leute, sondern vor allem Daten. Und das macht einen erheblichen Unterschied – vor allem, wenn »Leute« keine analogen Adressen mehr sind, sondern selbst zu digitalisierten und digitalisierbaren Daten werden.

Diese erste Beschreibungskonjunktur oszilliert zwischen Euphorie und Enttäuschung im Hinblick auf mögliche oder unmögliche Vergemeinschaftung. Die zweite dagegen stößt auf den Verfremdungs- und Kontrollaspekt der vernetzten Digitalwelt. Es ist die Kritik an *Big Data*: Big Data sei ein Herrschaftsinstrument. Big Data ermöglicht totale Kontrolle, ist aber politisch unkontrollierbar. Big Data gefährdet unsere informationelle Selbstbestimmung. In Big Data kulminiert womöglich der alte Traum ökonomischer und politischer Beobachter, all die Informationen zusammenzubekommen, die eigentlich nicht zusammengehören. Big Data ist für Datenanwender ein Tool, das es erlaubt, etwas zu finden, wonach man gar nicht gesucht hatte und im Nachhinein zu wissen, was man hätte suchen können, hätte man nicht nur Daten, sondern Informationen. Big Data macht empirisch ernst mit der zuvor abstrakten Einsicht, dass Daten erst in bestimmten Anwendungskontexten und durch ihre Rekombination zu Informationen werden. Big Data verändert die Suchroutinen und das Bild der Gesellschaft ihrer selbst. Und das geschieht nicht erst seit gestern, sondern schon länger, aber es wird jetzt zum Thema, weil es an den analogen Alltagserfahrungen von Usern ansetzt, die weit weg sind von Data-Mining-Strategien, Business-Konzepten und geheimdienstlicher Erkenntnisgewinnung. Sichtbar wird Big Data vor allem durch die merkwürdige Erfahrung, dass es nicht mehr weit weg ist, sondern durch die Praktiken der Bevölkerung selbst gespeist wird, vor allem jener, die gar nicht wissen, dass sie sammeln und überall Spuren hinterlassen. Seit freilich diese Einsicht der fast völligen Unvermeidbarkeit, zu Big Data beizutragen, sichtbarer wird, kulminiert die Diskussion letztlich in einer konkreten Diagnose und Kritik: *Big Data gefährdet unsere Privatheit, unsere Privatsphäre, unsere persönliche Autonomie.*

Die Big-Data-Diskussion ist anders. Sie rechnet nicht mehr mit Kollektivitäten im Sinne sozialer Gruppen, und zwar spätestens, seit man wissen kann, dass *social networks* nur an ihrer Benutzeroberfläche soziale Gruppen erzeugen, das Geschäftsmodell aber darin besteht, daraus Daten für eher *digitale Gruppenmatchings* zu erzeugen. Auch Big Data erzeugt Kollektivität – aber letztlich nur so etwas wie *collected collectivities.* Big Data erzeugt keine sozialen Gruppen, sondern statistische Gruppen. Soziale Gruppen sind auch im Internet *analoge* Phänomene, also sichtbar, deutlich adressierbar, identitätsstiftend, an natürlicher Sprache und Alltagspraktiken orientiert. Erst mit Big Data werden die Praktiken wirklich digitalisiert. Big Data macht aus analogen Anwendern *digitale* Phänomene. Big Data digitalisiert die Spuren analoger Praktiken – Bewegungsprofile auf Straßen und im Netz, Kaufverhalten, Gesundheitsdaten, Freizeitverhalten, Teilnahme an social networks usw. – in der Weise, dass zum einen Daten rekombiniert werden können, die gar nicht für eine konkrete Rekombination gesammelt wurden. Zum anderen entstehen dadurch *statistische Gruppen*, die in der analogen Welt so gar nicht vorkommen – etwa potenzielle Käufer bestimmter Produkte, Verdächtige in Rasterfahndungen oder gesundheits- und kreditbezogene Risikogruppen. Hier dreht sich nun die Argumen-

> Big Data erzeugt collected collectivities.

tationsrichtung um. Big Data ist das, was das Unsichtbare am *social networking* im Internet abschöpft – lebte dies noch von dem Traum, Ressourcen privat-authentischer Kommunikation in öffentliche Kommunikation zu speisen und aus Gesellschaft wieder mehr Gemeinschaft zu machen, dringt nun das Netz umgekehrt von außen in die Privatsphäre ein – wo es nichts zu suchen hat, es aber viel zu finden gibt.

Wahrgenommen daran wird jener Kontrollüberschuss – dabei hatte man sich neue Kritikmöglichkeiten erhofft. Byung Chul Han hat bei seiner Kritik von Big-Data-Praktiken insbesondere diesen Kontrollüberschuss im Blick. Seine These lautet, dass sich mit dem permanenten Monitoring der Gesellschaft durch Sensoren und durch die Übersetzung von Praktiken in datenförmige Informationen nicht nur ein Kontrollregime entwickelt, sondern dass dieses Kontrollregime sich in die Psychen der Menschen einpflanzt. Er nennt dies »Psychopolitik«: »Das Ich als Projekt, das sich von äußeren Zwängen und Fremdzwängen befreit zu haben glaubt, unterwirft sich nun inneren Zwängen und Selbstzwängen in Form von Leistungs- und Optimierungszwang.«[104] Han sieht hier eine neue, »neoliberale« Form der Selbsttechnik am Werke. Diese Diagnose steht in der Tradition von Michel Foucaults Spätwerk, in dem dieser nicht mehr in erster Linie von Körper- und Biotechniken beziehungsweise von Biopolitik spricht, sondern eher »Technologien des Selbst« rekonstruiert, durch die letztlich so etwas wie eine Versöhnung von Wollen und Sollen durch das Selbst erfolgt, also die vollständige Übersetzung von Außen- in Innenkontrolle.[105] Man kann darüber diskutieren, ob nicht auch schon Foucaults frühere Arbeiten denselben Aspekt aufnehmen[106] – unbestritten aber ist, dass die öffentliche Diskussion um die Gefahren von Big-Data-Strategien eine Diskussion um den Verlust von Privatheit ist und so tut, als sei das, was wir analog als Privatheit bezeichnen, vor den digitalen Technologien ein autonomer Raum gewesen. Jene von

Han so bezeichneten »neoliberalen« Überwachungstechniken des Selbst lesen sich wie die Verheißung der Idee der bürgerlichen Gesellschaft, wonach ein gelungenes Leben eben in der Versöhnung von Wollen und Sollen besteht. Freiheit, so lässt sich bereits in Georg Wilhelm Friedrich Hegels Philosophie nachlesen, würde falsch verstanden, wenn man sie atomistisch vom Einzelnen her verstehen wollte. Vielmehr gilt dort die Unterwerfung unter ein Allgemeines als Freiheitsgeste – und bürgerliche Lebensformen sind geradezu davon geprägt, Selbstkontrolle und Selbstdisziplinierung an innere Motive zu binden, also unabhängig zu machen von äußeren Kontrollmechanismen.

Der Verzicht auf unmittelbare Kontrolle des privaten Lebens war für den Staat und für die Öffentlichkeit nur möglich, weil man es mit einem Personal zu tun hatte, das durch entsprechende Asymmetrien zwischen paternalistischen Normalisierungsagenten – Ärzten, Lehrern, Militärs, Sozial-, Stadt- und Hygieneplanern, Polizei und Gerichten – und ihren Klienten so etwas wie einen selbstkontrollierten Menschen hervorgebracht hat, der in der Privatheit einerseits die erlernte Selbstkontrolle fortführte, andererseits eine gewisse Fluchtmöglichkeit fand – die Gleichzeitigkeit von Prüderie und sexuellen Perversionen mag dafür ein Indiz sein. Wenn sich etwa der Sozialphysiker Adolphe Quetelet, einer der Ersten, die statistische Verfahren auf die Gesellschaft angewandt haben, im 19. Jahrhundert darüber wundert, wie regelmäßig sich die Menschen verhalten, etwa wenn es ums Heiratsverhalten geht, dann ist das bereits das Ergebnis einer Normalisierungsstrategie, die zugleich auch Ausdruck einer starken Normativität ist. Quetelet hat Abweichungen von der Normalverteilung als Störung aufgefasst und war letztlich fasziniert von einem *homme moyen*, einem Mittelwertmenschen, den man entsprechend berechnen kann und

> Verzicht auf unmittelbare Kontrolle erfordert Selbstkontrolle.

der zugleich die Grundlage für all jene Praktiken bildet, in denen die Menschen als selbstverantwortliche Individuen geformt werden.[107]

Erst vor diesem Hintergrund wird das Besondere heutiger Big-Data-Strategien sichtbar. Deutlich sollte geworden sein, dass die Idee bürgerlicher Privatheit seit ihren Anfängen das Ergebnis gesellschaftlicher/staatlicher Kontrollstrategien war. Es sind dies zum einen Kontrollstrategien, die das Individuum dazu bringen, auskunftsfähig über sich selbst zu werden. Erst wenn in die Subjektivität des Individuums eine Idee von Selbstrechtfertigung gepflanzt wird, kann es einer aus der Perspektive gesellschaftlicher Kontrolle unordentlich wirkenden Privatheit freigegeben werden. Und erst dort, wo ein Gewissen und auf Innerlichkeiten bezogene Kommunikationsformen entstehen, kann man sich darauf verlassen, dass die normative Idee, ein Leben nach dem Bilde des *homme moyen* zu führen, tatsächlich vorausgesetzt werden kann. Die Instanzen, die den Menschen jene Normalisierung nahebringen, sind autoritative Sprecher in Form von Professionellen und Experten, die mit so etwas wie Benchmarks und Grenzwerten versorgt sind, aus denen sich Kriterien für das richtige Verhalten erschließen lassen. Man darf gerade die Bedeutung dieser autoritativen professionellen Sprecher für die Formung von privaten Lebensformen nicht unterschätzen. Sie erzeugen erst jene Klienten, denen vernünftige Privatheit zumutbar ist.[108]

Freilich unterscheiden sich die heutigen Big-Data-Strategien von den klassischen seit der Sozialphysik und der Sozialstatistik des 19. Jahrhunderts. Hatten diese Strategien den *homme moyen* und damit eine gewissermaßen überindividuelle normative Struktur im Blick, sind neue Big-Data-Strategien an Einzelfällen beziehungsweise Sondergruppen interessiert. Denkt man etwa an Dienstleister, die mit Hilfe von Big Data die Kreditwürdigkeit von potenziellen Bankkunden untersuchen, dann geht es nicht um Mittelwerte oder Benchmarks, sondern um die *Individualisierung von Informationen*.

Aus Daten über bisheriges Konsumverhalten, Zahlungsmoral, aber auch über die Netzwerke und Kontakte von Personen, über Verbindungsdaten, über Informationen über den Lebenswandel, inklusive womöglich das Gesundheitsverhalten wird ein Profil einer Person erstellt, das dazu dient, seine Kreditwürdigkeit einzuschätzen.

Der große Unterschied zu früheren Daten besteht darin, dass hier nun Daten ausgewertet werden, die nicht für den genannten Zweck erhoben wurden. Die Datenspuren stammen aus ganz anderen Zusammenhängen und werden erst im Nachhinein zu Informationen für einen bestimmten Zweck. Aktuelle Big Data sind in der Lage, ganz unterschiedliche Datenquellen miteinander kompatibel zu machen. Letztlich kommt hier die besondere Fähigkeit der computergestützten Form des Rechnens erst zu voller Geltung. Computergestütztes Rechnen zeichnet sich dadurch aus, dass die Digitalisierung von Daten erst die Grundlage für ihre Rekombinierbarkeit bietet. Big Data rekombiniert Daten, die nicht füreinander bestimmt waren, und erzeugt durch die Rekombination erst einen Mehrwert. Im Falle der Kreditwürdigkeit können etwa gesundheitsbezogene Daten herangezogen werden, um den Gesundheitszustand der Person oder auch den Stand seiner methodischen Lebensführung abzulesen. Dabei geht es weniger um prinzipiell geheime Daten von Krankenkassen oder gar Ärzten – diese zu verwenden wäre illegal. Der Clou ist der, dass immer mehr Anwender solche Daten selbst in Clouds oder in sozialen Netzwerken hinterlassen, etwa mit Hilfe von gesundheitsbezogenen Apps im eigenen iPhone, die zum Selbstmonitoring dienen. Überhaupt stammen immer mehr Daten von Netzusern von ihnen selbst, denn alle netzgestützten Monitoring-Programme hinterlassen Datenspuren in einer – so eine Formulierung von Gesa Lindemann – »Matrix der digitalen Raumzeit«[109].

»Matrix der digitalen Raumzeit.«

In dieser Matrix hinterlässt eine typische Alltagspraxis in unserer Gesellschaft fast unvermeidlich Daten. Wer eine Kreditkarte besitzt, ist in seinem Zahlungsverhalten rekonstruierbar; wer mit einem Automobil über Autobahnen fährt, wird gescannt und gespeichert; wer sich auf Flughäfen oder Bahnhöfen aufhält, wird das potenzielle Objekt von Gesichtserkennungssoftware; wer ein Mobiltelefon besitzt, hinterlässt Verbindungsdaten und Bewegungsprofile usw. Man könnte fast sagen, dass unsere gesamte Gesellschaft von Aufzeichnungsapparaten durchzogen ist – und das, wie ich gezeigt habe, seit dem 19. Jahrhundert. Inzwischen wird aber ohne konkrete Fragestellung aufgezeichnet. Die Vorratsdatenspeicherung ist erst der zweite Schritt – wir haben zunächst eine *Vorratsdatenerhebung*, die die Ressource für neue Fragestellungen in sich trägt. Diese Fragen werden erst später vom Anwender entwickelt und durch Rekombination von voneinander unabhängigen Daten erzeugt – etwa von einem Dienstleister, der die Kreditwürdigkeit potenzieller Kreditnehmer unter die Lupe nimmt, oder eben von staatlichen Instanzen der Terrorabwehr, was fast jede Überwachungspraktik zu legitimieren scheint. Gerade weil nicht mit konkreten Intentionen und Fragestellungen erhoben, gescannt und gespeichert wird, sind die gesammelten Daten eine lukrative Ware, weil sie an diejenigen weitergegeben werden können, die ganz andere Fragen haben.

Privatheit war also schon zuvor, seit der bürgerlichen Gesellschaft, eine »gesellschaftliche« Form, nichts Privates im eigentlichen Sinne also, aber letztlich in der analogen Form des Allgemeinmenschlichen zu haben. Es ist gerade der bürgerlichen Gesellschaft und ihren Nachfolgern gelungen, den privaten Menschen als den eigentlichen Menschen zu inszenieren, als jemanden, der dort noch am ehesten authentisch und »ganz selbst« sein konnte. Gerade des-

Privatheit als »gesellschaftliche« Form.

halb wurde dieser von der Gesellschaft als privat inszenierte Raum als Schutzraum ausgegeben, der den Staat und die Nachbarn nichts anging – was als Idee aber letztlich nur aufrechtzuerhalten war, weil Individuen sich daran gewöhnt haben, von Außen- auf Innenleitung umzustellen. Die Haus- oder Wohnungstür kann man nur schließen und den Bereich dahinter unbeobachtet lassen, wenn man weiß, dass sich die Subjekte dahinter selbst beobachten. Sie werden bürgerliche Subjekte dadurch, dass sie sich selbst regieren beziehungsweise dadurch, dass sie wollen, was sie sollen. Genau deshalb galt es als Skandal und als Gegenstand von Kritik, wenn etwa der Staat zu viel wissen wollte. Dieser Mechanismus ist durch die neuen technischen Möglichkeiten infrage gestellt.[110]

Die Kontrolle durch die Gesellschaft war zuvor als Kontrolle relativ unsichtbar, weil die Selbstkontrolle mit dem Menschlichen zusammenfiel – gelungene Sozialisation hieß: das, was die Gesellschaft als durchschnittliche Idee des guten Lebens ansieht, letztlich als eigenen Willen abzubilden. Mit den digitaltechnischen neuen Möglichkeiten wird die Kontrolle wieder sichtbar, obwohl sie eine Innenleitung ist. Der *Kontrollüberschuss*, von dem Dirk Baecker spricht, wird als Unbehagen darüber erlebt, dass Kritik an unangemessener Kontrolle keinen Adressaten mehr kennt. Man kann das als eine Radikalisierung jener *sozialen Digitalisierung* begreifen, die ich in diesem Kapitel beschrieben habe.

Analoge Beschreibungen in einer digitalen Welt?

Was ich in diesem Kapitel zeigen wollte, ist wiederum dies: Die Beschreibung von Komplexität entzieht sich den Beschreibungsroutinen, die wir üblicherweise haben. Habe ich das im vorigen Kapitel mit der Metapher der *verteilten Intelligenz* zu zeigen versucht, die es geradezu kontraintuitiv ausschließt, Gesellschaften einförmig beziehungsweise von einem Prinzip her zu erklären, sollte in diesem Kapitel gezeigt werden, dass die komplexe Struktur der Gesellschaft einen prinzipiellen Unterschied zwischen *analogen* Beschreibungsroutinen und *digitalen* Strukturen macht. Dass ich hier wieder eine technische Metapher verwende, ist kein Zufall, zumindest wird diese Metaphorik plausibel, wenn man mitsieht, dass mit den technischen Möglichkeiten des Computers und der Digitaltechnik keine fremde Struktur von außen in die Gesellschaft einwandert und sie kolonialisiert. Im Gegenteil, würde es die Digitaltechniken nicht geben, diese Gesellschaft müsste sie geradezu erfinden, um mit jenen erstaunlichen Unterbrechungen und Neuverbindungen umgehen zu können, die ihre Komplexität erfordert. Dass die Gesellschaft sich in relativ simple Codierungen differenziert – in der soziologischen Systemtheorie sprechen wir von politischen, ökonomischen, wissenschaftlichen, rechtlichen, bildungsförmigen, massenmedialen oder religiösen Codierungen –, ermöglicht es ihr, gleichzeitig sehr unterschiedlich auf bestimmte Situationen zu reagieren. Das geschieht mit je unterschiedlichen Logiken und unter unterschiedlichen Erfolgsbedingungen, unkoordiniert, wenigstens nicht zentral gesteuert, was letztlich der Hauptgrund für jene enorme Komplexitätssteigerung ist.

Gerade das macht die Gesellschaft nicht unübersichtlicher, sondern ermöglicht es ihr auch, vielfältig und komplex auf konkrete Situationen zu reagieren. Digitaltechniken nun ermöglichen es, Unterschiedliches nach ähnlichen Algorithmen zu verarbeiten – so sind Daten unterschiedlicher Art Grundlage für politische Kontrolle, Überwachung, Kritik und Protest, aber auch Grundlage für Geschäftsmodelle ganz unterschiedlichen Typs. Sie sind aber auch Tools zur medizinischen Diagnose und Behandlung. Sie sind Grundlage für wissenschaftliche Erkenntnisse ebenso wie Ausgangspunkt medialer Informationserzeugung. Digitale Verknüpfungsmöglichkeiten legen sich also wie ein Netzwerk über die Routinen der Gesellschaft – und das gilt ebenso für *soziale Digitalisierung* im Sinne des Unübersichtlich-Werdens sozialer Wechselwirkungsprozesse wie für *technische Digitalisierung* als Form der Selbst- und Fremdkontrolle von Prozessen.

Diese Gemengelage macht es für Beschreibungen und Diagnosen schwer, denn kann es eine Beschreibung aus einem Guss für einen Gegenstand geben, der so offenkundig nicht aus einem Guss ist? Wenigstens eine Beschreibung der Gesellschaft scheint nach wie vor zu gelingen und so tun zu können, als ließe sich die ganze Komplexität der Gesellschaft daraufhin abbilden, nämlich die Beschreibung des *Kapitalismus* als zentralen Mechanismus der Gesellschaft. Zumindest gilt das für meine drei Beschreibungstypen: für eine linke Umbauperspektive ohnehin, aber auch für die bürgerlich-konservative Kritik an ökonomischen Ansprüchen und auch für die rechte Liberalismuskritik, für die die Dynamik des Kapitalismus auch ein Hinweis darauf ist, dass die kulturellen und ethnischen Gestalten gesellschaftlicher Homogenität unter die Räder geraten. Deshalb werde ich mich im nächsten Kapitel der Frage widmen, warum diese Ökonomisierungsdiagnose so gut funktioniert – und ich werde zu dem Ergebnis kommen, dass sie letztlich nur eine weitere Parabel auf Komplexitätssteigerungen ist.

Fünftes Kapitel

It's the society, stupid!
Ist »Ökonomisierung« nur eine Metapher
gesellschaftlicher Komplexität?

It's the economy, stupid! – diese Formel ist zu einem geflügelten Wort geworden. Sie hört sich wie eine minimalistische Kurzform des marxistischen Denkens an. Die Ökonomie, das sei die Basis des Gesellschaftlichen, der Boden aller gesellschaftlichen Horizonte, der Schlüssel zum Verständnis aller Konflikte und Interessen. *It's the economy, stupid!* ist letztlich eine Formel, die den Geist der klassischen Kapitalismuskritik atmet. Aber klassische Kapitalismuskritik ist sie wahrlich nicht – sie stammt aus der Wahlkampagne von Bill Clinton aus dem Jahre 1992, wurde aber danach zu einer Formel, die die Basis-Überbau-Metapher modernisiert hat: *Ihr könnt über alles Mögliche reden, über Konflikte und Interessendifferenzen, über politische Konzepte und Stilfragen, über Lösungsmöglichkeiten usw., aber am Ende bleibt alles eine Frage der Ökonomie, also der Produktion und Verteilung knapper Güter und der sozialen Gerechtigkeit.*

Da ist etwas dran – denn dass gesellschaftliche Auseinandersetzungen stets mit Verteilungsproblemen zu tun haben, ist irgendwie trivial. Nicht trivial freilich ist die Frage, ob sich diese Fragen ausschließlich ökonomisch erklären lassen. Ich habe oben mit der Metapher der *verteilten Intelligenz* gezeigt, dass moderne Gesellschaften vor allem deshalb in der uns bekannten Weise dynamisch und unübersichtlich werden, weil die jeweiligen Intelligenzen und Logiken sich wechselseitig kaum zu kontrollieren in der Lage sind und nach je eigenen Zugzwängen reagieren. Die Folge ist eine Gesellschaft von ungeheurer Dynamik, die sich in multiplen Gegenwarten wiederfindet und das Bild eines nur indirekt steuerbaren Systems vermittelt. Ich habe dafür das Bild analoger und digitaler Welten gewählt.

Man kann die ungeheure Dynamik der Ökonomie und des Kapitalismus nur verstehen, wenn man nicht die Gesellschaft von der Struktur ihrer Ökonomie her erklärt, sondern umgekehrt: die ökonomische Dynamik von der gesellschaftlichen Komplexität her. Wenn nämlich stimmt, was ich bis dato entwickelt habe: dass die Ökonomie ihre Optionssteigerungen parallel zu anderen Optionssteigerungen nur lose gekoppelter Logiken entwickelt hat und dass es diese gesellschaftliche Struktur war, die zu jenen Optionssteigerungen geführt hat – wenn dies also stimmt, dann ist der Kapitalismus eine Folge der gesellschaftlichen Komplexität. Ich meine damit, dass ein rein auf dem, wie Karl Marx es richtig formuliert hat, Prinzip der grenzenlosen Akkumulation beruhendes Wirtschaftssystem nur entstehen konnte, weil die Gesellschaft jene Form *verteilter Intelligenz* angenommen hat, die ich im dritten Kapitel am Beispiel der kopernikanischen Wende eingeführt habe.

Kapitalismus heißt: Wirtschaften um des *wirtschaftlichen* Gewinns willen – selbst wenn individuelle Motive des Wirtschaftens ganz und gar außerökonomischer Natur sein mögen. Ökonomisch möglich ist nur, was sich ökonomisch rechnet. Diese sehr einfache Bedingung ist die – im wahrsten Sinne des Wortes – Geschäftsgrundlage, unhintergehbar. Man muss das Ökonomische übrigens vom Unternehmerischen unterscheiden – das Unternehmerische ist eine Problemlösungsperspektive, die die ökonomische Logik in Anspruch nimmt, aber nicht im Ökonomischen

Ökonomisch möglich ist nur, was sich ökonomisch rechnet.

aufgeht. Das Unternehmerische ist so etwas wie der Versuch, das Ökonomische als digitalen Mechanismus in analoge Formen zu übersetzen – ich komme im letzten Kapitel darauf zurück.

Das Ökonomische ist dann nur eine der unterschiedlichen Logiken und Kontexte der Gesellschaft. Eine solche Ökonomie mit einem hohen Entfesselungs- und Kreativitätspotenzial, zugleich aber auch mit einer Dynamik, deren Erfolgsbedingungen eben nicht von den gesellschaftlichen Folgen des Wirtschaftens abhängig sind, ist ein *gesellschaftliches* Phänomen – eine unmittelbare Folge der Tatsache, dass sich daneben politische, rechtliche, wissenschaftliche, ästhetische, religiöse und mediale Funktionen und Logiken abgekoppelt haben und sich wechselseitig jene Dynamik erlauben, die die Moderne so janusköpfig macht: großartig in seinen Potenzialen, bisweilen zerstörerisch in seinen Folgen.

Wer von Krisen redet, redet zumeist über ökonomische Krisen. Krisendiagnosen der Gesellschaft werden selten als Sinnkrisen beschrieben, also in dem Sinne, dass unsere Zeit in eine Schieflage geraten würde, dass wir nicht mehr in einem sinnvoll geordneten Kosmos leben, in dem jeder und alles weiß, wo er, sie oder es hingehört. Wir meinen mit der Krise auch meistens nicht die unbestreitbare Unübersichtlichkeit religiösen Erlebens, das durch seine Pluralisierung zwar individuell passförmiger wird, aber gerade deshalb die Gesamtheit der erschaffenen Welt nicht mehr plausibel repräsentieren kann. Wir meinen mit der Krise auch nicht unbedingt eine Krise unseres Wissens und der Wissenschaft, etwa in dem Sinne, dass alle Forschung und diffizile Erkenntnis mehr Fragen als Antworten generiert, vor allem bezogen auf die individuelle Lebensführung. All das wären durchaus ernsthafte Krisendiagnosen, und zwar gesellschaftliche Krisendiagnosen.

Warum aber kulminieren Krisendiagnosen vor allem im Ökonomischen? Warum ist die Diagnose der Ökonomisierung der Gesellschaft, der Ökonomisierung von Abläufen, die nicht in erster

Linie ökonomischer Natur sind, warum ist die Diagnose der Dominanz der ökonomischen Logik vor allen anderen Logiken der Gesellschaft so plausibel und nahezu unwidersprochen? Worum es mir in diesem Kapitel geht, ist nun keineswegs eine Verteidigung oder Widerlegung dieser Diagnose – schon weil ich davon überzeugt bin, dass es eine Durchökonomisierung der Gesellschaft durchaus gibt. Es geht mir nicht um eine Verteidigung oder Widerlegung dieser Diagnose, sondern darum, zu zeigen, dass sie erheblich zu kurz greift. Denn man könnte genauso gut von einer völligen Politisierung und Juridifizierung, von einer Verwissenschaftlichung oder Mediatisierung der Gesellschaft sprechen – und dies durchaus als Krisendiagnosen ausweisen, zumal die in Abgrenzung zu einer sozialistischen Form vorgenommene Charakterisierung als Kapitalismus eher an einer politischen Unterscheidung, also an der Frage ansetzt, wie man sich die Einwirkung auf wirtschaftliche Dynamiken aus der Perspektive des politischen Systems vorzustellen habe. Womöglich geraten bei einer solchen Diagnose genuine Perspektiven auf die Wirtschaft selbst sogar aus dem Blick. Ich beginne deshalb mit einer Intuition darüber, warum die Diagnose der Ökonomisierung so plausibel erscheint und warum diese Diagnose womöglich ein zu einfacher Blick auf das ist, worum es hier geht: um eine angemessene Beschreibung von gesellschaftlicher Komplexität.

Eine Intuition: Rationalität und Transparenz

Meine Intuition besteht darin, dass sich in unserem Bild des Ökonomischen, genauer: in dem Bild, das ein modernes, ausdifferenziertes Wirtschaftssystem abgibt, letztlich das Beobachtungsproblem der modernen Gesellschaft nachgerade ästhetisch abbildet. Oder anders ausgedrückt: *Das Ökonomische ist in seiner Dynamik und Unübersichtlichkeit geradezu eine Parabel auf die Komplexität der modernen Gesellschaft.* Genau deshalb scheint es so plausibel zu sein, die Gesellschaft von der Ökonomie her zu erklären statt umgekehrt. Es muss also heißen: *It's the society, stupid!*

Das Ökonomische verbindet zwei Grunderfahrungen, die wir bei der Beobachtung der modernen Welt machen: *Rationalität und Intransparenz.* Diese beiden Grunderfahrungen scheinen sich auf den ersten Blick zu widersprechen – aber mit dem Ökonomischen verbinden wir tatsächlich eine Idee von Rationalität. Schon die Möglichkeit der Quantifizierung von Werten, von Risiken und Ergebnissen, die eine geldwirtschaftliche Ökonomie mit sich bringt, atmet einen rationalen Geist. Man hält ökonomische Daten für harte Fakten. Sogar der Wert des Geldes und der Geldwert der Waren und Dienstleistungen, obwohl freitragend und von komplexen Prozessen abhängig, lassen sich in Preisen ausdrücken, die mehr Objektivität suggerieren, als sie haben. Die Plausibilität von Investitionsentscheidungen – ob von privaten Endverbrauchern oder Unternehmen und Staaten – soll mathematisierbar sein, kalkulierbar und mit guten Gründen versehen. Nicht umsonst ist in der Philosophie und in den Sozialwissenschaften die Idee des *rationalen Akteurs* im Kontext des *homo oeconomicus* entstanden. Wirtschaftliches Handeln gilt erstaunlicherweise als rationales Handeln, obwohl es sich gerade bei ökonomischen Entscheidungen um Entscheidungen unter Unsicherheitsbedingungen handelt. Zwar wird inzwischen gezeigt, wie wenig sich solche Entscheidungen Eindeutigkeit generierenden rationalen Erwägungen verdanken, sondern stets eine gehörige Portion Kontingenz und Irrationalität enthalten. »Bauchentscheidungen« und »Intuition« werden inzwischen als die womöglich rationaleren Entscheidungen promoviert – Gerd Gigerenzer hat dazu äußerst spannende Studien vorgelegt.[111] Aber an der dann geradezu objektiven Datenlage ändert das nichts. Die Ergebnisse des Ökonomi-

Die Rationalität der Intuition.

schen und die Bedingungen und Maßzahlen des Erfolgs sind eindeutig, transparent und tatsächlich von jener Art von Faktizität, die man *hart* nennen kann. Zumindest dies ist von einer geradezu stupenden Rationalität und Transparenz. Ergebnisse in ökonomischen Fragen sind eindeutig und bieten Halt. Zumindest aus der Perspektive ökonomischer Akteure, man könnte sagen: Aus betriebswirtschaftlicher oder der Haushaltsperspektive haben wir es stets mit der harten Realität wenig interpretationsbedürftiger Ergebnisse zu tun.

Die wirtschaftliche Dynamik selbst aber ist geprägt von Haltlosigkeit. Die begrenzte Sicht aus Entscheiderperspektive findet Halt in den eigenen Grenzen. Wie sich aber »die Wirtschaft« entwickelt, was zu Stabilität führt, was Dynamik ermöglicht, welche Verteilungsfolgen und Konjunktureffekte bestimmte Dynamiken haben, wie sich Stimmungen und Informationen auswirken, wie Gleichgewichte ermöglicht und Schieflagen vermieden werden können – all das scheint eher intransparent zu bleiben. Nun könnte man einwenden, dass das leicht von jemandem gesagt werden kann, der nachweislich nur wenig Expertise auf diesem Gebiet hat – aber wenn man die öffentliche Diskussion etwa im Umgang mit ökonomischen Krisen beobachtet, fällt zweierlei auf: Krisen werden erstens selten vorausgesagt, und zweitens ist man sich bei der nachträglichen Interpretation ebenso wenig einig. War es zu viel staatliche Intervention oder zu wenig? Muss man angebots- oder nachfrageorientiert steuern? Sind staatliche Investitionsprogramme sinnvoll oder nicht? Wie verhält es sich mit der Zinspolitik? Soll man das Geld billiger machen, um Investitionen zu ermöglichen? Oder birgt das zu billige Geld nicht Gefahren neuer Blasen? Kurbeln Steuerentlastungen an, oder erschweren sie die Möglichkeit des Eingriffs durch Investitionen? Unter welchen Bedingungen bringen Steuererhöhungen womöglich weniger Geld in die Staatskassen? Steigt die Wettbewerbsfähigkeit, wenn man den Sozialstaat beschneidet, oder würgt das die Binnennachfrage ab? Und wie ist es mit Lohnsteigerungen? Hilft die Flexibilisierung des Arbeitsmarktes? Und vor allem: wem? Ist eine expansive Geldpolitik eher sinnvoll oder nicht? Lassen sich große, globale Wirtschaftskreisläufe mit ähnlichen Mitteln erfassen wie relativ geschlossene kleine Volkswirtschaften? Taugen die Ordnungsvorstellungen und institutionellen Regularien nur für eingeführte binnenstaatliche Wirtschaftsroutinen oder auch für supranationale und globale Räume?

Ich werde auf all diese Fragen keine Antwort geben – nicht nur weil mir dazu der Sachverstand fehlt, sondern weil ich eine ganz andere Frage stelle. Diese Fragen, die sich in geordneter und kalkulierbarer Geschwindigkeit wiederholen und nach jeweils wirtschaftspolitischen und wirtschaftstheoretischen Geschmacksurteilen beantwortet werden, lese ich eher als Hinweis darauf, dass es sich beim Wirtschaftssystem um ein dynamisches System handelt, das durch seine auf individuelle Spieler ausgerichtete emergente Strukturbildung so viele Vernetzungen, Rückkopplungen, Wechselseitigkeiten, Interferenzen und Resonanzen erzeugt, dass letztlich jeglicher Halt verloren geht. Das System überfordert jeglichen Beobachter, weil es von Wirkkräften bestimmt wird, die kaum überschaubar sind – exakt das ist es, was mit dem Begriff der Komplexität gemeint war.[112]

Gerade deshalb sind Beobachtungen des Wirtschaftssystems dann besonders beliebt, wenn sie eine konkrete Formel anbieten – der Erfolg von Thomas Pikettys Buch *Das Kapital im 21. Jahrhundert*[113] kann man wahrscheinlich nur verstehen, wenn man es als Literatur liest. Das Buch besteht zum größten Teil aus sehr informativen narrativen Rekonstruktionen der im Laufe der Modernisierung des Wirtschaftssystems zustande gekommenen Kapitalakkumulation und möchte die Frage beantworten, warum Kapital sich an wenigen Stellen konzentriert und dadurch soziale Ungleichheit steigt. Ein Trend zu mehr Chancengleichheit und zu einer eher meritokratischen Ökonomie ist für Piketty eine Schimäre. Die Plausibilität des Buches freilich liegt darin, eine Formel präsentieren zu können, die die gesamte Komplexität der Narration aufhebt: r > g.

Dies bedeutet: Die durchschnittliche Kapitalrendite (r) ist dauerhaft höher als das Wirtschaftswachstum (g), was automatisch dazu führen muss, dass Vermögen schneller wachsen als die Gesamtleistung der Wirtschaft. Innerhalb der akademischen Ökonomie ist das Buch stark kritisiert worden – so setze Piketty die Sparquote mit der Kapitalertragsquote gleich und unterschlage, dass die Vermögen auch ausgegeben, verbraucht und geteilt werden, wenn sie entweder reinvestiert oder an die nächste Generation weitergegeben werden. Der Harvard-Ökonom Martin Feldstein schreibt zu Piketty lapidar im *Wall Street Journal*: »His conclusion about ever-increasing inequality could be correct if people lived forever. But they don't.«[114] Ähnlich äußern sich auch deutsche Ökonomen wie Hans-Werner Sinn oder Peter Bofinger.[115] Auch hier ist es mir nicht darum zu tun, dies ökonomisch zu beurteilen – auch wenn mir die ökonomische Kritik an Piketty durchaus einleuchtet, weil sie gerade die unübersichtliche Dynamik des Wirtschaftssystems in Rechnung stellt. Und dennoch kann man an der enormen sozialen Ungleichheit und an der Konzentration von Vermögen in wenigen Händen kaum vorbeisehen – so besitzt das reichste Prozent der Weltbevölkerung circa 40 Prozent des gesamten Weltvermögens, und die reichsten zehn

Ungleiche Vermögensverteilung.

Prozent besitzen mehr als 80 Prozent des Weltvermögens.[116] Und selbst wenn man in Rechnung stellt, dass diese ökonomische Dynamik zwar den Abstand zwischen den niedrigsten und den höchsten Einkommen radikal erhöht, so kann man wohl kaum daran vorbeisehen, dass sich damit zugleich der Lebensstandard der unteren Einkommensschichten substantiell erhöht hat. Die wirtschaftspolitischen Konzepte freilich stellen sich vor allem an einer Frage scharf: die Steuern zu erhöhen – was in diesem Fall wohl zu kurz gegriffen ist, da die Steuersysteme von Industrieländern Erträge aus Arbeit und aus Kapital immer noch ungleich behandeln, was auch ein Effekt dessen ist, dass Arbeit eher lokal geschieht, während der Finanzmarkt globalisiert ist. Oder aber es wird vor ökonomischen Folgen von Steuererhöhungen gewarnt, zugleich aber auch höhere Staatsverschuldung kritisiert, wie etwa Carmen Reinhart und Kenneth Rogoff im Jahre 2010 in einer heftig diskutierten und kritisierten Studie.[117]

Was immer das ökonomisch bedeutet und wie immer man diese Dynamik trotz des Selbstverständnisses wenigstens westlicher Gesellschaften als meritokratische Systeme einschätzt, die Rückrechnung auf eine Kurzformel scheint deshalb so attraktiv zu sein, weil sie das Problem in geradezu extremer Weise beobachtbar

Ein ästhetisch gelungener Protest gegen Komplexität.

macht: $r > g$ – dies ist ein geradezu ästhetisch gelungener Protest gegen Komplexität und gegen die Beschreibung von Komplexität, die auf den ersten Blick stets so aussieht, als wolle man die erstaunliche Dynamik und ihre Folgen entweder für etwas Naturnotwendiges halten oder sie legitimieren.

Ich hoffe, meine Intuition ist deutlich geworden. Die Wirtschaft, das Wirtschaftssystems, die wirtschaftliche Dynamik, das, wie Marx es nannte, Prinzip der unbegrenzten Akkumulation wirkt wie eine Parabel auf die Komplexität der Gesellschaft. Ich habe im vorigen Kapitel zu zeigen versucht, wie wir uns angesichts dieser Komplexität der Gesellschaft und ihrer digitalen Gestalt in analogen Bildern und Welten einrichten. Probleme der Komplexität, die stets Probleme überforderter Beobachtungsverhältnisse sind, sollen dadurch kalkulierbarer gemacht werden – und wenn es nur der besseren Beschreibbarkeit dient. In der Ökonomie dagegen wird diese Nichtbeobachtbarkeit und Unübersichtlichkeit besonders sichtbar. Und dies, so meine Annahme, macht die Diagnose der Ökonomisierung der Gesellschaft so plausibel, weil sie ein diffuses Gefühl jener Diagnose vermittelt, die ich ausführlich als Komplexitätsdiagnose diskutiert habe. Dieses diffuse Gefühl ist ein Gefühl der Haltlosigkeit – also ein Gefühl, die Misere nicht recht auf den Begriff bringen zu können, was die Überforderung der Beobachtung wiederum bestätigt.

Der Soziologe Niklas Luhmann spricht von »haltloser Komplexität« – und meint: Je komplexer eine Situation erscheint, desto weniger Halt finden Beschreibungen dieser Situation und desto plausibler wird es dann, die Überforderung der Beobachtung mit Komplexität zu erklären. »Der Begriff selbst«, schreibt Luhmann, »verliert damit jede Form und lässt sich schließlich nur noch als Seufzer verwenden.«[118] Vielleicht ist die Ökonomisierungsdiagnose ein solcher Seufzer, der das Krisenhafte und die Strukturprobleme der Gesellschaft womöglich sogar unterschätzt.

Ökonomischer Eigensinn

Wenn wir von der Krise reden und wenn wir Krisendiagnosen stellen, meinen wir nachgerade automatisch ökonomische Krisen, was zumeist nicht einfach eine Krise der Distribution knapper Güter meint, sondern eine dem Ökonomischen ohnehin und unvermeidlich inhärente Krise. Zumeist ist gemeint: Nicht der Kapitalismus ist in der Krise, sondern der Kapitalismus *sei selbst* die Krise – wir kennen diesen Gedanken schon von den Diagnosen von Meinhard Miegel und Ulrich Brand, die beide letztlich die innere Dynamik des Kapitalismus selbst für sein Scheitern verantwortlich machen. Die Diagnose lautet: Es ist der *Erfolg* des Kapitalismus, der sein Scheitern bereits in sich birgt. Dieses Motiv kann man fast den Nukleus von Gesellschaftsdiagnosen nennen, einen Nukleus, der seit

Ende des 19. Jahrhunderts bis heute Bestand hat und im deutschsprachigen Raum mit den beiden wirkmächtigsten sozialwissenschaftlichen Autoren verknüpft ist, nämlich mit Karl Marx und Max Weber. Marx hat mit seiner Beschreibung der Kreislaufform des Profits um des Profits willen beschrieben, wie der unbändige Erfolg des Kapitalismus ihn seinerseits in eine Schieflage bringt.

Marx und Weber: Der Erfolg des Kapitalismus ist die Quelle seines Scheiterns.

Marx hat die Kreativität des Kapitalismus dahin gehend bewundert, dass dieser es vermochte, durch die Entfaltung der Produktivkräfte die Gesellschaft von den Fesseln traditioneller Grenzen zu befreien – die am meisten zitierte Sequenz aus dem *Manifest der Kommunistischen Partei* lautet, alles Ständische und Stehende verdampfe, alles Heilige werde entweiht, und die Menschen seien endlich gezwungen, ihre Lebensstellung, ihre gegenseitigen Beziehungen mit nüchternen Augen anzusehen.[119] Nüchtern betrachtet ist der Kapitalismus in diesem Verständnis der Grund für die totale Versachlichung aller Beziehungen und die Entfremdung des Produzenten von seinem Produkt, wodurch die Klassenspannung so groß werde, dass sich die Antinomien des Systems nicht mehr stabil halten können. Was ich hier in sträflicher Vereinfachung beschreibe, soll lediglich zeigen, dass diese Perspektive auf den Kapitalismus auf eine Eigendynamik abstellt, deren Erfolg die Bedingung des eigenen Scheiterns ist, weswegen der Kapitalismus als Kapitalismus eben nicht reparierbar ist, weil jede Reparatur des Systems die Bedingung seiner eigenen Unmöglichkeit zur Folge haben müsste. Mit dem »Gesetz des tendenziellen Falls der Profitrate« wird ein innerer Mechanismus beschrieben, nach dem die Profitrate innerhalb des Kapitalismus notwendigerweise sinken müsse und damit Krisen auslöse.

Max Weber beschreibt anders, aber mit ähnlichen Konsequenzen. Er hat die »Schicksalsmacht« des okzidentalen Kapitalismus in seinen kulturellen Bedingungen rekonstruiert und die These vertreten, dass bestimmte protestantische Motive erst jene Mentalität der Versachlichung sozialer Beziehungen hervorgebracht haben, die für den modernen Betriebskapitalismus bestimmend sind. Max Weber meinte, dass der okzidentale Kapitalismus in seiner Motivstruktur zunächst durch religiöse Motive, etwa auch die lutherische Berufskonzeption, ermöglicht wurde, wobei der Kapitalismus auf diese Motive irgendwann verzichten konnte. Er beschreibt den Kapitalismus also als ein System, das sich durch seine eigene Dynamik und seinen eigenen Erfolg verselbständigt und damit jener sinnhaften Motive verlustig geht, die den Puritaner und den Calvinisten Berufsmensch sein lassen *wollten*, während man später nur noch *musste*, als die religiösen Motive dann verschwunden waren. Webers geradezu schwarze Diagnose des »Fachmenschen ohne Geist« und des »Genussmenschen ohne Herz« ist unmittelbar mit seiner Analyse des Kapitalismus als einer Schicksalsmacht verknüpft, die das erste Mal in der Geschichte eine Lebensform hervorbringt, in der es den Menschen nicht mehr gelingt, die Welt als einen sinnvoll geordneten Kosmos anzusehen.

Ich belasse es auch hier bei diesen kurzen und unvollständigen Beschreibungen. Mir kommt es nicht darauf an, die Stichhaltigkeit der beiden Thesen zu prüfen. Worauf es mir ankommt, ist die Beobachtung, dass beide Diagnosen ein Motiv enthalten, das auch heute noch einige Plausibilität zu haben scheint. Dieses Motiv könnte man als den Eigensinn oder die Eigengesetzlichkeit des Kapitalismus bezeichnen. Beide Diagnosen gehen davon aus, dass es die wirtschaftliche Dynamik selbst ist, die für ihre Schieflage sorgt. Marx spricht von einer der kapitalistischen Ökonomie inhärenten Tendenz, ihre eigenen Grundlagen infrage zu stellen, und zwar so, dass der Mensch sich durch seine lebendige Arbeit, die ihn erst zum Gattungswesen macht, von sich und den Produkten seiner Arbeit entfremdet. Er schreibt in den *Ökonomisch-philosophischen*

Manuskripten von 1844: »Eben in der Bearbeitung der gegenständlichen Welt bewährt sich der Mensch daher erst wirklich als ein *Gattungswesen*. Diese Produktion ist sein werktätiges Gattungsleben. Durch sie erscheint die Natur als *sein* Werk und seine Wirklichkeit. Der Gegenstand der Arbeit ist daher die *Vergegenständlichung des Gattungslebens des Menschen:* indem er sich nicht nur wie im Bewußtsein intellektuell, sondern werktätig, wirklich verdoppelt und sich selbst daher in einer von ihm geschaffnen Welt anschaut.«[120] Als *entfremdete Arbeit* aber entreißt Arbeit dem Menschen dann nichts weniger als sein Gattungsleben. Entfremdete Arbeit ist nicht einfach zu schlecht bezahlte Arbeit. Marx schreibt: »Eine gewaltsame *Erhöhung des Arbeitslohns* … wäre also nichts als eine bessere *Salairung der Sklaven* und hätte weder dem Arbeiter noch der Arbeit ihre menschliche Bestimmung und Würde erobert.«[121] Und geradezu im Vorgriff auf und gegen den real existiert habenden Sozialismus fügt Marx an, dass selbst eine »Gleichheit aller Salaire« nichts an der strukturellen Entfremdung ändern würde, es würde nur »die Gesellschaft« als »abstrakter Kapitalist« gefasst. Entfremdet ist Arbeit dadurch, dass die Produktion und das Produkt dem Arbeiter dadurch fremd werden, dass er die Dinge nicht für sich, sondern für einen abstrakten Markt herstellt, von dem er über den Mechanismus des Privateigentums letztlich ausgeschlossen bleibt. Nicht einmal kaufen könne der Arbeiter die Waren, die er herstellt, und deshalb stellt er eben auch Waren her, die nicht für ihn gemacht sind. Nicht einmal die Produkte jener Arbeit, die den Menschen erst zum Menschen machen, erzeugen Anerkennung für das, was der Arbeiter tut.

Und bei Weber kann man lesen: »Der versachlichte ökonomische Kosmos, also gerade die rational höchste Form der für jede innerweltliche Kultur unentbehrlichen materiellen Güterversorgung, war ein Gebilde, dem die Lieblosigkeit von der Wurzel aus anhaftete.«[122] Lieblosigkeit ist eine Metapher, die auf etwas Ähnliches wie

Entfremdung abstellt – also darauf, dass sich der ökonomische Kosmos verselbständigt hat und letztlich von den Motiven der Produzenten unabhängig wird.

In diesen beiden Denkformen findet sich deutlich jenes Motiv, auf das ich hinauswill: Die Sphäre der Ökonomie findet ihren einzigen Ankerpunkt, ihre einzige Erfolgsbedingung, ihren Sinn ausschließlich als *Eigensinn*. Die ökonomische Dynamik als »Schicksalsmacht«, wie Weber sich ausdrückt, ist eine Macht, die sich verselbständigt und sich letztlich der Steuerung entzieht und paradoxe Folgen hat. Dem Kapitalismus ist also das Krisenhafte inhärent, weil es sich gerade wegen seines Eigensinns jeglichem Zugriff zu entziehen scheint – obwohl doch die konkrete ökonomische Transaktion stets einer individuellen Handlung zugerechnet wird.

Übrigens findet sich diese Denkfigur des nachgerade verborgen bleibenden Eigensinns nicht nur aus kapitalismuskritischer Perspektive (wenn man Weber zu den Kapitalismuskritikern zählen will). Der große Antipode zu Marxens Krisendiagnose des Kapitalismus als eines sich selbst gefährdenden Systems ist Adam Smith, der gerade in der kapitalistischen Mentalität des Eigeninteresses einen Mechanismus entdecken wollte, der dem Wohl aller dient. Adam Smiths Lob des Egoismus zielte auf eine paradoxe Wirkung des Egoismus, also darauf, dass der Wohlstand dadurch wächst, dass Menschen aus Eigeninteresse das tun, was anderen nützen kann. Ebenso berühmt wie Marxens Zitat über das Verdampfen alles Bestehenden ist Smiths Charakterisierung des Egoismus in dieser Formulierung: »Nicht vom Wohlwollen des Metzgers, Brauers und Bäckers erwarten wir das, was wir zum Essen brauchen, sondern davon, dass sie ihre eigenen Interessen wahrnehmen. Wir wenden uns nicht an ihre Menschen-, sondern an ihre Eigenliebe, und wir erwähnen nicht die eigenen

Smith: Eigeninteresse als Wohlfahrtsquelle und kumulativer Ordnungsfaktor.

Bedürfnisse, sondern sprechen von ihrem Vorteil.«[123] Aus ihrem jeweiligen Vorteil aber entstehe erst der Vorteil aller – nur wenn individuelle Anreize etwa für einen Bäcker möglich seien, so das Argument, werde dieser überhaupt Motive entwickeln, Brot zu backen und so für die Versorgung der Bevölkerung zu sorgen. Und es sei nur das je individuelle Kalkül, das in einer Situation des Wettbewerbs dafür sorgen könne, dass sich Preise so entwickeln, dass das Brot auch auf einem Markt angeboten werden kann. Es gehört also zu den ureigensten Motiven des Bäckers, dass der Brotpreis nur so hoch ist, dass man das Brot auch kaufen kann, wie es natürlich auch zu seinen ureigensten Interessen gehört, dass die Gewinnspanne dennoch so groß wie möglich ist. Erst das Zusammenspiel zwischen unterschiedlichen Marktsegmenten – Rohstoffmärkte, Arbeitsmärkte, Absatzmärkte usw. – führt dann zu einem Gleichgewicht, von dem alle profitieren können, und zwar zu einem Gleichgewicht, das sich gewissermaßen aus sich selbst heraus einstellt.

Auch hier also: eine Diagnose des Eigensinns des Ökonomischen. Wie bei Weber und Marx wird also auch hier die Plausibilität des Ökonomischen so beschrieben, dass es ein dynamisches, zustandsdeterminiertes, in seiner eigenen Logik gefangenes System ist, das seine Zustände seiner wechselseitigen Dynamik verdankt, nicht einer wie auch immer gearteten Form von Planung oder Organisation. Die wirtschaftliche Dynamik entwickelt sich aus sich selbst heraus – und in kapitalismuskritischen Varianten beobachtet man dann eine Abwärtsspirale dieser Eigendynamik ganz nach dem Typus des tendenziellen Falls der Profitrate, in wachstumskritischen Varianten eine Art tendenziellen Verbrauchs der Bedingungen des Ökonomischen durch die Ökonomie, unaufhaltsam und in der eigenen Dynamik gefangen. Ich habe das im zweiten Kapitel mit den beiden exemplarischen Positionen von Brand und Miegel durchexerziert: bei Ulrich Brand als klassische linke Diagnose der inneren Widersprüche des Kapitalismus, die sich nicht einfach durch kosmetische Korrekturen der Verteilungsfolgen heilen ließen, bei Meinhard Miegel als Kritik falscher Bedürfnisse, die nicht einfach anthropologisch da seien, sondern durch den Erfolg eines Konsummarktes selbst erzeugt werden und damit wiederum in der Erfolgsdynamik des Kapitalismus selbst liegen. Vielleicht kann man die erste Form der Kritik eine eher an Marx scharf gestellte Kritik nennen, die zweite dagegen eine webersche Kritik – beide speisen sich aus dem Motiv eines sich selbst verzehrenden Ernährers.

Eine dynamische Ökonomie der Zeit

Das Analogon zum zuvor Gesagten ist in der ökonomischen Klassik und Neoklassik die Metapher der »unsichtbaren Hand«. Die Metapher der unsichtbaren Hand, die Adam Smith in seinem Werk nur an sehr wenigen Stellen gebraucht, die aber zur zentralen Metapher bei der Beschreibung des modernen Kapitalismus wurde, hatte die Funktion, ein gewisses Vertrauen in die ungeplante Praxis des Ökonomischen entwickeln zu können. Die unsichtbare Hand hat gewissermaßen eine Brückenfunktion zwischen den eigentlichen Intentionen individueller Marktteilnehmer (Eigeninteresse) und den nicht in dieser Intention vorzufindenden Folgen (Wohlfahrt). Die unsichtbare Hand war jener Ordnungsfaktor, der sich *von selbst* einstellen sollte, damit man das Wirtschaften von den Motiven der ökonomischen Akteure unabhängig machen kann. Niklas Luhmann sah in der Metapher der unsichtbaren Hand denn auch einen Versuch, das Paradox der Knappheit unsichtbar zu machen. Luhmann schreibt über das Knappheitsparadox: »Darunter soll verstanden werden, daß jeder Zugriff auf knappe Güter, der der Minderung von Knappheit dient, die Knappheit vermehrt. Reichlichere Versorgung des einen ist größere Not des anderen, und nur weil dies so ist, gibt es überhaupt das soziale Problem der Knappheit.«[124] Es wird ein *soziales* Problem dadurch, dass jede Zahlung den einen zahlungsunfähiger und den anderen zahlungsfähiger macht. Die Bearbeitung von Knappheit mit wirtschaftlichen Mitteln – und dies ist insofern eine Tautologie, als wirtschaftliches Handeln stets auf den Ausgleich von Knappheit zielt – ist zugleich eine Lösung und eine Nichtlösung des Problems der Knappheit. Und selbst wenn man wirtschaftliche Transaktionen mit Hilfe von Geld vornimmt, was wie ein Äquivalententausch aussieht – ich zahle 20 Euro und bekomme dafür eine Ware im Wert von 20 Euro –, erzeugt das nur neue Knappheitsprobleme, schon weil das Äquivalent nicht nur Mengenprobleme, sondern auch Allokationsprobleme lösen soll und Geld selbst insbesondere ein Medium ist, das Knappheit voraussetzt. Wirtschaftliche Transaktionen erzeugen also letztlich die Möglichkeit und Unmöglichkeit ihrer selbst und müssen damit umgehen, dass sie das Paradox der Knappheit niemals loswerden.

Das Paradox der Knappheit.

Genau darauf, so Luhmann, reagiert die Wirtschaftstheorie mit der Metapher der *invisible hand*, und lenkt damit das Ordnungsproblem der Wirtschaft von sozialen Fragen in Richtung zeitlicher Erwartungen um. Ökonomisches Handeln erzeugt zwar soziale Ungleichheiten und Schieflagen, aber die unsichtbare Hand verspricht ein fortschrittsorientiertes Vertrauen in die Zukunft. Nachdem die unsichtbare Hand nach einiger Zeit aber »zunehmend unter Arthrose zu leiden begann«[125], wie Luhmann wunderschön formuliert, ist an die Stelle dieses Fortschrittsvertrauens der Glaube an das Wachstum als notwendige Bedingung ökonomischer und damit gesellschaftlicher Stabilität getreten. Das Wachstum entparadoxiert also das Knappheitsproblem ähnlich wie die »unsichtbare Hand« dadurch, dass man die Lösung stets in der Zukunft suchen muss – sie also letztlich niemals eintreten wird, aber über wirtschaftliche Dynamik gelöst werden muss. Deshalb eignet dem Ökonomischen auch das Schnelle, das Zukunftsorientierte, das Krisenhafte, weil die Lösung des Problems, die Lösung aktueller Anpassungsprobleme *immer* in der Zukunft liegt. Das Ökonomische baut zwar stets auf Traditionen und auf moralischen, kulturellen und gesellschaftlichen Konventionen. Der Kapitalismus ist wie alle kulturellen Erscheinungen eine historisch gebundene Größe, wie man in der fulminanten *Geschichte des Kapitalismus* der UCLA-Historikerin Joyce Appleby nachlesen kann. Was Appleby aber am Ende ihrer Analysen zeigt, ist jene Zukunftsorientierung des kapitalistischen Handelns, das Problemlösung stets in die Zukunft verlagert. Sie schreibt: »Die Kapitalismusgeschichte wiederholt sich nicht, im Gegensatz zu Verhaltensweisen der kapitalistischen Akteure. Der Umstand, dass kaum jemand sich überrascht zeigt, wenn eine Krise eintritt …, verweist auf eine Eigenschaft, die im Kapitalismus kultiviert wird. Gemeint ist eine Art von Optimismus, die die Realität verneint.«[126] Appleby sieht im Habitus des Verkäufers, »der Vertrauen verströmt«[127], den Geist des Kapitalismus – ich würde noch weiter gehen: Der Eigensinn des Ökonomischen gebiert eine Maschine, die sich stets nur in der Zukunft entparadoxieren kann, wie wir kybernetisch sagen müssten. Das Knappheitsparadox kann nämlich nur dadurch gelöst werden, dass man angestrebte Gleichgewichte in die Zukunft verschieben muss – als Resultat je gegenwärtigen Handelns.

Ich will hier nun nicht ökonomisch-theoretische Fachkenntnis simulieren, sondern eher die Kulturbedeutung des Redens über das Ökonomische entschlüsseln. Vielleicht noch einmal eher systemtheoretisch gesprochen: Einzelne Marktakteure – Individuen, Unternehmen, auch Staaten – können das Zeitproblem des Knappheitsparadoxes auf Märkten lösen, etwa durch die Austarierung von Nachfrage und Angebot, durch Begrenzung von Budgets, aber auch durch Kredite, deren Funktion ja letztlich in nichts anderem besteht, als die jetzige Unlösbarkeit eines Zahlungsproblems auf die Zukunft zu verschieben. Diese Techniken lösen also das Paradox der Knappheit jeweils für einen konkreten Akteur und jeweils temporär. Die Wirtschaft selbst aber bleibt bei all diesen Kalkulationen nur ein Horizont anderer ökonomischer Entscheidungen. Einfacher gesagt: Nicht nur ich, sondern auch andere lösen ihre Probleme je temporär, und so entsteht ein dynamisches System, dessen interne Folgen auf es selbst zurückwirken, ohne dass das Wirtschaftssystem irgendwie in sich selbst Halt finden kann, denn nirgendwo gibt es eine konkrete Stelle, an der man »die Wirtschaft« zu fassen bekommt – nicht einmal Zentralbanken, die Wirtschaftspolitik schon gar nicht und selbst Monopolisten nicht.

Schon weil es diesen Ort nicht gibt, bekommt die Metapher der *Unsichtbarkeit* eine besondere Plausibilität. Auf das »freie Spiel der Kräfte« zu vertrauen, ist eine Verlegenheitslösung, die eine gewissermaßen literarisch gelungene Problemlösung anbietet. Es ist eine Mischung aus Vertrauen und Wagnis, das man sich von jener Dynamik erhofft. Dieses versöhnliche Grundcredo der klassischen und neoklassischen Nationalökonomie will damit ein ähnliches

Das freie Spiel der Kräfte – eine Metapher der Unsichtbarkeit.

Problem lösen, wie ich es auch mit Marx und Weber herausgearbeitet habe: Die Wirtschaft ist ein System von individuellen Spielzügen, aus denen sich eine emergente Ordnung ergibt, für die es innerhalb des Systems keinen repräsentativen Ort gibt, an dem man ansetzen könnte. Diesen Ort gibt es aus zwei Gründen nicht:

- *Erstens* kann es in einem System, das sich als Kumulation von Einzelspielern mit je eigenen und unterschiedlichen Perspektiven und Interessen geriert und davon abhängig ist, dass die Perspektiven unterschiedlich sind, keinen Ort geben, von dem her sich so etwas wie eine zentrale Rationalität des Systems etablieren könnte. Das hätte übrigens den Nachteil, dass eine zentrale Entscheidung darüber, was die richtige ökonomische Entscheidung ist, dazu führen würde, dass aus der richtigen eine falsche Entscheidung wird, denn wenn alle ökonomisch dasselbe tun würden, würde das System zusammenbrechen. Das macht aus Wirtschaftssystemen eigensinnige Systeme, die sich nicht kausal, sondern in der Wechselwirkung von Konkurrenz, Wettbewerb und netzwerkartiger wechselseitiger Beobachtung ergeben. Daraus folgt eben jene Anmutung von Dynamik, die freilich meistens als besondere Tatkraft missinterpretiert wird. Ob man Treiber oder Getriebener einer solchen Dynamik ist, ist dann nur noch eine Geschmacksfrage der Beschreibung, also letztlich ein literarisches Problem, wie man das Kausalschema verwendet.

- *Zweitens* kann es diesen Ort nicht geben, weil der Erfolg ökonomischer Transaktionen immer in der Zukunft liegt und deshalb schon aus logischen Gründen gar keinen Ort haben kann, weil es immer schon ein Noch-nicht ist. Man darf diese zeitliche Komponente nicht unterschätzen, denn das Besondere an ökonomischen Entscheidungen besteht darin, dass sie die »Erlösung« in die Zukunft verschieben müssen. Das gilt nicht nur für investives Verhalten, sondern auch für den Konsum, denn jetziger Konsum erzeugt in jedem Fall geringere Zahlungsfähigkeit in unmittelbarer Zukunft, die nur durch weiteren Mittelfluss geheilt werden kann – das gilt für private ebenso wie für öffentliche Haushalte.

Das Fehlen eines repräsentativen Ortes macht also noch einmal deutlich, wie sich in Beschreibungen des Ökonomischen jene Haltlosigkeit manifestiert, die sich nicht mehr analog beschreiben lässt. Meine Grundintuition in diesem Kapitel war, dass sich in Beschreibungschiffren des Ökonomischen, meist kulminierend in einer mehr oder weniger starken Kapitalismuskritik, so etwas wie eine Blaupause dafür findet, wie man die Gesellschaft im Ganzen beschreiben müsste. Es dürfte wohl jene zeitliche Haltlosigkeit sein, die das Ökonomische so sehr zur Chiffre der gesamtgesellschaftlichen Dynamik macht. Bevor ich meine Intuition genauer auf den Punkt bringe, ist deshalb zuvor noch auf einen besonderen Zeitmechanismus des Ökonomischen hinzuweisen, der gerade derzeit im Fokus der Aufmerksamkeit steht, auf Schulden nämlich, die ich eine ökonomische Zeitmaschine nenne.

Schuld, Schulden, Zeit

Schulden antizipieren die Zukunft.[128] Sie verschieben gegenwärtige Zahlungsunfähigkeit in die Zukunft und entlasten die Gegenwart – sie entlasten die Gegenwart von unmittelbarer Reziprozität, weil sie die Kette des Gebens und Nehmens aufbrechen. Schon jeder kleine Kauf – einer Semmel beim Bäcker etwa – erzeugt eine Schuld, die aber sogleich aufgehoben wird, weil die Semmel gleich bezahlt wird, sodass sich Bäcker und Esser nichts mehr schuldig bleiben. Dieses Verhältnis ist ein *Aug-um-Aug*-Verhältnis. Es kennt weder Aufschub noch Gnade. Es funktioniert wie die alte heidnische kosmische Homöostase, die Tod um Tod fordern musste, Gunst an Gunst erweis band, Gleiches mit Gleichem vergalt – und das möglichst sofort. Wer eine Gesellschaft ohne die Möglichkeit von Schulden will, will solche direkte Reziprozität – und muss auf Gnade verzichten. Er muss alles sofort geben und nehmen, damit die Welt im Gleichgewicht bleibt. Aber eine Welt im Gleichgewicht würde paradoxerweise aus dem Tritt geraten, weil sie sich von der Unmittelbarkeit ihrer Tauschverhältnisse abhängig machen müsste. Es müsste alles sofort beglichen werden – um jeden Preis. Eine solche Welt hätte keine Zeit – oder besser: Sie könnte nicht kreativ sein, weil sie mit der Zeit nichts anzufangen wüsste.

Schulden sind nichts anderes als eine Zeitmaschine, die die unmittelbare Reziprozität aufhebt. Schulden erst ermöglichen es, in eine Idee zu investieren, jetzt etwas für die Zukunft zu tun, einen späteren Ertrag zu antizipieren, Alternativen zu verfolgen. Schulden erst ermöglichen es, seine Lebenskraft der unmittelbaren Subsistenz zu entziehen. So nimmt ein Unternehmen Schulden auf, um ein Produkt zu entwickeln, das erst später Erträge erwirtschaftet; ein privater Haushalt kann ein Haus oder ein Automobil nur kaufen, wenn er es nicht gleich bezahlen muss. Aber auch der Kredit, den mir die öffentliche Hand für Schul- und Hochschulausbildung gewährt, gibt mir jetzt Zeit zugunsten eines späteren Ertrags, ebenso ein Stipendium, das mich von unmittelbarer Reziprozität entlastet. Schulden dehnen so die Zeit, weil sie die unmittelbare in eine zeitlich gedehnte Reziprozität transformieren. Mit Schulden kauft man sich Zeit, also Freiheit – aber auch das Gegenteil.

Schulden als Zeitmaschine.

Schulden ermöglichen – und verhindern. Sie ermöglichen im Moment der Schuldenaufnahme Freiheit und Selbstbestimmung, weil sie das gerade Notwendige verschieben können. Aber sie grenzen spätere Freiheit und Selbstbestimmung ein, weil sie zurückgezahlt werden müssen, will man nicht Schulden mit Schulden begleichen, was früher oder später zum völligen Verlust von Freiheit führt. Das Problem freilich der gedehnten Reziprozität besteht darin, dass unsere Präferenzen, Wünsche, Bedürfnisse, Plausibilitäten und Orientierungen gegenwartsorientiert sind und die Zukunft, in der der Kredit fällig wird, nie beginnt, weil sie ja in der Zukunft liegt. Das ist das Perfide und Ambivalente an den Schulden – denn sie ermöglichen Freiheit, indem sie Freiheit einschränken. Sie dehnen die unmittelbare Reziprozität, heben sie aber nicht auf, denn es kommt der Tag, an dem sich die Zahlungsrichtung umkehrt.

Wir können auf Schulden, das heißt auf die zeitliche Dehnung von Reziprozität nicht verzichten – zugleich ist es außerordentlich schwer, die Schuld der Schulden wieder loszuwerden. Schulden verweisen letztlich auf das Grundproblem der modernen Gesellschaft, auf das Problem der Synchronisation nämlich. Wenn es eine moderne Grunderfahrung gibt, dann ist es die, dass die unterschiedlichen Geschwindigkeiten und Zeittakte dieser Gesellschaft nicht zusammenpassen. Wirtschaftliche Dynamik erfordert Geschwindigkeit und schnelle Reaktionen, Bildungsprozesse sind langsam und brauchen Zeit. Im Lebenszyklus zerren oftmals gleichzeitig widerstreitende Anforderungen an uns – der Klassiker ist sicherlich die Gleichzeitigkeit von Elternschaft und den entscheidenden Karriereentscheidungen im weiblichen Lebensverlauf. Der Geldbedarf in Unternehmen ist dann am größten, wenn sie am wenigsten produktiv sind – etwa wenn neue Produkte entwickelt werden oder wenn man in neue Geschäftsmodelle investiert. Und Personal besteht eben nicht nur aus Arbeitswertträgern, sondern aus Menschen, die eine Kontinuität und Balance von Arbeit, Reproduktion und Privatheit brauchen. Um es auf eine Formel zu bringen: Eine moderne, arbeitsteilige, in Funktionen differenzierte, beschleunigte und komplexe Gesellschaft ist nicht aus einem Guss – deshalb stellen sich Synchronisationsprobleme. Und Geld ist jenes Medium, dem es am besten gelingt, Aufschub und zeitliche Transzendenz zu ermöglichen. Das macht unsere Kultur letztlich zu einer Schuldenkultur, das heißt zu einer Kultur, in der wir später für das geradestehen, was uns jetzt widerfährt – und jetzt für das, was wir früher getan haben. Wir werden gewissermaßen für uns selbst haftbar gemacht. Erst das moralisiert unser Leben vollständig durch und macht uns alle zu methodischen Protestanten im weitesten Sinne.

Max Weber hat es einmal wunderbar auf den Begriff gebracht: Der mittelalterliche Katholik lebte ethisch von der Hand in den Mund, er musste eben kein methodisches Leben aus einem Guss führen, sondern konnte durch magische Sonderhandlungen immer wieder von Neuem beginnen und damit seine Schuld(en) abtragen. Der moderne Protestant dagegen muss ein methodisches Leben führen und eine Kontinuität in ein Leben hineinerzählen, das gar keine Kontinuität hat und haben kann. Das Erzählen und die moralische Integration von Schuld und Unvollkommenheit, von Zukunftsorientierung und Selbstverbesserung bilden keine zufällige Analogie zur Ökonomisierung der Schuld(en). Auch die Heilsökonomie des Christentums dehnt Schuld und Erlösung in der Zeit – und auch sie weiß um die gegenwartsorientierte Schwäche des Menschen, der immer schon ein (Erb-)Schuldner ist, weil seine Handlungsmöglichkeiten begrenzter sind als die Forderung, für Vergangenheiten, die so sind, wie sie eben geschehen sind, und für Zukünfte, die nie beginnen werden und die wir nicht kennen, die Verantwortung zu übernehmen. Auch die Heilsökonomie muss Kredite aufnehmen, wenigstens muss sie sich ein *credo quia absurdum* zumuten, weil die Erlösung eben nicht vernünftig begründet werden kann. Ebenso ist der ökonomische Kredit eine Wette darauf, dass der Kreditnehmer tut, was er will/soll – *quia absurdum.*

Was wir derzeit beobachten können, ist eine geradezu extreme Gegenwartsorientierung unserer Kultur. Die vormoderne und »heidnische« Kultur hat sich Gegenwartsorientierung dadurch ermöglicht, dass Schuld(en) sofort und vollständig abgetragen werden musste(n) – oft unterfüttert durch einen männlichen Ehrenkodex, der die soziale Existenz des Einzelnen daran gebunden hat, auf eine merkwürdige Weise autonom dadurch zu sein, niemandem etwas zu schulden. Das hat freilich das Gegenteil von Autonomie zur Folge gehabt, denn man musste sich stets an das Gleichgewicht von Geben und Nehmen anpassen. Die gegenwärtige Gegenwartsorientierung ist anders gebaut. Sie resultiert zum einen aus einem radikalen Synchronisationsbedarf, der den unterschiedlichen Geschwindigkeiten der Gesellschaft geschuldet ist. Andererseits ist sie das Ergebnis einer Konsumkultur, die letztlich nur Gegenwarten kennt. *Alle Lust will Ewigkeit* – was ja nichts anderes heißt als sofortige Erfüllung, denn Ewigkeit ist eben nicht das Ergebnis von Langsicht und Aufschub, sondern Verwirklichung des Möglichen. So wird der Kreditgeber, der vormals ein moralischer Akteur war, der dem Schuldner (Zahlungs-)Mores lehrte, zum Verführer, der immer mehr verspricht und den Moralisten auslacht und ihn verspottet.

Hier hat sich ein merkwürdiges Milieu herausgebildet, das geradezu als ästhetischer Ausdruck solchen Spotts gelten kann, eine Trägergruppe, die nach meiner Einschätzung eine ähnliche Gruppenstruktur aufweist wie jene Vulgärmarxisten, die vor einer Generation zwar wohlbehütet unter dem Schutz des demokratischen Rechtsstaates Revolutionsspiele veranstalten konnten, dabei aber jeglichen demokratischen *comment* verlassen haben. Es ist eine geschlossene Gruppenstruktur, die den Kontakt zur Außenwelt verloren zu haben scheint, weil sie ihre Erfolgsbedingungen allein in ihrem eigenen Milieu vorfindet. Ich meine jene junge Generation insbesondere aus der Finanzwirtschaft, die gestählt durch vulgäre ökonomistische Modelle einer Ethik des individuellen Nutzenmaximierers voller Verachtung auf politische Regulierung und kaufmännische und unternehmerische Routinen blickt. Es gibt da durchaus eine Kontinuität zwischen den früheren Vulgärmarxisten zu heutigen Vulgärökonomisten. Das funktionale Äquivalent damaliger vulgärmarxistischer Kaderschmieden im Schattenfeld von Universitäten sind heute womöglich der *academia* eher ferne MBA-Kaderschmieden, die als extremer ideologischer Ausdruck einer neuen Optionssteigerung angesehen werden können. Ganz ähnlich wie die Überpolitisierung linksextremen Denkens eine merkwürdige revolutionäre Atmosphäre geschaffen hatte, herrscht eine solche heute

Vulgärökonomisten und Vulgärmarxisten.

an den Börsen, zumindest bei einer bestimmten Trägergruppe, die in der Monetarisierung und in finanzwirtschaftlichen Instrumenten die Lösung aller Probleme sieht – hier wie dort übrigens vor allem junge Männer. Diese Trägergruppe darf nun nicht als Treiber oder gar Urheber dieser ökonomischen Optionssteigerung angesehen werden, aber durchaus als ein Resultat dieser Entwicklung.

Wie sehr sind jene verlacht worden, die vor der Monetarisierung der Finanzpolitik gewarnt haben. Wie sehr wurden jene für Ewiggestrige gehalten, die den billigen Krediten misstraut haben – nicht weil sie Kosten gespart hätten, sondern weil sie die ökonomische Vernunft derer ausgehöhlt haben, die auf die Heilungskräfte des Ökonomischen gesetzt haben. Was man – historisch nicht ganz korrekt – den neoliberalen Geist nennt, der auf die Selbstregulative des Marktes setzt, hat letztlich die Mechanismen des Marktes außer Kraft gesetzt. Indem Kredite immer billiger wurden, ließen sich ökonomische Risikokalkulationen nicht durch realwirtschaftliche Marktlogiken einschränken. Wer vor dem grassierenden Monetarismus warnte, war ein Zauderer, war nicht risikobereit, gehörte den altmodischen Moralisten an, die eine methodische Lebensführung predigten statt der Ewigkeitslust des *Jetzt-Sofort* zu frönen, gepaart mit den Versprechen einer besseren Zukunft. Das galt besonders für das Verhältnis von öffentlichen Haushalten und Finanzwirtschaft.

Wie Colin Crouch in seiner Studie *Das befremdliche Überleben des Neoliberalismus* gezeigt hat, war es der Keynesianismus selbst, der es der Finanzwirtschaft ermöglicht hat, von staatlicher Ausgabenpolitik so weit zu profitieren, dass sie im Sinne einer monetaristischen Politik ihre volkswirtschaftliche Funktion für die Realwirtschaft eingebüßt hat. »Insofern waren wir alle Komplizen dieses Finanzierungsmodells – was es dem Staat dann noch schwerer machte, in der Krise Gesuche der Banken abzulehnen, die darum baten, man möge doch bitte dabei helfen, wieder auf die Füße zu kommen.«[129] Staaten waren immer auch ökonomische Akteure, aber inzwischen wurde die Beschaffung von Geld dadurch einfacher, dass der Geldmarkt immer flexibler wurde. Paradoxerweise waren die Banken die staatstreuesten Akteure – sie haben trotz aller sogenannten neoliberalen Semantik den Staaten mehr vertraut als unterprivilegierte Wähler.

Die merkwürdige Staatstreue der Bankvorstände. Der Staat als Kreditnehmer, der sich als Wohlfahrtsstaat Massenloyalität durch teure Versorgung unterschiedlicher Gruppen der Gesellschaft erkauft hat, anstatt lediglich für die Daseinsvorsorge derjenigen zu sorgen, die Unterstützung tatsächlich brauchen, galt per se als kreditwürdig. Banken hatten – ich hatte es schon angesprochen – ein geradezu »sozialistisches« Verständnis vom Staat: *als Adresse immerwährender Zahlungsfähigkeit.*

Staaten haben sich also genauso an den Finanzmärkten bedient wie private Haushalte auch. Crouch spricht von »Wachstum der Kreditmärkte für Menschen mit kleinen und mittleren Einkommen« sowie von der »Entstehung von Märkten für Derivate und Terminkontrakte für Menschen mit großem Vermögen. Diese Kombination brachte einen ›Keynesianismus der privaten Hand‹ hervor, der zunächst zufällig entstand, dann aber von der Politik aufgegriffen und gezielt gefördert wurde. Statt dass der Staat Schulden machte, um die Wirtschaft anzukurbeln, verschuldeten sich Privatleute, nicht zuletzt die, deren Einkommen gering war.«[130] Diese eher auf die USA gemünzte Diagnose gilt strukturell auch für Europa mit seiner stärkeren Staatstätigkeit – aber es zeigt, wie die Ökonomisierung von Semantiken andere Funktionssysteme und Organisationen entsprechend programmieren kann. Lapidar schreibt Crouch: »Das Problem ist, dass Banker wie Politiker vom Baum der Erkenntnis der sekundären Märkte gekostet haben.«[131] Die Folgen sind bekannt, Folgen, die auch auf ein strukturelles Problem demokratischer Legitimation hinweisen – denn die Erzeugung von

Loyalität durch Ausgabenpolitik lässt sich nur durch jenes Publikum wieder heilen, das man durch entsprechende Ausgaben bei der Stange gehalten hat. Die Konzentration von Vermögen in kleinen Spitzen der Gesellschaft und die Bestrafung der Unterprivilegierten, aber auch derjenigen, die man gerne die Leistungsträger der Gesellschaft nennt (also die, die für realwirtschaftliche Wertschöpfung sorgen), ist eine fast logische Folge.

Geld ist zu billig, weil die Nachfrage da ist – und die Nachfrage ist da, weil das Geld zu billig ist. Letztlich passiert den privaten Haushalten dasselbe wie den öffentlichen. Sie finden plausible Kriterien in ihren jeweiligen Gegenwarten, machen damit aber den Ausgleich in der Zeit immer unwahrscheinlicher. Am Ende sind wir wieder bei dem moralischen Problem der Schuld – die sich in der Zukunft nur abtragen lässt, wenn so etwas wie eine methodische Form der Zukunftsvorsorge ermöglicht würde. Wer aber soll das kontrollieren? Der Staat kann es nicht sein, denn er ist Teil der Symptomatik, und den Märkten kann man es auch kaum überlassen, denn Märkte weichen gerne vom Marktmechanismus ab, wenn es sich rechnet.

Die Gemengelage ist zu kompliziert für einfache Lösungen – auch für allzu einfache moralische Aussagen. Auf dem Buchmarkt kann man derzeit gute Ergebnisse erzielen, indem man das Problem selbst moralisiert – wie etwa David Graeber mit seinem Bestseller *Schulden – die ersten 5000 Jahre*, in dem sehr suggestiv gefragt wird, warum denn eigentlich die Zahlungsmoral höher stehe als andere moralische Forderungen, eine Suggestion, die impliziert, man könne das Problem mit der richtigen moralischen Antwort heilen.[132] Oder Frank Schirrmacher mit der sehr eingängigen Kritik am *homo oeconomicus*[133] – als hätten Marktakteure sich nicht wie *homines oeconomici* verhalten, indem sie das in Anspruch genommen haben, was der Markt hergab, billige Kredite etwa oder Massenloyalität durch Füllen der Staatskasse mit Geld, das gar nicht existierte.

Lösungen, so wird man einräumen müssen, kann es nur geben, wenn sich Langsicht institutionalisieren lässt, wenn also diejenigen, die jetzt etwas tun, für die zukünftigen Folgen einstehen müssen – was ja einmal die Grundidee des Kapitalismus war, dass der Kapitalist auf eigenes Risiko gearbeitet hat und dieses eigene Risiko ein gewisser Rationalitätsgenerator sein sollte, der genug Anreize für ökonomische Nachhaltigkeit schaffen sollte, um am Markt bleiben zu können. Seit Unternehmensentscheidungen eher depersonalisiert worden sind, ist dieser Mechanismus außer Kraft gesetzt – auch der »Kapitalist« ist heute kurioserweise ein Lohnabhängiger, dessen eigene Existenz aber selten durch Risiken gefährdet wird. Im Gegenteil: Seine Risikobereitschaft wird letztlich durch abfindungsgesättigte Verantwortungslosigkeit erhöht, was auch dazu beiträgt, alle Bremser und Warner für Ewiggestrige und Hasenfüße halten zu können. Die Einzigen, für die die Zurechnung auf eigenes Risiko stets galt, waren private Haushalte (von Lohnabhängigen kurioserweise). Sie hatten niemals jemanden, an den sich der Schwarze Peter weitergeben ließ, und Abfindungen gab es auch nicht.

Aber es steckt mehr dahinter als bloß ein institutionelles Arrangementproblem. Dass ökonomische Krisen insbesondere in der Finanz- und Kreditwirtschaft auftreten, ist kein Zufall. Ich habe oben gezeigt, dass wirtschaftliche Dynamik die Lösung ihrer Probleme stets in die Zukunft verschieben muss – und die je gegenwärtige Repräsentation dieses Lösungshorizonts sind die Schulden, die ja nichts anderes sind als eine Bewegung der Problemlösung an der Zeitachse. Die Haltlosigkeit des Ökonomischen, sein Eigensinn und seine innere Dynamik müssen gewissermaßen zeitweise geheilt werden – der ökonomische Mechanismus dafür sind Schulden, und deshalb kulminiert in Schuldenkrisen – Staatsschuldenkrisen, Bankenkrisen, Krisen privater Haushalte – das, was die Metapher des Ökonomischen ausmacht: die prinzipielle Unlösbarkeit ihres

Stabilitätsproblems, die prinzipielle Unmöglichkeit von Gleichgewichten und die unhintergehbare Zukunftsorientierung aller Lösungen.

Neoliberale (Selbst-)Kontrolle?

Gegenwärtige Kapitalismuskritik ist keine klassische linke Kritik mehr, also keine Kritik, die sich entweder auf die ökonomischen Verteilungsroutinen bezieht oder gar den Umbau der Gesellschaft im Blick hat, der die Produktionsverhältnisse ein für alle Mal umwandeln soll. Solche Kritik habe sich überlebt und sei gewissermaßen ortlos geworden, weil Ausbeutung sich heute von außen nach innen verlagert habe. Byung Chul Han etwa meint, dass sich der Kapitalismus in eine neue Form mutiert habe. Er schreibt: »Der Neoliberalismus als eine Mutationsform des Kapitalismus formt aus dem Arbeiter einen *Unternehmer*. Nicht die kommunistische Revolution, sondern der Neoliberalismus beseitigt die fremdausgebeutete Arbeiterklasse. Jeder ist heute ein *selbstausbeutender Arbeiter seines eigenen Unternehmens*. Jeder ist Herr und Knecht in einer Person. Auch der Klassenkampf verwandelt sich in einen *inneren Kampf mit sich selbst*.«[134] Fremdausbeutung werde in Selbstausbeutung transformiert, und der Kapitalismus erwirtschafte sich seinen Mehrwert nicht mehr durch die Fremdkontrolle der Produzenten, sondern könne auf die Motivstruktur der Produzenten vertrauen, die sich um ihrer selbst willen selbst ausbeuten und diese Ausbeutung in Begriffen der Leistung und Verantwortung, der Persönlichkeit und der Effizienz und nicht zuletzt der Moral positiv wenden. Diese Kritik des Neoliberalismus ist eine Kritik der Fremdbestimmung, die im Kleide der Selbstbestimmung daherkommt. Nach meinem Dafürhalten ist diese

Kritik des sogenannten Neoliberalismus.

Denkungsart inzwischen die prominenteste Form der Kapitalismuskritik. Es ist eine merkwürdige Kritik, die dem ausgebeuteten Arbeiter früherer Tage insofern eine besondere Würde verlieh, als dieser zwar ausgebeutet, aber nicht wirklich korrumpiert werden konnte, denn bis zu seiner inwendigen Disposition ist der Kapitalismus gar nicht recht vorgedrungen – weswegen man sich dieses ausgebeutete Subjekt auch als revolutionäres Subjekt vorstellen konnte. Nun verschwinde selbst dieses letzte Residuum, weil die inneren Widersprüche des Kapitalismus in den Einzelnen hineinverlegt werden.

Eine der Figuren, an der sich die Kritik entzündet, ist das »unternehmerische Selbst«, das gewissermaßen ein reflexives Verhältnis zu den eigenen Ressourcen einnehmen muss und Arbeit zwar nach wie vor auf Kommando macht, nun aber auf eigenes Kommando.[135] Diese Beschreibung operiert im Modus der Kritik, oszilliert aber in der merkwürdigen Dialektik, dass sich in die Selbstorientierung des arbeitenden Subjekts tatsächlich so etwas wie riskante Entscheidungen einschleichen müssen, damit das, was dort geschieht, tatsächlich als eigene Entscheidung taugt. Die hegelsche Vermittlung mit der Totalität ist eben nur in Kombination damit zu haben, dass die freie Entscheidung sich der Totalität unterwirft – aus dieser Dialektik der Freiheit gibt es wohl kaum ein Entkommen. Die andere Figur ist der »Arbeitskraftunternehmer«[136] – Dirk Baecker hat sich instruktiv gewundert, wie stabil der »denunziatorische« Charakter der beiden Begriffe »Arbeit« und »Unternehmer« funktioniert, obwohl gerade darin eine Möglichkeit aufscheint, aus der unterbrochenen Relation traditioneller Arbeitsverhältnisse mit Organisations-, Mitgliedschafts- und Sicherheitsformen Kapital (sic!) zu schlagen.[137]

Während Dirk Baecker im Arbeitskraftunternehmer gewissermaßen Freiheitsgrade ausmacht (weswegen Unfreiheit gerade an dieser Figur besonders darstellbar wird), argumentiert Byung Chul

Han, dass das »neoliberale Regime … das Zeitalter der Erschöpfung« sei, das von »psychischen Erkrankungen wie Depression oder Burnout begleitet«[138] sei, die Subjekte also durch den Zwang zur Selbstoptimierung unfrei mache, sie seien »Ausdruck einer tiefen Krise der Freiheit«[139]. So unbestritten die hier beschriebenen Folgen sind, so unbestritten es tatsächlich eine Verlagerung arbeitsbedingter Krankheiten von Skelett- und Muskelerkrankungen und Herz-Kreislauf-Leiden hin zu psychischen Erkrankungen gibt, so sehr bleibt diese Beschreibung doch an der Oberfläche des Sichtbaren. Das passiert, wenn sogar die linke Kritik beginnt, undialektisch zu werden.

Ich habe bereits im vorigen Kapitel darauf hingewiesen, dass eine Kritik im Stile Hans, wie sie stilbildend für die intellektuelle Kritik am Kapitalismus geworden ist, eine geradezu romantisierende Idee von Autonomie und Privatheit der klassischen Industriegesellschaft zu haben scheint. Sie tut so, als sei das, was wir analog als Privatheit bezeichnen, bereits vor den digitalen Technologien ein autonomer Raum gewesen. Jene von Han so bezeichneten »neoliberalen« Überwachungstechniken des Selbst lesen sich wie die Verheißung jener Idee der bürgerlichen Gesellschaft, dass ein gelungenes Leben eben in der Versöhnung von Wollen und Sollen besteht und durch Etablierung eines Gewissens und einer selbstbestimmten Lebensform die frühere Fremdkontrolle in eine reflexive Form der Selbstbestimmung münden lässt. Dass schon das eine Illusion war, eine produktive Illusion freilich, kann man wissen – wenn man etwa mitsieht, dass der Freiheitsgewinn und der Autonomiegewinn moderner Lebensformen stets mit der Paradoxie umzugehen hatten, dass Freiheit nur funktioniert, wenn der Träger der Freiheit sie einschränkt – das ist tatsächlich ein *liberales* Prinzip, das sich bereits bis John Stuart Mill zurückrechnen lässt.[140]

Kurzer Exkurs über Privatheit als bürgerliche Praxis

Ich will hier nicht darüber diskutieren, wie illusionär bereits die Idee einer autonomen, gewissermaßen vorgesellschaftlichen, unkontrollierten, unbeobachtbaren Freiheit der bürgerlichen Gesellschaft ist – das habe ich an anderer Stelle getan.[141] Meine Antwort ist klar: Die Normalform des autonomen, sich selbst verantwortlichen Individuums, das seine Identität vor allem dann erkennt, wenn es sich selbst beim Sprechen oder Schreiben beobachtet, ist nicht einfach eine anthropologische Normalform. Menschen *sind* nicht so, sondern müssen dies durch gesellschaftliche Praktiken einüben. Die Idee der von außen geschützten Innerlichkeit unverwechselbarer Sprecher ist das Ergebnis von Praktiken, wie sie in Familien zwischen Ehepartnern eingeübt wurden, die nun tatsächlich diskutierende Partner wurden. Es entstanden familiale Öffentlichkeiten, unverwechselbare Kinder und »private« Entscheidungen, die sich im Sinne privater Lebensführung bewähren mussten. Die Pädagogisierung der Kindererziehung gehörte ebenso dazu wie praktische Arbeitsteilungen, die dann bestimmte Geschlechtscharaktere in der bürgerlichen Gesellschaft hervorgebracht haben, die ja nicht einfach qualifiziert haben, wie es sich mit Männern und Frauen verhält. Es wurden vielmehr Darstellungsprobleme von Persönlichkeiten aufgeworfen, Formen eines reflexiven *impression management*. Man musste es schaffen, sich vor einem mehr oder weniger angebbaren Publikum als Mann oder Frau darzustellen, soziale Rollen zu unterscheiden und all das mit einem plausiblen Habitus, der die soziale Genese des Musters hinter der Authentizität des Auftritts verbergen kann. Gelungene Auftritte sind die, die nicht wie Auftritte aussehen – auch für die Darsteller nicht.

Zur bürgerlichen Geselligkeit gehörte übrigens auch vieles, was gerade *nicht* angesprochen werden konnte, und gerade das Unaussprechliche machte den Eindruck einer tiefen Innerlichkeit der

Person, deren Korrelat eher der gepflegte Brief war als die spontane Rede – das bot dem Einzelnen die Chance, sich selbst dabei zu beobachten, zu werden, was er/sie ist, und zu wollen, was er/sie soll.[142]

Es war aber auch zugleich, das sollte nicht vergessen werden, die Bedingung für das, was wir mit dem Begriff der Aufklärung verbinden. Es wird oft vergessen, dass zur Aufklärung, zur Demokratisierung von Willensbildung, zur Möglichkeit der Kritik von normativen oder ästhetischen Standards usw., also zu allem, was wir mit der Aufklärung verbinden, nicht nur Gewährung und Gelegenheit gehören, sondern eben auch jene Mentalitäten und Kommunikationsstile, die man nur im Prozess der Aufklärung selbst entwickeln kann. Eine kritische, diskutierende Öffentlichkeit, eine liberale Form der Handlungskoordinierung war davon abhängig, dass sich gesellschaftliche Grenzen und die Kontrolle angemessenen Verhaltens von außen nach innen verlagerten. Das sind die Kosten der Freiheit: sie aus freien Stücken zugunsten der Freiheit des anderen einschränken zu können. Das setzt eben auch einen psychischen Apparat voraus, der zur Selbstkontrolle taugt, zur Dämpfung der Emotionen ebenso wie zur Anpassung an eine vergleichsweise strenge normative Ordnung. All das muss man praktisch einüben – gerade deshalb werden Erziehung, Bildung und Lesen zu den entscheidenden Medien des Einübens dieser Praktiken. Und diese Praktiken erst bringen jene Form von Persönlichkeit hervor, die wir seit der bürgerlichen Gesellschaft für das Menschliche schlechthin halten. Es wäre also geradezu naiv, die Idee der Privatheit und Autonomie, die in der Verbürgerlichung der Selbstbeschreibung des Menschen seit dem 18. Jahrhundert entstanden ist, für so etwas wie einen anthropologischen *Normalfall* zu halten.

***

Diesen Schluss zieht auch Han nicht explizit – aber implizit scheint doch durch, dass man sich an das klassische Subjekt der bürgerlichen Gesellschaft so gewöhnt hat, dass man dessen Privatheit, vulgo: unsere gewohnte eigene Lebensform, dann doch für etwas quasi Natürliches hält, implizit, wohlgemerkt.

Es dürfte reichlich naiv sein, so etwas wie eine unbeobachtbare, authentische, autonome Privatheit retten zu wollen – diese hat es nie gegeben. Private Lebensformen waren stets auch das Resultat von Überwachungs- und Geständnistechniken, und es waren diese

Digital Natives.

Techniken, die das Bild der autonomen privaten Person erst ermöglicht haben. Die heutige Gefährdung privater Lebensführung durch Big Data ist ganz ähnlich wie frühere Praktiken zugleich ihre Ermöglichung, denn gerade in der Generation der sogenannten *digital natives* sollte man die Praktiken des Hinterlassens von Spuren im Netz nicht einfach als Anomalie, Betriebsunfall oder Abweichung ansehen. Vielleicht müssen wir uns daran gewöhnen, dass die Matrix des Netzes eine ähnliche Erweiterung der eigenen Person geworden ist, wie es zuvor autoritative Sprecher und Expertenkulturen, der selbst geschriebene Brief oder die Diskussionspraxis unter Gleichgesinnten waren, die auch eine Art Netz über die Gesellschaft gelegt und Fremdbestimmung für Selbstbestimmung ausgegeben haben.

Sieht man genau hin, so sind all diese Praktiken letztlich wieder nichts anderes als der Versuch, die Unübersichtlichkeit einer nur digital erfassbaren Welt analog ausdrücken zu können – in der bürgerlichen Gesellschaft durch die Entdeckung und Kultivierung individueller Unverwechselbarkeit und Innerlichkeit, in der klassischen Industriegesellschaft durch die Herstellung stabiler Milieus und ihrer Lebens- und Arbeitsformen und -normen, heute schließlich in einer noch stärker am Individuum ansetzenden Form der Selbstkontrolle. Letztlich sind all das Reaktionen darauf, dass eine

Gesellschaft mit *verteilter Intelligenz* und unterschiedlichsten Kontexten das einzelne Individuum so zurichten muss, dass es vergleichsweise problemlos zwischen den unterschiedlichen Kontexten und Gegenwarten wechseln und switchen kann.

Dass heute durch die Kontrolltechniken des Internets ein besonderer Kontrollüberschuss dazukommt und ganz neue Formen der Kontrolle und ganz neue Möglichkeiten der Selbstführung des Individuums etabliert werden, fügt dieser Entwicklung noch eine weitere Qualitätsstufe hinzu – aber prinzipiell müssen wir uns individuelle Lebensformen immer als gesellschaftlich erzeugte Formen denken. Letztlich stehen wir alle jeden Tag vor dem Problem, die digitale, unübersichtliche Welt in individuell ertragbare analoge Formen zu übersetzen, und dies durch diffizile Formen der Selbstkontrolle und -anpassung. Heinz Bude beschreibt diesen Sozialtypus so: »Die Botschaft lautet jedes Mal: Man muss Optionen wahren, in Szenarien denken und ›günstige Gelegenheiten‹ ergreifen. Man sollte sich vor Selbstüberschätzung hüten und zugleich Entscheidungsschwäche überwinden.« Die Botschaft lautet also, »sich in einem unübersichtlichen Leben mit ungewissen Ausgängen fit und flexibel zu halten«.[143] Das ist natürlich keine normative Handlungsanweisung, sondern der gelungene Versuch, die Position eines Individuums zu beschreiben, das in einer digitalen Welt ein analoges Leben führen muss und das, das ist Budes Formulierung, die *Angst vor der Angst* ein methodisches Leben führen lässt. Was Bude hier beschreibt, vermittelt den Eindruck eines permanenten Misstrauens in die Welt und in die anderen, der letztlich unkalkulierbar wird – wie man selbst eben. Der Kontrollüberschuss durch digitale Techniken hat also eine korrelierende Seite des Kontrollüberschusses des Individuums über sich selbst und seine Sozialkontakte, übrigens bei gleichzeitiger Sorglosigkeit bezüglich der Weitergabe von Daten und der elektronischen Lesbarkeit des eigenen Lebens für andere. Das Ich wird für andere digitalisierbar und ermöglicht es dann Produzenten und Dienstleistern, politischen Akteuren, medialen Strategien, pädagogischen Programmen, vielleicht bald sogar religiösen und künstlerischen Anbietern, aus der Rekombination von Datenbanken eine Re-Analogisierung vorzunehmen und das Individuum als es selbst anzusprechen – als ein Ich, das durch Zuspruch das Ich wird, das es dann ist. In der Tat scheinen unsere Daten heute nur ein ausgelagerter Teil unserer Persönlichkeit zu sein – und das wirkt fast noch bedrohlicher, wenn man sieht, dass auch zuvor diese Innerlichkeit nur eine Funktion der Außenwelt war.

Diese Diagnose reiht sich ein in das, was ich als Differenz von analogen und digitalen Welten beschrieben habe. Worauf es mir nun hier ankommt, ist Folgendes: Was man die *neoliberale Form der Kontrolle* nennt, wird im Medium der Kapitalismuskritik kritisiert. Dabei geht es eher implizit als explizit um die Frage der Wirtschaftsordnung im engeren Sinne, sondern wiederum um das eher digitale als analoge Verhältnis des Einzelnen zu seiner Umwelt. Ich habe im vierten Kapitel Hartmut Rosa kritisiert, der die Kritik an der mangelnden Resonanzfähigkeit der Gesellschaft als Kapitalismuskritik stilisiert. Ich präzisiere hier: Übersetzt man die These der mangelnden Resonanz in meine Terminologie einer Differenz analoger Bedürfnisse und digitaler Strukturen, dann trifft Rosa tatsächlich einen wichtigen Punkt, der mit der Struktur der Gesellschaft mit ihren unvermittelten Intelligenzen, Logiken und Geschwindigkeiten zu tun hat. Was die Kritik am *Neoliberalismus* meint, ist letztlich genau dies: dass es keine Passung zwischen Ich und Welt gibt und dass deshalb diese Verschiebung durch das Individuum aufgehoben werden muss, durch Selbstmanagement, durch das Management der eigenen Ressourcen und Ziele, was in der Tat nicht nur semantisch an das Unternehmerische erinnert.

Kontrollüberschüsse.

Ob das in jedem Fall ein Problem ist oder auch eine Lösung mit höheren Freiheitsgraden sein könnte, sei dahingestellt. Und ob höhere Freiheitsgrade stets Freiheitsversprechen einhalten können – auch das sei dahingestellt. Ich möchte an diesem Beispiel lediglich zeigen, dass man sich letztlich vor der Diagnose gesellschaftlicher Komplexität davonstiehlt, wenn man die Probleme jener Passung des individuellen Lebens in Lebensformen nachgerade verniedlichend als *Neoliberalismuskritik* stilisiert, denn Neoliberalismuskritik ist nichts anderes als Kapitalismuskritik. Daher auch der Name: Neoliberalismus meint ursprünglich eine eher disparate Strömung der Volkswirtschaftslehre. Sie meinte zunächst den klassischen Ordoliberalismus, der sich selbst als Gegner eines marktradikalen Liberalismus verstand und mit der sogenannten Freiburger Schule um Walter Eucken in den 1950er-Jahren das Konzept der *sozialen Marktwirtschaft* entwickelte.[144] Im angelsächsischen Raum dagegen verband man mit dem Begriff Neoliberalismus dann eher die marktradikale Variante der Chicagoer Schule, die nicht nur für das Pinochet-Regime in Chile, sondern auch für die radikalen Reformen von Margaret Thatcher stilbildend war.[145] Erst in diesem Zusammenhang wurde *neoliberal* ein Schimpfwort – gerade weil es als ein Symbol dafür steht, allein der Eigendynamik des ökonomischen Eigensinns zu vertrauen und dann negative Folgen auch entsprechend zuzurechnen: als Fehl- oder Minderleistung in einem eigensinnigen, dynamischen Feld, auf dem freien Markt nämlich.

Insofern ist es nur konsequent, all das, was unter dem Stichwort *Neoliberalismus* kritisiert wird, exakt an diesen Eigensinn des freien Marktes zu binden und daraus eine Kapitalismuskritik zu machen. Das grundlegende Problem der Komplexität der modernen Gesellschaft freilich sieht man dann nicht mit. Insofern bestätigt sich erneut, dass der Hinweis aufs Ökonomische letztlich nur eine Chiffre komplexen Eigensinn ist – den man freilich nicht sehen kann, wenn man aus metaphorischen Gründen aufs Ökonomische kommt.

Ökonomie als Metapher

Meine Intuition, mit der ich dieses Kapitel begonnen habe, lautete: Die moderne kapitalistische Ökonomie bildet das Beobachtungsproblem einer modernen komplexen Gesellschaft nachgerade ästhetisch ab, weil es mit seinem Eigensinn und der Unmöglichkeit, ein Zentrum und damit ein Steuerungszentrum zu etablieren, als eine Parabel auf ein System mit *verteilter Intelligenz* gelesen werden kann. Deshalb, so meine Annahme, kulminieren Krisendiagnosen fast immer in Diagnosen von Krisen des Kapitalismus – mit der Konsequenz, das Problem des komplexen Zusammenspiels unterschiedlicher Logiken und Perspektiven, unterschiedlicher Erfolgsbedingungen und lose gekoppelter Komponenten könnte sich durch Steuerung und Einhegung des Kapitalismus lösen. Dabei sind all die Versuche, den Kapitalismus eher sozialistisch oder eher konservativ zu bändigen, nichts anderes als *politische* Versuche, in diese eigensinnige Dynamik einzugreifen – mit der paradoxen Folge, dass diese politischen Versuche wiederum stets ihre eigensinnigen Folgen zeitigen.

Wer über das Ökonomische spricht, spricht meistens über ein System, dessen emergente Ordnung eine eigensinnige Ordnung ist, die sich dynamisch entfaltet und für die jegliche Kausalannahmen zu kurz greifen. Ob aus einer kritischen Perspektive von Marx mit ihrer Annahme, dass der Kapitalismus an seinen Erfolgen zugrunde gehen wird, ob aus der Perspektive von Weber, der eine Verselbständigung der kapitalistischen Dynamik als Schicksalsmacht diagnostiziert, ob aus der Perspektive der (neo)klassischen Wirtschaftstheorie mit ihrem Vertrauen in das freie Spiel der Kräfte – das Bild des Ökonomischen lebt in all diesen Beschreibungen davon, ein dynamisches System zu beschreiben, das nach Eigengesetzlichkeiten funktioniert, die sich nicht wirklich durchschauen lassen. All diese stark metaphorischen Beschreibungen des Wirt-

schaftens leben davon, dass sie ein letztlich nicht wirklich beherrsch-
bares System beschreiben. Und alle drei Perspektiven sind sich zumindest darin einig, dass die Rationalität der Gesamtordnung nicht
identisch ist mit der Rationalität der Akteure und ihrer Motive –
vom historisch »falschen« Bewusstsein bei Marx über die »Sinnlosigkeit« des Geschehens bei Weber bis zum Eigennutz als Motor
des Gesamtnutzens bei Smith und in der nachfolgenden liberalen
ökonomischen Denkweise.

In der Tradition Vilfredo Paretos hat sich deshalb in der Wirt-
schafts- und Organisationstheorie die Idee einer *bounded rationality* etabliert, wie sie vor allem auf den Wirtschaftsnobelpreisträger
Herbert A. Simon von 1978 zurückgeht.[146]

Begrenzte Rationalität meint, dass die Per-   Bounded rationality.
spektive des entscheidungsfähigen und zu
Entscheidungen genötigten Akteurs seine Grenzen in seinen eigenen Perspektiven, in seinen begrenzten Informationen, in seinem
Blick und seinen Interessen findet – nicht zuletzt in der Unmöglichkeit vollständiger Information –, was immer das auch sein soll,
wenn man unter einer Information etwas verstehen will, was einen
Unterschied macht und was damit eben schon aus logischen Gründen nicht vollständig sein kann. Entscheidend ist dabei, dass sich
hier letztlich das wiederholt, was ich im vorigen Kapitel als den
Unterschied *analoger* und *digitaler* Welten beschrieben habe. Die
konkrete Entscheidungsposition ist analog – gespickt mit Gründen
und konkreten Zielen und Vorstellungen, mit Wünschen und Konventionen, unterstellten Sicherheiten und Vertrauen, persönlichen
Netzwerken usw. All dies lässt sich leidlich kontrollieren – oder
eben wenigstens analog darstellen. Es ist erzählbar, als Unterneh-
menskultur ebenso wie als Entscheidungsprogramm, als moralische
Orientierung ebenso wie als Führungs-, Arbeits- oder Investitions-
stil. An solchen Performances arbeiten ganze Beratungsbranchen,
mit der Hoffnung, über solche Wege zu kalkulierbaren Wirkungen

zu kommen oder wenigstens deren Wahrscheinlichkeit zu erhöhen – und meistens geht es wohl nur darum, etwas Erzählbares
vorweisen zu können, um über den Tag zu kommen, bis zur nächsten Entscheidung. Letztlich wird ökonomisches Handeln heute
stark habitualisiert und an konkrete Stile gebunden.

Deshalb redet man heute in Unternehmen geradezu unökonomisch daher. Werte dringen in die Selbstbeschreibung von Unternehmen ein und bearbeiten damit Themen öffentlicher Debatten
wie ökologische Fragen, Genderfragen, Lebensführungsmodelle
usw. Victoria von Groddeck vertritt die These, über solche Themen
dringe gewissermaßen die Gesellschaft in die Unternehmen ein.[147]
Solche Erzählformen machen bisweilen sogar die ökonomischen
Rahmenbedingungen der eigenen Tätigkeit unsichtbar.[148] Unternehmen beschreiben sich vor sich selbst und vor der Öffentlichkeit als Wertevermittler und als von moralischen Werten getriebene
Organisationen, deren Markterfolg sowohl vermittels als auch zum
Behufe von Werten wie Authentizität, Gerechtigkeit, Ehrlichkeit,
Respekt, Verantwortung usw. erreicht werden soll. Die Funktion
solcher Wertekommunikation liegt unter anderem darin, dass man
ihr schwer widersprechen kann – was den performativen Wert dieser Kommunikation dem Informationswert vorordnet und ein
analog verarbeitbares Bild zeichnet.

Die in meinem Begriffsvorschlag *digitalen*, also eher unsichtbaren, eher verborgenen, sich in Wechselwirkungen kumulierenden,
kaum berechenbaren, darin eben
Kapitalismuskritik verfehlt   komplexen Praxisbedingungen des
die Gesellschaft.   Ökonomischen können damit aus-
geklammert werden – ohne dass sie
verschwinden. Dass in Unternehmen heute in dieser Weise geredet
wird, also tatsächlich analog und damit *unökonomisch,* lese ich als
weiteres Indiz dafür, wie sehr die Dynamik des Ökonomischen
eine geradezu geniale Metapher des aktuell Gesellschaftlichen ist –

und wie sehr Gesellschaftskritik *als Kapitalismuskritik* die Gesellschaft letztlich verfehlt.

Um es noch einmal deutlich zu sagen: Kapitalismuskritik ist eine *politische* Kritik an der ökonomischen Dynamik. Insofern ist Reflexion des Ökonomischen letztlich fast immer *politische Ökonomie.* Ich lese dies als einen erneuten Hinweis darauf, dass die Ökonomie die zentrale Metapher für gesellschaftliche Dynamik schlechthin ist. Denn das Wirtschaftssystem als dynamisches emergentes System, das Einzelereignisse (Zahlungen und Nichtzahlungen) zu ökonomischen Strukturen und Folgen kulminiert, ist geradezu ein paradigmatischer Fall dafür, dass es in einem dynamischen System keinen Ort der Repräsentation des Gesamtsystems gibt.

Dieses Problem löst die politische Perspektive auf die Ökonomie. Über das Ökonomische kann man offensichtlich nicht ökonomisch reden, sondern nur politisch, denn gerade ein System, das sich als emergente Folge von Spielzügen darstellt, schreit geradezu nach kollektiv bindenden Entscheidungen und Regulierungen, also nach: Politik. Wahrscheinlich ist Kritik per se politisch – und insofern geraten kritische Beschreibungen eines dynamischen Systems fast immer zu politischen Beschreibungen. Das heißt übrigens, dass das Reden über Ökonomie fast immer in Gestalt von Kapitalismuskritik daherkommt – ob das eine linke Kritik im Stile Brands ist, eine bürgerlich-konservative Kritik wie die Miegels, aber auch die Kritik des Ordoliberalismus eines Walter Eucken, als Kritik im Sinne der katholischen Soziallehre oder als soziale Marktwirtschaft eines Alfred Müller-Armack. Die einzige Ausnahme könnte ein extremer Liberalismus der Chicago-Ökonomien sein, wie sie etwa von Hayek vertreten hat. Interessanterweise ist aber dieser Wirtschaftsliberalismus die einzige Wirtschaftstheorie ohne Gesellschaftstheorie,

> (Wirtschafts-)Liberalismus ist die einzige Wirtschaftstheorie ohne Gesellschaftstheorie.

das heißt ohne eine Vorstellung davon, wie die unterschiedlichen Logiken einer Gesellschaft sich wechselseitig ermöglichen. Hier hat man einfach die Abwehrrechte des Bürgers gegen den (absolutistischen) Staat im Sinne John Lockes als Modell für die Abwehrrechte der Wirtschaft gegenüber dem (demokratischen) Staat genommen.

It's the economy, stupid!, die berühmte Formel aus dem Clinton-Wahlkampf von 1992, kann deshalb so viel Plausibilität für sich beanspruchen, weil *the economy* eben als Metapher dafür gelten kann, wie sehr die Dynamik des Ökonomischen mit seinen unübersehbaren Folgen und seiner letztlich unkalkulierbaren Schnelligkeit für jene kaum analog darstellbare Komplexität der Gesellschaft steht. Ich habe im vorigen Kapitel die Dynamik einer komplexen Gesellschaft unter dem Stichwort der *Optionssteigerung* und des Fehlens von Stoppregeln beschrieben und muss dies hier nicht wiederholen. Es sollte freilich deutlich geworden sein, dass es eine radikale Verkürzung darstellt, die Eigendynamik der modernen, komplexen Gesellschaft auf die kapitalistische Struktur ihrer Wirtschaft zurückzuführen – irgendwie hört sich das wie eine weitere bloße Analogtechnik in der Beschreibung an, suggerierend, man könne dort ansetzen, wenn man überhaupt direktiv ansetzen könnte. Ich habe dagegen gezeigt, dass die Dynamik der unterschiedlichen Logiken, Funktionen und Intelligenzen einer modernen Gesellschaft in sich je eigensinnige Dynamiken entfalten.

Wäre der Kapitalismus allein der Krisengenerator, müssten die anderen Perspektiven je für sich geradezu Protestbewegungen und Revolten gegen den Kapitalismus beziehungsweise gegen ihre Dynamik sein – aber gerade das sind sie nicht, denn auch ihr Eigensinn und ihre Eigendynamik erzeugen jene Optionssteigerungen, die man freilich an der Wirtschaft besonders eindrucksvoll beobachten kann. Es sind vielmehr diese merkwürdig entkoppelte Struktur der unterschiedlichen Teile und das Fehlen von Stoppregeln, die dafür sorgen, dass die unterschiedlichen Logiken der Gesellschaft so infizierbar sind für je eigensinnige Entgleisungen – wenn man es so negativ ausdrücken will. Und am Ende geht es darum, diese eigensinnigen Formen miteinander zu koordinieren, obwohl ein koordinierendes Zentrum nicht ausgemacht werden kann. Nur: Es bleibt nichts anderes übrig, als das Unmögliche zu tun. Dieser Frage werde ich mich nun im letzten Kapitel unter dem Stichwort Übersetzungen widmen. Denn das ist das grundlegende gesellschaftliche Problem der modernen Gesellschaft – deshalb gilt tatsächlich: *It's the society, stupid!*

Sechstes Kapitel

Übersetzungskonflikte.
Die Geburt der Kritik aus dem Geist
der Perspektivendifferenz?

Was soll man nun mit so einer komplexen Struktur anfangen? Entscheidend ist, dass man niemals anfangen kann. Man kann immer nur weitermachen. Gemeint ist damit, dass Beschreibungen ebenso wie der Versuch, Handlungsressourcen zu entdecken, niemals rein präskriptiv möglich sind. Sie müssen immer dort beginnen, wo man gerade steht. Man kann nur die Ressourcen verwenden, die zur Verfügung stehen. Wahrscheinlich ist alle Rationalität und Rationalisierung eine besondere Form von *Postrationalisierung*, weil sie nie am Anfang beginnt, sondern sich mit den Folgen des Begonnen-Habens herumschlagen muss. Ich habe im dritten Kapitel behauptet, dass manche Diagnose der Gesellschaft – der Anlass und das Beispiel waren die Vorschläge des Ökonomen Niko Paech, wie sich die Gesellschaft gefälligst zu verändern habe, um tatsächlich »nachhaltig« werden zu können – mit einem Gestus daherkommt, als können die Gesellschaft und ihre Gestalt schlicht auf ein weißes Blatt Papier geschrieben werden. Das weiße Blatt Papier – oder heute: der leere Bildschirm – ist das Grundmissverständnis schlechthin, wie ich bereits in der Einleitung ausführlich erläutert habe. Das

Das weiße Blatt als Grundmissverständnis.

Problem des weißen Blattes, auf dem man ganze Strukturen und Modelle errichten kann, entzieht sich der Komplexität der Welt geradezu, denn die Zugzwänge des Schreibens verlangen eher Geschichten, die aufgehen. Ich denke, bescheidener: Ich hoffe, dass meine Argumente im Laufe dieses Buches bis dato aufgehen – aber als Geschichte geht es irgendwie nicht auf, weil die Darstellung selbst stets darauf stößt, dass man den Diagnosen der Gesellschaft, wie ich sie an den politischen Chiffren rechter, linker, konservativer Provenienz verdeutlicht habe, nicht einfach eine weitere anfügen kann. Mein Narrativ ist das Narrativ der Komplexität, und daraus lässt sich keine lineare Geschichte stricken. Vielleicht ist Komplexität gar nicht narrationsfähig, schon weil Erzählungen davon leben, durch ihre eigene Selektivität für Verhältnisse zu sorgen, die alles weglassen, was nicht zum Ende hin strebt – zum Ende im doppelten Wortsinne: zum logischen oder wenigstens plausiblen Aufhören der Geschichte einerseits, zum Ende im Sinne des Zwecks andererseits, denn der Erzählung muss ein Narrativ zugrunde liegen –, und dies ist explizit *keine* Tautologie, weil nicht die Sätze die Erzählung hervorbringen, sondern der Zugzwang des Erzählbaren die Sätze. Von Komplexität zu erzählen beziehungsweise die merkwürdig nicht linearen Bedingungen komplexer Ordnungsbildung zu diskutieren, heißt letztlich, von der Unmöglichkeit jener Erzählbarkeit, in der Geschichten stets aufgehen, zu erzählen. Oder von den Bedingungen des *Weitermachens*.

Meine Rekonstruktion eingeführter Narrative zur Beschreibung und Kritik der modernen Gesellschaft sollte unter anderem zeigen, dass sich die Diagnosen insbesondere der Erzählbarkeit jener Chiffren verdanken – es sind dies insbesondere solche Narrative, die sich an die politische Farbenlehre halten. Aber wie kann meine Erzählung aufgehen? Es muss doch auf irgendeinen Clou hinauslaufen, der die Geschichte zu einem Abschluss bringt – nicht in dem Sinne, hier ein Programm zur Lösung gesellschaftlicher Probleme zu entwickeln, sondern in dem Sinne, wie sich eine Gesellschaft des Typs, wie ich ihn beschrieben habe, auf sich selbst einstellt.

Auch hier beginne ich mit einer Intuition, mit der Intuition nämlich, dass das grundlegende Bezugsproblem einer durch *verteilte Intelligenz*, Differenzierung von Perspektiven und Funktionen und nicht zuletzt gegenwartsfixierte Zustandsdeterminiertheit und Beschleunigung geprägten Gesellschaft als Übersetzungsproblem gedacht werden kann. Die Disparatheit der unterschiedlichen Logiken einer modernen Gesellschaft warten geradezu darauf, ineinander übersetzt zu werden – und viele Konflikte einer solchen Gesellschaft dürften sich als Übersetzungskonflikte darstellen.

Politik und Ökonomie als Schlüsseldifferenz

Das Verhältnis von Politik und Ökonomie ist die Schlüsseldifferenz, an der sich Diagnosen der Gesellschaft scharf stellen. Was unter den Labeln *Kapitalismus, soziale Marktwirtschaft* oder *Sozialismus* diskutiert wird, ist dann, genau besehen, gar keine ökonomische Kategorie, sondern die Frage des Verhältnisses zwischen ökonomischer Dynamik und politischer Kontrolle. Man mag nun einwerfen, dass das eine Banalität ist – aber vielleicht sollte man solchen Selbstverständlichkeiten größere Aufmerksamkeit schenken. Denn in dieser Frage zeigt sich eine der Grundstrukturen einer Gesellschaft, die von *funktionaler Differenzierung* beziehungsweise *verteilter Intelligenz* geprägt ist. Es geht in dieser Frage um das, was ich Übersetzungskonflikte nenne. Die Selbstbeschreibung moderner Gesellschaften kreist fast ausschließlich um die Frage, wie hier zwei unterschiedliche Logiken aufeinander abgestimmt werden können:

Die *Erfolgsbedingungen des Ökonomischen* sind letztlich individualisierte Erfolgsbedingungen, die Investitionen in ein Verhältnis zu Returns setzen und so ökonomischen Spielern in je konkreten

Gegenwarten Zahlungsfähigkeit sichern oder nehmen. Diese Erfolgsbedingung wird deshalb individualisiert, weil Zahlungsvorgänge konkreten Adressen zugerechnet und über Besitzansprüche legitimiert werden. Das bedeutet dann aber gleichzeitig, dass ökonomischer Erfolg nicht an Ordnungsfolgen, sondern an den Folgen für individuelle Spieler mit Besitzansprüchen scharf gestellt wird. Einfacher ausgedrückt: Aus der Perspektive ökonomischer Akteure erscheint das ökonomische System als ein betriebswirtschaftliches (oder: privatwirtschaftliches) Problem, nicht als ein gesamtwirtschaftliches. In meiner vorgeschlagenen Begriffsheuristik *analog/ digital* könnte man formulieren: Ökonomische Ereignisse haben einen analogen Blick auf die eigenen konkreten Möglichkeiten, Chancen, Risiken, Intentionen, Ziele und Programme, verfügen aber nicht über die komplexe digitale Dynamik des Wirtschaftssystems, das eine abstrakte emergente Folge ökonomischer Spielzüge darstellt. Das ist der Unterschied zwischen privaten Haushalten und der Wirtschaftsdynamik, ebenso übrigens wie der Unterschied zwischen dem Unternehmerischen und dem Ökonomischen. Genau deshalb muss ökonomischer Erfolg (sowohl auf der konkreten Ebene ökonomischer Spieler als auch auf der volkswirtschaftlichen Ebene gesamtwirtschaftlicher Betrachtung) kombiniert mit negativen Folgen im Hinblick auf gesellschaftliche Knappheits- und Verteilungsprobleme kein Widerspruch sein. So schließt sich ökonomische Prosperität und Armut ebenso wenig aus wie ökonomischer Erfolg und Ungerechtigkeit.

Die *Erfolgsbedingung des Politischen* ist anders gelagert. Besteht die Funktion des Ökonomischen darin, Knappheitsausgleich zu regulieren, liegt die Funktion des Politischen darin, kollektiv bindende Entscheidungen herzustellen. Es liegt dann nahe, schlicht die richtigen Entscheidungen zu treffen, um den Mangel ökonomischer Ordnungsbildungskompetenz politisch zu kompensieren. Dieser Versuchsaufbau ist letztlich das, was gesellschaftliche Modernität ausmacht: Die ökonomische Dynamik muss politisch kontrolliert werden, damit einerseits ökonomische Anreize funktionieren und eine dafür notwendige Dynamik in Gang bleibt, andererseits aber negative Ordnungsfolgen des Ökonomischen kompensiert werden können. So steht es in allen Sozialkundelehrbüchern, die zusätzlich darauf hinweisen, dass das institutionelle Arrangement moderner Gesellschaften diesen Kontrollmechanismus abbildet. Nun sollte der Erfolgsbedingung genauere Aufmerksamkeit geschenkt werden. Wie die praktische Erfolgsbedingung wirtschaftlichen Handelns nicht in gelungener Distribution von Geld, Gütern und Dienstleistungen liegt, sondern in einer über den Preismechanismus individualisierten Gewinn-Verlust-Rechnung, so besteht die Erfolgsbedingung des Politischen nicht in erster Linie darin, die Probleme der Gesellschaft nach Sachkriterien angemessen zu lösen. Mindestens genauso entscheidend ist der digitale Mechanismus, der politischen Entscheidungen ihre Zugriffsmöglichkeiten auf kollektiv bindende, rechtsförmige Entscheidungen sichert: Es geht um die Plausibilität vor einem Wahlvolk, das überzeugt werden muss. Politischer Erfolg besteht also zunächst darin, eine reale oder potenzielle politische Öffentlichkeit zu überzeugen, wenigstens eine Mehrheit dieser Öffentlichkeit, wobei die Mehrheit selbst ein zu unterkomplexer Mechanismus wäre. Noch entscheidender ist, auch diejenigen loyal halten zu können, die nicht der Mehrheitsmeinung anhängen und über das Verfahren oder über Interessenausgleich und Begründungen an die politische Entscheidung gebunden werden. Dieser Mechanismus der Wählbarkeit und Wahl ist letztlich der digitale Mechanismus, dem im ökonomischen Bereich zählbare und damit objektiv vergleichbare Geldmengen und -werte entsprechen.

Unterschiedliche Erfolgsbedingungen des Ökonomischen und des Politischen.

Im Verhältnis zwischen diesen beiden Erfolgsmechanismen haben sich unterschiedliche Praktiken entwickelt, von denen ich eine herausgreifen möchte, die charakteristisch ist für das wechselseitige Verhältnis. Wir können beobachten, dass sich im institutionellen Arrangement in wirtschaftlichen und politischen Praktiken unterschiedliche Geschwindigkeitsregimes etabliert haben. So gehört konsequenterweise zur ökonomischen Kultur ein Lobpreis der Schnelligkeit, der dynamisch-beschleunigten Entscheidungsfähigkeit, bisweilen sogar der heroischen Form des Entscheidens unter Bedingungen knapper Informationen und noch knapperer Zeit. Medien des Ökonomischen beziehen Teile ihres Mehrwerts aus Geschwindigkeit, daraus, schnell auf sich ebenso schnell verändernde Marktbedingungen, Börsenkurse und Preisschwankungen zu reagieren, in den eigenen Organisationen klare Zuständigkeiten für die schnelle Entscheidung zu etablieren und einen Führungsstil zu pflegen, für den demokratische Willensbildung nachgerade dysfunktional wäre – schlicht weil sie zu lange dauert. Solcherart Handeln lebt von einem Dezisionismus der Tat – und macht damit einen besonders modernen Eindruck.

Während in ökonomische Entscheidungsroutinen Schnelligkeit eingebaut wird – mit dem derzeitigen Höhepunkt etwa von rechnergesteuerten Strategien an Börsen, die schneller sind, als es ein menschliches Bewusstsein bewerkstelligen könnte –, wird demokratische Politik verfahrenstechnisch verlangsamt. Demokratische Entscheidungsprozesse entschleunigen die Politik, indem sie Verfahren, Fristen und Zuständigkeiten inszenieren, etwa Entscheidungsprozesse auf Parteitagen, Beratungen in Parlamentsausschüssen und vorgeschriebene Lesungen in Parlamenten. Eine politische Entscheidung gilt nur dann als legitim, wenn sie sich den entsprechenden Entscheidungsprogrammen und -verfahren fügt und Zeit dazu nutzt, der Opposition oder der Öffentlichkeit die Gelegenheit zu geben, den Entscheidungen auch durch negative Stellungnahmen die Würde der demokratischen Legitimation zu verleihen. Jedenfalls sind erhebliche Grenzen der Beschleunigungsfähigkeit demokratischer politischer Prozesse zu beobachten – in dieser Hinsicht stellen sich Diktaturen als erheblich effizienter dar, wäre da nicht die Notwendigkeit, die Legitimation von Entscheidungen gewaltsam kontrollieren und dafür entsprechende Vorkehrungen vorhalten zu müssen.

Der Unterschied der beiden Zeitregimes dürfte evident sein, auch die Funktion dieses unterschiedlichen Umgangs mit Zeit. Zugleich bedeutet das nicht, dass es nicht auch in wirtschaftlichen Zusammenhängen zu Verlangsamungen kommen kann, und erst recht ist evident, dass sich auch politische Verfahren und Entscheidungsroutinen erheblichen Beschleunigungszwängen ausgesetzt sehen. Aber prinzipiell gelten hier unterschiedliche Erwartungen an die Verarbeitung und Nutzung von Zeit.

Ich wähle das Beispiel dieser Konfliktlagen, um auf das aufmerksam zu machen, was ich Übersetzungskonflikte nenne. Politik und Wirtschaft nehmen sich gegenseitig wahr, erzeugen ein jeweiliges Bild des Gegenübers und sind darauf angewiesen, mit wechselseitigen Erwartungen umzugehen. Diese Erwartungen – das ist das Entscheidende – werden nicht zentral kontrolliert, sie sind nicht integriert in dem Sinne, dass man eine Instanz benennen könnte, die die beiden Logiken miteinander koordinieren könnte. Diese Koordination findet vielmehr jeweils gegenwärtig, jeweils praktisch, jeweils in Echtzeit, jeweils in Form temporärer Anpassungsprozesse und vor allem nur an konkreten und begrenzten Fällen statt, nicht allgemein zwischen »Wirtschaft« und »Politik«. Dies geschieht durch steuerpolitische Maßnahmen ebenso wie durch gesetzliche Vorgaben für Arbeitsschutz, Umweltschutz, Kreditschutz, Mindestlöhne, Tarifautonomie oder Produktkontrolle; es geschieht durch Investi-

Je gegenwärtige Koordination statt Integration.

tionsentscheidungen mit der Option des Ausweichens in andere geopolitische Räume; es geschieht durch kreative Auslegung von gesetzlichen Vorgaben ebenso wie durch Kompromissversuche zwischen Unternehmen und Verwaltungen; es mündet in Konzepte wie Emissionshandel oder Vereinbarungen zwischen Branchenverbänden und der öffentlichen Hand; es erfolgt durch Einflussnahme von Wirtschaftsverbänden, Gewerkschaften oder Interessengruppen auf Parteien, Parlamente, öffentliche Meinung usw.

Mit dieser ebenso unsystematischen wie unvollständigen Aufzählung möchte ich darauf hinweisen, dass die *lose gekoppelten verteilten Intelligenzen* politischer und ökonomischer Natur vielfältige Schnitt- und Kontaktstellen haben, aber *keine Eins-zu-eins-Schnittstelle*, die die beiden Logiken wirklich koordinieren könnte. Eine solche Koordinationsstelle wäre der Traum aller kritischen Kritik: endlich den Ort oder den Mechanismus angeben zu können, von dem her sich die unterschiedlichen Logiken koordinieren lassen – denn gerade das Fehlen von Eins-zu-eins-Schnittstellen ist es, was Beschreibungen und Kritik der Gesellschaft – ob eher linker oder eher konservativer Provenienz, von rechten Denkungsarten ganz zu schweigen – dazu bringt, sich an *analogen Bildern* zu orientieren, statt die *digitalen Folgen* der komplexen, vielfältigen, echtzeitlichen Kontakte und Koordinationsversuche in den Blick zu nehmen, die dann die Komplexität und Eigendynamik der Gesellschaft sichtbar werden lassen.

Man kann die moderne Gesellschaft eine *Gesellschaft der Gegenwarten* nennen.[149] Gemeint ist damit, dass sich in den Zonen der je wirkenden Logiken immer nur je gegenwärtige Lösungen finden lassen, dass sich unterschiedliche Kontexte und Situationen gleichzeitig unterschiedlich darstellen und dass es aus dieser komplexen Situation keinen Ausweg gibt – es sei denn einen stets gegenwärtigen. Auch Versuche des nachhaltigen Planens und Festlegens von Strategien müssen sich in je konkreten Gegenwarten bewähren.

Das hat übrigens unter anderem den Effekt, dass eine in dieser Weise auf Gegenwarten festgelegte Gesellschaft gut damit klarkommt, dass identifizierte Probleme *nicht* gelöst werden. Wenn man sich alleine vergegenwärtigt, mit welcher Dringlichkeit sich ungelöste Probleme in der veröffentlichten Meinung vorfinden und wie kurzatmig auf solche Meldungen reagiert wird, sieht man zugleich, dass Themen sich so schnell ablösen, dass sie eben *nicht* gelöst werden. Beispiele liegen auf der Straße. Ob es ein Lebensmittelskandal ist oder eine Studie über neue Medikamente, Hinweise auf Missstände bei bestimmten Gruppen in der Gesellschaft oder die Identifikation ökologischer Probleme, selbst die Wahrnehmung großer Ungerechtigkeiten und der Folgen des eigenen Lebensstils im Hinblick auf Ressourcenverbrauch oder ökonomische Unvernunft – die Gesellschaft macht nie den Eindruck, als müsste oder könnte sie innehalten und diese Probleme lösen, bevor sie weitermacht –, und schon die grammatische Struktur dieses Satzes ist eigentlich sinnlos, denn als Subjekt könnte die Gesellschaft ohnehin nur auftauchen, wenn man sie für politisch integriert halten würde. Die sprichwörtliche Resilienz der Gesellschaft im Hinblick auf selbst erzeugte Probleme resultiert aus einer merkwürdigen Kombination aus Trägheit und hoher Dynamik.

Träge ist sie darin, dass sich Erfahrungen und Routinen länger halten, als wir es zugeben wollen. An großen gesellschaftlichen Krisen lässt sich das gut beobachten. Man vergegenwärtige sich allein die großen gesamtgesellschaftlichen Krisen- und Veränderungserfahrungen, die zum Beispiel Deutschland vom Ersten Weltkrieg bis zur Wiedervereinigung erlebt hat. Es erstaunt die erhebliche Kontinuität: Bei allen Brüchen lief das Leben schlicht weiter, und es musste der nächste Tag organisiert werden. *Dynamisch* dagegen ist die Gesellschaft darin, dass sich Themen,

> Eine merkwürdige Kombination aus Trägheit und Dynamik.

Ereignisse, Problemstellungen, Lösungsstrategien usw. bis zur Unkenntlichkeit in der Zeit abbilden und wenig nachhaltige Folgen entwickeln. Das ist übrigens einerseits sehr bedauerlich, weil es den Eindruck einer Unmöglichkeit des Einwirkens und der nachhaltigen Lösung von Problemen macht. Andererseits ist genau das auch der Boden für die stupende Resilienz und Fehlerfreundlichkeit der Gesellschaft, es ist ein Effekt der losen Kopplung der gesellschaftlichen Teile: Paradoxerweise hat alles irgendwie subtile Folgen aufeinander, aber es besteht gerade durch die lose Kopplung die Möglichkeit, dass die unterschiedlichen Teile je flexibel auf Veränderungen reagieren. Man muss es so merkwürdig ausdrücken: *Es ist die ungeheure Dynamik der Gesellschaft, die dafür sorgt, dass sie sich letztlich nicht aus der Ruhe bringen lässt.*

Um nicht missverstanden zu werden: Dies ist eine Diagnose, die sich letztlich für die digitalisierten Wechselwirkungsprozesse der Gesellschaft interessiert und sie gewissermaßen von außen beschreiben kann. Aus der analogen Perspektive des Erlebens erscheinen dann Diagnosen wie *Beschleunigung* und Überforderung plausibel, wie sie Hartmut Rosa am prominentesten entwickelt hat.[150] Dem müsste hinzugefügt werden, dass Beschleunigung und Überlastung auch ein Effekt der Tatsache sind, wie wenig man in die Dynamik der Gesellschaft einwirken kann. Es ist nämlich nicht nur das Erleben der Schnelligkeit der Gesellschaft, also die Konzentration von Ereignissen in kurzer Zeit, sondern auch die gegenteilige Erfahrung: *wie langsam sich die Dinge trotz unseres permanenten Einwirkens doch verändern.* Eine Gesellschaft mit lose gekoppelter *verteilter Intelligenz* kann sich dynamisch so sehr stabilisieren, dass Langsamkeit gar keine Option sein kann.

Vergegenwärtigt man sich die oben aufgezählten Kontaktformen zwischen wirtschaftlichen und politischen Perspektiven und Handlungslogiken, so wird deutlich, dass diese punktuellen Einflussnahmen jeweils mit den Erwartungen darüber arbeiten, wie und was die je andere Perspektive erwartet. In diesen Erwartungs-erwartungen muss man dann über die nächste Gegenwart kommen, um die kumulativen Folgen von Eingriffen einschätzen zu können. So kann man die Steuern erhöhen – oder auch senken, weil man bestimmte Erwartungen erwartet und darin Reaktionen ökonomischer Akteure – produzierende Unternehmen, Konsumenten, Banken usw. – antizipiert. All das erzeugt ein hochkomplexes Konglomerat von Wechselseitigkeiten, die eben nicht als kausale Einflussnahmen rückgerechnet werden können. Zugleich wird deutlich, dass weder die wirtschaftliche noch die politische Seite je als Einheit agieren, sondern ihrerseits intern von Perspektivendiff-erenz geprägt sind, von je spezifischen Formen der Konkurrenz unterschiedlicher Erwartungsmanagements. Ein Unternehmen wird einschätzen, wie sich andere Unternehmen verhalten, und wird sein Handeln nicht nur auf die Schnittstelle mit politischen Vorgaben beschränken, sondern alles, was es tut, stets auch in der Erwartung tun, wie ähnliche Spieler entscheiden. Und politisch gilt zugleich, dass Einwirkungen in die wirtschaftliche Dynamik nicht nur im Horizont der wirtschaftlichen Folgen erfolgt, sondern auch im Hinblick auf die politischen Folgen vor einem potenziellen Wahlpublikum, anderer Parteien oder Staaten.

Es dürfte in der *Form* meiner Darstellung deutlich geworden sein, wie komplex die Gemengelage ist – und ihre Beschreibbarkeit ähnelt sehr jener DONALD-Figur, die ich im dritten Kapitel von Gregory Bateson entlehnt habe, um zu zeigen, wie wenig Ordnung sich präskriptiv voraussetzen lässt und wie sehr sich Strukturen nur postrationalisierend erfassen lassen. Diese komplexe Gemengelage ist davon geprägt, dass die unterschiedlichen Perspektiven und Logiken, Funktionen und Erfolgsbedingungen einer modernen Gesellschaft sich in einem permanenten, wechselseitigen Übersetzungsprozess befinden. Exakt deshalb sehe ich in den zentralen Konflikten einer modernen Gesellschaft Übersetzungskonflikte.

Exkurs: Übersetzungen

Bevor ich den Gedankengang wieder aufnehme, lohnt es sich, kurz innezuhalten und den Begriff der Übersetzung wirklich ernst zu nehmen. Übersetzung – das klingt nach Übertragung von einer Sprache in eine andere.

> *Before I shall continue my reasoning, I think it could be worthwhile to pause to think about the concept of translation. Translation sounds like a transcription of one language into another language.*

Der letzte Absatz übersetzt den vorherigen in die englische Sprache. Bestenfalls sind die beiden Versionen identisch, aber man kann schon sehen, dass sie nicht identisch sind – der eine Absatz ist in deutscher Sprache verfasst, der andere in englischer Sprache. Denn schon dass die Übertragung von einer in eine *andere* Sprache erfolgt, verändert etwas – die beiden Versionen sind also *nicht* identisch, sonst würde keine Übersetzung vorliegen. Nun ist dieses Beispiel trivial, als die Übersetzung insofern kaum auffällt, weil es sich um einen vergleichsweise banalen Sachverhalt handelt. Aber auch bei so einer banalen Übersetzung sollte deutlich werden, dass es keine *Eins-zu-eins-Übertragung* beziehungsweise *-Schnittstelle* zwischen der einen oder anderen Version gibt. Ich hätte auch andere Vokabeln verwenden können – ich hätte etwa *transfer* statt *transcription* sagen können, auch *notion* oder *term* statt *concept*. Ob das wirklich etwas anderes bedeutet hätte, sei dahingestellt – aber es verweist darauf, dass ich auch im Deutschen anders hätte formulieren können – etwa *Terminus* statt *Begriff* oder auch *Transfer* statt *Übertragung*.

Das Konzept der *Übersetzung* meint mitnichten eine reine Übertragung von Informationen von der einen in eine andere Sprache. Wie wir bereits aus der klassischen Übersetzungsforschung wissen, erzeugen Übersetzungen stets neue Realitäten, schon weil sie sich in anderen (kulturellen) Kontexten bewähren müssen, Begriffe an andere Traditionen anschließen und Metaphern und Bilder nicht einfach übertragen werden können.[151]

Die Einsicht, dass die Übersetzung von Inhalten kein Transfer aus einem Kontext in einen anderen sein kann, ist nicht neu. Der moderne Übersetzungsansatz bricht mit der romantischen humboldtschen[152] oder herderschen[153] Vorstellung von der Übersetzung als einem Akt der »Treue«, mit deren Hilfe das »Fremde« in das »Eigene« transportiert wird, um die »Bildung« der eigenen Nation zu erweitern.[154]

Übersetzungen erzeugen stets neue Realitäten.

Spätestens seit den 1920er-Jahren wurde die klare Unterscheidung zwischen Original und Übersetzung aufgehoben. Walter Benjamin hat dazu ein schönes Bild entwickelt: Er vergleicht die Übersetzung mit dem Bild einer Tangente, die einen Kreis berührt; sie treffen sich an einem Punkt und gehen danach ihrer je eigenen Wege.[155]

Eine solche Denkungsart wurde später von Theoretikern wie Jacques Derrida[156] oder Homi Bhabha[157] weiterverfolgt, die sich beide aus je unterschiedlichen Perspektiven dafür interessieren, dass die Übersetzung keineswegs vom Original diktiert wird. Diskutiert wurde also nicht weiter die Möglichkeit der reinen Übersetzung von einer Sprache in eine andere, sondern die Frage, inwiefern der jeweilige Übersetzungskontext darüber bestimmt, wie ein zu übersetzender Text kulturell geformt wird. Die Übersetzung erfolgt also nicht nach dem Bilde des Ausgangsmaterials, sondern nach dem eigenen Bilde, nach dem Bilde des Übersetzers. Das Verhältnis von Übersetztem und Übersetzung verschwindet damit in der Unbestimmtheit der jeweiligen Zeichensysteme.

Die Idee der kulturellen Übersetzung und Ko-Konstruktion führte bald zur stärkeren Einbeziehung von Kontexten – schärfer formuliert: Man kam jetzt nicht mehr umhin, zu sehen, dass jede

Übersetzung innerhalb eines sozialen Kontextes verortet ist. Die als *social turn* der *translation studies* gekennzeichnete neue Wendung war damit eingeleitet. In den Blick aktueller Forschungsfragen rückte die Differenz von Text und Übersetzung, und man führte eben diese als eine »socially regulated activity«[158] ein. Daraus folgt eine endgültige Absage an Figuren des eindeutigen Transfers sowie der Übertragung im Sinne eines linearen Kommunikationsmodells oder einer irgendwie zu bestimmenden Adäquatheit der Übersetzung. Stattdessen fasst man nun die Übersetzung als eine »social practice«[159] mit jeweils spezifischen Interessen und Perspektiven. Übersetzung gilt nun als eine Neuschöpfung, als ein »rewriting« oder eine »construction«.[160]

Dieser Befund deckt sich mit dem, was ich im vierten Kapitel im Zusammenhang mit dem mathematischen Kommunikationsbegriff von Shannon und Weaver entwickelt habe. Auch Kommunikation gilt demnach nicht als Übertragung einer Bedeutung vom Sender zum Empfänger, vielmehr ist es der Empfänger selbst, der aus seinem Horizont zunächst Unstrukturiertes als Information restrukturiert. Auch hier könnte man von einem »rewriting« oder einer Rekombination von Möglichkeiten sprechen. Letztlich gerät dann sogar Kommunikation zu einem Übersetzungsprozess. Kommunikation wie Übersetzung sind Konzepte, die weniger Verbindungen und Kopplungen im Blick haben, als vielmehr ein Management von Unterbrechungen beinhalten. Wir müssen nur deshalb kommunizieren, weil wir uns nicht unmittelbar erreichen können – und wir müssen nur deshalb übersetzen, weil es eine unüberwindliche Kluft zwischen »Original« und »Übersetzung« gibt. An den Schnittstellen zwischen den unterschiedlichen Logiken findet keine Informationsübertragung statt, vielmehr wählen die jeweiligen Seiten nach ihren je eigenen Kriterien mit Bordmitteln aus der Fülle möglicher Anschlüsse aus und übersetzen ihre Umwelt in für sie selbst relevante Informationen, mit denen sie umgehen.

Übersetzung statt Integration

Exakt diese Denkfigur passt zu dem Modell *verteilter Intelligenz.* Eine moderne Gesellschaft ist dann letztlich ein komplexes Gebilde, in dem permanent und in Echtzeit um Übersetzungen gerungen wird, jedoch nicht darum, eine konsensuelle Form der Übersetzung festzulegen. Es geht nicht um ein Drittes in dem Sinne, dass sich Original und Übersetzung, Sender und Empfänger, Beobachteter und Beobachter auf eine autorisierte Übersetzung einigen. Das mag für die Drucklegung von übersetzten Texten notwendig sein, hat dann aber nur mit der Materialität des Buches zu tun, für das ein Zeitpunkt gefunden werden muss, an dem der Übersetzungsprozess für beendet erklärt werden kann. Übersetzungen erzeugen nämlich schon deshalb keinen dritten Raum, keine Sphäre neben dem Übersetzungsprozess, weil auch dies wieder Übersetzungspraktiken voraussetzen würde. Sich über Übersetzungen zu verständigen gehört zur Dynamik der Übersetzung dazu. Der Anthropologe Martin Fuchs bringt dies schön auf den Punkt, wenn er formuliert: »We are always already translating when we start to think of translating«.[161]

Die Idee der *verteilten Intelligenz* schließt dieses jeweils Dritte also deshalb aus, weil es dann darüber eine integrierende Ebene geben müsste, die über den Übersetzungsprozess wacht. Es ist aber unmöglich, Gesellschaften von außen zu beobachten, denn bereits diese Beobachtung gehört zur Gesellschaft dazu und findet sich dann in dem wechselseitigen Spiel permanenter Übersetzungsleistungen vor. Das Problem freilich ist, dass sich das, was wir »Gesellschaft« nennen, fast nur dann erzählbar darstellt, wenn eine solche Integrationsinstanz mitgedacht werden kann. Bezogen auf mein eigenes Fach, die Soziologie, muss der Vorwurf gemacht werden, dass sich Beschreibungen der Gesellschaft seit Beginn unserer Disziplin diesem Zugzwang der Erzählbarkeit der Gesellschaft unterordnet. Ich kann es hier nur andeuten: Die Soziologie hat von Beginn an darauf gepocht, dass moderne Gesellschaften funktional differenziert, von Arbeitsteilung geprägt sind, sich in unterschiedliche kulturelle Wertsphären aufspalten, mannigfaltige Wirklichkeiten etablieren oder sich in Subsystemen oder Kraftfeldern wiederfinden, in denen je eigene Regeln gelten. Dass Gesellschaften differenziert sind, gilt

> Dem Zugzwang der konsistenten Erzählbarkeit geht auch die Soziologie auf den Leim.

als unbestrittene Diagnose – die Autoren tun eigentlich nichts zur Sache, aber ich nenne wenigstens die Namen zu den genannten Differenzierungschiffren: Herbert Spencer, Emile Durkheim, Max Weber, Alfred Schütz, Talcott Parsons, Jürgen Habermas, Pierre Bourdieu, womit fast alle wichtigen Begründer des Faches genannt sind. Ich will hier nun keinen Soziologiediskurs beginnen, sondern an diesem Beispiel nur zeigen, wie selbstverständlich die *Entzweiungen der Moderne*, wie sie seit Hegel heißen, stets mit einer Integrationsperspektive gedacht werden – *en passant* läuft bei den Beschreibungen stets ein Fokus auf eine Instanz mit, die in der Lage sein soll, von ihrem Ort aus die Teile der Gesellschaft zu integrieren. Begriffliche Angebote dafür sind eine *gemeinsame Moral* im Sinne Durkheims oder eine *gesellschaftliche Gemeinschaft* im Sinne von Parsons oder lebensweltlich fundierte *Diskursgemeinschaften* im Sinne von Habermas. Letztlich versucht auch die Soziologie, die es womöglich besser hätte wissen können, sich an Beschreibungsmöglichkeiten zu halten, denen auf der Seite der Philosophie *kohärentistische* Ansätze entsprechen, also die Idee, dass so etwas wie soziale Ordnung und argumentative Erreichbarkeit nur möglich sind, wenn man eine kohärente Perspektive auf eine gemeinsame Welt voraussetzen kann.

Was heißt Integration? Als Arbeitsdefinition könnte ich anbieten: die Einschränkung der Teile zur Aufrechterhaltung der Ordnung des Ganzen. Ein System ist dann integriert, wenn die unterschiedlichen Teile sich der Einsicht in die Notwendigkeiten des Ganzen fügen. Solche Narrative behandeln die Gesellschaft durchaus als komplexe Systeme, haben aber keine begrifflichen Mittel, Integration nicht geradezu vorempirisch als Bedingung der Möglichkeit von Ordnung voraussetzen zu müssen. Mein Begriffsvorschlag dagegen nimmt eine andere Perspektive ein. Ein System *verteilter Intelligenz* zeichnet sich dadurch aus, dass es sich sehr wohl um Integration bemüht, diese Integration aber eben nicht zentral und einheitlich voraussetzt, sondern je in Echtzeit und in vielfältigen Gegenwarten gleichzeitig an unterschiedlichen Orten vollbringen muss. Ich habe das am Beispiel des Verhältnisses von Ökonomie und Politik angedeutet. Wie sollen diese beiden Perspektiven integriert werden? Politisch? Oder ökonomisch? Oder moralisch? Oder rechtlich? Oder durch mediale Skandalisierung? Oder gar religiös? Ich glaube, man kann sich leicht vorstellen, dass diese Integrationsbemühungen tatsächlich täglich stattfinden – und dann an die operativen Übersetzungsgrenzen einer Gesellschaft stoßen, die weniger von stabilen Verbindungen als von erwartbaren Unterbrechungen geprägt ist.

Es soll nicht unerwähnt bleiben, dass es dafür auch in der Soziologie Entsprechungen gibt, also Perspektiven, die nicht auf vorgängige Integrationsperspektiven setzen. Nur kurz angedeutet sei hier unter anderem Max Weber, dessen Beschreibung der Ausdifferenzierung von Wertsphären der Wissenschaft, der Politik, der Ökonomie, der Kunst usw. ihn dazu geführt hat, ganz auf den Gesellschaftsbegriff zu verzichten, weil ihm dieser allzu viel Einheit suggeriert. Zu seiner Zeit standen ihm kaum andere Möglichkeiten zur Verfügung, als die Integration der Gesellschaft in eine aristokratisch-männlich-heroische Persönlichkeit zu verlagern, die der »Forderung des Tages« folgen muss und die Differenzen der Welt schlicht heroisch auszuhalten hat, als »letzte Stellungnahme zur

Welt«, wie hier mit fast religiösen Chiffren formuliert wird. Max Weber hat hier etwas gesehen, was seine Adepten meistens hinter einer merkwürdigen Heroisierung der Person verschwinden lassen: dass es keinen gesellschaftlichen Ort für die Integration des Ganzen gibt, und er hat daraus recht pessimistische Konsequenzen gezogen.[162]

Die andere Soziologie, die sich nicht in der vorgängigen Voraussetzung von Integration verliert, ist die Systemtheorie in der Tradition Niklas Luhmanns, die gerade in ihrer verfremdenden Perspektive zeigen kann, dass Systeme nicht auf ihre Umwelt zugreifen können und sich deshalb wechselseitig mit je eigenen Mitteln kontrollieren: Kontrolle ohne direktive Kontrollmöglichkeit, das ist die Formel, auf die man diese Denkungsart bringen kann.[163] Während man aus Max Webers dunkler Diagnose noch eine pessimistische, geradezu nietzscheanische Abrechnung mit einer sinnentleerten Welt machen kann, bleibt die Systemtheorie bei ihrer eher digitalisierenden Verfremdung. In dieser Tradition steht mein Erklärungsversuch – freilich bemüht darum, dies in eine erzählbare Form zu bringen.

Mein Begriffsvorschlag, von *Übersetzungskonflikten* zu sprechen, meint genau das: Die ungeheure Komplexität der Gesellschaft entsteht dadurch, dass Kontexte sich widersprechen und an den Kontaktzonen der unterschiedlichen Logiken je unterschiedliche Übersetzungsleistungen *gleichzeitig* vorgenommen werden. Der moderne Grundkonflikt zwischen ökonomischen und politischen Logiken bildet dies ziemlich gut ab. Denn die Spielzüge von den je anderen Seiten erzeugen wieder zustandsdeterminierende Folgen für die je andere, darauf zu reagieren – und das auch noch in der internen Vielfältigkeit der Logiken selbst. Ich ringe gerade selbst darum, das

> Bezugsproblem von Übersetzungskonflikten: die Gleichzeitigkeit unterschiedlicher Kontexte.

irgendwie *analoger* beschreiben zu können, muss aber feststellen, dass sich die Dinge so kontraintuitiv anhören müssen, um den Verfremdungsaspekt zu verstehen, der nötig ist, um die Dynamik und Komplexität der modernen Gesellschaft angemessen beschreiben zu können.

Vielleicht taugt ja die Metapher der Übersetzung, die, ähnlich wie der mathematische Kommunikationsbegriff, *Unterbrechungen* stark macht, *Unterbrechungen* als Bedingung für Verbindungen identifiziert. Aus dem Übersetzungsparadigma lässt sich nun freilich nicht einfach ein neuer Lösungsansatz ableiten, etwa in dem Sinne, dass wir angemessene Übersetzer werden müssen. Das wäre billig, weil es letztlich so tun würde, als könne das Übersetzungsproblem durch Benennung gelöst werden – so ähnlich wie ja der Hinweis auf Integration das Problem noch lange nicht gelöst hat. Ich schlage *Übersetzung* eher als eine Problemformel vor, also als eine Sehhilfe, gesellschaftliche Konflikte auf die Gleichzeitigkeitsdynamik geradezu unhintergehbarer Perspektiven zu beziehen.

Das Verhältnis von Ökonomie und Politik ist der klassische Fall der Moderne – darauf habe ich bereits hingewiesen. Man wird also hier mit einfacher Kapitalismuskritik nicht weiterkommen, wenn Kapitalismus ja selbst nichts weiter als eine Problemformel dafür ist, wie sehr es zu staatlichen Kontrollversuchen des Eingriffs in die wirtschaftliche Dynamik kommen soll. Mit einer rein ökonomischen Betrachtungsweise wird man auch nicht weiterkommen, weil ja schon jede über den unmittelbaren Akkumulationsmechanismus hinausgehende Beobachtung des Wirtschaftssystems zu *politischer Ökonomie* gerät, mit all den Unsicherheiten und Widersprüchen, an die wir uns gewöhnt haben. Aber das Übersetzungsverhältnis dieser beiden Seiten geht weit über diese abstrakte Frage hinaus. Die Frage neuer sozialstaatlicher Arrangements etwa, die Frage des Umgangs mit Arbeitslosigkeit, vor allem aber die Frage nach einer neuen Passung von Familie, Geschlechterrollen, Freizeit,

Karrieremustern und produktiver Arbeit erfordern Denkungsarten, die unmittelbar mit Übersetzungsleistungen zu tun haben. Konflikte auf diesen Gebieten sind letztlich immer Übersetzungskonflikte, weil sie weit über bloße Interessenkonflikte hinausgehen. Wir treffen also auf Übersetzungskonflikte, wo gesellschaftliche Auseinandersetzungen über die genannten Fragen geführt werden, wo also Sprecher vor allem dadurch geprägt werden, von welcher Logik her sie argumentieren. Zugleich muss man wohl die Auseinandersetzung um gesellschaftliche Lösungen *als Übersetzungskonflikte* inszenieren, in denen die Differenz der unterschiedlichen Logiken wirklich ernst genommen wird. Denn erst dann wird man die Komplexität der Gemengelagen nicht einfach in einseitigen Perspektiven oder moralischen Zumutungen aufgehen lassen.

Das gilt für fast alle Debatten, in denen sich die Gesellschaft in ihrer Perspektivendifferenz thematisiert. Zum Beispiel die Diskussion um den *ärztlich assistierten Suizid*, in dem unterschiedliche Logiken mit je für sich unterschiedlichen Bewertungskriterien aufeinandertreffen: eine medizinische Perspektive einerseits mit der Frage nach dem ärztlichen Selbstbild, andererseits nach den medizinischen Methoden; eine juristische Perspektive, die Rechtssicherheit herstellen möchte und zugleich an die Konsistenz unterschiedlicher Rechtsvorschriften denken muss; eine ethische Perspektive, die ähnlich abwägen muss und ethische Argumente mit dem sozialmoralischen Pluralismus der Bevölkerung in Einklang bringen muss, gepaart mit der Überlegung, wie man Missbrauch vermeiden kann; religiöse Perspektiven mit ihren Ansprüchen, die Verfügbarkeit der menschlichen Existenz abzuwägen; mediale Perspektiven, die nur durch Zuspitzung dafür sorgen können, dass die Bevölkerung sensibilisiert wird; politische Erwägungen, ob und wie die Sache überhaupt geregelt werden muss; wissenschaftliche Perspektiven, die die unterschiedlichen Argumente mit durchaus widersprüchlichen Studien und Forschungsergebnissen versorgen.

Dies wäre eine typische Gemengelage, bei der auf den ersten Blick deutlich wird, dass man sich eine *Integration* der unterschiedlichen Perspektiven gar nicht vorstellen kann, eine *Übersetzung* der unterschiedlichen Perspektiven aber unerlässlich ist, um zu Entscheidungen zu kommen, und *Übersetzungskonflikte* letztlich die Konflikte sind, um die es hier geht. Um es an diesem Beispiel zu exekutieren: Es wäre naiv, eine besondere Übersetzungskompetenz einzufordern, um gesellschaftliche Probleme zu lösen. Diese Übersetzungen finden ohnehin permanent statt, und das ganz ohne eine zentrale oder vorgängige Integrationsperspektive. Ich plädiere also gar nicht für mehr Übersetzungen, sondern dafür, sich solche Gemengelagen *als Übersetzungsprozesse und -konflikte* vorzustellen, um zu Lösungen zu kommen, die den unterschiedlichen Problemlösungsdimensionen Rechnung tragen. Der ärztlich assistierte Suizid beziehungsweise der Diskurs darüber zeigt, das in solchen Debatten tatsächlich *die letzte Stunde der Wahrheit* schlägt. Es gibt keinen Ort, von dem her die Perspektiven zu integrieren wären, und es gibt keine Zentralperspektive, die als Wahrheit fungieren könnte. Das Frappierende ist ja, dass es in solchen letztlich aussichtslosen Situationen immer wieder zu Lösungen kommt, die erheblich schwieriger zu kriegen sind als *wahre Sätze* von meinungsstarker Prägnanz.

Dieses Beispiel ist gerade aktuell – aber auch willkürlich gewählt, weil alle Konflikte in der Öffentlichkeit es exakt mit solchen Gemengelagen zu tun haben, die angemessen zu verstehen ein Verständnis *verteilter Intelligenz* und der *Unmöglichkeit einer Integration der Teile zugunsten eines Ganzen* voraussetzt. Ich wiederhole mich: Daraus ein pathetisches Narrativ zu machen, ist geradezu unmöglich – aber vielleicht ist das ja selbst schon eine pathetische Stellungnahme, weil sie darauf hinweist, wie letztlich Unmögliches geschieht: *die punktuelle Koordination von Unkoordinierbarem und ein gemeinsames Maß für Inkommensurables.*

Dass es mit der pathetischen Verve nicht weit her ist, muss nach nun fast 300 Seiten wirklich nicht betont werden. Denn selbst wenn ich hier selbstbewusst konstatiere, dass meine Argumente irgendwie aufgehen und dass es tatsächlich gute Gründe dafür gibt, die moderne Gesellschaft in den Metaphern zu beschreiben, die ich angeboten habe, so ist doch zu konzedieren, dass der Beschreibung der Charme der politik-affinen Beschreibungen fehlt, deren Unterscheidungen ich im Untertitel dieses Buches für insuffizient erklärt habe. Es fehlt der Charme, die Diagnose programmatisch aufrunden zu können und daraus eine politische Textgattung zu machen. Es fehlt damit auch die kulturelle Form, zugunsten unpräziserer Argumente wenigstens Achtung für gute Absichten ernten zu können. Dass mir dies nicht gelungen ist,

Der Diagnose fehlt der Charme.

kann mir freilich nicht als Scheitern ausgelegt werden, denn es geht mir ja gerade darum, darauf aufmerksam zu machen, dass diese Form der politisierten Beschreibungen nur die analogisierenden Zugzwänge des Politischen in Anspruch nimmt und somit darauf verzichten muss, die Komplexität des Gesellschaftlichen wirklich ernst zu nehmen.

Damit wäre ich wieder am Anfang angekommen, und auch am Ende. Doch will ich hier noch zwei Fragen sehr kurz ansprechen, ohne die ich dieses Buch nicht schließen möchte. Es ist zunächst die Frage danach, ob sich aus dem Gesagten womöglich doch ein neuer Kritiktypus andeuten lässt. Und am Ende nehme ich noch einmal meine Behauptung auf, die ich im Titel des Buches gewagt habe.

Ein neuer Kritiktypus?

Lässt sich am Ende so etwas wie ein neuer Kritiktypus formulieren? Zunächst: Übersetzung und Übersetzungskonflikte habe ich nicht als Kritikkonzepte eingeführt, sondern als einen Mechanismus, der aus den Unterbrechungen einer Gesellschaft resultiert, die sich längst nicht mehr als operierende Einheit oder mit Hilfe eines Beschreibungstyps darstellen lässt. Das gerät zumeist schon deshalb in Vergessenheit, weil eine Beschreibung, die aufs Ganze zielt, die also so etwas wie eine Gesellschaftsdiagnose im Blick hat, fast immer ein *politisches* Format annimmt. Nur deshalb stößt man bei öffentlichkeitswirksamen Beschreibungen der Gesellschaft auf politische Chiffrierungen, und nur deshalb lassen sich Beschreibungstypen vor allem im Hinblick auf die politische Farbenlehre ordnen, wie ich das auch in diesem Buch getan habe. Solche Beschreibungen sind stets auf der Suche nach einem Ankerpunkt, der auch zugleich einen Lösungshorizont für die angedeuteten Problemlagen verspricht – ich habe das als politische Umbauperspektive von links beschrieben, als konservative Intuition, als Erzeugung von Einheit durch Einsicht sowie als rechte Idee der kulturellen/ethnischen Homogenisierung. Dass es sich dabei eher um Idealtypen denn um Realtypen handelt, sollte deutlich sein. Es sind auch eher Beschreibungs- als Handlungstypen. Die Zugzwänge politischen Handelns schleifen die Zugzwänge konsistenter Beschreibungen im Alltag von Übersetzungskonflikten ohnehin ab. Mir geht es in diesem Buch nur darum, das Beschreibungsarsenal zu erweitern und zu präzisieren. Ein politisches Programm ist dies ohnehin nicht.

Dass *Übersetzungskompetenz* genauso wenig als Kriterium von Kritik taugen kann, lässt sich schon daran ablesen, dass auch der Betrüger, nein: vor allem ein Betrüger eine solche Kompetenz braucht. Wer, wenn nicht ein Betrüger, muss in der Lage sein, sich in die Perspektive seines Gegenübers hineinzuversetzen, mit Erwartungs-erwartungen zu spielen, seine Interessen in sozial verträgliche Formen zu übersetzen und das Gegenüber indirekt zu steuern? Nein, Übersetzung taugt nicht zur Kritik. Aber umgekehrt wird ein Schuh draus: *Wenn es eine angemessene Form der Kritik für moderne, komplexe Gesellschaften geben kann, muss sie zumindest in der Lage sein, den Mechanismus der Übersetzungskonflikte ernst zu nehmen.*

Ein neuer Kritiktypus müsste also in Rechnung stellen, dass die unterschiedlichen Perspektiven und Problemlösungskompetenzen insofern unhintergehbar sind, als man sie nur praktisch und in Echtzeit aufeinander beziehen kann, nicht aber zentralistisch, direktiv und integrierend. Nach meinem Dafürhalten müssen kritische Perspektiven genau diesen Mechanismus in Rechnung stellen und mit einer Gesellschaft rechnen, die nach ihrer eigenen vielfältigen Logik auf jegliche Form der Intervention reagiert.

Sehr kurz möchte ich *klassische* Kritiktypen identifizieren. Zur bürgerlichen Gesellschaft gehört sicher der Kritiktypus, der sich auf die authentische Person bezieht, die sich durch Einsicht in die Notwendigkeit den Normen der Gesellschaft fügt. Bürgerliche Kritik war immer davon geprägt, dass das Individuum den je eigenen Willen mit dem gesellschaftlichen Sollen verbindet. Es ist übrigens auch **Klassische Kritiktypen.** ein Kritiktypus, der Autoritäten dadurch kritisiert, dass man nun die Autorität des Allgemeinen im Einzelnen wiederfindet. Kants Regel im kategorischen Imperativ, so zu handeln, dass man wollen könne, dass die Maxime des eigenen Handelns ein allgemeines Gesetz werden könne, ist nicht nur bemerkenswert im Hinblick auf die beanspruchte Verallgemeinerungsfähigkeit seiner Maxime. Überhaupt eine Maxime zu haben und dafür gute Gründe nennen zu können, ist das eigentlich Aufregende daran – freilich sollen die guten Gründe kritisch und affirmativ zugleich sein. Diesen Kritiktypus finden wir in Meinhard Miegels Forderung nach der Einsicht gegen die korrumpierenden Versprechungen des Konsumkapitalismus wieder, der, in der Formulierung Miegels, nicht an unsere besten Aspirationen appelliert.

Anders als ein solcher bürgerlich-konservativer Kritiktypus setzt ein *linker Kritiktypus* darauf, dass das entfremdete Subjekt seine objektive Klassenlage erkennen soll. Ulrich Brand hat sich vor allem darüber gewundert, dass die Menschen ihrer *objektiven* Entfremdungslage nicht ansichtig zu werden in der Lage sind. Dieser Kritiktypus weiß schon alles – zumindest weiß er um die objektiven Bewegungsgesetze und kritisiert Verschleierungstaktiken, die diese objektive Gemengelage unkenntlich machen. Ferner lebt ein solcher Kritiktypus davon, dass alles, jede Lebensäußerung als politisches Statement gelesen werden kann – von der Solidarität mit den Fernsten bis zur Mülltrennung als Nachhaltigkeitsmanagement und der Gestaltung der eigenen Sexualität. Hier wird alles politisch, vor allem das, was *prima facie* gar nicht politisch aussieht. Eine solche Kritikform ist insofern sicher die politikzentrierteste Kritik, weil sie exakt am Mechanismus der kollektiv bindenden Entscheidung ansetzt und als Kapitalismuskritik die Komplexitätsanforderungen der Gesellschaft durch einen Vorrang der Politik vor der Ökonomie unterschreitet – wie die neoliberal gescholtene Gegenseite den gegenteiligen Fehler macht.

Vielleicht ist diese Gegenseite heute ein neuer Kritiktypus, der sich selbst gar nicht in dieser Weise als Kritiktypus wahrnehmen würde, sondern schlicht von der alleinigen Problemlösungskompetenz ökonomischer Anreiz- und Ordnungsbildung ausgeht. Nur weil sich diese Beschreibungsform als ein bestimmter Kritiktypus etablieren konnte, war sie auch so erfolgreich, über Anreizsteuerung in öffentlichen Verwaltungen,[164] in Universitäten,[165] bei der Mobilisierung von Wohlfahrtsempfängern[166] und etwa Krankenhäusern[167] für Furore zu sorgen. Diese Form der Kritik atmet den Geist des betriebswirtschaftlichen *controlling* und hat offensichtlich die Selbst- und Fremdzurechnung des Ökonomischen als effizienten und rationalen Handlungstypus auf seiner Seite. Geradezu unsichtbar wird dann übrigens manchmal, dass die Umstellung sozialer Beziehungen auf *Geld* durchaus etwas Emanzipatorisches haben kann. Wer etwa fordert, dass auch Reproduktionsarbeit, also etwa familiäre Fürsorge, in geldwerten Formen ausgedrückt werden soll, hat schon anerkannt, dass eine monetarisierte Beziehungsform auf Dankbarkeit und unbedingte Erwartbarkeit verzichten kann. Wer Pflege in Form bezahlter Betreuung in Anspruch nehmen kann, mag vielleicht einen Verlust an persönlicher Zuwendung erleben, aber auch einen Gewinn an persönlicher Autonomie. Und wer für eine Dienstleistung ein klares Entgelt bekommt, muss sich nicht bedanken.

Ein gegenwärtig vor allem in der jüngeren Generation beobachtbarer Kritiktypus ist der Typus einer *authentischen Kritik*, einer Kritik nämlich, die der Komplexität der Welt und den digitalen Undurchschaubarkeiten der Gesellschaft die analogste aller analogen Formen entgegensetzt: der durch bloße Existenz des Gegenübers verbürgte Symmetrieanspruch von Sprechern. Irmhild Saake hat diesen Kritiktypus sicher am eindringlichsten auf den Begriff gebracht. Gleichheit, so schreibt sie treffend, ist dann nicht mehr die abstrakte Gleichheit abstrakt deduzierbarer Normen, sondern Gleichheit mutiert zur »Differenz von Betroffenheiten«.[168] An anderer Stelle spricht sie davon, alles werde ethisch, und zwar dadurch, dass es als authentische Betroffenheit vorgetragen werden kann.[169] Man findet solche Kritikformen in Ethikgremien, aber auch dort, wo marginalisierte Gruppen promoviert werden und man dann womöglich gar nicht Argumente hören will, sondern jemanden, der für sich selbst spricht. Ähnliches gilt auch etwa im Kontext von Sprechgeboten, insbesondere wenn es um Frauen oder marginalisierte Gruppen wie Behinderte *(disabled persons)*, Schwarze oder sexuelle Orientierungen geht. Ohne hier in die bis-

Authentische Kritik.

281

weilen primitive Klage über eine übertriebene *political correctness* einzustimmen, mutet manche Kritik schon kurios an. Irgendwo etwa das N-Wort auszusprechen, wird dann nicht nur als unangemessen kritisiert – mit vollem Recht übrigens, da die Bezeichnung Schwarzer oder *people of colour* als »Neger« oder »negroe« tatsächlich als diskriminierend empfunden wird. Kurios daran ist eher, dass das N-Wort dann fast hysterische Reaktionen (okay, hysterisch ist auch nicht okay) auslöst, als könne ein Wort einen Raum geradezu magisch kontaminieren. In Diskussionen über die inkriminierten Worte muss man dann tatsächlich »N-Wort« sagen, um die Kontamination zu vermeiden. Um nicht falsch verstanden zu werden: Diese Kritikform soll hier nicht lächerlich gemacht werden, denn letztlich exekutiert sie nur, was die Moderne seit ihrem normativen Beginnen verspricht: Symmetrisierungen. Und man kann nicht daran vorbeisehen, dass diese Symmetrisierungen rechtlich und normativ durchaus durchgesetzt sind, aber praktisch nicht, weswegen sich diese Kritikform weniger auf komplizierte Ableitungen verlegt, sondern auf Benennung und Visibilisierung. Für unseren Zusammenhang ist diese Kritikform insofern interessant, als sie wohl am extremsten darauf setzt, Strukturen zu analogisieren.

Ein *neuer Kritiktypus* müsste an dem Mechanismus ansetzen, auf den das Übersetzungsparadigma hinweist. Es müsste ein Kritiktypus sein, der mit der Widerständigkeit der Gesellschaft rechnet, der also damit rechnet, dass sich Kritik nicht linear auf das Kritisierte bezieht. Wenn man etwas aus der Figur der *verteilten Intelligenz* und ihren losen Kopplungen lernen kann, dann dies, dass sich jeglicher Eingriff in das Gefüge der Gesellschaft vielfältigen Eigenreaktionen ausgesetzt sieht. Das gilt nicht nur für Planung und Steuerung, nicht nur für die Kalkulation von Handlungsfolgen, es gilt auch für Kritik. Vielleicht wusste Kritik dies immer schon genauer, weil Kritik ohnehin mit Widerständigkeit rechnet – warum sollte man sonst kritisieren? Zumeist reagiert sie aber entweder mit einer geradezu humorlosen Selbstzurechnung der Wahrheit, oder aber mit pathetischer Verve, deren authentischer Vortrag dann ihre Vergeblichkeit kompensieren muss.

Womöglich lässt sich aber aus dem Übersetzungsparadigma doch so etwas wie eine intelligentere Anleitung für Kritik ableiten – für eine Kritik, die sich vor allem darauf kapriziert, dass die Gesellschaft in ihrer differenzierten Vielfältigkeiten auf sie reagiert und ergo sich Wirkungen in der Gesellschaft nicht gegen die Logik der jeweiligen funktionalen Logiken erreichen lassen. Dieser Kritiktypus setzt voraus, dass die Kritik sich teilweise von sich selbst distanziert, weil sie eben das, was sie erreichen will, in andere Logiken übersetzen muss. Der amerikanische Philosoph Richard Rorty fordert ganz ähnlich einen Kritiktypus, den er *liberale Ironie* genannt hat. Die liberale Ironie, so schreibt er, sei »nie ganz dazu in der Lage, sich selbst ernst **Liberale Ironie.** zu nehmen, weil immer dessen gewahr, dass die Begriffe, in denen sie sich selbst beschreiben, Veränderungen unterliegen; immer im Bewusstsein der Kontingenz und Hinfälligkeit ihrer abschließenden Vokabulare, also auch ihres eigenen Selbst«.[170] Das hört sich missverständlich an, als gehe es um eine unernste Kritik – aber das Gegenteil ist gemeint. Sich selbst nie ganz ernst zu nehmen, ist vielleicht die höchste Form der Ernsthaftigkeit, weil sie auf die unhintergehbare Perspektivität der eigenen Perspektive aufmerksam macht. Mit Rorty würde ich also dafür plädieren, Kritikkonzepte daran scharf zu stellen, wie sie aus der Perspektive des Kritisierten erscheinen. Das erst macht Kritik dann wirksam – nimmt ihr aber womöglich die kompensatorische Verve, die der Unerfüllbarkeit direktiver Kritik jenen revolutionären Charme nimmt, den gerade die zu schätzen wissen, die von sicherer Warte aus kritisieren.

Ich will ein Beispiel nennen: Man kann ökonomische Akteure und ihre Entscheidungen mit Mitteln der Ethik kritisieren und mit großer Verve ein anderes Verhalten einfordern – und Beifall für solche Kritik ist leicht zu bekommen. Aber man wird die Akteure nicht gegen die Logik des Ökonomischen dazu bekommen, Handlungsweisen zu verändern. Der Münchner Philosoph Karl Homann etwa plädiert deshalb dafür, Wirtschaftsethik nicht auf moralische Einsichten zu gründen, sondern darauf, die Konkurrenz auf Märkten anzuerkennen und sie nicht individualmoralisch, sondern durch Regeln zu steuern. Eine Individualmoral, so Homann, müsse durch Moral in den Strukturen ersetzt werden.[171] Eine solche Denkungsart muss dann mitberücksichtigen, wie sich dies ökonomisch, organisatorisch und rechtlich darstellt und wer ein politisches Interesse daran haben kann, dies durchzusetzen. Dies sind Übersetzungsfragen *par excellence* – und ermöglichen eine kritische Perspektive, die die jeweiligen Restriktionen und Handlungslimitationen unterschiedlicher Akteure ernst nimmt. Man muss übrigens die Perspektive von Homann auch auf die Politik anwenden, denn man wird auch Politik nicht dazu bekommen, Entscheidungen zu treffen, die die jeweiligen politischen Akteure unwählbar machen. Die Agenda-21-Reformen von Gerhard Schröder waren in diesem Sinne tatsächlich eine Ausnahme, sich mit gerade in der eigenen politischen Herkunft unpopulären Entscheidungen durchzusetzen und dann von dort Gefolgschaft zu verlieren. Ich will hier gar nicht diskutieren, ob die Reformen richtig waren oder nicht, das spielt für mein Argument keine Rolle. Entscheidend ist vielmehr, dass Kritik stets damit rechnen muss, dass an anderer Stelle andere Probleme gelöst werden.

Das soeben angesprochene Beispiel des ärztlich assistierten Suizids hat es mit einer ähnlichen Struktur zu tun. Auch hier sind die unterschiedlichen Statements nicht einfach als zufällige Stellungnahmen zu werten, sondern als Ausdruck jener Komplexität, die eine moderne Gesellschaft ausmacht. Und gerade an diesem Beispiel wird in der öffentlichen Diskussion deutlich, wie sich eine

Kritikkultur etablieren kann, wenn es den Akteuren gelingt, die Restriktionen der je anderen Seite, der anderen Profession, der anderen Logik, des anderen Problemaufrisses in Rechnung zu stellen. Wir wissen übrigens aus Forschungen über Gremienethik, dass in dem Moment, in dem Kritiker unterschiedlicher Couleur nicht mehr alleine sprechen und ihre Statements unabhängig voneinander formulieren, aus glühenden Moralisten mit unbedingten Standpunkten vernünftige Sprecher werden, die sich auf ihr sichtbares Gegenüber einstellen. Vielleicht entsteht tatsächlich spätestens dort eine Art Minimalmoral der Kommunikation, wenn man an sich erlebt, dass auch andere Perspektiven Perspektiven sind.[172]

Ein solcher Kritiktypus müsste sich auf *verteilte Intelligenz* einstellen, er müsste einen anderen Stil wählen, einen Stil, der ernsthaft damit rechnet, dass die losen Kopplungen der unterschiedlichen Intelligenzen nicht linear, sondern dynamisch auf Eingriffe reagieren. Insofern reicht für Kritik auch nicht mehr das übliche Arsenal normativ starker Sätze, die Gerechtigkeit und Interessenausgleich, Verantwortliche und Schuldige, einfache Lösungen und Konstruktionsprinzipien, ethisch konsistente gute Gründe und utopische Ziele formulieren. Solche Kritik fällt auf das Grundmissverständnis des *weißen Blattes* herein. Sie unterschätzt, dass sich – wie im dritten Kapitel gezeigt – DONALD tatsächlich nur darstellen lässt, wenn man den Film rückwärts laufen lässt. Kritik verfehlt ihr Ziel, wenn sie das Motiv und die Absicht mit der Wirkmächtigkeit möglicher Strategien verwechselt. Man kann den *sozialökologischen Umbau* wollen, man kann sich *verzichtsbereite Konsumenten* wünschen, man kann *vollständige Symmetrie* anmahnen, man kann *kleinbürgerliche Ressentiments* beschimpfen, man kann die *Unfähigkeit von Staaten* anklagen, koordinierte Wirtschaftspolitik zu betreiben, man kann von rechts *kulturelle Homogenität* einfordern, all das sind DONALD-Figuren, die sich um die Erreichbarkeit des Ziels nicht weiter kümmern müssen, weil sie nicht sehen wollen, dass der Film falsch herum läuft. Womöglich ist die Unerfüllbarkeit der Kritik manchmal ihre Bedingung – denn man würde bei Erfüllbarkeit den Kritiknimbus gar verlieren. Insofern lebt solche Kritik auch davon, dass sie sich *epistemozentrisch* darstellt und eben nicht praktisch. Kritikmilieus gefallen sich gerne darin, dass sie sich in ihren kritischen Semantiken bestätigen – ein neuer Kritiktypus aber muss mit der Einsicht umgehen, wie widerständig sich das Kritisierte darstellt und wie sehr mit *verteilten Intelligenzen* zu rechnen ist, die sich gleichzeitig auf Einwirkungen einstellen. Insofern gerät Kritik oftmals zur bloßen Geste – etwa wenn auffällt, dass wir zwar universalistisch-links kritisieren und die erwartbaren richtigen Sätze kennen, dann aber partikularistisch-rechts leben, weil konkretes Handeln keine universalistischen, zsondern an Situation und Ort gebundene Erfolgskriterien kennt. Deshalb verzweifelt Kritik oft daran, dass sich die Gesellschaft nicht als Objekt behandeln lässt – schon weil die Kritik zur Gesellschaft gehört. Und genau deshalb mutet Kritik, insbesondere wenn sie sich entweder auf den guten Einsichtsgrund oder auf die Metapher des Umbaus kapriziert, latent autoritär an. Wenn sich *verteilte Intelligenz* nicht koordinieren lassen will – dann muss man eben nachhelfen.

Eine wirkliche Koordination der unterschiedlichen Intelligenzen kann keine Option sein, letztlich ist sie wirklich nur um den Preis gewaltsamer Koordination zu haben. Zynischerweise stellt sich die Gesellschaft insbesondere in der Ausnahmesituation des Krieges als besonders gut koordiniert dar. Eine striktere Form der Koordination kennen wir in der Geschichte der Moderne letztlich nur aus Kriegszeiten, und es kann kein Zufall sein, dass die Nationalstaaten Europas allesamt das Resultat kriegerischer Integrationsprozesse waren. Der klassische Krieg der Nationen hatte fatalerweise eine

Einsicht in die Widerständigkeit der verteilten Intelligenz.

modernisierende Funktion gerade in der Illusion einer koordinierbaren Gesellschaft – weswegen Krieg nach außen oft ein probates Mittel zur Lösung interner Probleme war.

Der Krieg war lange Zeit in der Lage, als letztlich einzige Erscheinung eine *gesamtgesellschaftliche* Perspektive zu generieren. Der Krieg war stets in der Lage, die verteilten Intelligenzen zu bündeln – und so geraten alle Einzelfaktoren, die man als Bedingungen des modernen Staatenkrieges anführt, zu einer merkwürdigen Beschreibung der gleichzeitigen strategischen Nutzung und Suspendierung dieser Differenzierung: der Krieg als ökonomisches Bündelungsprogramm zur Produktion von Kriegsmaterial, der Krieg als *wissenschaftliches* Programm zur Vervollkommnung von Technik, der Krieg als *pädagogisches* Programm zur Abrichtung in kognitiver und körperlicher Hinsicht, der Krieg als *religiöses* Programm der Erlösung und Befreiung, der Krieg als *künstlerisches* Programm zur Ästhetisierung von »Stahlgewittern«, der Krieg als *massenmediales* Programm zur Einschwörung auf einfache Konfliktlinien und zur Herstellung eines gemeinsamen Bedeutungsraums, der Krieg als *rechtliches* Programm der Suspendierung von Freizügigkeit, und selbstverständlich der Krieg als *politisches* Programm zur Erzeugung jener inneren Solidarität, der man bindende Entscheidung abnehmen kann.

Der Krieg scheint der einzige Faktor zu sein, dem es historisch gelungen ist, jene gesamtgesellschaftliche Perspektive zu erzeugen, die durch funktionale gesellschaftliche Differenzierung ausgeschlossen ist – und gleichzeitig ist es der Krieg, der einzelnen Funktionssystemen mit die entscheidenden Möglichkeiten der Steigerung ihrer Optionen verschafft hat. Der Krieg dieses Typus ist damit keineswegs eine *Folge* der industriellen Revolution und der nationalen Integration von Staaten, sondern geradezu ihre *Voraussetzung*.[173]

Dies ist kein Plädoyer für den Krieg – selbstverständlich nicht, zumal solche Kriege heute gar nicht mehr geführt werden. Ich habe

dies hier nur erwähnt, weil sich daran zeigen lässt, dass eine Kritik-
perspektive, die auf starke Koordination der Intelligenzen setzt,
sich schnell auf unangenehmem Terrain bewegt. Eine der Grund-
intuitionen von Politikkritikern dürfte oft sein, dass eine Art gemä-
ßigte Diktatur womöglich die beste Regierungsform wäre, die dann
auch in der Lage wäre, so etwas wie eine Gesamtkoordination auch
der nicht politischen Teile der Gesellschaft vorzunehmen. Wohl
deshalb war die berühmteste Aussage von Carl Schmitt, dem Kron-
juristen des NS-Regimes, sowohl für Rechte als auch für Linke immer wieder so attraktiv. Schmitts Sentenz, souverän sei, wer über
den Ausnahmezustand verfüge,[174] macht aus der Gesellschaft eine
politische Gesellschaft, die sich dann aus einem Guss steuern ließe.

**Der Ausnahmezustand
als Utopie?**
Solcher Art Kritik scheint deshalb so
attraktiv zu sein, weil sie sich um iro-
nische Steuerungsprobleme nicht zu
kümmern braucht – und auch nicht um
institutionalisierte Opposition, die ja nichts anderes ist als Defätis-
mus. Es ist dann auch kein Zufall, dass sowohl von rechts als auch
von links der Parlamentarismus nie ernst genommen oder ganz ab-
geschafft wurde, und damit auch der liberale Verfassungsstaat.

An dieser Stelle rastet mein Argument nun wieder ein. Vielleicht
muss der Parlamentarismus als Form der institutionalisierten Kritik heute auch weitergedacht werden. Parlamente leben nicht von
den Regierungsfraktionen. Diese sind trivialerweise nur schwache
Kontrolleure der Regierung. Parlamente leben von institutionali-
sierter Opposition, die auch potenzielle Regierung sein könnte.
Vielleicht – das ist wirklich in aller Vorsicht formuliert – muss es
heute aber nicht mehr nur Parlamente geben, in denen die gesamte
Bevölkerung repräsentiert wird, bis heute differenziert an unterschiedlichen Milieustilen, Interessen und Kritikstilen. Ich mache
daraus kein demokratiekritisches Argument – ganz im Gegenteil. Vielleicht muss demokratische Kultur heute nicht nur soziale

Gruppen und Milieus, Interessengruppen und unterschiedliche Stile politischer Kultur abbilden. Vielleicht muss es parlamentsähnliche Formen geben, in denen die unterschiedlichen Logiken und Funktionen aufeinandertreffen und letztlich quer zu den üblichen Differenzen eine Übersetzungsarbeit leisten, in der man nicht auf Verständigung und Konsens hoffen kann, aber wenigstens darauf, die Differenzen, um die es geht, angemessen zu bearbeiten. Vielleicht muss es ein *Parlament der Funktionen oder Logiken sein, ein Parlament der Intelligenzen* in dem von mir entwickelten Sinne.

Ein Parlament der Funktionen, der Logiken, der Intelligenzen?

Ich mache hier weder einen Vorschlag, wie ein solches »Parlament« aussehen könnte. Und noch werde ich nun in wenigen Federstrichen etwas über die demokratietheoretischen Konsequenzen entwerfen – das wäre naiv. Aber vielleicht wäre es gar nicht so falsch gedacht, dass eine zweite, im föderalistischen deutschen Fall dritte Kammer weniger an sozialer Repräsentation orientiert ist, sondern an einer sachlichen Repräsentation der unterschiedlichen gesellschaftlichen Logiken. Interessanterweise gibt es solche Gremien heute nur unter dem Firmenschild »Ethik«, also den Deutschen Ethikrat oder Klinische Ethik-Komitees. Hier kommt es zu Symmetrisierungen, die ethische Formen annehmen. Meine Intuition eines »Parlaments der Funktionen« wäre kein Ethikrat, sondern so etwas wie ein Senat, in dem man versuchsweise beobachten kann, was passiert, wenn unterschiedliche Problemlösungskompetenzen und -tools aufeinandertreffen. Sollte mein Vorschlag naiv klingen, könnte das fast ein Hinweis darauf sein, dass er nicht ganz falsch ist. Vielleicht ist Naivität ja nur die kleine Schwester der liberalen Ironie. Darüber ist jedenfalls noch genauer nachzudenken.

Ist dies ein liberaler Kritiktypus?

Ist der von mir angedeutete neue Kritiktypus ein *liberaler Kritiktypus*? Jedenfalls ist der Liberalismus der Lieblingsgegner aller drei Beschreibungsformen: Für das *rechte* Denken ist der Liberalismus der Hauptgegner, weil die Quelle des Liberalismus unter anderem der Vorrang der individuellen Freiheit vor der Zugehörigkeit zu Großgruppen ist. Der Liberalismus eines John Locke etwa formuliert Freiheit, Gleichheit und Privatbesitz als die entscheidenden Kriterien – die Zugehörigkeit zu Gruppen, Staaten oder Familien rückt dabei eindeutig in die zweite Reihe.[175] Aus eher linker Perspektive ist es vor allem die Betonung des Privateigentums durch den Liberalismus, vor allem aber das liberale Credo, der Staat möge sich so wenig wie möglich in die Regulierung der Wirtschaft einmischen. Interessanterweise ist auch aus linker Perspektive gerade die internationalisierende Perspektive des Liberalismus suspekt, wenn dies das nationalstaatlich verfasste Arrangement des klassischen Industriestaates in Gefahr bringt. Auf dieses Argument stützt insbesondere Wolfgang Streeck seine Kritik des Liberalismus, vor allem scharf gestellt an Friedrich August von Hayek.[176] Am ehesten kompatibel ist der Liberalismus noch mit konservativer Bürgerlichkeit, die freilich eher auf Ordnungsvorstellungen setzt als auf das »freie Spiel der Kräfte«.

Ich habe schon im ersten Kapitel auf das Grundproblem des Liberalismus hingewiesen: Er macht einen Freiheitsbegriff stark, der die gesamte Dialektik von Freiheit und Unterwerfung, von Wollen und Sollen unterschätzt. Er ist insofern als ein Denken ganz ohne Gesellschaftstheorie kaum in der Lage, den Kritikformen von rechts oder von links eine Alternative entgegenzuhalten – außer vielleicht eine Problemformel, nämlich einerseits die Frage, wie sich Gemeinwohl und Eigeninteresse zueinander verhalten, andererseits, wie der Staat selbst politisch kontrolliert werden könnte. Das erste Problem hofft man durch die »unsichtbare Hand« loszuwerden, was letztlich nichts anderes ist als eine weitere Beschreibung des Problems, statt eine Lösungsperspektive anzubieten. Das zweite Problem wird durch liberale Verfassungen ermöglicht, die nicht nur die Regierung des Volkes, sondern auch die Regierung der Regierung, also die Kontrolle des Staates im Blick haben und Rechte als Bürgerrechte deuten, also letztlich ein Recht auf Rechte postulieren.

Mehr war vom Liberalismus als Denkform letztlich nicht zu erwarten, weil seine allzu rudimentäre Gesellschaftsidee genau genommen das Individuum gegen die Gesellschaft ausspielen wollte und er in diesem Dualismus gerade der Vermittlung von Individualität *als* gesellschaftlichem Phänomen nicht gewachsen war. Der Liberalismus konnte nur dies leisten: *einerseits* die Gesellschaft ausschließlich von der politischen Idee der Unabhängigkeit des Individuums von staatlicher Kontrolle beziehungsweise des Besitzindividualismus als Bestandsgarantie individueller Autonomie zu denken; *andererseits* die gesellschaftliche Dynamik als marktförmige Dynamik individueller Spieler mit der Hoffnung auf eine Art Preismechanismus nach dem Modell der »unsichtbaren Hand« zu interpretieren, die eine dynamische Ordnung schafft und sich so weit wie möglich selbst überlassen bleiben sollte.

Der Liberalismus eignet sich auf den ersten Blick als ein hervorragender Gegner sowohl für die rechte Idee einer homogenen Gesellschaft, die sich über Gruppenzugehörigkeiten definiert, als auch für die linke Idee eines Gesellschaftsumbaus, der auch darauf setzen muss, dass subjektives Bewusstsein sich der objektiven Lage stellt. Aber der eigentliche Gegner von rechts und links ist eher ein Denken, das versucht, die Komplexität einer Gesellschaft zu beschreiben, die weder über die (rechte) Forderung nach homogeneren Bevölkerungen und kulturellen Bekenntnissen noch über die (linke) Fantasie des gesellschaftlichen Umbaus zu erahnen ist. Eine solche Perspektive habe ich in diesem Buch entwickelt.

Liberal wird mein hier entwickelter Kritiktypus also nicht einfach dadurch, dass er wie ein ausgeschlossenes Drittes zwischen den bekannten Kritikformen fungiert. In einem neuen Verständnis *liberal* freilich könnte diese Kritik schon sein, wenn man darunter nicht einfach die Abwehrrechte gegen eine (staatlich verfasste oder kulturell homogenisierte) Kollektivität versteht, sondern wenn man wirklich ernst nimmt, dass Gesellschaften keine Kollektivitäten sind. Das ist es, was ich in diesem Buch mit der Metapher der *verteilten Intelligenz* entwickelt habe, und exakt das ist es auch, was jener Kritiktypus meint, der auf Übersetzung setzt. Es geht dabei aber gerade nicht um ein freies Spiel der Kräfte, sondern darum, dass es für konkurrierende Beschreibungen der Gesellschaft aus den jeweiligen Intelligenzen, Logiken und Funktionen je unterschiedliche Perspektiven und damit Problemlösungskonzepte gibt. Vielleicht kann man es *liberal* nennen, die echtzeitliche Dynamik zwischen diesen unterschiedlichen Perspektiven ernst zu nehmen und eine Denkungsart zu inaugurieren, die sich für konkrete Übersetzungsprozesse interessiert. *Liberal* wäre daran zumindest die Haltung, die Wechselseitigkeit und Vielfalt dieser Perspektiven als unhintergehbares Datum hinzunehmen. Es wäre kein Liberalismus, der mit Hinweis auf das freie Spiel der Kräfte sich aus der Verantwortung darüber herausstehlen könnte, am besten regelten sich die Dinge von selbst. Man muss es im Klartext sagen: Der Preismechanismus (nichts anderes ist die *unsichtbare Hand* im freien Spiel der Kräfte) mag in unproblematischen Märkten ein Mechanismus sein, der tatsächlich über Wettbewerb nicht nur zu guten Lösungen, sondern auch zu erschwinglichen Preisen führt – als Modell für die gesamtgesellschaftliche Dynamik taugt er freilich kaum.

So gesehen hätte der Kritiktypus, den ich angedeutet habe, insofern etwas Liberales, als damit die Differenz individueller Perspektiven stark gemacht wird – aber nicht *gegen* ihre Vergesellschaftung,

Ein neuer Liberalismus?

sondern *als* ihre Vergesellschaftung. Wenn das ein neues liberales Programm sein könnte, dann wäre mein Vorschlag in der Tat liberal.

Ein Grundproblem der Moderne besteht darin, dass sich zwei unterschiedliche Liberalismen gegenseitig aufheben: Es gehört zum *politischen Liberalismus*, die Gleichheit der Menschen (vor dem Gesetz) und die Gleichwertigkeit der Menschen (vor kulturellen Zumutungen) zu postulieren und zu verteidigen; es gehört zum ökonomischen Liberalismus, für freie Marktkräfte zu sorgen und an diese Freiheit eine dann legitime Form sozialer Ungleichheit zu binden, die sich in ökonomischer Dynamik stets einstellt. Zu den Grundstrukturen der Moderne gehört tatsächlich diese Spannung, die das Übersetzungsproblem zwischen Politik und Ökonomie zum Schlüsselverhältnis der Moderne macht. Dem Liberalismus ist es bis jetzt nicht gelungen, daraus mehr abzuleiten als eine bloße Option für den Wirtschaftsliberalismus *oder* für die linksliberalen Bürgerrechte als Schutzrechte gegenüber Staat und Autoritäten. Die wechselseitigen blinden Flecke sind geradezu mit Händen zu greifen.

Hätte der Liberalismus eine Gesellschaftstheorie, wäre diese Option nicht mehr nur ein (politisches) Geschmacksurteil, sondern ein Fall für exakt den Kritiktypus, den ich angedeutet habe. Er müsste sich um die Übersetzungsperspektiven kümmern und nicht, wie es der organisierte politische Liberalismus zumindest in Deutschland in den letzten Jahrzehnten getan hat, die Wechselseitigkeit der unterschiedlichen Logiken der Gesellschaft schlicht leugnen. Ich halte das Übersetzungskonzept insofern für ein hochgradig kritisches Konzept, weil es sich gerade dafür interessiert, Perspektiven zunächst auf Augenhöhe zu platzieren und paradoxe, sich neutralisierende und bloß eindimensionale Folgen wenigstens in den Blick zu nehmen. Wenn man das in die Tradition eines Denkens setzen würde, das sich von zentralen und autoritären Perspektiven zu befreien sucht, wäre es in der Tat *liberal*. Aber Liberalismus ist derzeit tatsächlich nur im Konjunktiv zu haben. Mein Versuch einer kritischen Perspektive, die ich aus dem Übersetzungskonzept zu gewinnen versuche, ebenso meine Komplexitätsanalyse *verteilter Intelligenz* in echtzeitlicher Wechselseitigkeit steht immerhin im Indikativ.

Ein abruptes Ende: Wirklich die letzte Stunde der Wahrheit?

Ich habe das Buch mit der Bemerkung begonnen, dass bereits im Titel ein performativer Widerspruch auftauche. Wer Bücher schreibt, schreibt sie mit einem gewissen Wahrheitsanspruch. Die Wahrheit darüber zu verfassen, dass die letzte Stunde der Wahrheit geschlagen habe, negiert diesen Anspruch und scheint auf den ersten Blick im besten Falle naiv zu sein. Ich hoffe nun, dass dieser Eindruck trügt. Was ich mit der Formulierung meinte, war nur, dass sich so etwas wie eine Zentralperspektive für eine wahre Beschreibung der modernen Gesellschaft nicht mehr anbietet. Das ganze Buch kreise nur um ein Thema, darum, dass das, was man so unbedenklich einheitlich »Gesellschaft« nennt, stets nur als Horizont praxisgebundener Perspektiven existiert. Aufgelöst werden kann diese Paradoxie nur dadurch, dass sich bei der Beschreibung der Gesellschaft und ihrer Strukturen je perspektivische Formen dessen etablieren, was gilt. An dieser multipolaren Grundstruktur kommt auch eine Beschreibung dieses Sachverhalts nicht vorbei. Eine Theorie *verteilter Intelligenzen* kann nicht in Anspruch nehmen, die *CPU* der Gesellschaft zu sein oder zu kennen, um im Bilde zu bleiben.

Was jedenfalls nicht gelungen ist, ist eine Neubeschreibung, die zumindest performativ als Konkurrenzprodukt zu den politisierbaren Beschreibungen rechter, linker und konservativer Provenienz auftreten könnte. Was aber herausgekommen ist, ist eine Beschreibung, die die Perspektivität ihrer Position besser kennt als die meisten anderen Beschreibungen, deren politische Perspektive aufs Ganze so aussieht, als könne man im Gestus der Wahrheit sprechen. Dies habe ich zu dementieren versucht – mit dem Wahrheitsanspruch darauf, deren letzte Stunde zu verkünden. Die Paradoxie der Perspektive besteht ja darin, dass die Perspektive für sie das Ganze ist, wäre sie es aber, es keine Perspektive wäre. Die letzte Stunde der Wahrheit wäre also die erste Stunde, in der Wahrheitsansprüche als Wahrheitsansprüche sichtbar werden – und damit als Perspektivität. Und dass Wahrheitsfragen ohnehin eher auf wissenschaftliche Formen als auf politische verweisen, ist nun am Ende ein Übersetzungsproblem, auf das nicht mehr einzugehen ist. Nicht weil das nicht relevant wäre. Im Gegenteil – um nichts anderes ging es in diesem Buch.

Ein Briefwechsel

Vorbemerkung

Nachstehend findet sich ein längerer Briefwechsel zwischen mir und Götz Kubitschek, Verleger des Antaios Verlages und Herausgeber der sich selbst als *rechts* bezeichnenden Zeitschrift *Sezession*. Der Briefwechsel fand zwischen dem 3. März und dem 12. Juni 2014 per E-Mail statt. Zur Genese und zur Wahl des Publikationsortes habe ich in der Einleitung ausführlich Stellung genommen. Ebenfalls in der Einleitung habe ich bereits darauf hingewiesen, dass der Briefwechsel ziemlich deutlich die Sackgassen »rechten« Denkens aufzeigt. Er zeigt in aller Deutlichkeit, wie sehr die Idee, dass sich Strukturprobleme der modernen Gesellschaft durch homogenere Bevölkerungen, durch die Konzentration auf ein kulturell oder sogar ethnisch Eigenes lösen ließen, vor dem Problem der Komplexität der Gesellschaft kapituliert. Und er zeigt, dass diese Idee letztlich gar nicht diskursfähig ist, weil sie den Rekurs aufs »eigene Volk« wie eine transzendentale, also vorempirische Bedingung behandeln muss. Insofern kann an diesem Briefwechsel mitstudiert werden, was gemeint ist, wenn ich davon spreche, dass Beschreibungen an gegebene Milieus beziehungsweise Alltagsplausibilitäten anschließen müssen, um zu funktionieren. Empirisch kann man jedenfalls kaum daran vorbeisehen, dass eine solche Denkungsart auf entgegenkommende Milieus trifft und immer anschlussfähiger wird.

Es ist selbstverständlich viel einfacher, diese Denkungsart schlicht normativ abzulehnen, scharf gestellt an einem normativen Universalismus der Gleichwertigkeit aller Menschen. Man muss nicht hinter diesen Universalismus zurücktreten, um jemandem wie Götz Kubitschek durchaus recht darin zu geben, dass sich gesellschaftliche Praxis kaum jenem Universalismus guter symmetrisierender Gründe fügt. Ich habe das selbst im ersten Kapitel auf die Formel »links denken – rechts leben« gebracht. Gemeint ist damit, dass der Universalismus der guten Gründe leichter zu haben ist als ein praktischer Universalismus, hinter dem eigene Interessen zurückstehen. Diese normative Antinomie in der Praxis linksliberaler Lebensformen ist verständlicherweise Wasser auf die Mühlen des rechten und rechtskonservativen Denkens – übersieht aber, dass die von Kubitschek in einem der Briefe ausgelobte Parole »rechts denken – rechts leben« letztlich vor den Antinomien und der Komplexität einer Gesellschaft kapituliert, der man mit der bloßen Unterscheidung der Menschen im Hinblick auf ihre Gruppenzugehörigkeit und im Hinblick auf kulturelle/ethnische Homogenität nicht beikommt.

Meine Überzeugung ist: Exakt dies muss man mit den Vertretern des rechten Denkens direkt diskutieren, weil sonst der allein normative Universalismus bei empirischer Beobachtung der Praxis ihrer großstädtischen Trägergruppen durchaus unter Druck gerät. Wahrscheinlich ist in einer solchen Diskursverweigerung auch der Grund dafür zu suchen, warum sich universalistische Argumente in der Öffentlichkeit gerade bei denen, die für »rechte« Angebote affizierbar sind, in ihr Gegenteil verkehren – gewissermaßen als Bestätigung dafür, dass gute Gründe der Lebenswirklichkeit derer entgegenstehen, deren Alltags- und Berufspraxis nicht der Austausch guter Gründe ist. Die zwar notwendige, aber bloß normative Ablehnung des rechten Denkens kehrt sich ebenfalls fast in ihr Gegenteil, wenn es nicht gelingt, rechte Denker in den Diskurs hereinzuholen und genau zu beobachten, wie sie argumentieren.

In dem nun folgenden Briefwechsel jedenfalls sollte deutlich werden, dass Kubitschek durchaus den Finger in die Wunde der Antinomie von universalistischem Argumentieren und der eher partikularistischen Lebenspraxis legt. Es wird aber auch deutlich, dass er einer Perspektive, die diesen Widerspruch nicht einfach mit universalistischen Argumenten normativ beiseiteschiebt, nichts anderes entgegenhalten kann als eine dann letztlich transzendental zu nennende Erhabenheit des Eigenen. Dass das Eigene immer nur für die Eigenen das Eigene ist, bleibt bei einem solchen Argument völlig unsichtbar.

Recht hat Kubitschek übrigens, wenn er betont, dass sich in gesellschaftlichen Krisen, insbesondere in realem oder imaginiertem Erleben von Knappheit, so etwas wie Zugehörigkeiten gewissermaßen von selbst einstellen. Was sich bei ihm freilich wie eine Lösung anhört, halte ich eher für das Problem. Mir selbst wirft Kubitschek in seinem letzten, das schriftliche Zwiegespräch abschließenden Brief vor, mein Fetisch sei »das aus der formierenden, einfordernden Kraft der Gruppenexistenz befreite Individuum«, ganz im Sinne und in der Tradition der Liberalismuskritik eines Armin Mohler. Das zeigt freilich nur, dass dieses Denken letztlich nur die eingeführten politischen Unterscheidungen bestätigt, in denen übrigens der Liberalismus stets als gemeinsamer Feind von rechts und von links fungiert. Der Liberalismus, den man als einzige politische Ideologie ganz ohne Gesellschaftstheorie verstehen darf, ist in seiner real existierenden Form kaum als Sparringspartner tauglich – und damit meine ich nicht den Zustand des organisierten politischen Liberalismus. Der gemeinsame Gegner von rechts und von links ist eher ein Denken, das versucht, die Komplexität einer Gesellschaft zu beschreiben, die weder über die (rechte) Forderung nach homogeneren Bevölkerungen und kulturellen Bekenntnissen noch über die (linke) Fantasie des gesellschaftlichen Umbaus auch nur zu erahnen ist. Mit einer Position im Sinne eines bindungs-

und beziehungslosen Individualismus hat das nichts zu tun. Eine solche Perspektive, die freilich keine in erster Linie politische Perspektive ist, versuche ich in diesem Buch zu entwickeln. Ob diese, wenn man sie am Ende ins Politische wenden würde, dann *liberal* in einem neu zu bestimmenden Sinne wäre, will ich nicht ausschließen. Zu einer solchen Art von Liberalität würde jedenfalls auch gehören, mit Leuten in ein Gespräch auf Augenhöhe zu treten, deren Position man nicht teilt. Es wäre aber nicht jener Liberalismus, der sich mit Hinweis auf das freie Spiel der Kräfte jeglicher Verantwortung für die Perspektive der anderen entzieht. Solches freie Spiel der Kräfte spielt nur den Lobsängern der kulturellen Homogenität oder der Fantasie der Umbaufähigkeit der Gesellschaft in die Hände.

Bevor der Briefwechsel beginnt, sei noch diese Bemerkung erlaubt: Unter normativen Gesichtspunkten ist mir Kubitscheks Position höchst suspekt; unter diagnostischen folge ich ihm in dem einen oder anderen Punkt, jedenfalls nehme ich seine Position wirklich ernst; überzeugt bin ich davon, dass sich die Kurzsichtigkeit dieses Denkens nur zeigt, wenn man es auch ernst nimmt; schließlich gehört es zur intellektuellen Redlichkeit, Argumenten mit Argumenten zu begegnen. Der Briefwechsel macht also eine Differenz deutlich, die letztlich unüberwindbar bleiben muss. Dennoch sollte nicht zu gering geschätzt werden, dass auch ein solches Gespräch in respektvoller Form geführt werden kann.

3. März 2014

Sehr geehrter Herr Professor Nassehi,

danke dafür, dass Sie über die Weltanschauungsgrenze hinweg den Vorgang rund um Amazon für skandalös halten. Was hielten Sie davon, anhand dieses Aufhängers über den Zaun hinweg einen Briefwechsel zu führen und diesen Austausch eventuell abzudrucken – im *Kursbuch* und/oder in der *Sezession*? Wenn die *Süddeutsche Zeitung* vor ein, zwei Wochen in einem Beitrag verlauten ließ, es gebe leider keine salonfähigen Rechtsintellektuellen in Deutschland, kommt es mir nun darauf an, den Beweis des Gegenteils ins öffentliche Bewusstsein zu rücken. Dazu gehört, dass klar wird: Konservative wie wir gehen nicht davon aus, dass sie in allem recht hätten – sie gehen vielmehr von der Multiperspektivität der Welt aus, und zwar von vornherein und ohne Drang, diese Vielfalt zu zerstören oder auszudünnen. Konservative wie wir gehen aber auch davon aus, dass die Wirklichkeit auf ihrer Seite steht. Darüber ließe sich streiten, nicht?

Gruß!
Götz Kubitschek

3. März 2014

Lieber Herr Kubitschek,

vielen Dank für Ihre Nachricht. Ich will ganz offen sein: Ich bin stets selbst hin- und hergerissen, was die Frage der »Salonfähigkeit« angeht. Und einen Gedankenaustausch ausschließlich zu der Amazon-Sache fände ich nicht attraktiv. Worüber sollten wir da korrespondieren? Ich könnte da nur sagen, dass ich hier auf eine angelsächsische Weise liberal wäre und Zensur ablehne – in welcher Form auch immer, ob staatlich oder durch Marktmonopolisten. Aber das fände ich kaum veröffentlichenswert. Am Ende muss es doch um Inhalte gehen.

Aber lassen Sie mich etwas ausholen: Ich bin auf die *Sezession* aufmerksam geworden, als Sie mich zu einer Diskussionsveranstaltung im Nachgang zum Sarrazin-Buch eingeladen haben. Ich habe damals abgesagt, was ich heute für einen Fehler halte. Seitdem lese ich fast täglich Ihren Blog, und ich gebe zu, bisweilen mit Gewinn. Vor allem Bosselmann und Kositza lese ich gerne – aber eben bisweilen auch mit einem Schaudern, weil ich mir eben doch einen Reim darauf machen kann, was am Ende dann »rechts« bedeutet. Keinen wirklichen Reim kann ich mir darauf machen, was das denn politisch bedeuten würde. Kann es eine »rechte« Form demokratischer Politik geben? Was bedeutet Konservatismus in einer Welt wie heute? Ist nicht vieles analog zur anderen Seite? Ich bezweifle ja auch eine wirklich »linke« Möglichkeit von Politik, weil sie beide mit allzu einfachen Diagnosen arbeiten müssen.

Ich meine, ja, dass man streiten muss, und ich halte es für einen Fehler, Positionen wie die Ihre so weit auszugrenzen, dass sie für gar nicht diskursfähig gehalten werden. Zugleich ist mir diese Ihre Position nicht wirklich klar. Ich habe letztens im Internet ein Interview mit Ihnen gefunden, in dem Sie es nicht einmal fertiggebracht haben, sich klar und unmissverständlich von den NSU-Morden zu distanzieren – das hat mich sehr irritiert und auch sehr erinnert an die verwahrloste Generation von (Pseudo-)Marxisten der 1970er-Jahre, die keinerlei Distanzierung zur RAF hinbekommen haben. Das ist es, was mich dann auch zu einer habituellen Distanzierung bringt. Da gerät dann »Salonfähigkeit« unter Druck. Können Sie das verstehen?

Verstehen Sie mich nicht falsch. Ich finde Ihre intellektuellen Bemühungen sehr interessant. Und ich finde auch, dass Sie (damit meine ich das gesamte Diskursumfeld) sehr oft wirklich intelligente und neuralgische Punkte finden. Das ist gar keine Frage – und das anzuerkennen bedarf es auch nicht einer Zustimmung zu Lösungen. Und manchmal fühle ich mich dann als Sozialwissenschaftler, der weiß Gott nicht dem linken Mainstream angehört, herausgefordert.

Aber ich gebe zu, dass es nicht ganz einfach ist, eine Diskursposition zu finden, die uns zusammenbringen könnte. Jedenfalls habe ich schon einmal öffentlich betont, dass ein solcher Diskurs stattfinden muss – dies in einem längeren Interview, das ich für ein Buch gegeben habe. Ich hänge Ihnen die Textfassung an (ein PDF der Druckfassung habe ich nicht).[177] Das Buch ist an vielen Stellen eher bekenntnishaft als analysierend. Jedenfalls habe ich in diesem Interview auch betont, dass es ein Fehler war, Ihrer Einladung damals nicht zu folgen, und dass eine Auseinandersetzung nötig ist. Vielleicht wäre das ein Aufhänger. Lesen Sie mal. Ob es dann tatsächlich möglich ist, werden wir sehen. Wiewohl ich skeptisch bin, will ich wenigstens in dieser Weise offen sein.

Ich denke, die offenen Worte sind Ihnen lieber als Schweigen.

Beste Grüße aus dem frühlingshaften München

Ihres
Armin Nassehi

3. März 2014

Sehr geehrter Herr Professor Nassehi,

im Prinzip könnte mit Ihrer Antwort auf meinen Vorschlag unser Briefwechsel bereits seinen Anfang gemacht haben, und natürlich wäre der Amazon-Fall nur der Aufhänger: Wir kämen in dieser Frage sicherlich rasch auf den gemeinsamen Nenner, dass es einem Monopolisten nicht erlaubt sein dürfe, Bücher zu selektieren. Wir wären sicherlich zum anderen beide der Überzeugung, dass sich »Mündigkeit« und »Zensur« nicht vertragen: Entweder der Leser ist mündig und wir vertrauen ihm – dann wird er sich sein Urteil aus jedem Stoff bilden können, den er aufnehmen möchte; oder wir trauen seiner Mündigkeit nicht über den Weg, halten ihn am Ende sogar nicht für mündig – dann sollte er nicht alles lesen dürfen, aber auch nicht mehr zur Wahl gehen oder selbst über den Bildungsweg seiner Kinder entscheiden.

Wenn Sie Leser unseres Netz-Tagebuchs sind, vermögen Sie längst zu unterscheiden zwischen dem, was unsere Autoren verfassen, und dem, was sich in den Kommentarspalten so findet. Sie werden erkannt haben, dass unsere Autoren (ich schließe mich mit ein) auf einem Grat gehen, der nach beiden Seiten einen Abgrund hat: Der eine Abgrund ist die rechte Eindimensionalität, der andere die liberale Beliebigkeit der Mitte. Dass wir den Gang über diesen Grat seit Jahren wagen und bisher in keinen der beiden Abgründe gerutscht sind, ist das Erstaunliche und Elektrisierende an unserem Projekt.

Über die rechte Möglichkeit demokratischer Politik wäre im Detail zu sprechen – im Juni wird das Themenheft »Demokratie« erscheinen, darin werden Sie ein hohes Maß an Vernunft, Verantwortungsbewusstsein und Reformwillen finden. Entscheidend ist: Wir wollen nicht – wie die vielen, die Sie im freundlicherweise beigefügten Interview benennen – »links reden und rechts leben«, sondern »rechts reden und rechts leben«, und in dieser Formel steckt bereits eine grundsätzliche Antwort: Wenn es vielen Bürgern unbewusst oder bewusst richtig erscheint, links zu denken und zu reden, aber rechts zu leben, dann muss das Rechte näher an der Lebenswirklichkeit liegen als das linke Gerede und Theoretisieren. Und in der Tat: So ist es. Dieses Rechte ist dabei zugleich meilenweit von dem entfernt, was linke Theoretiker für rechts halten und als rechts brandmarken.

Ein Beispiel: Rechts sein heißt, den Menschen in seiner anthropologischen Konstanz wahr- und ernst zu nehmen. Das bedeutet: ihn hinzunehmen in seiner ganzen Beschränktheit und ihn zugleich zu bewundern für seine grandiosen Anlagen. Das bedeutet: ihn zu großem Tun herauszufordern und ihn zugleich nicht umbauen zu wollen zu einem neuen Menschen. Das bedeutet: jeden Einzelnen als Gottes Entwurf anzuerkennen und zu fördern und zugleich niemals mit brachialer Gewalt Gleichheit herstellen zu wollen. Das bedeutet: jedem einen großen Teil Verantwortung für das eigene Schicksal aufzuladen und erst dann einzugreifen, wenn das Schicksal zu schwer wird oder aber die elterliche Unzulänglichkeit das Maß sprengt.

Zu der Äußerung von mir über den NSU ein kurzes Wort: Die Journalisten fragten mich auf eine Art, die ich als Fragestellung rundweg ablehne. Was habe ich mit den NSU-Morden zu schaffen? Und: Wollen wir das Ergebnis eines Prozesses abwarten oder von vornherein über die Konstruktion eines rechten Terrorismus jeden rechtsintellektuellen Ansatz endgültig diskreditieren? Meinen Sie im Ernst, dass ein rechter Terror namens NSU Fleisch von unserem Fleisch sei oder auch nur daran erinnern könnte? Sie sehen den Unterschied zur RAF schon, nicht wahr? Dieses Bekenntnis zur Tat, diesen Kult um diese Leute, diese verbale und materielle Unterstützung weit in die linke Schickeria hinein. Der NSU hingegen:

ohne Bekenntnis oder mit Bekenntnis erst fünf Jahre nach dem letzten Mord, keinerlei Kenntnisse dieser Vorgänge innerhalb der harten nationalistischen Gruppen im Osten, geschweige denn innerhalb unserer Zusammenhänge – und keinerlei nachgereichte Unterstützungsbekenntnis zu derlei Treiben. Das wissen Sie doch alles, das wussten die Journalisten auch, und dennoch haben sie mich gefragt – als selbsternannte moralische Instanz und in der Vorstellung, ich könnte mich von etwas distanzieren, womit ich nicht das Geringste zu tun habe. Eine perfide Methode ist das, aber derlei Denunziationsmethoden sind mir einfach viel zu billig. Kennten Sie mich und meine Frau und die anderen Autoren: Ihnen würde eine solche Frage niemals wieder einfallen.

Können wir jenseits dieser Reflexe miteinander diskutieren?
Gruß!
Götz Kubitschek

4. März 2013

Lieber Herr Kubitschek,

nicht dass Sie mich falsch verstehen: Selbstverständlich denke ich nicht, dass Sie sich für die NSU-Verbrechen zu rechtfertigen haben, und selbstverständlich denke ich nicht, diese Verbrecher seien »Fleisch von Ihrem Fleische« – das wollte ich mit meiner Bemerkung auch nicht im Geringsten insinuieren. Ich gestehe nur, dass die Szene des Interviews sehr skurril war und ganz offensichtlich das Gegenteil dessen transportiert hat, was Sie damit transportieren wollten.
Aber lassen wir diese Reflexe: Ihre Definition von »rechts« finde ich interessant. Von einer ganz anderen Seite her, in der Soziologie

würden wir »Praxissoziologie« sagen, würde ich Ihrer Einschätzung folgen. In der Tat ist die Formbarkeit des Menschen, ist seine technologische Herstellbarkeit, ist die Idee des »Neuen Menschen« eine sehr unrealistische Figur, unrealistisch in dem Sinne, dass sich solche Technologien am Ende nur gewaltsam durchsetzen ließen. Das kennen wir aus den entsprechenden diktatorischen Experimenten des 20. Jahrhunderts. In diesem Sinne übrigens war der Nationalsozialismus eher eine »linke« Bewegung, weil er es eben nicht bei der anthropologischen Schwächediagnose belassen hat, sondern die revolutionäre Herstellung des Neuen Menschen wollte. In der Analyse und Parallele zu dem linken Diktaturkomplex des 20. Jahrhunderts, dem Sowjetkommunismus, ist bis dato kaum jemand so scharfsinnig gewesen wie die Analysen von Hannah Arendt über totalitäre Herrschaft.

Aber warum nennen Sie das eigentlich »rechts«? Ihr anthropologisches Argument ist doch die klassische konservative Idee, dass der Mensch durch Institutionen geschützt werden müsse, weil er eben nicht jenes Heldensubjekt sein kann, als das er in den idealistischen (im doppelten Sinne) der Tradition erschienen ist. Das ist klassischer Konservatismus – und wahrscheinlich die einzige »Theorie«, die der Konservatismus derzeit hat – besonders herausgefordert durch eine Zeit, in der die Institutionen sich eben jener Engführung an eine »Tradition« nicht mehr fügen, die man konservativ ja erst erfinden musste. Das ist doch gerade die Pointe der Nationwerdung der europäischen Nationen, dass sie etwas Konservatives revolutionär hervorgebracht haben. Davon weiß heute niemand mehr etwas. Aber es scheint mir eine geschichtliche Gestalt zu sein, die ihre Zeit hinter sich hat.

Wenn Sie meinerseits einen Versuch erlauben, was »rechts« hieße: Rechts heißt für mich die starke Beschränkung, dass man menschliche Existenz nur als unhintergehbare Gruppenexistenz denken kann – mit allen Konsequenzen, die das dann theoretisch, normativ und auch politisch hat. Abgesehen davon, dass sich komplexe moderne Gesellschaften eben nicht mehr über diese Zugehörigkeiten definieren lassen und revolutionär schon gar nicht als solche formieren lassen, folgt meines Erachtens nicht zwingend, dass aus dem, was ich als Kern des Konservativen sehen würde, auch folgt, dass es dann »rechts« sein muss – in dem Sinne, wie ich es in meiner Definition angedeutet habe.

Und hier – jenseits aller Reflexe, über die wir zuvor gesprochen haben – setzt mein Unbehagen an. Begrüßenswert finde ich, über eine moderne Fundierung des Konservativen nachzudenken (a). Problematisch und geradezu gefährlich finde ich dagegen die (dann politische) Konsequenz, in Gruppenexistenzen zu denken (b).

Zu a: Ich beobachte an meinem eigenen Fach eine Entwicklung, die zu einem in dem angedeuteten Sinne »konservativen« Handlungsbegriff führt. Konservativ meint, dass wir Handlungen immer mehr in dem Kontext eines nicht reflexiven, gewohnheitsmäßigen, habitualisierten Zusammenhangs entdecken und die intentionale Hervorbringung von Handlungen nur einen kleinen Teil dessen ausmacht, was wir tun. Diese praxistheoretische, auch systemtheoretisch und netzwerktheoretisch ausgerichtete Idee erkennt an, dass soziale Ordnung weder Tabula rasa ist, noch wie auf einer Tabula rasa entworfen werden kann, sondern schon »da« ist. Das hat erhebliche Konsequenzen, die tatsächlich zu einer eher konservativen Lesart verleiten – am genialsten womöglich von dem eher linken Denker Pierre Bourdieu begriffen, der empirisch darauf gestoßen ist, wie es um Restriktionen des Handelns steht.

Eine anthropologische Lösung übrigens scheint mir zu kurz gegriffen, denn die anthropologischen Bedingungen ändern sich historisch erheblich – und aus anthropologischen Universalien lassen sich zwar kulturelle Spezifika nicht ableiten, aber die beiden Seiten sind nicht wirklich kausalistisch aufeinander bezogen. Dazu ließe sich viel sagen, wofür hier kein Platz ist. Ich will nur andeuten: Aus dem anthropologischen Argument muss eines der sozialen Komplexität werden – jenseits aller kulturspezifischen Idiosynkrasien.

Wenn man nun tatsächlich eine intellektuelle Variante von Konservativem denken wollte, müsste man genau hier ansetzen und käme zu sehr interessanten Einsichten, bei denen am Ende wahrscheinlich gar nicht mehr klar wäre, ob sich die Ergebnisse dem Links-rechts-Schema fügen würden. Das wäre ein wirklich interessanter Diskurs. Und dies ist auch der Ort, an dem man die von mir so genannte Differenz von »links reden, rechts leben« wiederfindet. Universalistische normative Standards können wir heute nicht mehr aufgeben – sie verdanken sich übrigens einer europäischen bürgerlichen Tradition, die das Erbe Europas an den Rest der Welt sein kann – bis heute und darüber hinaus! Nur muss man den Universalismus »realistisch« fundieren, das heißt in konkreten Lebensformen. Das ist die große Kunst. Dafür braucht es ganz neue Modelle.

Zu b: Für ein völlig untaugliches Modell halte ich dann aber die Konsequenz dessen, was ich »rechts« nennen würde. Die Aufhebung in Gruppenexistenzen halte ich für eine radikale Vereinfachung, die digitale Probleme einer komplexen Gesellschaft allzu analog fundiert. Wer diesen Schritt geht, geht dann auch den Schritt, in die Nähe eines politischen Extremismus zu geraten, der sich in Gruppenexistenzen ergeht – ob man will oder nicht.

Wenn Sie erlauben: Genau das ist das Problem, in das Sie geraten, wenn Ihnen von außen eben nicht ein »salonfähiger« (Rechts-)Konservativismus zugerechnet wird, sondern eine völkische Revolutionstheorie mit Reinheitsfantasien, die sich historisch ad absurdum geführt haben.

Ich formuliere genau: Ich werfe Ihnen das nicht persönlich vor, und ich glaube Ihnen sehr wohl, dass das nicht Ihr Fokus und Ziel ist. Aber es entsteht fast von selbst ein denkerischer Zugzwang, der dann in der politischen Umsetzung zu Formen führen muss, die in diese Paradoxie geraten.

Man muss schlicht anerkennen, dass Gesellschaften heute nicht mehr homogen in dem Sinne sind, wie wir sie einmal imaginiert haben. Man muss anerkennen, dass sich so etwas wie eine kulturelle Integration im bürgerlichen Sinne nicht mehr einstellen wird. Man muss auch anerkennen, dass sich so etwas wie eine Migrationsrealität in der Bundesrepublik nicht so schlecht darstellt, wie sie oft gemacht wird.

Und umgekehrt muss man natürlich sehen, dass die Öffentlichkeit bis vor Kurzem kaum in der Lage war, problematische Migrationsfolgen anzuerkennen – das größte Problem: die Politisierung des Islam und die gewaltbereiten jungen Männer. Aber das sind nur analoge Folgen digitaler Probleme (in meiner Unterscheidung). Und darüber muss man in Zukunft anders reden als bisher – von »rechts« und von »links«. Aber jenseits der naiven Idee kultureller Einheit/Reinheit – denn das ist es, was »rechte« Politik am Ende dann von anderen unterscheidet, auch von einem demokratischen Konservatismus (auf Migranten bezogen, sind diese übrigens genau genommen die geradezu natürliche Klientel für die Union, denn sie sind wie die eigene Klientel: familienorientiert, religiös, bildungsfern, kulturell konservativ – ich habe das mal auf Einladung der CSU-Landtagsfraktion dort vorgetragen. Die waren sehr erschrocken).

Ich wollte offen sein: Ich bin mir dann nicht ganz sicher, ob am Ende politisch nicht doch jene Reinheitsfantasie gewollt ist. Und deshalb sind die Berührungsängste – ich gebe zu: auch meine – nicht nur Zufall. Dies scheint mir der Lackmustest zu sein – und den kriegt man nicht durch Bekenntnisse weg, denn hier geht's letztlich ans Eingemachte.

Ich hoffe, Sie merken, dass das keineswegs böse gemeint ist, sonst würde ich mir nicht diese Mühe machen. Ich hoffe, Sie erkennen an, dass ich mich hier um eine Erklärung jenseits von Reflexen bemühe. Ob das öffentlich inszenierbar ist? Ich zweifle.

Freundlich grüßt
Armin Nassehi

19. März 2014

Lieber Herr Professor Nassehi,

machen Sie sich bitte keine Gedanken darüber, in welchen Hals ich Ihre Ausführungen bekommen könnte – wer rund um meinen Verlag und die Zeitschrift angesiedelt ist, muss Brocken schlucken, die eigentlich unverdaulich sind. Ihre Zeilen sind gute Kost.
Ihren Ausführungen zu einem »konservativen« Handlungsbegriff – Punkt a) – muss ich gar nicht weiter kommentieren – für einen gestandenen Konservativen ist es evident, dass er mit seinem Wollen und seinen Intentionen innerhalb eines Rahmens agiert, den er nicht bestimmen kann. Entscheidend ist hier die Frage, wo dieser Rahmen gesetzt ist. Ich bin der Überzeugung, dass das Konservative dort zu seinem Ende kommt, wo der Emanzipation keine Grenzen mehr gesetzt sind, und dass es dort seine Renaissance erfährt, wo es den Mangel zu verwalten gilt.
Anders ausgedrückt: Das Konservative ist das Nicht-Experimentelle, ist die Folgeabschätzung, ist der Vorrang der Sicherheit vor der Waghalsigkeit. Diesen Ansatz teilt die überwältigende Mehrheit der Bürger in dem Moment, in dem die Folgen des eigenen Handelns direkt auf die eigene Lebenswirklichkeit durchschlagen. Warum – denken Sie – gibt es nur dort Widerstand gegen Überfremdung oder dezentrale Asylanten-Unterbringung, wo die Einheimischen nicht ausweichen können? Das ist ja geradezu ein

Klassiker: Linksintellektuelle leben so lange in einem multikulturell spannenden Stadtteil und beschimpfen jeden, der sich – obwohl alteingesessen – dort nicht mehr wohlfühlt, bis sie selbst vor der Wahl stehen, ob sie ihr Kind in Neukölln oder doch lieber in einem braveren Viertel zur Schule schicken möchten. Ich sprach über dieses Thema einmal lange mit einem Redakteur des Magazins *Neon*, er wollte eigentlich eine Reportage über uns und Schnellroda machen. Er war gerade Vater geworden und gab sofort zu, dass er wohl wegziehen würde aus Kreuzberg, sobald sein Kind schulreif sei. Auf meinen Hinweis, dass diese Bewegungsfreiheit, diese Fluchtmöglichkeit nicht jeder habe, der in Kreuzberg leben müsse, zuckte er mit den Schultern und äußerte, dass dies für ihn kein Argument gegen das immens interessante Experiment einer multikulturellen Gesellschaft sei.

Ins Theoretische gewendet: Der pragmatische Konservatismus dieses Vaters, der einsetzt, sobald die Wirklichkeit auf das eigene Leben zugreift, ist natürlich keiner. Ein solches Verhalten ist zynisch emanzipiert, ist Doppelmoral, ist jedenfalls ganz und gar nichts, was jemanden wie mich mit einer klammheimlichen Freude über die Macht der Wirklichkeit erfüllen könnte. Sie finden linken Widerstand gegen (proletarische) Überfremdung eigentlich nur dort, wo man nicht mehr weichen möchte – in den guten Quartieren und Villenvierteln der linken Schickeria, die man im Gegensatz zu irgendeiner Kreuzberger Mietwohnung nicht mehr verlassen will. Da wird dann auch plötzlich das Heimatliche wichtig, der schicke Laden, die Erde an den Karotten, der kleine Park, in dem niemand abhängt, sondern alle gesittet und ohne zu rauchen am Sandkasten sitzen.

Ein weiteres Beispiel, vielleicht eines der klassischen Beispiele überhaupt: Als in Hessen die Gesamtschule flächendeckend eingeführt werden sollte, stand die SPD hinter dieser Idee. Die CDU wehrte sich – das ist ja schon mindestens 25 Jahre her – und zog in der

Auseinandersetzung einen entscheidenden Trumpf aus dem Ärmel. Man verfügte nämlich über eine Aufstellung, wo die Abgeordneten der SPD zum hessischen Landtag ihre eigenen Kinder beschulen ließen. In den allermeisten Fällen besuchten diese Kinder ausgesuchte Gymnasien mit strengem Ruf, oftmals sogar Elite-Internate, kaum je indes die angepriesenen Gesamtschulen, auf die man in den größeren Städten bereits zurückgreifen konnte.

Was folgt daraus? Konservativ verhält sich eine Gesellschaft nur, wenn sie mit den Folgen ihrer Entscheidungen leben muss, und das gilt für den Einzelnen umso mehr. Wir leben indes in einer Zeit, in der jedes Schicksal abgefedert, jeder Lebensirrtum ausgebügelt, der Schrott jedes Experiments weggeräumt wird – wo sollte da eine konservative Handlungslehre herkommen, die tiefer reichte und tiefer wirkte als irgendein Lack?

Ich akzeptiere an dieser Stelle Ihre Unterscheidung von konservativ und rechts nicht, diese Wörter sind sowieso Variablen und Etiketten, mit denen wir polemisch umgehen, mal so, mal so. Ich will vielmehr betonen: Natürlich denkt jeder auch nur halbwegs verantwortungsbewusste Mensch in Gruppenexistenzen, denkt also für diejenigen mit, die mit den Folgen politischer, gesellschaftlicher Weichenstellungen vor allem zurechtkommen müssen und die nicht zu jener dünnen intellektuellen Schicht gehören, für die sowieso andere Gesetze gelten. Multikulturalismus unter Ärzten, Rechtsanwälten, Künstlern – das läuft doch vollkommen anders und keinesfalls vergleichbar ab mit dem, was Überfremdung für die breite Bevölkerung bedeutet.

Dass aus solchem Verantwortungsbewusstsein gleich Reinheitsfantasien abzuleiten seien, passt allenfalls in den politisch-denunziatorischen Kampf, sollte aber unter uns kein Thema sein. Ich habe keine Fantasien im Kopf, sondern Fragen: Was ist das Eigene, was ist das Fremde? Was ist das Deutsche, wo zeigt es sich heute und wie wäre die Gesellschaft zu ordnen, damit es in seiner Eigenart erhalten bliebe? Denn – und nun kommen wir zu den Setzungen – ich halte es für unverzichtbar, aus diesem Deutschen heraus die kulturellen Blüten aufgehen zu sehen, die uns zu einem Kulturvolk mit Weltgeltung gemacht haben, zu einem Volk also, das der Welt aus seiner Besonderheit heraus einen unverwechselbaren Ausdruck gegeben hat.

Es grüßt
Götz Kubitschek

4. April 2014

Lieber Herr Kubitschek,

verzeihen Sie, dass meine Antwort so lange gedauert hat, ich war nicht nur viel unterwegs, sondern auch gesundheitlich angeschlagen, sodass ich nun erst die Muße habe, Ihnen zu antworten.
Ihren empirischen Beschreibungen vermag ich vollends zu folgen. Dort, wo das Handeln der Menschen unmittelbare Folgen für sie selbst hat beziehungsweise wo sie Unsicherheit erfahren, werden sie »konservativ« in dem Sinne, dass sie ziemlich deutlich zwischen dem »Eigenen« und dem »Fremden« unterscheiden – gemeint ist damit: zwischen dem, was als vertraut behandelt wird, und dem, was als unvertraut erlebt wird. Hier haben Sie ebenso Alltagsevidenz wie auch die sozialwissenschaftliche Forschung auf Ihrer Seite. Das wissen wir genau. Auch Ihrer Bewertung, wie einfach es sich diejenigen machen, die, wie Sie formulieren, ausweichen können, folge ich. Das ist in der Tat die offene Wunde derjenigen, von denen ich am Beginn unseres Gesprächs als denjenigen sprach, die links reden und rechts leben.

Interessant wäre ja das Gedankenexperiment, ob wir denn überhaupt Differenzen hätten, würden wir uns unsere Gesellschaft ganz ohne Migranten vorstellen, oder besser: ganz ohne solche, denen man so etwas wie Fremdheit zuschreiben würde – ganz abgesehen davon, dass ich selbst ein Abkömmling von Migration bin, allerdings mit einer sehr deutschen Sozialisation. Mein Vater kam 1954 aus Persien nach Deutschland zum Studieren und blieb, meine Mutter war Schwäbin, kam aus einer sehr konservativen katholischen Familie, was in den 1950er- und 60er-Jahren nicht ganz einfach war. Aber zurück zum Gedankenexperiment: Gäbe es zwischen uns überhaupt Differenzen?

Ich meine: ja. Diese liegen darin, dass eine Position wie die Ihre letztlich auf so etwas wie die Idee stabiler Fremdheit angewiesen ist – und vielleicht ist es das, was eine »rechte« Position ausmacht, denn letztlich haben Sie ein Verständnis der Gesellschaft, als handle es sich bei ihr um ein Gruppenphänomen, als sei eine Gesellschaft eine soziale Gruppe, in der Lebensorientierungen, Lebensformen, sozialmoralische Werte usw. wirklich geteilt würden und von dem sich so etwas wie Fremdgruppen tatsächlich abheben können.

Hier liegt übrigens der systematische und funktionale Ort des Antisemitismus, über den man völlig neu nachdenken muss (und ich rede hier vom bürgerlichen Antisemitismus des 19. Jahrhunderts, nicht vom Holocaust, der ja nur darauf aufgebaut hat). Für eine sich als ethnisch homogen verstehende bürgerliche Gesellschaft war der Antisemitismus gewissermaßen ein Beschreibungsventil, weil man etwas eigenes Fremdes imaginieren konnte. Für mich am deutlichsten in Wagners Schrift über Mendelssohn Bartholdy zu rekonstruieren. Man braucht Fremdgruppen, um das Eigene als Gruppe beschreiben zu können.

Eine solche Diagnose übersieht, wie komplex einerseits diese Gesellschaft funktioniert, wozu man soziologisch einiges sagen könnte, was ich hier aber nicht tue. Sie übersieht aber auch, dass eine solche Gesellschaft auch strukturell multikulturell ist – in dem Sinne, dass sich völlig unterschiedliche, geradezu inkompatible Lebensformen nebeneinander etablieren und, soweit das Rechtssystem dazu in der Lage ist, das Gemeinsame auf die Durchsetzung von Erwartungssicherheit beschränkt. Wie voraussetzungsreich und kompliziert das ist, wissen wir – aber was kann die Alternative dazu sein?

Diese Gesellschaft wirkt radikal desintegrativ – und es fehlen uns dafür Beschreibungsfolien und -möglichkeiten, weil wir immer noch an der geradezu naiven Idee hängen, dass Interessen auch heute noch an der Stellung zu den Produktionsmitteln hängen. Deshalb können die großen Parteien eben auch keine Alternativen zueinander anbieten. Gerade weil dafür die öffentlichkeits- und politikfähigen Mittel fehlen, wird immer nur im Sinne von Gruppenexistenzen beschrieben – und dann liegt es natürlich nahe, die Fremdheit der Fremden zu überschätzen.

Sie werden jetzt sagen: Wieder jemand, der die Augen vor negativen Migrationsfolgen verschließt. Nein, das tue ich nicht. Dass es die gibt, ist unbestritten, und dass wir in Deutschland da über Jahre aufs Naivste versagt haben, ist ebenso unbestritten. Ebenso unbestritten ist übrigens auch, dass die größte Zahl von Migranten recht problemlos und geradezu unsichtbar in Deutschland lebt. Mir geht es um ein anderes Argument: Fremde und Eigene zu unterscheiden, ist offensichtlich ein vergleichsweise einfacher Algorithmus, um die Komplexität dieser Gesellschaft so auf den Begriff zu bringen, dass man so etwas wie Anknüpfungspunkte findet für eine Kritik, die sich nicht auf abstrakte Phänomene bezieht, sondern auf analog Sichtbares. Das ist ein Mechanismus, für den man Verständnis haben kann, wenn man die Wirkmechanismen kennt und wenn man nicht völlig vernebelt ist von der Mittelschichtsidee, wir seien moralgesteuerte Helden im Kampf zwischen Gut und Böse. Aber es ist kein Mechanismus, den man dann intellektuell nutzen kann, um daraus so etwas wie eine Diagnose oder eine politische Strategie abzuleiten. Ich spreche nicht von ethischen Erwägungen – darüber könnte man auch reden, aber das interessiert mich weniger. Ich spreche von einem Kategorienfehler. Sie – und das nehme ich nun nicht persönlich, sondern als Chiffre für das, was man dann wohl rechts nennt – nehmen das Symptom und machen daraus die Sache selbst, um nicht sehen zu müssen, dass Gesellschaft eben nicht aus der Frage nach homogenen oder heterogenen Gruppenphänomenen besteht.

Damit überschätzen Sie das Migrationsproblem, unterschätzen aber das Integrationsproblem moderner Gesellschaften – und dann ist das vielleicht rechts, aber nicht im Geringsten radikal, weil es in den ausgetretenen Pfaden dessen bleibt, was man schon kennt. Sie sind dann letztlich dem linken Idealismus und Universalismus näher als einer, nach meinem Dafürhalten, realistischen Problem- und Krisenbeschreibung der Moderne. Denn auch der linke Universalismus denkt nur in Gruppenkategorien – im Sinne einer generalinklusiven Idee der Menschheit und daraus abgeleiteten Forderungen überhaupt nicht mehr zu unterscheiden. Der rechte Partikularismus dagegen denkt in Kategorien Eigen- versus Fremdgruppe und unterscheidet zu engmaschig. Beide aber begnügen sich mit sehr einfachen Beschreibungen, die geradezu verniedlichen.

Sie meinten, meine Formulierung mit den »Reinheitsfantasien« sei politisch-denunziatorischen Motiven geschuldet. Nein, das meine ich nicht, zumal es mir fernliegt, Sie zu denunzieren – mir geht's um Verstehen. Womöglich sind solche Fantasien dann einfach die logische Folge einer Diagnose, ähnlich wie die universalistischen Fantasien auf der anderen Seite, die sich auch deshalb durchsetzen, weil man von dieser Gesellschaft eigentlich nichts wissen will.

Ich könnte dazu noch sehr viel sagen, will es aber dabei belassen. Ich hoffe, Sie verstehen mein Argument eben nicht einfach als ein Argument von der anderen Seite, sondern als ein Argument, das aus der Logik ausbricht – aber das scheint schwierig zu sein. Es liegt wohl auch an dieser Schwierigkeit, wie und ob es möglich ist, dass Öffentlichkeiten in Deutschland Ihre Position als eine Position diskutieren. Ich glaube, es liegt schlicht daran, dass den Leuten keine Chiffren für das Unbehagen einfallen. Meine eigene Position ist die, dass ich ebenso ein Unbehagen auf der anderen Seite verspüre – vielleicht ist das eine eher seltene Position.

Interessant ist, dass die Einzigen, denen hier ein Ausbruch gelingt, in der Öffentlichkeit oft Leute sind, die eine sehr reflexive Haltung zu ihrer eigenen Migrationsgeschichte haben – denken Sie an Zaimoglu oder an Abdel-Samad. Diese Positionen sind ja weniger intellektuelle Positionen, aber sie sind deshalb interessant, weil sich hier Leute nicht an die Erwartungen halten. So was ist immer gut.

Ich belasse es heute dabei – versichernd, dass ich unseren Gedankenaustausch sehr zu schätzen weiß.

Beste Grüße
Armin Nassehi

8. April 2014

Lieber Herr Professor Nassehi,

ich greife gleich den letzten Absatz Ihres Schreibens auf: Wenn irgendjemand irritierend anders denkt als erwartet, dann sind es die Publizisten rund um die *Sezession*. Ich zähle einige quer verlaufende Fronten auf:

+ Der weitaus größere Teil unserer Leute ist grundsätzlich ökologisch orientiert. Wir bringen dabei den Gedanken des Verzichts und der Askese als erzieherische Kategorie in Verbindung mit dem Verzicht als einer ökologischen Grundbedingung. Da uns der Verzicht nicht mehr auferlegt ist, müssen wir bewusst Verzicht üben, um keinen Raubbau zu betreiben. Vordenker: Ludwig Klages, die halbe deutsche Reformbewegung, Friedrich Georg Jünger, Martin Heidegger, Konrad Lorenz, Herbert Gruhl, Irenäus Eibl-Eibesfeldt, Baldur Springmann, Rolf Peter Sieferle. Dass all diesen Leuten der ökologische Universalismus linker Couleur fremd ist, muss ich nicht betonen. Und dennoch ist diese rechte, ortsgebundene Form der Ökologie einem Teil der Rechten (den Technokraten, den Ordo-Kapitalisten, der Atomlobby usf.) immer fremd geblieben.

+ An dieser Stelle verläuft eine zweite Querfront: Die Frage nach einer zeitgemäßen sozialen Politik kann in Deutschland kaum mit dem Verweis beantwortet werden, derlei sei nur im nationalen Rahmen, also: für die eigenen Leute zu organisieren. »National« und »sozial« scheint mit einem Bannfluch belegt zu sein, dabei ist das natürlich nicht im Ernst voneinander zu trennen. Ein Beispiel: Als es in den sechziger Jahren in der BRD zu den ersten massenhaften Anwerbungen ausländischer Arbeitskräfte kam, trat die eher sozialistische SPD vehement gegen diese Entwicklung auf, die CDU-geführten Unternehmerverbände hingegen warben dafür. Der Grund war die Aushebelung der nationalen Solidargemeinschaft auf Arbeitnehmerebene. Dass es der Linken gelang, die soziale von der nationalen Frage zu entkoppeln und sie nicht nur rhetorisch, sondern tatsächlich zu internationalisieren, ist ein PR-Meisterstück. Hin und wieder aber blitzt die alte Kombination auch heute noch durch, und die Kader der ehemaligen SED stehen dabei an vorderster Front. Dies ist überhaupt meine Erfahrung: dass die DDR-Linke bis heute nationaler denkt als die West-CDU.

+ Bleibt als drittes Beispiel der Freiheitsbegriff: Es gibt unter uns eine Tendenz in Richtung radikal-libertärer Gedanken und eine (etwas stärkere) in Richtung des preußischen Staatsmodells. Hier also das freigelassene, starke, vertragssichere Individuum, das fast ohne Staat auskommen möchte, jedoch in freier Wildbahn noch nie den Lackmustest einer Gesellschaftsbildung bestehen musste; dort der in den Staat eingeordnete, erzogene, dienstbereite Preuße, der einen Teil seines Halts aus der Größe jener Ordnungs- und Anspruchsstruktur zieht, die der Staat sein kann – das Ganze aus dem Mangel des brandenburgischen Sandes geboren und historisch zum Staunen der halben Welt erprobt. Es stehen sich also die radikale, libertäre Freiheit von allem und die preußische Freiheit in Bindung gegenüber, und der Konflikt, den wir Sezessionisten untereinander austragen, ist vorprogrammiert: Wie verhält es sich nämlich, wenn der Staat, der integrierend und ordnend wirken sollte, ein dem Volk und der Nation in ihrem Bestand abträglicher Staat ist? Ist unser Widerstand dann libertär eingefärbt oder übergeben wir – um einmal ganz konkret zu werden – unsere Kinder zur Erziehung dennoch diesem Staat?

Ich komme zu den anderen Fragestellungen Ihres Briefs, sie hängen damit zusammen: Sehr wohl sehe ich, sehen wir das Desintegrative in unserer Gesellschaft, und es ist fast billig zu sagen, dass auch uns manches gut erzogene Migrantenkind sympathischer ist und näher steht als jene anmaßenden, deutschen Rotzlöffel, denen noch nie eine äußere oder innere Not Beine machte. Dennoch sind diese Rotzlöffel Teil unseres Volkes, und wenn der seit Jahrzehnten abwesende Ernstfall im Großen oder im Kleinen den sozialen, staatlich finanzierten Reparaturbetrieb zum Erliegen bringt, wird sich jeder sofort daran erinnern, wer »Wir« ist und wer »Nicht-Wir«. Die Fremdheit, die daraus resultiert, ist in der Tat ziemlich stabil, die Anverwandlung des Fremden in das Eigene ein langsamer Prozess. Und: Die Abgrenzung des Ichs und des Wirs von etwas Fremdem ist schlicht eine Konstante. Ist es nicht so, dass nirgends die Ausgrenzungsmechanismen gnadenloser arbeiten als aus Gruppen heraus, die Gruppenexistenzen leugnen? Liegt dies nicht an ihrer grundsätzlichen Instabilität?

Die Gruppenexistenz des »Wir« im nationalen und damit auch ethnisch gebundenen Sinn ist unhintergehbar, davon bin ich überzeugt. Sie spielt derzeit vielleicht eine untergeordnete Rolle, im intellektuellen Milieu sowieso; die Zuschreibung, Deutscher zu sein, entfaltet aber sofort ihre Dynamik, wo der Ernstfall auch nur vorbeistreicht (Fußball, Auslandseinsätze, Exportüberschuss). Dass dies übrigens unter anderem eine Folge der extrem negativen und zum Teil von außen hereingetragenen Geschichtspolitik ist, haben die klügeren Linken und CDU-Konservativen irgendwann bemerkt und es eine Zeitlang mit Normalitätsappellen und vorsichtigen Schlussstrich-Parolen versucht – vergebens.

Von diesem Punkt aus kann ich nun Ihre Frage beantworten, ob es zwischen uns Differenzen gäbe, wenn dieses Land keine oder nur ganz wenige Migranten hätte. Wir hätten keine, wenn Sie mir zustimmten, dass das deutsche Volk ein sehr besonderes Volk sei und dass es das Ziel unserer Bemühungen sein müsse, diese Besonderheiten zum Blühen zu bringen, immer wieder aufs Neue. Anders ausgedrückt: Dass die Deutschen in mancher Hinsicht auch ein Volk wie jedes andere seien, ist so banal, dass man es gar nicht erwähnen muss. Darüber hinaus sind die Deutschen jedoch auf eine seltsame Art begabt und waren im Bereich der Musik, der Philosophie, der Wissenschaft, der Dichtung eine intellektuelle, in der Volksbildung, dem Handwerk und den sozialen Errungenschaften eine praktische Großmacht (nicht meine Worte, sondern die von Peter Watson, der vor einigen Jahren den »deutschen Genius« in einem Buch feierte). Daraus abzuleiten, dass es von diesen besonderen Begabungen und Eigenarten absehen sollte, um politisch nicht aus dem Ruder zu laufen, ist dumm und bösartig.

Wenn Sie mir diesen Antrieb lassen und ihn gutheißen, haben wir tatsächlich kaum Differenzen.

Es grüßt
Götz Kubitschek

11. Mai 2014

Lieber Herr Kubitschek,

zunächst – verzeihen Sie die lange Zeit, die ich habe ins Land gehen lassen. Zur Sache: Sie machen es mir mit Ihrem letzten Brief sowohl sehr leicht als auch sehr schwer. Sie machen es mir sehr leicht, weil Sie ja letztlich bestätigen, was ich zuvor zu sagen versucht habe: Am Ende bleibt das Nationale/Ethnische, das Sie für unhintergehbar erklären, letztlich doch der letzte blinde Fleck, an dem sich alles auflöst – auflöst in dem Sinne, dass sich darin dann die Frage der Desintegration der Gesellschaft aushalten lässt. Leicht macht es mir die Sache deshalb, weil Ihr Argument so offenkundig ist in seiner architektonischen Funktion. Mir wird das vor allem dort sichtbar, wo Sie einerseits betonen, dass Ihnen gut erzogene Migrantenkinder lieber seien als deutsche Rotzlöffel, diese aber am Ende doch die eigenen seien. Ich weiß nicht, ob Sie da Therapie und Diagnose verwechseln. Leicht macht es mir das auch deshalb, weil die historische Relativität der nationalen Zurechnungsmöglichkeiten offenkundig ist. Daraus also ein so starkes Argument zu machen, kann ich nicht nachvollziehen. Auch Ihre Beispiele, an denen Sie den Ernstfall vorbeistreichen sehen, kann ich nicht recht nachvollziehen. Fußball und Exportüberschuss sind kein Ernstfall – und dass beim Sport nationale Grenzen sichtbar werden und Exportüberschüsse ökonomisch nur berechenbar sind, weil wir nationalökonomische Gesamtrechnungen machen, ist ebenso zutreffend wie letztlich nicht wirklich relevant. Und die Auslandseinsätze der Bundeswehr sind zutiefst eingebettet in internationale/europäische Kontexte.

Schwer machen Sie es mir insofern, als mit meinen Andeutungen und Hinweisen das dahinterliegende Problem dessen, was wir in unserem Briefwechsel als Desintegration oder Perspektivendifferenz diskutiert haben, keineswegs gelöst ist. Ich kann freilich stets und immer wieder nur wiederholen, dass Ihre Lösung in der Sozialdimension, also in der Beschreibungsfolie von Gesellschaften als soziale Gruppen nach meinem Dafürhalten wirklich falsch ist und die Strukturprobleme einer modernen Gesellschaft geradezu verniedlicht. Ich sehe Ihre Argumentation funktional ganz ähnlich, wie auch die Idee einer nationalen/ethnischen Semantik in Europa entstanden ist: als die Simulation gesellschaftlicher Einheit, die sich offensichtlich aufgrund einer neuen Differenzierungsstruktur moderner Gesellschaftlichkeit nicht mehr einzustellen in der Lage ist. Die Nation ist eine moderne Erscheinung, weil sie vor allem auf Modernisierungsfolgen reagiert – und im 18. und 19. Jahrhundert tatsächlich erst so etwas wie Demokratie, Interessenausgleich und Herrschaftskritik ermöglicht hat. All das wird heute kaum gesehen, weil man gerade in Deutschland eben nur die Perversion dieses Modells mit dem Nationalsozialismus erinnert.

Ich kann tatsächlich überhaupt nicht nachvollziehen, die Idee nationaler/ethnischer Solidarität als Lösung grundlegender Konflikte unserer Gesellschaft anzusehen – ich würde darin, wenn Sie das so deutlich erlauben, tatsächlich einen Ausdruck von Schwäche sehen – einer Schwäche, die sich den »wirklichen« Problemen dieser Gesellschaft gar nicht stellen will.

Ich habe in einem der letzten Briefe darauf aufmerksam gemacht, dass ich ja selbst lebensgeschichtlich gesehen womöglich aus diesem Solidarraum herausfallen würde, den Sie imaginieren. Freilich gestehe ich Ihnen ganz ohne Hintersinn oder Zweifel oder Ähnlichem zu, dass nichts, aber auch gar nichts dagegen spricht, eine besondere Solidarität mit dem Eigenen zu pflegen, was immer das sei. Wir sind doch in der Moderne daran gewöhnt, dieses Eigene zu kulturalisieren – das tun wir bezüglich der Konfessionen ebenso wie bezüglich nationaler und ethnischer Zugehörigkeit. Das heißt, wir vergleichen und entdecken uns selbst vor allem im Kontrast beziehungsweise über die Perspektive des anderen.

Für mich selbst und mein eigenes Denken gilt übrigens sehr deutlich, dass es ein Denken in einer deutschen Tradition ist – man kann das an der Soziologie sehr schön festmachen. Wenn man an die drei Gründerväter unseres Faches denkt, an Durkheim, Mead und Weber, dann ist es kein Zufall, wie sich diese drei Denkungsarten unterscheiden. Mead reflektiert in seinem Pragmatismus den Zweifel und das Unbehagen, die in den USA bis heute bezüglich überindividueller Strukturen bestehen; Durkheim schreibt eine zentralistisch integrierte Gesellschaft herbei und reflektiert damit das merkwürdige französische revolutionäre Fantasma, dass alle guten Willens irgendwie Franzosen seien; und Max Weber, den ich für den spannendsten der drei halte, ist der Einzige, der es aushält, dass das Integrationsproblem der modernen Gesellschaft weder theoretisch noch empirisch lösbar ist – deshalb kommt er auf seine männlich-heroische Idee der Persönlichkeit, die eine letzte Wahl treffen muss. Deutscher und kulturprotestantischer geht es nicht. Und das tragische Scheitern Webers an Kollektivbegriffen ist eine ungeheure Leistung, die gar nicht hoch genug eingeschätzt werden kann.

Wer diese unterschiedlichen Denkungsarten leugnet und wer leugnet, dass sich darin tatsächlich kollektive Erfahrungen von Völkern/ Nationen widerspiegeln, versteht tatsächlich wenig – aber daraus so etwas wie eine transzendentale Idee national integrierter Einheiten zu errechnen – das verstehe ich nicht. Transzendental nenne ich sie, weil sie eben eine Idee vor jeder Erfahrung ist und damit absolut gesetzt wird.

Wäre es nicht interessanter, sich zu fragen, warum so etwas wie kollektive Zurechnungen (in Form von positiven und negativen Diskriminierungen zum Beispiel) und Vergemeinschaftungsprozesse (ebenso politischer Natur wie auch Vergemeinschaftungen von Migrantengruppen) in bestimmten Situationen für die Akteure und für die Beobachter so plausibel erscheinen – und wie sich moderne anonyme Lebensformen etablieren können, in denen es reicht, Bekenntnisse zu rechtlichen Regeln und zu einem vergleichsweise unaufgeregten Leben abzugeben? Warum muss es bei solchen Fragen stets ums Ganze gehen?

Wir haben unser Gespräch mit der Frage begonnen, was denn »rechts« sei. Rechts ist nicht, so etwas wie nationale Gestalten, Traditionen usw. in Rechnung zu stellen und sie für unterscheidbar zu halten. Rechts ist es aber, in der Konfrontation solcher Gruppen die Grundkonflikte der Gesellschaft anzusehen. Dass etwa die Bundesrepublik eine Einwanderungspolitik betrieben hat, in der die Einwanderer nicht als einzelne Personen behandelt wurden, sondern als Gruppenkontingente kamen, ist die Grundlage für viele der Probleme, die wir heute damit haben – übrigens quantitativ in einem nicht allzu hohen Maße, aber qualitativ zum Teil erheblich. In Deutschland hat man sich immer dagegen gewehrt, Einwanderung an utilitaristischen Motiven auszurichten – was dann letztlich auf Kosten der Einwanderer geht. Dazu könnte man viel sagen. Aber es sind Petitessen im Hinblick auf Strukturprobleme dieser Gesellschaft, die ganz woanders liegen.

Sie haben meine Frage, ob wir grundlegende Differenzen hätten, wenn man die Frage der Migrantenrealität in Deutschland ausklammern würde, mit dankenswerter Klarheit beantwortet. Sie sagen: wenn ich anerkenne, dass das deutsche Volk ein besonderes sei. Nun, das ist es schon aus logischen Gründen, sonst könnten wir nicht unterscheiden. Und dass Deutschland in den von Ihnen genannten Bereichen so etwas wie eine Großmacht sei – dem stimme ich explizit zu. Wie sollte es in dieser Zentrallage in Europa im Zusammenspiel mit den drei anderen wichtigsten europäischen Größen Norditalien, Frankreich und Großbritannien auch anders sein?

Aber was heißt das für unsere Frage? Ich meine: nichts! Es heißt auch nicht, explizit nicht das, was Sie in Ihrem letzten Brief am Ende andeuten: dass ich auch nur auf die Idee kommen könnte, Ihnen den Antrieb, die Besonderheit des Deutschen in den Blick zu nehmen, streitig machen könnte. Ich nehme diese Besonderheit auch in den Blick, aber das ist letztlich eine Selbstverständlichkeit für jeden, der auch nur ansatzweise an der Perspektivität seiner eigenen Position interessiert ist – dazu gehört auch ein nationales/ sprachliches/kulturelles Erbe, das weit über individuelle Entscheidungen hinausgeht.

Ein solches Bekenntnis, will man hier einen solchen religoiden Begriff verwenden, steht den anderen genannten Nationen gänzlich unverstellt zur Verfügung. In Deutschland besteht das Problem, dass diese Frage durch die Erfahrung mit dem Nationalsozialismus verstellt ist – den man trotz seiner Singularität durchaus auch im Kontext eines der gesellschaftlichen Moderne auch in anderen Ländern (wichtigste Stichworte: Kolonialismus, Antisemitismus) inhärenten Zivilisationsbruchs sehen kann.

Das ändert nichts an der Tatsache, dass das offenkundige Lösungspotenzial, das die Idee der Nation nach dem Wiener Kongress im 19. Jahrhundert hatte, heute in der Weise nicht mehr funktioniert. Insofern beantworte ich anders: An dieser Frage scheiden sich unsere Geister – und zwar grundlegend. An diesem Punkt bleiben wir entschiedene Antipoden, und das nicht, weil ich eine Ideologie der Unterscheidungslosigkeit von kulturell-kollektiven Erfahrungen und Eigenarten pflegen wollte, die man in einer zwar normativ durchaus angemessenen, aber empirisch kaum überzeugenden Weise vertreten kann. Auch bin ich der Letzte, der kein Unbehagen angesichts mancher Migrationsfolgen hat.

Was uns aber unterscheidet, und zwar radikal unterscheidet, das ist der Glaube daran, dass das Grundproblem moderner Gesellschaftlichkeit an mangelnder Homogenität seines Personals bestehe und umgekehrt eine höhere Varietät nicht sogar eine bessere Anpassungsfähigkeit an die beschleunigten Zeitläufte gewährleisten könnte – und hier spreche ich nicht von einem naiven Multikulti, sondern davon, was ich bereits in einem früheren Brief gesagt habe: dass unsere Gesellschaft auch ohne Migranten pluralistischer und unübersichtlicher ist, als wir es imaginieren.

Insofern ähnelt der konzentrierte Blick auf Migranten und Fremde ein bisschen der Sexbesessenheit religiöser Moral, insbesondere katholischer und evangelikaler Natur. Vielleicht kratzt man dann da, wo es gar nicht juckt – was juckt, das sind in der Tat gewaltbereite Milieus, segregierte Gruppenbildungen und eine durchaus gefährliche Form der religiösen Radikalisierung. Das aber sind Nebenkriegsschauplätze – übrigens für »Rechte« auch deshalb so attraktiv, weil auf der linken Seite in einer durchaus merkwürdigen Arbeitsteilung der komplementäre Fehler gemacht wird: jegliche Kritik an Migrationsfolgen unter den Verdacht der Diskriminierung und des Rassismus zu stellen. Das ist mir ebenso fremd wie Ihr Insistieren.

Ich frage mich, was denn die politischen Konsequenzen Ihrer Denkungsart wären. Wie viel Pluralität ist dann denkbar? Mit welchen Mitteln ließe sich so etwas wie eine stärkere Homogenität des kulturellen Zuschnitts einer Gesellschaft erreichen? Wie verträgt sich das mit der liberalen Idee der unhintergehbaren Wertigkeit der einzelnen Person?

Nicht berührt wird davon übrigens die Legitimität eines konservativen Verständnisses von Gesellschaft und Politik. Wenn Sie dafür aber das Beispiel Preußen bemühen, dann ist ja das gerade Nichtkonservative des Preußischen darin zu sehen, einen Sensus dafür zu entwickeln, die Subjektivität der Rechtsperson etwa von der kultureller Bekenntnisse oder religiöser Orientierungen zu trennen – zugleich war etwa das Allgemeine Landrecht von 1794 dann so etwas wie ein Vorbote einer allzu staatszentrierten Form der Ordnungsbildung.

Preußen war in vielerlei Hinsicht unter den Großmächten Europas eher untypisch, weil es nicht wirklich konservativ sein konnte, weil es weder die Größe noch die historische Kontinuität hatte, die anderen Großmächten in Europa eigen war. Eine Konsequenz war die Politisierung der Gesellschaft – was letztlich keine wirklich konservative Form ist. Wer heute konservativ sein will, muss sich fragen, was denn konservierbar sein kann. Sicher nicht überkommene Lebensformen – dafür ist die Gesellschaft zu pluralistisch geworden.

Ich würde vorschlagen, die Tradition Europas zu konservieren: die Gleichwertigkeit der Menschen vor dem Gesetz, das Rechtsstaatsprinzip, die Idee der Toleranz gegenüber Minderheiten (man denke an Hugenotten und Katholiken in der Zeit Friedrichs des Großen), später dann die Demokratie als zivilisierte Form des Interessenausgleichs. All das ist in Europa in einem Ensemble entstanden, in dem die wichtigen Länder je einen spezifischen Beitrag geleistet haben. Das zu konservieren wäre eine interessante konservative Aufgabe – interessant auch deshalb, weil dieses Konservieren viel Veränderung implizieren würde. »Rechts« freilich kann das nicht mehr sein.

Wer heute »rechts« ist, dekontextualisiert einen »fortschrittlichen« Mechanismus des 18. und 19. Jahrhunderts. Die Idee der Nation und der national-ethnischen Selbstbestimmung ermöglichte erst so etwas wie politische Zivilisation. Insofern sind die Nation und der Nationalstaat eine großartige Idee – wenn man aber diese Idee aus diesem Kontext löst, bleibt nur das Ressentiment – und der verniedlichende Glaube, man könne mit diesem Mechanismus die Probleme der modernen Gesellschaft lösen. Ich halte das für Kleinmut! Wozu soll man heute noch »rechts« sein, ohne nur dieses kompensatorische Geschäft zu betreiben?

Einen ähnlichen Kleinmut gibt es übrigens auch von links. Für mindestens so falsch halte ich linke Affekte, nationale Differenzen und ethnische Besonderheiten zu leugnen, nur um der Idee der Gleichwertigkeit der Menschen vor dem Gesetz zu ihrem Recht zu verhelfen. Aber das will ich hier nicht weiterverfolgen.

Ich glaube, es gibt keinen Grund, heute »rechts« in einem starken Sinne zu sein. Übrigens bekommt erst vor diesem Hintergrund jene Erscheinung, über die wir ja Konsens haben, nämlich dass meist links geredet und rechts gelebt wird, eine besondere Bedeutung. Das liegt auch daran, dass wir immer noch Auseinandersetzungen führen, die längst vorbei sind. Wäre es für Sie nicht eine echte Herausforderung, genauer bestimmen zu können, was Sie als Konservativer bewahren wollen, statt in unscharfen transzendentalen Voraussetzungen auf einen ethnisch/nationalen blinden Fleck zu verweisen und damit den Verdacht zu erwecken, am Ende gehe es doch um erheblich radikalere Differenzsetzungen?

Summa summarum – am Ende kommen wir nicht zusammen, gar nicht. Aber ich wiederhole noch einmal: Ich weiß das sehr zu schätzen, dass wir uns bei all dieser unaufhebbaren Differenz darüber zu verständigen versuchen. Die ganze Gemengelage ist nicht trivial – und dass es wohl kaum eine Möglichkeit gibt, diesen Diskurs öffentlich zu führen, ist etwas, das ich nicht für wünschenswert halte und das mir Unbehagen bereitet. Aber man müsste wohl zu viel erklären – ich wenigstens für meinen Teil. Verstehen Sie das? Ich frage das ganz offen, wohl wissend, dass Sie dies nicht persönlich nehmen, sondern als Ausdruck eines strukturellen Problems.

In diesem Sinne grüßt Sie freundlich

Ihr
Armin Nassehi

12. Juni 2014

Lieber Herr Professor Nassehi,

ich muss Ihnen in einigen Punkten widersprechen und kann – bei alledem – nur darauf hinweisen, dass wir die Richtigkeit meiner oder Ihrer Beschreibung des Individuums und seines Sitzes im Leben einer Gruppenexistenz theoretisch nicht werden klären können, sondern nur in der Praxis beobachten. Und ich bin mir – das wird Sie nicht verwundern – sicher, dass in Zeiten der Not und des Mangels, der Bedrohung und der Verteidigung des Eigenen recht schnell entlang ethnischer, kultureller, auch staatsbürgerlicher Linien klar wird, wer »Wir« und wer »Nicht-Wir« sei. Ich denke auch, dass eine ziemlich große Zahl Zugewanderter im Zweifelsfall doch erkennen wird, dass man nicht ohne Grund die Heimat verließ und dass die Rechtsordnung und das politische Gefüge Deutschlands eine Bucht sind, in der man doch recht gut geschützt vor den Stürmen der offenen See ein gutes Leben führen kann. Das bedeutet: Sollte es in der ein oder anderen Hinsicht weniger satt zugehen im Lande, wird sich die Loyalitätsfrage stellen, und sie wird sich bereits dann stellen, wenn es einfach um Sitte, Werte, Vorschriften geht, die der Islam (als eine auf den Alltag übergriffige Religion) für unhintergehbar hält.
Integration qua ratio ist eine widerlegte Theorie, es sei denn, es geht nur um die Integration von Professoren und Ärzten. Wenn Sie also wollen, dass wir das Experiment der Integration ohne Explosion überstehen, müssen Sie eine große, bildmächtige, stolze und damit integrierende Erzählung stiften oder jenen ziemlich gnadenlosen Zwang ausüben, der in Preußen (Sie nannten dieses Beispiel!) das Ungefügte zusammenknetete. Ich bin in solchen Fragen ein strikter Verteidiger des Wortes von der »in sich unterschiedenen Einheit«, und ich greife mit dieser Denkfigur Ihr Argument

von der Reaktionsflexibilität diversifizierter Gesellschaften auf: Das Deutsche ist schon so sehr eine nach allen Seiten offene, »in sich unterschiedene Einheit«, dass ich das Argument einer vorteilhaften massenhaften Bereicherung von außen nicht nachvollziehen kann. Sie wissen zumal, lieber Herr Professor, dass sich diese Bereicherung meist auf eine Annäherung an jene amerikanisierte Konsumgesellschaft beschränkt, die für mich der Rahmen für Nietzsches letzten, blinzelnden Menschen bildet, nicht mehr. Insofern wird die große, an sich schöne, in die Zukunft hinein flexible Unterschiedenheit gerade nicht durch eine überall durchgesetzte Heterogenisierung erreicht, sondern dadurch, dass jede »in sich unterschiedene Einheit« als solche gewahrt bleibe.

Wenn ich nun wie ein Sexbesessener auf das »Fremde« starrte, so ist Ihr Fetisch das aus der formierenden, einfordernden Kraft der Gruppenexistenz befreite Individuum. Was wird im entscheidenden Moment wirkmächtig sein? Wir werden sehen, wir werden sehen.

Es grüßt
Götz Kubitschek

Anmerkungen

1 Niklas Luhmann: *Die Gesellschaft der Gesellschaft*, Frankfurt am Main: Suhrkamp 1997, S. 23.

2 Klaus Mainzer: *Komplexität*, München: W. Fink 2008.

3 Die wichtigsten: Armin Nassehi: *Die Zeit der Gesellschaft*, Opladen: Westdeutscher Verlag 1993, 2. Aufl.: Wiesbaden: VS Verlag 2008; Armin Nassehi: *Differenzierungsfolgen. Beiträge zur Soziologie der Moderne*, Opladen: Westdeutscher Verlag 1999; Armin Nassehi: *Geschlossenheit und Offenheit. Studien zur Theorie der modernen Gesellschaft*, Frankfurt am Main: Suhrkamp 2003; Armin Nassehi: *Der soziologische Diskurs der Moderne*, Frankfurt am Main: Suhrkamp 2006; Armin Nassehi: *Gesellschaft der Gegenwarten. Studien zur Theorie der modernen Gesellschaft II*, Berlin: Suhrkamp 2011.

4 Lorenz Jäger: »Souverän Amazon«, in: *Frankfurter Allgemeine Zeitung* vom 27. Februar 2014.

5 Alain de Benoist: *Aufstand der Kulturen. Europäisches Manifest für das 21. Jahrhundert*, Berlin: Verlag Junge Freiheit 2003, S. 128.

6 Wilhelm Heitmeyer: *Deutsche Zustände*, Folge 1–10, Frankfurt am Main/Berlin: Suhrkamp 2002–2011.

7 Charles Taylor: *Multikulturalismus und die Politik der Anerkennung*. Mit Kommentaren von Amy Gutmann, Steven C. Rockefeller, Michael Walzer und Susan Wolf. Mit einem Beitrag von Jürgen Habermas, Frankfurt am Main: Fischer 1993.

8 Will Kymlicka: *Multikulturalismus und Demokratie. Über Minderheiten in Staaten und Nationen*, Hamburg: Rotbuch 1999.

9 Heiner Bielefeldt: *Menschenrechte in der Einwanderungsgesellschaft. Plädoyer für einen aufgeklärten Multikulturalismus*, Bielefeld: Transcript 2007.

10 Vgl. Benedict Anderson: *Die Erfindung der Nation. Zur Karriere eines folgenreichen Konzepts*, Frankfurt am Main/New York: Campus 1988.

11 Vgl. Hans Mommsen: »Nation und Nationalismus in sozialgeschichtlicher Perspektive«, in: Wolfgang Schieder und Volker Sellin (Hg.): *Sozialge-*

schichte in Deutschland. Band II: *Handlungsräume des Menschen in der Geschichte,* Göttingen: Vandenhoeck & Rupprecht 1986, S. 162–185.

12 Manfred Kleine-Hartlage: *Die liberale Gesellschaft und ihr Ende. Über den Selbstmord eines Systems,* Schnellroda: Antaios 2013, S. 209.

13 Götz Kubitschek: »Toleranz. Die 9. Todsünde der Menschheit«, in: *Sezession* 28, Februar 2009, S. 27.

14 Vgl. Martin Lichtmesz: *Die Verteidigung des Eigenen. Fünf Traktate,* Schnellroda: Antaios 2011; Karlheinz Weißmann: *Das konservative Minimum,* Schnellroda: Antaios 2007.

15 Andreas Zick und Anna Klein: *Fragile Mitte – Feindselige Zustände. Rechtsextreme Einstellungen in Deutschland 2014.* Herausgegeben für die Friedrich-Ebert-Stiftung von Ralf Melzer, Bonn: J.H.W. Dietz 2014.

16 Pierre Bourdieu: *Meditationen. Zur Kritik der scholastischen Vernunft,* Frankfurt am Main: Suhrkamp 2001, S. 68.

17 Julian Nida-Rümelin: *Strukturelle Rationalität. Ein philosophischer Essay über praktische Vernunft,* Stuttgart: Reclam 2001, S. 160.

18 Vgl. dazu ausführlich Armin Nassehi: »Die ›Theodizee des Willens‹ als Bezugsproblem des Ethischen«, in: Armin Nassehi, Irmhild Saake und Jasmin Siri (Hg.): *Ethik – Normen – Werte. Studien zu einer Gesellschaft der Gegenwarten,* Wiesbaden: VS Verlag 2015, S. 13–42.

19 Pierre Bourdieu: »Leçon sur la leçon«, in: ders.: *Sozialer Raum und »Klassen«. Leçon sur la leçon. Zwei Vorlesungen,* Frankfurt am Main: Suhrkamp 1985, S. 47–80.

20 Ralf Dahrendorf: *Gesellschaft und Demokratie in Deutschland,* München/ Zürich: Piper 1965.

21 Armin Mohler: *Gegen die Liberalen,* 3. Aufl., Schnellroda: Antaios 2013, S. 11.

22 Ebd., S. 14 f.

23 Ebd., S. 23.

24 John Locke: *Zwei Abhandlungen über die Regierung,* Frankfurt am Main: Suhrkamp 1977.

25 Wolfgang Streeck: *Gekaufte Zeit. Die vertagte Krise des demokratischen Kapitalismus,* Berlin: Suhrkamp 2013 (zitiert nach der auf der 1. Aufl. basierenden E-Book-Ausgabe des Suhrkamp Verlages 2013), Pos. 1549 ff.

26 John Stuart Mill: »Über die Freiheit (1859)«, in: ders.: *Ausgewählte Werke,* Band 3, Teilband 1: *Individuum, Moral und Gesellschaft,* Hamburg: Murmann 2014, S. 303–440, hier S. 435.

27 Friedrich August von Hayek: *Recht, Gesetz und Freiheit. Eine Neufassung der liberalen Grundsätze der Gerechtigkeit und der politischen Ökonomie,* Tübingen: Mohr Siebeck 2003, S. 405.

28 Niklas Luhmann: *Die Gesellschaft der Gesellschaft,* Frankfurt am Main: Suhrkamp 1997, S. 1063.

29 Alain Finkielkraut: *Die Niederlage des Denkens*, Reinbek bei Hamburg: Rowohlt 1989, S. 85.

30 Thilo Sarrazin: *Deutschland schafft sich ab. Wie wir unser Land aufs Spiel setzen*, München: DVA 2010.

31 Armin Nassehi: »Die Biologie spricht gegen den Biologismus«, in: *Frankfurter Allgemeine Zeitung* vom 13. Oktober 2010.

32 Z. B. Naika Fourotan (Hg.): *Sarrazins Thesen auf dem Prüfstand. Ein empirischer Gegenentwurf zu Thilo Sarrazins Thesen zu Muslimen in Deutschland*, Berlin: Humboldt-Universität zu Berlin 2010.

33 Zitiert aus Cornelius Pollmer: »Abend im Land«, in: *Süddeutsche Zeitung* vom 17. Dezember 2014.

34 Thilo Sarrazin: *Der neue Tugendterror. Über die Grenzen der Meinungsfreiheit in Deutschland,* 4. Aufl., München: DVA 2014.

35 Armin Nassehi: »Mein Abend mit Sarrazin«, in: *Zeit* vom 10. Oktober 2010.

36 Erich Weede: »Freiheit impliziert Ungleichheit – Ungleichheit impliziert Ansporn und Chancen«; Elmar Altvater: »Die Dialektik der Ausbeutung. Ohne Ausbeutung keine Moderne, mit Ausbeutung keine Zukunft«, beide in: *Kursbuch 179: Freiheit, Gleichheit, Ausbeutung*, Hamburg: Murmann Verlag 2014, S. 101–116.

37 Mancur Olson: *Die Logik des kollektiven Handelns. Kollektivgüter und die Theorie der Gruppen*, Tübingen: Mohr Siebeck 2004.

38 Karl Homann: *Sollen und Können. Grenzen und Bedingungen der Individualmoral*, Wien: Ibera 2014; Karl Homann und Christoph Lütge: *Einführung in die Wirtschaftsethik*, Münster: LIT 2013.

39 Colin Crouch: *Das befremdliche Überleben des Neoliberalismus*, Berlin: Suhrkamp 2011, S. 175.

40 Armin Nassehi: »Ökonomisierung? Politisierung? Differenzierung? Über das schwierige Verhältnis von Wirtschaft und Politik nebst einer Klärung der Frage, wer die Guten und wer die Bösen sind«, in: Detlef Horster und Franziska Martinsen (Hg.): *Verbotene Liebe? Zum Verhältnis von Wirtschaft und Politik*, Weilerswist: Velbrück 2014.

41 Ulrich Brand: *Post-Neoliberalismus? Aktuelle Konflikte und gegenhegemoniale Strategien,* Hamburg: VSA 2011; Meinhard Miegel: *Hybris. Die überforderte Gesellschaft*, Berlin: Propyläen 2014.

42 Ulrich Brand: »Das bornierte Streben nach Profit«, in: *Frankfurter Allgemeine Zeitung* vom 27. Juli 2014; Meinhard Miegel: »Die unerwiderte Liebe der Menschen zum Kapitalismus«, in: *Frankfurter Allgemeine Zeitung* vom 17. August 2014.

43 Rainer Rilling: »Die Linke wählen? Sozialismus statt Wohlfahrtskapitalismus«, in: *Kursbuch 174: Richtig wählen,* Hamburg: Murmann Verlag 2013, S. 113–122.

44 Ulrich Beck, Anthony Giddens und Scott Lash: *Reflexive Modernisierung. Eine Kontroverse*, Frankfurt am Main: Suhrkamp 1996.

45 Jürgen Habermas und Niklas Luhmann: *Theorie der Gesellschaft oder Sozialtechnologie – was leistet die Systemforschung?*, Frankfurt am Main: Suhrkamp 1971.

46 Dazu schon Armin Nassehi: »Die Macht der Unterscheidung. Ordnung gibt es nur im Durcheinander«, in: *Kursbuch 173: Rechte Linke*, Hamburg: Murmann 2013, S. 9–31.

47 Gotthard Günther: »Life as Polycontexturality«, in: ders.: *Beiträge zur Grundlegung einer operationsfähigen Dialektik*. Band 2, Hamburg: Meiner 1979, S. 182–306.

48 Armin Nassehi: *Gesellschaft der Gegenwarten. Studien zur Theorie der modernen Gesellschaft II*, Berlin: Suhrkamp 2011, S. 123–160.

49 Vgl. Ulrich Beck: *Die Erfindung des Politischen*, Frankfurt am Main: Suhrkamp 1993, S. 78.

50 Michel Foucault: »Andere Räume«, in: Martin Wentz (Hg.): *Stadt-Räume,* Frankfurt am Main/New York: Campus, S. 65–72, hier S. 68. Siehe auch Michel Foucault: *Die Heterotopien. Der utopische Körper*, Frankfurt am Main: Suhrkamp 2005.

51 Howard Rheingold: *The Virtual Community. Homesteading at the Electronic Frontier,* Reading MA: Addison-Wesley 1993.

52 Sascha Lobo: »Die digitale Kränkung des Menschen«, in: *Frankfurter Allgemeine Sonntagszeitung* vom 11. Januar 2014.

53 Howard Rheingold: *Smart Mobs. The Next Social Revolution*, Jackson: Basic Books 2003.

54 James Surowiecki: *The Wisdom of Crowds. Why the many are smarter than the few and how collective wisdom shapes business, economies, societies and nations*, London: Little Brown 2004.

55 Mark Granovetter: »The Strength of Weak Ties«, in: *American Journal of Sociology* 78/6 (1973), S. 1360–1380.

56 Klaus D. Schmidt: *Maß und Wahrscheinlichkeit*, Berlin: Springer 2009, S. 337 ff.

57 Friedrich August Hayek: »The Use of Knowledge in Society«, in: ders.: *Individualism and Economic Order*, Auburn, Alabama: The Ludwig von Mises Institute 2009 (reprint der Ausgabe von 1948), S. 77.

58 Gregory Bateson: *Ökologie des Geistes. Anthropologische, psychologische, biologische und epistemologische Perspektiven*, Frankfurt am Main: Suhrkamp 1981, S. 33.

59 Ebd., S. 33.

60 Armin Nassehi: »Die Macht der Unterscheidung. Ordnung gibt es nur im Durcheinander«, in: *Kursbuch 173: Rechte Linke*, Hamburg: Murmann Verlag 2013, S. 9–31.

61 Vgl. Armin Nassehi: »Das Problem der Optionssteigerung. Überlegungen zur Risikokultur der Moderne«, in: ders.: *Differenzierungsfolgen. Beiträge zur Soziologie der Moderne*, Opladen: Westdeutscher Verlag 1999, S. 29–48; Armin Nassehi: *Geschlossenheit und Offenheit. Studien zur Theorie der modernen Gesellschaft*, Frankfurt am Main: Suhrkamp 2003, S. 168 ff.

62 Ralf Fücks: *Intelligent wachsen. Die grüne Revolution*, München: Hanser 2013.

63 Hans-Christoph Binswanger: *Vorwärts zur Mäßigung. Perspektiven einer nachhaltigen Wirtschaft*, Hamburg: Murmann 2009.

64 Niko Paech: »Postwachstumsökonomie – ein Vademecum«, in: *Zeitschrift für Sozialökonomie* 46, 160./161. Folge, 2009, S. 28–31, hier S. 29.

65 Hartmut Rosa: *Beschleunigung. Die Veränderung der Zeitstrukturen der Moderne*, Frankfurt am Main: Suhrkamp 2005.

66 Wolfgang Streeck: *Gekaufte Zeit. Die vertagte Krise des demokratischen Kapitalismus*, Frankfurt am Main: Suhrkamp 2013 (zitiert nach der auf der 1. Aufl. basierenden E-Book-Ausgabe des Suhrkamp Verlages 2013), Pos. 1630 ff.

67 Matthias Hansl: »Falsch gewählt. Nach der Arabellion«, in: *Kursbuch 174: Richtig wählen*, Hamburg: Murmann 2013, S. 37–53.

68 Laura Rischberger: »Die Schönheit vergangener Zeiten und die dunkle Macht des Marktes«, in: *Journal of Modern European History* 12/1 (2014), S. 37–43.

69 Jürgen Habermas: »Demokratie oder Kapitalismus? Vom Elend der nationalstaatlichen Fragmentierung in einer kapitalistisch integrierten Weltgesellschaft«, in: *Blätter für deutsche und internationale Politik* 5 (2013), S. 59–70.

70 Stephen Emmott: *Zehn Milliarden*, Berlin: Suhrkamp 2013, S. 18–19.

71 Armin Nassehi: *Gesellschaft der Gegenwarten. Studien zur Theorie der modernen Gesellschaft II*, Berlin: Suhrkamp 2011, S. 165.

72 Claude Shannon und Warren Weaver: *The Mathematical Theory of Communication*, Urbana: University of Illinois Press 1949.

73 Armin Nassehi: »Wenn wir wüssten! Kommunikation als Nichtwissensmaschine«, in: *Kursbuch 180: Nicht wissen*, Hamburg: Murmann 2014, S. 9–25.

74 Jürgen Habermas: *Legitimationsprobleme im Spätkapitalismus*, Frankfurt am Main: Suhrkamp 1973, S. 10.

75 Erich von Holst und Horst Mittelstaedt: »Das Reafferenzprinzip (Wechselwirkungen zwischen Zentralnervensystem und Peripherie)«, in: *Naturwissenschaften*, 37. Jg., 1950, S. 464–476.

76 Ernst Pöppel: *Der Rahmen. Ein Blick des Gehirns auf unser Ich*, München/Wien: Hanser 2006, S. 463.

77 Armin Nassehi: *Die Zeit der Gesellschaft. Auf dem Weg zu einer soziologischen Theorie der Zeit*, Wiesbaden: VS Verlag 2008, S. 182–188.

78 Ernst Pöppel: *Der Rahmen. Ein Blick des Gehirns auf unser Ich*, München/ Wien: Hanser 2006, S. 124.

79 Ebd.

80 Vgl. dazu Armin Nassehi: »Geklonte Debatten. Über die Zeichenparadoxie der menschlichen (Körper-)Natur, die Theologie des Humangenoms und die Ästhetik seiner Erscheinung«, in: Oliver Jahraus und Nina Ort (Hg.): *Theorie – Prozess – Selbstreferenz. Systemtheorie und transdisziplinäre Theoriebildung*, Konstanz: UVK 2003, S. 219–238.

81 Arthur M. Lesk: *Bioinformatik. Eine Einführung*, Heidelberg/Berlin: Spektrum Akademischer Verlag 2003.

82 Michael Tomasello: *Eine Naturgeschichte des menschlichen Denkens*, Berlin: Suhrkamp 2014.

83 Ernst Pöppel: *Der Rahmen. Ein Blick des Gehirns auf unser Ich*, München/ Wien: Hanser 2006, S. 115.

84 Armin Nassehi: »Nur keine Kopie sein. Übers wahre Wesen des freien Willens«, in: *Süddeutsche Zeitung* vom 22. August 2008; Armin Nassehi: *Mit dem Taxi durch die Gesellschaft. Soziologische Storys*, 2. Aufl., Hamburg: Murmann 2013, S. 60–81.

85 Vgl. Armin Nassehi: *Soziologie. Zehn einführende Vorlesungen*, Wiesbaden: VS Verlag 2011, S. 31 ff. und S. 51 ff.

86 Dazu Armin Nassehi: »Das Fremde der Anderen. Multikulturell sind wir schon ohne Einwanderer«, in: *Süddeutsche Zeitung* vom 29. November 2010; auch: Armin Nassehi: »Gut dass wir uns fremd geworden sind«, in: *Welt* vom 21. Februar 2010.

87 Interessant dazu Linda Zerilli: *Feminismus und der Abgrund der Freiheit*, Wien: Turia und Kant 2010.

88 *Maedchenmannschaft.net*, ähnlich *shehadistan.com, medienelite.de* oder *xartsplitta.net*.

89 Armin Nassehi: »Geschlecht im System«, in: ders.: *Gesellschaft der Gegenwarten. Studien zur Theorie der modernen Gesellschaft II*, Berlin: Suhrkamp 2011, S. 265–288.

90 Lann Hornscheidt: *feministische w_orte: ein lern-, denk- und handlungsbuch zu sprache und diskriminierung, gender studies und feministischer linguistik*, Frankfurt am Main: Brandes & Apsel 2012, S. 293 ff.

91 AG Feministisch Sprachhandeln der Humboldt-Universität zu Berlin: »Sprachhandeln – aber wie? W_ortungen statt Tatenlosigkeit«, Berlin 2014 (www.feministisch-sprachhandeln.org).

92 Lann Hornscheidt: »Es war einmal ein X. Versuch einer geschlechtsfreien Sprache«, in: *Zeit* vom 4. Dezember 2014.

93 Michael Hartmann: *Der Mythos von den Leistungseliten: Spitzenkarrieren und soziale Herkunft in Wirtschaft, Politik, Justiz und Wissenschaft*, Frankfurt am Main/New York: Campus 2002.

94 Barbara Nolte und Jan Heidtmann: *Die da oben. Innenansichten aus deutschen Chefetagen*, Berlin: Suhrkamp 2009.

95 Heinz Bude: *Gesellschaft der Angst*, Hamburg: Hamburger Edition 2014, S. 39 ff.

96 Hartmut Rosa: *Weltbeziehungen im Zeitalter der Beschleunigung. Umrisse einer Gesellschaftskritik*, Berlin: Suhrkamp 2012, S. 9.

97 Armin Nassehi: »Das ›Goldene Zeitalter‹ ist vorbei«, in: *Zeit* vom 11. August 2012.

98 Hartmut Rosa: »Das neue Lebensgefühl. Der neue Streit um die Moderne: Armin Nassehi hört in aktuellen Zeitdiagnosen nur ›Gejammer‹. Doch was leistet eigentlich die Soziologie? Eine Entgegnung«, in: *Zeit* vom 22. August 2012.

99 Allgemein zur Funktion von Verbreitungsmedien Niklas Luhmann: *Die Gesellschaft der Gesellschaft*, Frankfurt am Main: Suhrkamp 1997, S. 190 ff.; Marshall McLuhan: *Die magischen Kanäle*, Düsseldorf: Econ 1968; Friedrich A. Kittler: *Die Wahrheit der technischen Welt. Essays zur Genealogie der Gegenwart*, Berlin: Suhrkamp 2013.

100 Dirk Baecker: *Studien zur nächsten Gesellschaft*, Frankfurt am Main: Suhrkamp 2007, S. 169.

101 Howard Rheingold: *The Virtual Community. Homesteading at the Electronic Frontier*, Reading MA: Addison-Wesley 1993.

102 Sascha Lobo: »Das Internet ist nicht das, wofür ich es gehalten habe«, in: *Frankfurter Allgemeine Zeitung* vom 12. Januar 2014.

103 Howard Rheingold: *Smart Mobs. The Next Social Revolution*, Jackson: Basic Books 2003.

104 Byung Chul Han: *Psychopolitik. Neoliberalismus und die neuen Machttechniken* (E-Book-Ausgabe), Frankfurt am Main: S. Fischer 2014, Pos. 26/1123.

105 Michel Foucault: »Technologien des Selbst«, in: ders. et al.: *Technologien des Selbst*, Frankfurt am Main: S. Fischer 1993, S. 24–62.

106 Dazu Armin Nassehi: »Die Zurichtung des Privaten. Gibt es analoge Privatheit in einer digitalen Welt?«, in: *Kursbuch 177: Privat 2.0*, Hamburg: Murmann 2014, S. 27–46.

107 Vgl. dazu Daniela Döring: *Zeugende Zahlen. Mittelmaß und Durchschnittstypen in Proportion, Statistik und Konfektion des 19. Jahrhunderts*, Berlin: Kadmos 2011.

108 Vgl. dazu Armin Nassehi: »Asymmetrien als Problem und als Lösung«, in: Bijan Fateh-Moghadam, Stephan Sellmaier und Wilhelm Vossenkuhl (Hg.): *Grenzen des Paternalismus*, Stuttgart: Kohlhammer 2009.

109 Gesa Lindemann: »In der Matrix der digitalen Raumzeit. Das generalisierte Panoptikum«, in: *Kursbuch 177: Privat 2.0*, Hamburg: Murmann 2014, S. 162–173.

110 Karsten Fischer: »Überwachen und steuern. Was der Staat nicht wissen darf und auch nicht wissen wollen sollte«, in: *Kursbuch 180: Nicht Wissen*, Hamburg: Murmann 2014, S. 45–57.

111 Gerd Gigerenzer: *Bauchentscheidungen. Die Intelligenz des Unbewussten und die Macht der Intuition*, München: Goldmann 2013; Gerd Gigerenzer: *Risiko. Wie man die richtigen Entscheidungen trifft*, Gütersloh: Bertelsmann 2013; auch Martin G. Kocher: »Richtig falsch. Verzerrungen, Abweichungen und Fehler bei der Entscheidungsfindung«, in: *Kursbuch 180: Nicht wissen*, Hamburg: Murmann 2014, S. 157–172.

112 Edgar Morin: »Complexity«, in: *International Social Science Journal* 26 (1974), S. 555–582.

113 Thomas Piketty: *Das Kapital im 21. Jahrhundert*, München: C.H. Beck 2014.

114 Martin Feldstein: »Piketty's Numbers Don't Add Up. Ignoring dramatic changes in tax rules since 1980 creates the false impression that income inequality is rising«, in: *Wall Street Journal* vom 14. Mai 2014.

115 Zusammenfassend dazu Nikolaus Piper: »Der Meisterdenker. Thomas Piketty über Ungleichheit«, in: *Süddeutsche Zeitung* vom 17. Mai 2014; Hans-Werner Sinn: »Thomas Pikettys Weltformel«, in: *Frankfurter Allgemeine Zeitung* vom 13. Mai 2014.

116 Anthony Shorrocks, James B. Davies und Rodrigo Lluberas: *Global Wealth Databook 2013*, Zürich: Credite Suisse Research Institute 2013, S. 94.

117 Carmen Reinhart und Kenneth Rogoff: *Dieses Mal ist alles anders. Acht Jahrhunderte Finanzkrisen*, 5. Aufl., München: Finanzbuchverlag 2011.

118 Niklas Luhmann: »Haltlose Komplexität«, in: ders.: *Soziologische Aufklärung*, Band 5: *Konstruktivistische Perspektiven*, Opladen: Westdeutscher Verlag 1990, S. 59–76, hier S. 61.

119 Karl Marx/Friedrich Engels: *Manifest der Kommunistischen Partei*, in: MEW Band 4, Berlin (DDR): Dietz 1959, S. 465.

120 Karl Marx: *Ökonomisch-philosophische Manuskripte aus dem Jahre 1844*, in: MEW Band 40, Berlin (DDR): Dietz 1968, S. 465–590, hier: S. 517.

121 Ebd., S. 520 f.

122 Max Weber: *Gesammelte Aufsätze zur Religionssoziologie*, Band 1, Tübingen: Mohr Siebeck 1972, S. 568.

123 Adam Smith: *Der Wohlstand der Nationen. Eine Untersuchung seiner Natur und seiner Ursachen*, München: dtv 1978, S. 17.

124 Niklas Luhmann: *Die Wirtschaft der Gesellschaft*, Frankfurt am Main: Suhrkamp 1988, S. 98.

125 Ebd., S. 100.

126 Joyce Appleby: *Die unbarmherzige Revolution. Eine Geschichte des Kapitalismus*, Hamburg: Murmann 2011, S. 567.

127 Ebd.

128 Dazu schon Armin Nassehi: »Mehr Kapitalismus wagen? Schulden als Zeitmaschine«, in: *aviso. Zeitschrift für Wissenschaft und Kunst in Bayern* 2/2013, S. 20–23.

129 Colin Crouch: *Das befremdliche Überleben des Neoliberalismus*, Berlin: Suhrkamp 2011, S. 159.

130 Ebd., S. 164.

131 Ebd., S. 175.

132 David Graeber: *Schulden. Die ersten 5000 Jahre*, Stuttgart: Klett-Cotta 2012.

133 Frank Schirrmacher: *Ego. Das Spiel des Lebens*, München: Blessing 2013.

134 Byung Chul Han: *Psychopolitik. Neoliberalismus und die neuen Machttechniken* (E-Book-Ausgabe), Frankfurt am Main: S. Fischer 2014, Pos. 70/1123.

135 Vgl. Ulrich Bröckling: *Das unternehmerische Selbst. Soziologie einer Subjektivierungsform*, Frankfurt am Main: Suhrkamp 2007.

136 Hans Jürgen Pongratz und G. Günther Voß: *Arbeitskraftunternehmer. Erwerbsorientierungen in entgrenzten Arbeitsformen*, Berlin: edition sigma 2003.

137 Dirk Baecker: »Der Arbeitskraftunternehmer. Arbeit im Zeichen ihrer Kritik«, in: *Kursbuch 179: Freiheit, Gleichheit, Ausbeutung*, Hamburg: Murmann 2014. S. 117–134.

138 Byung Chul Han: *Psychopolitik. Neoliberalismus und die neuen Machttechniken* (E-Book-Ausgabe), Frankfurt am Main: S. Fischer 2014, Pos. 333/1123.

139 Ebd., Pos. 31/1123.

140 John Stuart Mill: »Über die Freiheit (1859)«, in: ders.: *Ausgewählte Werke*, Band 3, Teilband 1: *Individuum, Moral und Gesellschaft*, Hamburg: Murmann 2014, S. 303–440.

141 Armin Nassehi: »Die Zurichtung des Privaten. Gibt es analoge Privatheit in einer digitalen Welt?«, in: *Kursbuch 177: Privat 2.0*, Hamburg: Murmann 2014, S. 27–46.

142 Vgl. zu dem gesamten Komplex Rebekka Habermas: *Frauen und Männer des Bürgertums. Eine Familiengeschichte (1750–1850)*, Göttingen: Vandenhoeck & Rupprecht 2000, S. 193 f. und S. 259 ff.; Ulrike Döcker: *Die Ordnung der bürgerlichen Welt. Verhaltensideale und soziale Praktiken im 19. Jahrhundert*, Frankfurt am Main/New York: Campus 1994, S. 279.

143 Heinz Bude: *Gesellschaft der Angst*, Hamburg: Hamburger Edition 2014, S. 20.

144 Ralf Ptak: *Vom Ordoliberalismus zur Sozialen Marktwirtschaft. Stationen des Neoliberalismus in Deutschland*, Opladen: Leske und Budrich 2004.

145 Taylor C. Boas und Jordan Gans-Morse: »Neoliberalism. From New Liberal Philosophy to Anti-Liberal Slogan«, in: *Studies in Comparative International Development* 44 (2009), Nr. 2, S. 137–161.

146 Herbert A. Simon: *Administrative Behavior. A Study of Decision Making Processes in Administrative Organization*, New York: Macmillan 1997.

147 Victoria von Groddeck: *Organisationen und Werte. Formen, Funktionen, Folgen*, Wiesbaden: VS-Verlag 2011.

148 Armin Nassehi: »Gut wirtschaften. Die anschwellende Werteorientierung in der Unternehmenskommunikation«, in: *Kursbuch 172: Gut leben*, Hamburg, S. 8–25.

149 Armin Nassehi: *Gesellschaft der Gegenwarten. Studien zur Theorie der modernen Gesellschaft II*, Berlin: Suhrkamp 2011.

150 Hartmut Rosa: *Beschleunigung. Die Veränderungen der Zeitstrukturen in der Moderne*, Frankfurt am Main: Suhrkamp 2005.

151 Norbert Greiner: *Grundlagen der Übersetzungsforschung*. Band 1: Übersetzung und Literaturwissenschaft, Tübingen: Narr 2004.

152 Wilhelm von Humboldt: »Einleitung zu Agamemnon«, in: *Gesammelte Schriften*, Band 8, Berlin: Behr 1909.

153 Johann Gottlieb Herder: *Über die neuere deutsche Literatur*, Werke in zehn Bänden, Band 1, Frankfurt am Main: Deutscher Klassiker Verlag 1990.

154 Barbara Buden und Stefan Nowotny: »Cultural translation: An introduction into the problem«, in: *Translation Studies* 2/2 (2009), S. 196–219.

155 Walter Benjamin: »The task of the translator«, in: Rainer Schulte und John Biguenet (Hg.): *Theories of Translation. An Anthology of Essays from Dryden to Derrida*, Chicago: Chicago UP, 1992.

156 Jacques Derrida und Lawrence Venutti: »What is ›relevant‹ translation?« In: *Critical Inquiry* 27/2 (2001), Chicago: Chicago UP, S. 174–200.

157 Homi K. Bhabha: »Cultures in between«, in: *Artforum International* September 1993, S. 167–168; Homi K. Bhabha: *Nation and Narration*, London: Routledge 1990.

158 Thomas Hermans: »Translation as institution«, in: Mary Snell-Hornby et al. (Hg.): *Translation as Intercultural Communication*, Amsterdam/Philadelphia: John Benjamins 1997, S. 3–20.

159 Richard Freeman: »What is ›translation‹?«, in: *Evidence & Policy* 5/4 (2009), S. 429–447.

160 Susan Bassnett und Andre Lefevre: *Translation, history and culture*, London/New York: Pinter 1990; Susan Bassnett und Andre Lefevre: *Constructing Cultures. Essays on Literary Translation*, Clevedon: Cromwell Press 1998.

161 Martin Fuchs: »Reaching out; or, Nobody exists in one context only: Society as translation«, in: *Translation Studies* 2/1 (2009), S. 21–40, hier S. 25.

162 Irmhild Saake und Armin Nassehi: »Das gesellschaftliche Gehäuse der Persönlichkeit. Über Max Weber und die (soziologische) Produktion von Motiven«, in: *Berliner Journal für Soziologie* 14 (2004), S. 503–525.

163 Niklas Luhmann: *Die Gesellschaft der Gesellschaft*, Frankfurt am Main: Suhrkamp 1997.

164 Rick Vogel: »Ökonomisierung des Öffentlichen? New Public Management in Theorie und Praxis der Verwaltung«, in: Stephan A. Jansen, Birger Priddat und Nico Stehr (Hg.): *Die Zukunft des Öffentlichen. Multidisziplinäre Perspektiven für eine Öffnung der Diskussion über das Öffentliche*, Wiesbaden: VS-Verlag, S. 152–174.

165 Stefan Kühl: *Der Sudoku-Effekt. Hochschulen im Teufelskreis der Bürokratie. Eine Streitschrift*, Bielefeld: Transcript 2012; Richard Münch: *Akademischer Kapitalismus. Über die politische Ökonomie der Hochschulreform*, Berlin: Suhrkamp 2011.

166 Stephan Lessenich: *Die Neuerfindung des Sozialen. Der Sozialstaat im flexiblen Kapitalismus*, Bielefeld: Transcript 2013.

167 Thomas Gerlinger: »Wettbewerb und Privatisierung. Über den Wandel von Gesundheitssystemen«, in: *Kursbuch 175: Gefährdete Gesundheiten*, Hamburg: Murmann 2013, S. 170–182.

168 Irmhild Saake: »Soziologie der Ethik. Semantiken symmetrischer Kommunikation«, in: Armin Nassehi, Irmhild Saake und Jasmin Siri (Hg.): *Ethik – Normen – Werte*, Wiesbaden: VS-Verlag 2015, S. 43–67, hier S. 58.

169 Irmhild Saake: »Alles wird ethisch. Gremienethik als neue Herrschaftskritik«, in: *Kursbuch 176: Ist Moral gut?*, Hamburg: Murmann 2013, S. 47–63.

170 Richard Rorty: *Kontingenz, Ironie und Solidarität*, Frankfurt am Main: Suhrkamp 1992, S. 128.

171 Karl Homann: *Sollen und Können. Grenzen und Bedingungen der Individualmoral*, Wien: Ibera 2014; Karl Homann und Christoph Lütge: *Einführung in die Wirtschaftsethik*, Münster: LIT 2013.

172 Wolfgang van den Daele: »Von moralischer Kommunikation zur Kommunikation über Moral. Reflexive Distanz in diskursiven Verfahren«, in: *Zeitschrift für Soziologie* 30 (2001), S. 4–22; Irmhild Saake und Dominik Kunz: »Von Kommunikation über Ethik zu ›ethischer Sensibilisierung‹. Symmetrisierungsprozesse in diskursiven Verfahren«, in: Armin Nassehi et al. (Hg.): *Ethik – Normen – Werte. Studien zu einer Gesellschaft der Gegenwarten*, Wiesbaden: VS-Verlag 2015, S. 199–228.

173 Armin Nassehi: *Der soziologische Diskurs der Moderne*, Frankfurt am Main: Suhrkamp 2006, S. 363 f.

174 Carl Schmitt: *Politische Theologie. Vier Kapitel zur Lehre von der Souveränität*, Berlin: Duncker & Humblot 1979.

175 John Locke: *Zwei Abhandlungen über die Regierung*, Frankfurt am Main: Suhrkamp 1977.

176 Wolfgang Streeck: *Gekaufte Zeit. Die vertagte Krise des demokratischen Kapitalismus*, Berlin: Suhrkamp 2013 (zitiert nach der auf der 1. Aufl. basierenden eBook-Ausgabe des Suhrkamp-Verlages 2013), Pos. 1549 ff.

177 »Wir reden links und leben rechts. Ein Interview mit Armin Nassehi über die Unterscheidungen der deutschen Diskurslandschaft«, Interview: Jasmin Siri, in: Imke Schmincke/Jasmin Siri (Hg.): NSU-Terror. Ermittlungen am rechten Abgrund. Ereignis, Kontexte, Diskurse, Bielefeld: transcript 2013.

Danksagung und Widmung

Bücher schreiben sich nicht von selbst. Und man schreibt sie nicht nur selbst. Für mich ist mein Arbeitsbereich am Institut für Soziologie der LMU ein Umfeld, in dem ich jenes Labor vorfinde, in dem sich Gedanken, Formulierungen, Denkungsarten und Lösungen entwickeln und schon *in statu nascendi*, also noch vor der Nullserienproduktion diskutiert werden können. Alle meine Mitarbeiterinnen und Mitarbeiter pflegen mir in ihren Qualifikationsarbeiten zu danken – umgekehrt habe ich ihnen dafür zu danken, dass man *in modo docendi* erst jene Lernerfahrungen machen kann, in denen es möglich, die Dinge so auf den Begriff zu bringen, dass sie nicht nur den eigenen Idiosynkrasien genügen. Insofern ist der Arbeitszusammenhang meines Lehrstuhls an der LMU sowie meiner empirischen Forschungsprojekte über die Jahre eine unschätzbare Inspirationsquelle. Das gilt über nun fast zwei Jahrzehnte vor allem für die Zusammenarbeit mit Irmhild Saake. Wir wissen oft nicht genau, wer was gedacht hat – und einigen uns dann darauf, dass es eben gedacht werden muss.

Konkret möchte ich mich bei Jutta Steinbiß und Jasmin Siri bedanken, die Teile des Buches kritisch mitgelesen haben. Besonderer Dank aber gilt Gina Atzeni und Julian Müller, die das Entstehen des Buches Schritt für Schritt und *en détail* begleitet haben. Sie haben mich vor allzu riskanten Sätzen bewahrt, mir allzu selbstverliebte Formulierungen ausgetrieben, eine produktiv-kritische Perspektive eingenommen und an manchen Stellen bessere Alternativen vorgeschlagen. Ohne Gina und Julian hätte ich das Buch nicht in der dafür leider allzu knapp bemessenen Zeit im Herbst 2014 schreiben können.

Ich danke ferner Evelin Schultheiß für ihr sensibles Lektorat des Textes sowie Peter Felixberger, mit dem ich die Grundidee des Buches ausführlich diskutiert habe und dessen gelassenen Blick aufs Büchermachen ich sehr schätze – auch übrigens für die Geduld dafür, dass die Arbeit am Buch erst später begonnen werden konnte, als es geplant war.

Ich widme dieses Buch meiner Frau Annette Großlohmann. Sie weiß, warum.